DA DAO

Duodang hezuo lishi jiyi he shidai xinsheng

多党合作历史记忆和
时代心声

孙春兰 主编

团结出版社

© 团结出版社，2017 年

图书在版编目（ＣＩＰ）数据

　大道：多党合作历史记忆和时代心声 / 孙春兰主编 .
-- 北京：团结出版社，2017.9（2025.3 重印）
　ISBN 978-7-5126-5596-6

　Ⅰ . ① 大… Ⅱ . ① 孙… Ⅲ . ① 多党合作 - 政治制度史
- 中国 Ⅳ . ① D613

　中国版本图书馆 CIP 数据核字 (2017) 第 229679 号

责任编辑：赵晓丽
封面设计：张　帆

出　　版：团结出版社
　　　　　（北京市东城区东皇城根南街 84 号 邮编：100006）
电　　话：（010）65228880　65244790（出版社）
　　　　　（010）65238766　85113874　65133603（发行部）
　　　　　（010）65133603（邮购）
网　　址：http://www.tjpress.com
电子邮箱：zb65244790@vip.163.com
经　　销：全国新华书店
印　　装：三河市东方印刷有限公司

开　　本：170mm×240mm　　16 开
印　　张：33.5　　　　　　　　字　　数：574 千字
版　　次：2017 年 9 月　第 1 版　　印　　次：2025 年 3 月　第 10 次印刷

书　　号：978-7-5126-5596-6
定　　价：95.00 元
　　　　　（版权所属，盗版必究）

大道

多党合作历史记忆和时代心声

DA DAO

Duodang hezuo lishi jiyi he shidai xinsheng

主　编

孙春兰

副主编

戴均良

统　稿

桑福华　易玉娟　付　强

不忘合作初心　继续携手前进

中共中央政治局委员、中央统战部部长　孙春兰

习近平总书记在庆祝中国共产党成立95周年大会上强调指出："一切向前走，都不能忘记走过的路；走得再远、走到再光辉的未来，也不能忘记走过的过去，不能忘记为什么出发。"回首我国多党合作制度的形成和发展，同样有着值得铭记的历史和不能忘却的初心。去年以来，为进一步搞好政治交接、深化坚持和发展中国特色社会主义学习实践活动，各民主党派部署开展了"不忘合作初心，继续携手前进"专题教育，启动了多党合作历史传统记录工程。各民主党派中央领导同志、代表人士等纷纷提笔，结合个人经历、履职实践等，讲述多党合作故事，表达自己的心声；民主党派各级组织通过采访老同志、挖掘整理历史资料等，还原历史细节，丰富历史记录。最终，时代感悟和历史记忆汇聚到一起，合辑形成了《大道——多党合作历史记忆和时代心声》一书。

这是一本厚重的书，内容涵盖多党合作制度的孕育、形成和发展。这里有重要历史的生动解读，也有优良传统的深刻感悟；这里有九十多岁老同志的人生追忆，也有年轻成员的认识思考；这里有首次呈现的细节故事，也有履职实践的点滴经历……不同的视角、不同的故事，联结起的是多党合作的过去、现在和未来，集中展现了各民主党派与中国共产党风雨同舟、团结合作的光辉历程，充分表达了在新征程中各民主党派不忘合作初心、继续携手前进的坚定信念。

在这本书里，读到的是情怀。中国知识分子有着浓厚的家国情怀和强烈的社会责任感，作为以知识分子为主体的民主党派，其诞生、发展都源于争取民族独立和人民解放、实现国家富强和人民幸福的热切渴望。民进主要创始人马叙伦自青年时期就立下救国救民的志向，以天下为己任，"遇风雨而厉鸣，誓微躯以护国"；致公党创始人之一司徒美堂，少小离乡、漂泊海外，却一生为国为民四处奔走、不辞辛劳，他说："我是一个地地道道的中国人，因此只知爱中国。"一代又一代民主党派人将"小我"

融于"大我"之中，将爱国之情、强国之志化为报国之行，这是民盟中央原主席费孝通一生践行的"安身立命之处"，是民革中央原主席何鲁丽以身报国、坚定前行的"政治操守"，是九三学社中央原副主席王选深植于心的"千秋家国梦"，是民进中央主席严隽琪秉持的"人生态度"，是农工党中央主席陈竺选定的"人生和事业的正确方向"，是台盟中央主席林文漪为之奋斗的"祖国和平统一梦"，是潘建伟、顾行发等科技工作者孜孜以求的"量子梦""遥感梦"……正如民革中央主席万鄂湘所说"爱国爱家不需要理由，爱国情怀最没有代沟"，这种深沉的情怀铸就了多党合作鲜明的底色，汇成了实现中华民族伟大复兴中国梦的磅礴合力。

在这本书里，读到的是信念。1948 年 4 月 30 日，中共中央发布"五一口号"，各民主党派积极响应，标志着公开、自觉地接受中国共产党的领导，这一历经血与火的洗礼、自觉自愿的历史选择，决定了选择后的执着和坚贞。民革中央原主席李济深在临终前说，坚持中国共产党领导，走社会主义道路，要让后人在这个原则问题上永远和我们保持一致，代代相传。马叙伦在病中勉力挥就最后的政治遗嘱：只有跟着共产党走，才是在正道上行。长期以来，不管国际国内形势如何变化，也不管遇到多大困难和挫折，各民主党派坚持中国共产党领导的信念始终不变、矢志不移。正是在中国共产党的领导下，各民主党派走过了一条从爱国主义到新民主主义，再从新民主主义向社会主义、进而走上中国特色社会主义的光辉历史道路。民建中央原主席成思危有一个很贴切的比方："我们的政党制度是'唱大合唱'。要大合唱，就要有指挥，这个指挥无论从历史还是现实来看，都只有中国共产党才能胜任。唱大合唱，就要有主旋律，这个主旋律就是建设中国特色社会主义。"致公党中央主席万钢回顾致公党九十多年发展历程的结论是："只有在中国共产党的领导下，致公党才有光明的前途和蓬勃的生机，才能沿着正确的政治方向不断前进。"九三学社中央主席韩启德的心声是："亲身经历让我相信，唯有坚持中国共产党的领导，九三学社才能在中国的发展进步中找到自己的位置，发挥应有的作用。"历经岁月的积淀，衷心拥护和坚持中国共产党领导、矢志不渝走中国特色社会主义道路的坚定信念已成为多党合作的灵魂所在，这种信念虔诚而执着、至信而深厚，为多党合作事业持续健康发展提供了坚实的政治保障。

在这本书里，读到的是传承。"人事有代谢，往来成古今"，我国多党合作事业之所以不断向前发展，既离不开中国共产党的坚强领导，也在于各民主党派将与中国共产党长期团结合作中形成的坚定信念、优良传统代代相传、接力传递。这种传承对于民主党派有着重要而特殊的意义，20年前的1997年，民主党派老一辈领导人首次明确提出了"政治交接"这一重要课题。民盟中央原主席费孝通说，人事的变化是为了保证政治制度不变；民建中央原主席孙起孟说，要将优良传统继承下来，并且根据形势发展的需要加以发扬光大；民进中央原主席雷洁琼说，我真诚地希望民主党派的新人们，继续与中国共产党团结合作，在进入新世纪的时候，再谱写肝胆相照、荣辱与共的新篇章。这里边有着很多生动感人的故事。民建中央原副主席冯克煦追随黄炎培、胡厥文、孙起孟等民建先贤半个多世纪，他们的报国情怀深深地激励着他，如今已是九十多岁高龄的他，坚持在病床上撰写文章，将一生的记忆感悟凝炼成"爱党爱国，代代相传"；七十多年前，李公朴、闻一多用鲜血写就了"李闻精神"，如今在他们的家乡，民盟常州李公朴支部、民盟黄冈闻一多支部在先辈精神感召下砥砺前行……正如民盟中央主席张宝文所说"政治交接，不惟一时；薪火相传，期在绵久"。这种富有生命力的传承，穿越了时间、空间，铸就了多党合作生生不息的精神航道，使得感情永存、信念永恒、传统永续，成为多党合作的生命线。

在这本书里，读到的是力量。在我国革命、建设和改革的各个时期，各民主党派与中国共产党风雨同舟、团结合作，作出了不可磨灭的重要贡献，充分展示了民主党派的价值所在、多党合作的力量所在。在争取国家解放、民族独立血与火的斗争中，各民主党派与中国共产党协力同心，这里有毛泽东三顾特园会张澜的共商大计，有在旧政协会议上与国民党反动派的共同斗争，有南京下关慷慨赴命、凛然直面暴行的不屈呐喊，有孙越崎带领资源委员会起义、为新中国经济建设和发展留下一笔宝贵财富的英雄壮举。新中国成立后，各民主党派积极参与社会主义改造和建设，和中国共产党一起巩固了新生的人民政权。进入改革开放新时期，民主党派的履职热情进一步激发，民建中央原主席胡厥文多次说"现在是为社会主义建设服务千载难逢的黄金时代，要把吃奶的力气拿出来"；费孝通"行行重行行"，带领民盟"出主意、想办法，做好事、做实事"；九三学社近三十年持续围绕保护和修复长江生态环境为"保护母亲河"献计出力；"毕节试验区""盟遂合作""思源工程"等扎实推进……民主党派将智慧、汗水洒遍大江南北，在中国大地上留下了坚实的足迹，融汇成民建中央主席陈昌智所说"参政党的生命价值体现"。特别是中共十八大以来，各民主党派紧紧围绕统筹推进"五位一体"总体布局、协调推进"四个全面"战略布局，深入调研积极建言，扎实推进脱贫攻坚民主监督，各民主党派中央向中共中央、国务院报送意见建议496件，习近平总书记指出，各民主党派"在帮助中国共产党科学决策、民主决策、依法决策上做出了重要贡献"。历史和现实充分证明，民主党派不愧为与中国共产党和衷共济、通力合作的亲密友党，不愧为中国特色社会主义参政党，不愧为实现国家富强、祖国统一、民族振兴的重要依靠力量！

不忘初心，方得始终。回顾多党合作制度确立以来近七十年的光辉历程，有一种不变的初心贯穿始终、历久弥坚，成为多党合作的"根"和"魂"，这种初心概括起来就是：坚持中国共产党领导，坚定不移走中国特色社会主义道路，致力于国家富强、民族振兴和人民幸福。这种初心，是民主党派代代相传、永恒不变的自觉坚守，是多党合作近七十年栉风沐雨、稳步前行的经验总结，已成为中国特色政党制度鲜明的政治品格和精神特质。

知所从来，思所将往。即将召开的中国共产党第十九次全国代表大会，是在全面建成小康社会决胜阶段、中国特色社会主义发展关键时期召开的一次十分重要的大会。年底，各民主党派中央也将完成换届。在以习近平同志为核心的中共中央坚强领导下，我们比历史上任何时期都更接近中华民族伟大复兴的目标，比历史上任何时期都更有信心、有能力实现这个目标。让我们不忘合作初心，继续携手前进，更加紧密地团结在以习近平同志为核心的中共中央周围，切实增强政治意识、大局意识、核心意识、看齐意识，坚定中国特色社会主义道路自信、理论自信、制度自信和文化自信，为全面建成小康社会、实现中华民族伟大复兴的中国梦而不懈奋斗！

contents
目录

多党合作优良传统

思考感悟篇

民革中央主席　万鄂湘

与法相随逐梦路　不忘初心好扬帆

民革中央主席　万鄂湘

　　一个法律人的梦想就是一生与法相随：从学法、教法、用法、司法到立法，环环相接，这是最完美的人生轨迹。我能有这样的人生轨迹，得益于中国共产党领导的多党合作和政治协商制度，得益于实施依法治国战略的伟大时代。回想自己的法律人生路，我心中充满感慨和温暖，我们这一代人有幸成为改革开放伟大进程的见证者和推动者，成为中华民族伟大复兴中国梦的参与者和书写者，与国家发展脉搏一起跳动，我一路前行，一路成长，一路感悟。

父母亲教给我的助人情结

我出生于湖北省公安县的一个小镇。父母亲虽然没念过什么书，但他们言传身教给我的品质很简单却又很重要，那就是助人。回顾我的成长历程，我发现自己每一个脚步，每做一件实事的背后，其实都有父母亲的影子。

与许多同龄人一样，我经历了上学、下乡，然后又重返校园的过程。17 岁那年我到公安县达河公社联华三队插队，那时候的梦想是回县城当一个木匠。当时条件非常艰苦，但是在干完繁重的农活后能看看书我就非常满足了。1977 年我幸运地进入武汉大学外文系学习英语，临近毕业的一个机会让我与法结缘。

那年，我参加了校内"民主与法治"辩论赛。当时正值我国进入改革开放的新阶段，中共十一届三中全会"对民主和法制问题进行了认真的讨论"，提出"为了保障人民民主，必须加强社会主义法制"，开启了中国民主法治的新征程。作为一个外文系的参赛者，我从这场辩论中开启了对法律问题的思考。"法者，天下之公器"，促进社会公平正义，离不开法治的有力保障，我隐约觉得法治建

2000 年 5 月—2013 年 2 月，万鄂湘任最高人民法院副院长、大法官

设的春天要到来了，用法律维护公平正义不失为一种助人的好方式，于是产生了深入法律领域一探究竟的念头。我想，不仅要学法，而且要学对国家参与制定国际规则有帮助的国际法。因此，我没有选择继续在外语系深造，而是报考了法律系国际法专业硕士研究生。这一选择，正式开启了我与法律的结缘，由此我开始了学法、教法、用法、司法，直至进入共和国最高审判机关、立法机关的法律人生路。

习近平总书记说，中国梦是民族的梦，也是每个中国人的梦。我想，个人的梦想如果不能与国家的脉搏一起跳动，那么梦想都是空想。只有跟国家的命运、民族的振兴和百姓的幸福需求息息相关，梦想才能成为现实。

在逐梦的过程中，法律的专业精神与父母亲教导的助人为乐精神在我的思想里融合，促使我这么多年一直非常重视对弱势群体的关注。

在我心底，在武汉大学创办"社会弱者权利保护中心"是我人生中非常有意义的事。在那里，我很庆幸能用自己的专业实践自己的人生信念：那就是用最优秀的法律人才，为最需要帮助的人，提供最优质的法律帮助。

"法律援助"这个词在今天已经深入人心，但上世纪 90 年代初，中国法治建设还刚刚起步，法律援助在法律体系内是完全空白的。有些人对于"法律援助"、"社会弱者"这些新名词并不理解，认为是在搞西方国家那一套，所以当时创办之初的误解和阻力不小。但是一想到弱势群体那些曲折心酸的维权故事，想到他们遇到挫折走投无路的情况，我就重拾信心。在我看来，运用法律为百姓做实事是让法律深入人心的最好途径。

在各方努力下，1992 年 5 月，"社会弱者权利保护中心"终于在武汉大学诞生，它也成为我国第一个民间法律援助机构，之后正式更名为"武汉大学法律援助中心"。让我欣慰的是，二十多年来，我始终牵挂的法律援助中心一直在不断成长中，"保护弱者、伸张正义、播撒爱心"的追求始终没变，为无数社会弱者提供义务法律服务，帮助他们走出绝望和无助的困难境地。

在我看来，为人最大的乐趣就是助人。如果我们给予别人更多的同情和帮助，就会时刻感觉到精神回报，感恩所得的回报还会促使我们更多地去给予。

2005 年我到贵州考察时，发现当地很多贫困高中生上学困难，甚至有些基层法院的法官，为了孩子上学，白天审判，下班之后蹬三轮车为孩子攒学费。这让我感到很痛心，当即决定设立一个资助贫困地区高中学生的项目。回北京以后，

2015 年 5 月，万鄂湘（右一）在河北省保定市就环京津贫困带扶贫工作进行调研

我通过武大北京校友会，发起了"珞珈改变命运工程"，请校友牵手贫困高中生家庭，很快就筹集到 50 万元。这些善款委托贵州高级法院、中共贵州省委宣传部进行发放。更让我高兴的是，该行动引起了国家相关部门的重视，国家拨款解决了许多贫困高中生的学费和食宿问题。

这些年，我用自己的绵薄之力资助了一些困难家庭的孩子，他们之中有的都已经考上了大学，用知识改变了自己的命运。2015 年，我在河北保定开展"博爱牵手"活动时，与曲阳县孙家庄困难户孙胜科老人一家结了亲戚，老人的两个孙女已在博爱小学免费上学。去年过年，小姐妹俩给我发来一段视频，听着她们稚嫩的声音唱着："心中的小梦想，一闪一闪在发亮，穿越年少的迷茫，我会变得更坚强；心中的小梦想，一天一天在成长，天赐我一双翅膀，我会看到那最美的光……"我眼泪不由自主地就流下来。是啊，我们在孩子们心中种下一颗爱和梦想的种子，相信有一天，这颗种子会生根发芽，孩子们也会在自己的逐梦路上关爱更多的人。

履职路上建言法治中国

当我走出学校，成为一名法律工作者，在神圣的国徽和国旗下，维护社会公平和正义，以及日后担任民革领导职务乃至国家领导职务，参与中国特色社会主义法律体系建设进程时，我欣慰的是：可以利用自己的专长，为祖国奉献一己之力。

参政议政方面我有一个前提：那就是选题一定是在自己研究和长期关注的领域之内，因为只有这样才能做到有的放矢。正因为此，我的建议尤其关注司法体制改革。在全国政协九届五次会议上，由我主导的提案《关于推进司法改革，实现司法公正》以民革中央名义提交。这份提案被全国政协评为优秀提案。此后，中共十六大报告吸纳了这份提案中有关司法改革的内容，这让我非常惊喜和激动。

长期以来，社会法制是民革履行参政议政职能的重点领域之一，也是优势领域。当选民革中央主席之后，我有了更大的发挥专业优势的平台，那就是用我的法学专长带领民革全党在社会法制领域履行职能，为全面推进依法治国贡献力量。

近年来，在全国政协的履职平台上，民革中央提交了一系列与"全面推进依法治国"相关的提案。

比如，民革中央水资源司法保护的提案直接助推了我国环境公益诉讼制度的产生；民革中央、最高人民法院、全国政协社会和法制委员会3家联合组织的修改民事诉讼法的调研报告，全国人大法工委采纳了8条建议中的7条。

拿2016年来说，民革中央就充分发挥在社会法制领域的参政议政优势，从法治德治相结合和促进国家治理能力现代化的视角，深度聚焦"精准立法促进社会文明"课题。目前，我国深圳、武汉、杭州等多个城市已经实施或正在探索为"文明"立法。该不该为"文明"立法？如何平息争议？当前地方立法存在哪些问题？如何提升立法水平？带着这些问题，我多次率领调研组，先后赴四川、陕西、山西、吉林、湖北、河南、安徽、山东、湖南、江西、福建等十多个省份开展实地调研。调研成果《关于精准立法促进社会文明的建议》，获得了中共中央领导同志的重要批示。中共中央政法委高度重视，全国人大法工委上门"办理"。

为落实中共十八届四中全会提出的"探索委托第三方起草法律法规草案""充分发挥民主党派在立法协商中的作用"的有关精神，我带领民革中央与多所高校和法学研究机构进一步深入研究法治促进社会文明的经验和标准体系，联合起草了《社会文明促进条例（示范文本）》，通过政党协商等渠道，为地方立法机关提供参考。

参政议政活动推动了相关工作，民革法制类提案得到了良好的社会反响，吸引了更多社会法制方面的人才加入民革。如今，民革党员中担任司法机关领导职务的副部级 1 人，厅局级 12 人，在法院担任处级实职的 39 人，在检察院担任处级实职的 25 人。民革在该领域的人才智力优势不断凸显，集聚了人才，加强了凝聚力。

用镜头传承民革优良传统

2012 年底，在民革第十二次全国代表大会上，我当选为民革中央主席，接过新一轮接力棒。回想我 1990 年加入民革到现在，一晃 27 个年头过去了。我对民革组织愈加热爱，对民革优良传统的体会也愈加深刻。

民革主要创始人、第一至第四届中央主席李济深在临终前对身边同志嘱咐说：坚持中国共产党领导，走社会主义道路，要让后人在这个原则问题上永远和我们保持一致，代代相传。坚定不移地坚持中国共产党领导，是民革优良传统的核心，也是我们最重要的历史经验。近 70 年来，民革形成了许多无比珍贵的优良传统，其中有四点，即"不忘初心，坚定不移地接受中国共产党领导；携手前进，致力于国家富强、民族复兴、人民幸福；继承和发扬孙中山爱国、革命、不断进步精神；发挥优势，积极促进祖国和平统一"，是民革优良传统的核心。它值得每一个民革党员好好学习和继承，从中不断获得启示和鼓励。

我曾利用业余时间制作了一个关于民革中央原副主席贾亦斌人生经历的视频。在制作该视频过程中，我搜集了很多宝贵的史料，进一步重温了贾公长期致力于祖国和平统一事业的光辉事迹和一生以民族大义为重的高尚品质，深受鼓舞。这让我进一步意识到，用镜头记录下民革党史资料和抗战老兵口述历史非常有意义，它不仅能推动全党学习继承民革前辈的优良传统，而且能够激励和启迪后人，对于做好政治交接、薪火相传具有积极意义。

为此，从 2013 年 8 月开始，民革中央首次号召在全党范围内积极开展抢救性采集民革前辈史料专项工作，为民革前辈中年事已高的黄埔老人、抗战老兵和民革老领导留下珍贵的影像资料。

2015 年 8 月 20 日，万鄂湘（左二）观看由团结报社举办的『铭记与关爱—镜头中的抗战老兵』图片展

老领导、老同志们面对镜头娓娓道来，声情并茂，极富感染力和说服力，我每次观看视频也都深受感动。像张克明、李业初这些老前辈，作为民革成立历史的见证人，他们把自己所见所闻的民革成立前后的人与事娓娓道来，为我们再现了民革成立当时所面临的复杂政治环境以及民革前辈为追求民主、追求进步，为新中国建立无私奉献的奋斗经历。通过他们的讲述，我们理解了为什么民革会接受而且必须接受中国共产党的领导、理解了民革优良传统的内涵。另外，相当一部分被采访的民革前辈是参加过抗日战争的老兵，他们从普通士兵的角度，讲述了战争的残酷，展现了中华民族强大坚韧的民族意志和顽强不屈的民族精神。令人惋惜的是，才短短三年时间，一些接受采访的老领导、老士兵就病逝了，像民革甘肃省委会采集的 12 个人中，有 5 位已经离世。这也从另一个方面，凸显了此项工作的意义和价值。227 人、时长 16000 多分钟、存储容量 7700 多 GB 的全高清视频以及手模手印、题词、照片等电子化资料……充分展示统一战线的优势和特色，成为教育民革广大党员继承和发扬民革优良传统的生动教材。这项工作与后来开展的坚持和发展中国特色社会主义学习实践活动的内容十分吻合，采集民革前辈史料工作又成为民革开展学习实践活动，特别是"不忘合作初心、继续携手前进"专题教育的一项重要内容。

记者会上吐心声

早在美国耶鲁大学求学时，我曾与同学辩论过形态各异的政党制度。武汉大学和耶鲁大学两所优秀法学院的求学经历让我习惯用国际视角看待问题，也让我在思辨古今中外政党制度后，对我国的政党制度有了清醒的认识。

我认为，一个国家的政治制度、政党制度好不好，关键是适不适合本国国情。

鸦片战争后的一百多年，中国一直未能找到正确的政治道路。中国共产党领导的多党合作和政治协商制度，是中国经过很多失败、很多经验教训后，由历史选择确定的政治制度。中国不是没搞过多党制，民国初年中国的政党最多的时候有三百多个，结果怎么样呢? 政党恶斗，军阀混战，国家四分五裂。改革开放三十多年来，我们取得了巨大的发展成就，这种经济发展成果与现行政党制度间的因果关系，谁也不能否认。我相信，中国特色政党制度在今后中国经济的发展中还将发挥非常重要的政治作用。因为中国人民希望的是经济持续健康向好的发展，希望有一个稳定的政治制度，包括我们的政党制度。

然而，有许多人尤其是国际社会，对中国特色政党制度了解并不多，也不够深。这就需要我们重视讲述并讲好中国特色政党制度故事，传播中国政党制度的优势，阐释中国人民为人类探索更好社会制度提供的中国方案。

我清晰地记得，2013 年 3 月 6 日，全国政协十二届一次会议在人民大会堂举行记者会，新一届民主党派中央和全国工商联领导人集体亮相，我国的多党合作制度成为外媒最为关注的话题之一。

"我们知道作为民主党派，你们的职责是提出建议，但是你们是否希望有朝一日也能参与多党竞选? "当时，美国《纽约时报》记者把问题抛给了我。

这个问题是有一定挑战性的。但对我而言，关于我国政党制度，我已经深入思考了多年。我把这个问题当做一次向世界传播中国特色政党制度的机会。于是，我详细阐释了我们为什么要坚持中国特色政党制度，为什么要在中国共产党的领导下履行好参政党的职责。

我说，中国有一句老话，鞋子舒不舒服只有脚知道，也就是说世界上没有哪一种制度是最好的，但是肯定有一种制度是最适合这个国家目前的发展阶段，是必须要坚持的。

记者会上，我的回答都是我在学习生活和履职实践中的真切思考感悟。

　　我永远忘不了 2000 年 4 月 29 日这个日子，那一天，我被全国人大常委会任命为最高人民法院副院长。忘不了，并不是因为头衔中那个"长"字，而是因为我特别珍惜"大法官"这个头衔，在我看来这不仅是对学识的尊重，同时也是对一位法学研究者人格的最大认同。这不是我个人有多大能耐，而是时代的机遇——多党合作制度不断完善和发展，民主党派成员在国家机关担任领导职务，成为一个重要标志。

　　针对非中共人士担任国家机构实职，一直有一种声音：会不会没有实权，有"花瓶"之嫌？

　　我用亲身经历回答："在宪法和法律规定的范围之内，我作为最高人民法院副院长所具有的权力和其他副院长没有任何区别。"

　　担任最高人民法院副院长 12 年，我分管民四庭。这是专门针对我国加入世界贸易组织后涉外案件会大幅增加且具有很强专业特征而设立的，有关涉外、涉港澳台的经济、投资、贸易、海事、海商案件以及外国法院的判决到中国法院承认与执行、涉外仲裁的司法审查等都归民四庭管辖。一个涉外案件就是一场国际官司，国际官司又可能演变成国际政治问题。所以每一个要签署的判决书，我都要反复推敲，标点符号也不能放过。因为所有涉外案件都要满足 WTO 的透明原则，审判过程和结果都公开，为此我们在扎实做好审判工作的同时，还创办了中国司法史上第一个全国性大型专业审判网站——涉外商事海事审判网站，体现了我国涉外商事海事司法的公正、开放、透明。

　　任职过程中，凡是分管范围之内的事，我负责的案件我都能拍板定案。最高人民法院的所有会议，比如说院长办公会、重大人事任免会议我都参加，并且我的建议和提议时常成为最高人民法院一些重要决议的内容。没有人把我当外人，我自己也从不把自己当外人，从来没有感觉到自己是一个"花瓶"。

　　担任民革中央领导职务后，我代表民革中央在中共中央、国务院和有关部门召开的党外人士协商会、座谈会、情况通报会上积极建言献策，得到中共中央、国务院领导同志的高度重视，其中多条建议在国家大政方针制定和政府决策时被采纳。人民代表大会制度是我国的根本政治制度，中国共产党领导的多党合作和政治协商制度是我国的基本政治制度，在这两个制度框架下，我非常自豪和荣幸地参与了民族复兴的伟大实践。

　　履职经历告诉我，中国共产党领导的多党合作和政治协商制度，既能够有效

2004 年 5 月，万鄂湘在意大利罗马出席世界法律大会

避免多党竞争、相互倾轧造成的政治动荡，也能够有效避免一党专制、缺乏监督导致的种种弊端，具有政治参与、利益表达、社会整合、民主监督、维护稳定等重要功能。

记得在 2007 年，我到耶鲁大学参加一个国际会议，会议结束后又给耶鲁大学法学院学生作了一次讲座。课堂上，我看到十多位大陆学生的面孔。这不由得让我想起 20 年前，班级里一共才两位同学来自大陆，这也是我们国家繁荣进步的一种间接反映吧！

讲座结束后，我打开电脑给大陆学生播放了自己拍摄和编辑的高清视频，其中就有《祖国颂》《五星红旗》《今天是你的生日》。看到视频画面，这些海外游子个个饱含热泪，每个人都有说不完的思乡情结和爱国风尚。我想，人人都有家国情怀，爱国爱家不需要理由，爱国情怀最没有代沟。

抚今追昔，我衷心拥护中国共产党领导的多党合作和政治协商制度。它广开进贤之路，聚天下英才而用之，把全体中国人民的智慧和力量聚合在一起，汇聚成坚持和发展中国特色社会主义、实现中华民族伟大复兴中国梦的磅礴合力。

民革中央原主席 何鲁丽

以身报国 坚定地跟共产党走

民革中央原主席 何鲁丽

我出生于 1934 年，今年 83 岁了。用时髦的话说，也是一名"80 后"。回首这八十多年光阴，我当过医生、政府公务员、民革领导、国家领导人，见证了国家的发展、社会的进步、时代的变革，人生的经历让我感触颇多。作为一名党外知识分子和民主党派成员，我深刻感到是共产党和人民培养教育了我，是多党合作事业的不断发展锻炼成就了我。

深受父亲家国情怀影响

我的父亲何思源早年曾赴美国、德国、法国留学。1919 年 5 月 4 日，他参加了天安门广场上"外抗强权，内除国贼"的集会游行，并参与了火烧赵家楼的壮举。参加"五四"运动对父亲一生影响至深，几十年后，我与父亲路过赵家楼旧址，父亲还为我指点历史遗迹，我们父女俩的心情都很激动。

1919 年至 1926 年，父亲留学欧、美，攻读哲学和经济，不但著成《国际经济政策》一书，还遇到了我的法国籍母亲——宜文妮·詹姆斯，中文名何宜文。

父母于 1928 年在上海结婚。也就是这一年，时任中山大学教授、经济系主任、法学院院长的父亲，由于戴季陶的推荐，被蒋介石任命为国民革命军军事委员会政治部副主任，随着北伐军进军山东，随即被任命为山东省教育厅厅长。1937 年七七事变后，抗日战争全面爆发，华北日军长驱南下，兵临黄河而欲取济南。山东省政府主席韩复榘不发一枪放弃济南，退到泰安，随后又逃到鲁西南。在这个紧要关头，学者出身、身为文官的父亲临危受命，毅然出任鲁北行署主任，组织游击队，与日本侵略军在鲁北平原上打起了游击战，成了日本人在山东的眼中钉、肉中刺，必欲除之而后快。

1947 年，何鲁丽（左一）与家人在中南海西花厅（时北平市政府住宅）合影

1940 年 12 月，我 7 岁。日本宪兵队得知母亲和我们姐弟四人匿居在天津意大利租界，便将我们逮捕押解至山东，这就是震惊中外的人质事件。我们害怕极了，母亲安慰说不要怕，父亲一定会救我们的。后来得知，日军以杀死我们胁迫父亲，同时以高官厚禄利诱，妄图使父亲投降。我父亲大义凛然，一边通电国际社会，严厉谴责日本滥捕无辜，同时又出人意料地进行反人质斗争。在强大的国际舆论压力下，侵华日军总司令冈村宁次被迫把我们送回天津。

1944 年 11 月，父亲被任命为山东省政府主席，1946 年 11 月又调任北平市市长。任内，由于同情北平学生"反饥饿、反内战、反迫害"的民主运动，不满于蒋政权的日益腐败，于 1948 年 6 月被免去市长职务。被免职后，他拒绝了国民党的其他任命。1949 年 1 月，人民解放军包围北平，父亲没有去台湾，而是积极为北平的和平解放奔走呼号，被华北七省市议会推举为和平谈判首席代表。为此，蒋介石下令军统局对父亲实施暗杀计划，我们家付出了惨重的代价。

1949 年 1 月 17 日深夜，国民党特务在我家放置的炸弹爆炸了两颗，夺去了我妹妹鲁美的生命，全家一死五伤。14 岁的我头部也受了伤，那幕惨剧使我永生难忘。但国民党的炸弹没有吓倒父亲。第二天，他不顾伤痛和失去幼女的悲哀，按照规定时间，率和谈代表团出城同解放军代表洽谈，不负北平人民的重托。从此，他毅然选择了跟共产党走。新中国成立后，父亲满腔热情投入工作，先后任人民出版社、世界知识出版社编辑，全国政协文史专员。自 1954 年起，他历任二、三、四、五届全国政协委员和民革中央委员。父亲先后出版著作和译著几十部，为我们留下了珍贵的历史资料，被人们誉为爱国民主人士、教育家、社会活动家。

除了在抗战时期离开过父亲 5 年时间外，我基本上都与父亲在一起生活。父亲对我们教育十分严格，从小教我们学习英文、法文，让我坚持读书，寒假也要去上外语学校，虽然当时觉得不近人情，却让我养成了爱读书、好学习的受益一生的习惯。父亲教育我们要真诚待人，豁达乐观，他常说"君子坦荡荡，小人常戚戚"。我尊敬父亲，爱父亲，深受父亲一介书生却以天下为己任的家国情怀影响。幼年的经历，也让我深刻体会到国难当头的苦闷愤慨和抵御外侮的艰苦卓绝，明白了国民党反动独裁统治注定要失去人心、被历史淘汰，而只有共产党才能救中国。后来的从政经历和政治操守，我也深受父辈和这段经历影响，那就是：以身报国，坚定地跟共产党走。

在角色变换中不断进步

我出生在济南，初中二年级时随父亲移居北平，先后在北京第一女子中学、北京大学医预科、北京医学院学习。1957年，我从北京医学院毕业，进入到北京儿童医院工作，后又到北京第二医院参与创办小儿科。长期的临床实践，加上不断钻研，我在小儿内分泌、小儿成长障碍等方面逐渐取得了一些成就。当了27年儿科医生的我，对"医者仁心"有了更深的感悟。每当看到病床上一个个小生命经过我们的救治转危为安时，心里总是充满了幸福感。

1984年，北京市各区县政府改选，提出干部要知识化、专业化、年轻化，领导班子要配备党外人士和女性知识分子。就这样，49岁的我脱下了白大褂，走上北京市西城区副区长这个陌生而全新的岗位。记得刚上任，我乘公共汽车去上班，竟然找不到区政府的大门。最初批示文件，我还像医生开处方那样，把自己的名字签在右下角。但是，我知道这个新的岗位的意义，只能干好，不能干糟。我要对党和

2000年12月31日23时59分，何鲁丽（左二）为诞生于新世纪到来之时的北京市第一对双胞胎接生

1995年3月，何鲁丽（前排左二）到北京市宣武区牛街向穆斯林群众祝贺开斋节

人民交予的新使命高度负责，凭着多年从医练就的严谨、务实，还有来自百姓、为了百姓的朴实情愫，我很快就进入了副区长的角色。在分管的科技、外事、市容、卫生、计划生育和民政等各部门的工作中，我都兢兢业业。我注重抓了与京城老百姓日常生活密切相关的事情。例如，根据当时大量知青返城的情况，办起了北京市第一所新婚学校、第一所孕妇学校，整修了区内一大批公共厕所。

1988年，在北京市第九届人民代表大会第一次会议的差额选举中，我当选为北京市政府副市长。42年前，我的父亲何思源曾出任北平市长。有人说这是"历史巧合"，但我当选的根本原因在于，中国共产党和政府的选人用人政策不断与时俱进，愈加重视包括民主党派成员在内的党外知识分子，这也是组织和人民对我此前从政表现的信任和认可。1993年，在北京市第十届人民代表大会第一次会议上，我再次当选副市长。在我分管文教卫生等工作期间，北京市连续3年荣获"全国十佳卫生城市"称号，我也两次被评为"十佳卫生城市市长"。在政府任职期间，我接触了许许多多的基层干部和群众，他们的智慧，给我启发，使我受益；他们的工作精神和积极性、创造性，督促、推动我不断进步。

1986年4月，我加入民革，开始了与民革、与多党合作事业的正式结缘。其实，说起民革和民主党派，我并不陌生，还带着天然的亲切感。父亲是原国民党人士，后加入民革，曾任全国政协委员、民革中央委员，我在政府工作中也与民主党派成员多有接触。随着兼任民革北京市委会副主委，对民革工作和政党制度的认识理解也不断加深。1988年底，在民革第七次全国代表大会上，我当选为民革中央副主席。

在角色变换中，我也不断地学习成长。1996年11月11日，在民革八届五中全会上，我被选举为民革中央主席。肩负着民革全党同志的重托，我深感责任重大，使命光荣。也就是在这次会议上，我向全党提出了"把一个什么样的民革带入21世纪"的问题。

多年以后，我再回过头去看这个问题，它确实切中了关键和要害。它的含义就是，民革作为参政党，首先必须政治上坚定清醒，制度上健全完备，组织上富有活力和凝聚力，如此才能谈得上在国家的政治生活中发挥更大的作用。所以，这个问题就是加强自身建设的问题，解决了这个问题，其他问题也都将迎刃而解。

西柏坡重温"五一口号"

民革是1948年元旦在香港宣布成立的。响应中共中央"五一口号"，参加新政协，确认中国共产党的领导地位，是民革历史上的一个重大转折。

1998年9月，在纪念中共中央"五一口号"发布五十周年之际，我和各民主党派新老领导齐聚革命圣地西柏坡，重温当年的重要历史。1948年，西柏坡这个太行山麓的小山村，作为中共中央进入北平、解放全中国的最后一个农村指挥所，成为祖国的心脏。5月，中共中央在此发布"五一口号"，得到了各民主党派、无党派民主人士的热烈响应。回望这段历史，我们仍能从中得到深刻的教育和启示。

民革，是一个重传统、讲传承的参政党，这一点我体会尤深。初到民革中央工作时，我是最年轻的副主席，朱学范、屈武、彭清源、贾亦斌等民革老前辈、老领导通过言传身教，给予了我大力帮助和无私关怀。他们的高风亮节、政治坚定、民革感情、工作热情，让我十分受益，都值得我深入学习，认真实践。

1999年12月，民革中央宣传部编辑出版了《报国尽此心——民革领导人传》一书。该书收录了29位民革前辈的传记，令我深为民革前辈们的追求、奋斗和奉献精神所感动。首发式上，我以《报国尽此心　传统永相传》为题，把民革前辈的光荣传统总结为五个方面，即：接受和坚持中国共产党的领导的传统，爱国的传统，无私奉献的传统，努力学习、自我教育的传统，团结的传统。

民革中央原主席朱学范曾说过："在坚持中国共产党领导这一点上，民革不允许有不同的声音。"半个多世纪以来，不管经过多大风、多大浪，民革从来没有动摇过对共产党的信任和信心，一直坚定地依靠共产党的领导，拥护共产党的领导。

　　担任民革中央主席期间，每逢参加高层协商、党外人士座谈会等，我在发言中都会强调要坚持中国共产党的领导。我始终认为坚持共产党的领导绝不是空话套话，这是民革和共产党合作共事的政治基础，是民革的历史选择和光荣传统，是民革老一辈领导人的政治交代，是民革立党之本。因此，搞好政治交接，核心就是坚定不移地接受中国共产党的领导，在任何时候、任何情况下，决不动摇。

　　我曾主持了三次民革的换届工作，愈加感到，换届不是简单的新老交替，其实质和核心是要搞好政治交接，使民革的事业薪火相传、后继有人，把老一辈领导同志坚持走中国特色社会主义政治发展道路的传统、信心和决心传承下去，保证中国共产党领导的多党合作和政治协商制度得到更好的坚持和完善。

　　当年，我的父亲没有追随国民党去台湾，他一直渴盼着两岸和平发展，祖国早日统一。民革作为参政党，一直以来都把促进海峡两岸经济文化交流、促进祖国和平统一作为自身的重点工作。民革中央在 2000 年全国政协九届三次会议

2006 年 3 月 16 日，何鲁丽获得法国国家荣誉勋位军官勋章

上，以"第 0232 号提案"的形式，提出了关于尽快制定"反分裂国家行为法"的建议。2005 年 3 月 14 日，十届全国人大三次会议表决通过了《反分裂国家法》。这是中国首次以法律形式采取的维护国家统一和领土完整的重大举措。我当时特别激动，不仅是因为我见证了这一过程，更是因为民革等各界人士的努力推动，大家共同催生了这部"反独促统"的法律。

多年来，无论身在哪个岗位，我都牢记自己来自人民，服务人民，要深入实际，听真话，讲真话，献真招。凡是开展调研、执法检查时，每到一地，我们都不满足于会议上听听汇报，见见地方领导，而是务必深入基层，到车间、里弄、村民小组和农户家中，与居民、工人、农民聊聊家常，在一问一答之中，眼看耳听之际，真实情况和第一手的资料就都得到了。

作为女性，我一直特别关注有关妇女的问题，由于我的工作经历，我也对教育、卫生、大病致贫的救助、精神文明建设等方面的问题给予关注。工作期间，我每天都会收到大量群众来信。比如湖南省人大代表陈健教授给我写了一封求救的信，是请求帮助一个 11 岁患有先天性心脏病、家境贫寒、无钱治病的女孩。我收到这封信后，立即把信转给了湖南省人大常委会，建议他们请卫生系统、民政、红十字会或慈善机构从社会援助的几个方面一起解决，此事得到了社会各界的广泛关注。湖南省红十字会还牵头建立了贫困儿童大病救助基金。像这样的情况，社会上还有很多，一个个案的解决，不是我们要达到的目标，我们要考虑如何从机制层面加以推动解决，比如一方面推进农村合作医疗，一方面成立儿童医疗互助基金，从更广的角度调查研究，以建立和健全能覆盖全国的社会救助网络。1995 年 9 月，联合国第四次世界妇女大会在北京召开。189 个国家的政府代表团、联合国系统及非政府组织代表 15000 多人齐聚北京出席会议。我作为全国妇联副主席、北京市副市长及组委会负责人之一，参与了整个会议的筹备工作，并作为中国代表团副团长出席会议。这次大会后来被称为是世界妇女事业发展史上的重要里程碑，也是维护社会公正、推进各国社会发展的重要举措，在世界各国女性中引起了强烈反响，也充分展示了我国妇女事业的成就。

中国政党制度有独特的优越性

2017 年是香港回归祖国 20 周年。1997 年，中央成立中国政府代表团，出席

2001 年 11 月，何鲁丽（右）在北京会见联合国艾滋病规划署执行主任皮奥特博士

香港政权交接仪式。代表团具有广泛代表性，其中包括八个民主党派的代表。我作为代表团成员，有幸参加和见证了这一民族盛事。

　　1997 年 7 月 1 日零时，雄壮的中华人民共和国国歌高亢奏响，鲜艳的五星红旗冉冉升起，我双眼溢满泪水，心情万分激动。那天下着雨，有人说，大雨是冲刷百年的屈辱，但我更觉得这场雨是浇灌香港这片土地，让她更繁荣更幸福更好发展。

　　受北京文物专家之托，在交接仪式之前，我还冒着飘泼大雨，跑到维多利亚湾，装了一盒土，带回北京。后来，这些土被倒入北京中山公园社稷坛的五色土中。五色土，寓含了全中国的疆土，要有香港回归后的土。这也给我留下了一段既忙碌又甜蜜的回忆。

　　1999 年，我再次作为中国政府代表团成员，赴澳门出席澳门政权交接仪式。

　　参加这两次重大仪式，让我认识到中国共产党对多党合作和政治协商制度的重视，对民主党派在国家政治社会发展中重要作用的重视，这也是向世界展示中国政党制度的优越性。

除了在人大、政协、民革担任职务外，我还在全国妇联、中国人口福利基金会、中国人民争取和平与裁军协会、中央社会主义学院、中华慈善总会等单位和组织兼任职务。比如，中国人民争取和平与裁军协会（简称"和裁会"）是中国最大的民间和平组织。这样的民间交流，在国际交往中往往发挥着独特的作用。我利用多种场合，从不同角度，向国际社会展示中国人民是爱好和平的人民，展示中国为维护世界和平作出的积极努力和贡献，同时也向世界介绍中国共产党领导的多党合作和政治协商制度的巨大生命力和优越性。

在西方社会，一些政界人士及媒体记者对中国的政党制度并不是特别了解，甚至存在很大误解。我在会见外宾或出国访问时，身体力行地向他们介绍和展示中国政党制度。让他们了解，中国八个民主党派是参政党，而不是在野党、反对党，是执政党的诤友，参政党与执政党是亲密无间的合作关系。这就从根本上克服了西方国家两党制或多党制互相攻击、互相倾轧、争论不休的弊端，能够保证集中领导和广泛民主、充满活力与富有效率的有机统一。他们了解了中国的政党制度，进而会发现中国政党制度的成功实践，正在为世界政党政治的发展作出独特贡献、提供有益借鉴。

不忘初心，方得始终。在民革工作的这些年，对我是一个不断学习锻炼的过程，也是不断成长成熟的过程。虽然我已经离开了领导工作岗位，但我一直关注着民革、关注着我国多党合作事业的发展。

民革中央原主席　周铁农

始终把握方向　才能行稳致远

民革中央原主席　周铁农

退休以来，总有人问我怎样总结自己的经历，我将其概括为"求学、教书、从政"三个词；也有人问我是怎么完成从"出身不好"的青年学生到国家领导人的转变，我也喜欢用"信任与努力"概括。

从一名"家庭成分并不好"的青年学生，到东北重型机械学院的一名教师，再到齐齐哈尔市副市长，直至成为民主党派中央主席和国家领导人，我的每一次成长和进步，都离不开中共党组织的关怀、培养和信任。

把问题当成方程式来解

我是辽宁沈阳人，1938 年 11 月出生。那个时候，正是抗日战争全面爆发刚一年多的时候，也是东北三省遭受日寇摧残最深重的年代。我 7 岁时，抗战胜利，父亲不知下落，后来才得知是被苏军俘虏关押，全家的重担压在了母亲身上。所幸，我有一个坚强的母亲，让我在童年不曾受到太多苦难，还能坚持学习下去。

1955 年，我进入北京大学数学系力学专业学习。毕业后，我原本要在"哈工大"任教，但由于家庭成分不好，被调至东北重型机械学院（简称"东重"）。当时正值东北重工业发展的高速时期，这一调任反而给了我更宽阔更合适的舞台。也正是在"东重"任教的 22 年，让我学会了许多道理，其中最重要的，是认清了中国共产党和以往其他政党的本质不同——真心实意搞建设，真心实意为人民考虑，为国家和民族前途考虑。

1983 年，我当选为齐齐哈尔市副市长，由此开始了长达三十年的从政道路。事实上，在此之前，我从未想过，会有一天放下自己的教鞭，离开我的讲堂和学生，走上截然不同的岗位。

1987 年 5 月 6 日至 6 月 2 日，黑龙江省大兴安岭地区发生特大火灾，这是新中国成立以来最严重的一次森林火灾，彼时，是我担任齐市副市长的第 5 年。齐市虽然不在大火的中心地带，但作为当时黑龙江最重要的城市之一，却是重要的枢纽要地。

当时，伤员、灾民、救火人员以及与救火有关的各种物资、车辆等都要通过齐市调度。不巧的是，时任常务副市长因事外出，指挥调度的重担就落在了我的头上。面对调度中的各方诉求与难题，厘清头绪是关键。我想，何不用学数学时解方程的办法——一步一步搞清事情的关键，再着手处理？就这样，经过一个多月的协调调度，我们圆满完成了大火救灾工作，这也为我日后的工作积累了经验。当然，如果时间能够重来，我宁愿自己没有因此而获得上级和群众的肯定，也不愿大火再次发生。

1991 年，我被任命为黑龙江省副省长，主抓文化、教育、卫生、体育、新闻出版、广播电视、计划生育七项工作，我是搞自然科学的，不管什么复杂的难题，我依然习惯把它化成一个个方程来解。

1996 年，由黑龙江承办的第三届亚洲冬季运动会即将在哈尔滨举行。受组织信任，黑龙江省政府常务会议做出决定，由我全权负责筹办亚冬会。同志们开玩

1995年12月，周铁农（左二）考察参观中国一汽大众汽车有限公司

笑说我"揣着尚方宝剑"，所有工作一定配合，但亚冬会筹备的场馆建设仍是给我出了难题。

由于当时黑龙江没有承办过这类大型赛事的先例，很多场馆和设施都需要新建，既要将经费控制在有限的30亿元人民币预算内，又要高标准、严要求地完成各项任务，保证场馆符合现代化要求，如何兼得？面对挑战，我的秘诀是：不忘组织的信任，把问题当成方程式来解。

事实证明确实如此。从规划、到协调、再到建设，我们在两年的时间内超额完成了任务！

后来，我又先后担任民革中央副主席、常务副主席、主席等职务，这种"解方程"的工作方法，早已成为我处理各种工作的一种习惯。同时，30年的从政经历中，也让我逐步明悟，我的从政经历，不光是机遇和我自己的努力，更是中共党组织的培养和信任，让我得以站在更广阔的舞台上，为国家、为人民、为社会贡献自己的智慧和力量。

心怀对先贤的敬仰　加入民革

从政期间，我还作出了另一个影响我一生的重大决定——加入民革。对我来说，这并不算突兀。很多人不知道，我的家庭也是和国民党甚至孙中山建立的中国同盟会颇有渊源的。

我的父亲曾在国民党政府的军队中任过职，外祖父更曾留学日本，并在日本参与孙中山先生组织的集会，加入同盟会，成为其早期成员。

一次会议上，我认识了时任民革黑龙江省委会主委陈行健。之后，他多次找我谈话，希望我加入民革。

坦率讲，在这之前，我对民革并不十分熟悉，但我非常敬仰伟大的革命先行者孙中山先生，也被李济深、何香凝等民革先贤与中国共产党风雨同舟、亲密合作的优良传统及忧国忧民、振兴中华的爱国主义精神所深深感染。带着这样一种感情，1991年，我正式加入民革。1992年，民革黑龙江省委会换届时，我担任了主委，并在同年被选为民革中央副主席。

实际工作中，尤其是加入民革后，我感到，外界对于民主党派的了解还是太少，对中国共产党领导的多党合作和政治协商制度缺乏应有的认识。2004年，我专门调集了民革中央机关干部中的几位"笔杆子"，用一年的时间编写了《中国的参政党》一书。出版这本书的最大意义在于，它是由参政党自己编写的、介绍中国参政党的第一本理论专著。我认为，民革编写这本书，从民主党派视角着眼，更易被外界人士接受，可以协助中国共产党宣传我国的政党制度和民主政治。

在编写《中国的参政党》一书过程中，我曾经多次求教于民革的一些老前辈。这些老前辈大多已到耄耋之年，但是去采访和搜集资料的时候，却非常积极地予以支持和配合。

例如，与蒋经国私交甚深的民革前辈贾亦斌，当时已九十多岁高龄，得知编书一事后，贾公拉着我的手详细回忆民革的发展历史，这一幕我至今难以忘怀。这些老前辈都有着特别强烈的愿望，就是希望中国特色社会主义参政党能够被更多的人所了解，希望符合中国国情的多党合作和政治协商制度能够被更多的人所认识和了解！

我被深深地感动和感染着。他们的现身说法，让我更加明白，民主党派为什么选择跟着中国共产党走，参政党是如何跟共产党通力合作的，也由此更加坚定了我坚持中国共产党的领导，坚持走中国特色社会主义政治发展道路的信心和决心。

是的，实践是检验真理的唯一标准。民革老一辈领导人在坚持中国特色社会主义政治发展道路这一点上，不曾有过丝毫的动摇。他们始终以自身的热情和高度的历史责任感，教育和带领广大党员不断提高政治觉悟，坚定地走中国特色社会主义政治发展道路。

跨过浊水溪是我一辈子的幸事

民革，因其是由中国国民党民主派和其他爱国民主人士所创建，与台湾方面有很深的历史渊源，故也被重点赋予了促进祖国统一的任务。民革前辈先贤在祖国统一事业上政治影响巨大、经历丰富。加入民革后，我常常告诫自己，勿忘祖国和平统一大业。

2011 年 3 月，正值辛亥革命 100 周年，我带领中华中山文化交流协会参访团一行，应邀赴台访问交流，开始了从北到南的踏访之途。这是我第一次访台，也是我此生最难忘的经历之一。

浊水溪位于台湾中部，溪以北就算台湾的北部，以南就算是台湾的南部。在台湾政治圈，通常把浊水溪以北归纳为亲蓝的，以南是亲绿的。所以台湾县市长的执政，北部主要是国民党，南部主要是民进党。我这次到台南县参访，被很多人称为是首位跨过台湾"浊水溪"的在任国家领导人。踏上宝岛，我既高兴，也有些伤感。山水、人情、风俗和大陆没有区别，处处可见的同胞情谊，让人高兴。而伤感的是，台湾目前与祖国所处的分离状态，这让我感到自身责任的重大。

在此次访台期间，我分别与国民党荣誉主席连战、吴伯雄，亲民党主席宋楚瑜和新党主席郁慕明等台湾政要进行了交流，并回访了奇美集团创办人许文龙。许文龙先生发表过两岸同属一个中国的退休感言。他的立场，充分反映了近年来两岸关系的不断发展。

更让我印象深刻的是在高雄市的一场互动。当时，七十多位曾参加过大陆参访团的乡（里）长从台南、台中、嘉义等地专程赶来相见，乡亲们的淳朴和热情，让我非常感动。他们的热情，也让我认识到，台湾南部的政治人物多有偏绿倾向，但广大民众和企业都表达了对两岸关系改善的愿望，两岸关系和平发展仍

2011年3月，周铁农（左）率中华中山文化交流协会赴台参访期间，拜会中国国民党荣誉主席连战

是主流民意，这让我对统一大业更有了信心。

事实上，每年，民革中央都会派出代表团，到台湾岛内考察、访问，与一些和民革成员有关系的人士进行交往。民革中央也尽最大可能，邀请台湾各界人士到大陆访问。同时，我们还编写了一本《民革祖统工作读本》，为民革更好开展祖统工作提供了参考。

我们就是用这样点点滴滴的工作，使一些台湾百姓，特别是一些青年人对祖国的认同一步步地增强。

如今，我已经退休了，但对于宝岛台湾和祖国统一大业仍放不下、舍不掉，偶尔也会参加中国和平统一促进会、民革组织等开展的一些活动。我认为，政治交接的重点之一就是要继承和发扬民革的优良传统。民革在促进祖国和平统一大业中有着特殊地位和作用，我们尤其要发挥好民革的特色和优势，不断开创思路和方法，有力配合党和国家对台工作的主体和全局，为实现祖国和平统一贡献民革的力量。

研究中山文化、传承中山精神是我的使命

两岸对辛亥革命和孙中山的特殊的情感，让我对统一大业深有信心，也更加坚定了我在民革中央任职期间着力推动孙中山研究和辛亥革命研究的决心。

民革从孕育、成立到发展的历史阶段中，一直受到中山先生思想和精神的重要影响。1984年，民革中央成立孙中山研究学会，专注于孙中山的著作、图片、文献及有关研究资料的搜集和整理，组织学术研讨会，与港澳台及海外孙中山研究机构保持广泛联系。9年后，民革中央老领导李沛瑶、何鲁丽、贾亦斌等又发起成立了中国辛亥革命研究会。这两个机构，我都曾担任过领导职务，并组织了一些活动。

但是也应该看到，近年来，孙中山研究也经历着发展的起伏。一段时间比较兴旺，研讨会接连不断，民革中央在办，许多地方组织也在办；也有一个阶段，研究就比较沉闷，活动少了很多，成果也不太多。研究贵在"求真""求新""求深"，看着一段时间孙中山研究起色不大，我很是着急。从大了说，民革要保持作为八个民主党派之一的独特性，必须要通过不断研究孙中山，发扬和继承中山先生的精神，以此激励我们更好地发挥参政党作用。因此，作为孙中山研究会的会长，我特别希望做一点事情，调动起年轻学者专家的积极性，多出一些有益的、有影响的、有价值的成果。

2009年10月，在举国上下沉浸在欢庆新中国成立60周年的喜悦气氛中，我们特意召开了一次学术研讨会，并尝试提出一个比较新颖的研讨主题："孙中山研究与中山学"，希望提起大家的研究兴趣。我高兴地看到，这个"招数"确实产生了很好的效果，与会的学术界专家按捺不住表达着自己的观点，对建立"中山学"的可行性和必要性、"中山学"与各门社会科学的联系与区别等进行了很好的阐述。

这次会议对我触动很大，开幕式闭幕式我都做了发言，与大家"掏心窝"地交流了很多内容。通过这次研讨会，我更加坚信，孙中山研究，必将越来越有活力。

2011年是辛亥革命100周年。10月，辛亥革命100周年纪念大会在人民大会堂召开。我代表各民主党派和全国工商联发言。一百多年前，孙中山先生领导中国人民摆脱了封建统治的枷锁；随后中国共产党领导中国革命取得最终胜利。历史已经证明，中国共产党是孙中山先生革命事业最坚定的支持者、最亲密的合作者、最忠实的继承者；而各民主党派在中国共产党领导下，正在为实现孙中山先生振兴中华的夙愿而不断奋斗。我本人作为这一历程的参与者和见证者，既感荣幸，又感振奋。

2011年6月，周铁农赴澳门出席纪念辛亥革命100周年"辛亥革命与民族振兴"高峰论坛暨"孙中山与辛亥革命"图片展

在这次发言中，我讲到："我们纪念辛亥革命，就是要学习、继承辛亥革命先贤为振兴中华不懈奋斗的革命精神，就是要学习、继承老一辈民主党派人士坚持中国共产党领导的优良传统，始终与中国共产党在思想上同心同德、目标上同心同向、行动上同心同行，高举爱国主义、社会主义旗帜，坚定不移地走中国特色社会主义政治发展道路，为实现中华民族伟大复兴，为建设富强、民主、文明、和谐的社会主义现代化国家，贡献我们的智慧和力量。"我想，这不仅是我个人的感悟，更是在中国共产党领导下广大民主党派成员的共同感悟。

铁了心要为农民说一辈子话

在我办公桌上，一直放着一张我与定西老人握手的照片，这是我去甘肃调研引洮工程时，一位记者抓拍的，这位老人是定西引洮工程的亲历者。每当看到照

2002年9月，周铁农（前排左）赴甘肃省调研引洮工程，与定西老人握手

片，我就不禁想起了数十年工作中所结交的农民朋友，也想由此说一说自己的"三农"情结。

很多人都好奇我名字的由来："铁农铁农，是要铁了心当一辈子农民吗？"我的名字是外祖父起的，我们并没有讨论过名字的意义。当时，老一辈的重农思想根深蒂固。农民最本分，农业最稳定，农村最安宁。我想，一辈子能做个平平安安的农民也可能是他们对我寄予的期望吧。

其实这种传统思想也不无道理，农业稳则天下安，"三农"问题对国家发展来说至关重要。现在对农村、农业和农民的关注，不仅是中共中央、国务院和各级党委政府的重点，也是我个人和民革，更是各民主党派及各个方面共同关注的重要领域，这是很好的。

因缘际会，我先是求学，然后教书，最后从政，一辈子没干过多少农活，却意外地成为另一种意义上的"农民"——铁了心要为农民说话的人。

2009 年 5 月，周铁农（前排右）赴山东省就进一步健全农村土地流转制度调研

从 2001 年起，到 2012 年我卸下民革中央主席重担，民革中央几乎每年都把民革中央重点考察调研（俗称"大调研"）选题确定为与"三农"问题有关的课题，比如，2001 年赴吉林省调研的课题是农业产业化问题，2006 年赴湖南省调研的课题是农村综合改革问题，2009 年赴山东省调研的课题是农村土地承包经营权流转问题等。期间，民革中央安排的相当数量的参政议政调研活动与"农"有关，这些课题中，有不少都是我本人直接带队或参与的。

因为经常往农村跑，我跟很多农民结成了要好的朋友。1998 年 5 月，我担任全国政协副主席、民革中央常务副主席刚两个月，就把出京调研的首个课题定位为农教结合。当时河北易县有个柴厂村，村民通过自学农技增收致富，我决定过去看看。这一看，我就把心留在了那里。当时，我看到他们在做苗圃，就送给他们一套书，希望他们能继续学习先进技术。令人惊喜的是，几年后，他们给我带来了一棵树苗，说是用书里的技术种的，长势喜人。我当时就想，这棵小苗仿若中国农村和农民的希望之树，我们一定要倍加呵护，让这些树苗更加茂盛、众木成林。

事实证明，我们的付出是值得的。这些年中，民革通过调研，形成了一大批水平较高的涉农参政议政工作成果。在这些调研成果中，不少得到党和国家领导人的重要批示。这也表明，民革选择把"三农"问题作为参政议政的一个工作重点的做法卓有成效，我本人也与有荣焉。

2012年是我担任民革中央主席的最后一年，民革中央选拔党员中的优秀农业专业人才，成立了民革中央"三农"委员会。同时，每次调研，还会邀请一些民革外的"三农"专家参与，由此也建立了民革中央"三农"委员会专家组，形成了一支民革党内外的"智囊"队伍。至此，民革中央涉农参政议政品牌基本形成。由于我的名字带有"农"字，又经常作涉农调研，为农民说话，媒体有意无意从我的名字入手报道民革涉农参政议政，可能也无形中促成了品牌效应。

绝不能换掉已知的好制度

曾经有这么一种论调，中国参政党是"花瓶"，是"摆设"。但是，真正参与到中国共产党领导的多党合作和政治协商制度的人，绝不会认同这种说法。

我1998年担任民革中央的常务副主席，也在这一年担任了全国政协副主席。2007年，我当选为民革中央主席，并在次年担任了十一届全国人大常委会副委员长。在我工作期间，和中共领导同志的直接协商，我参加过上百次；民革中央直接向中共中央报送的书面政策建议，也有几十份，涉及到的问题及政策建议大概有几百条。这些政策建议都得到了高度重视，有很多都得到了采纳。我的切身体会是，民主党派说话真能管用，办事确有实效。

我至今依然记得全国政协十一届一次会议期间的那次中外记者招待会，我和其他民主党派的领导人一起接受中外记者的提问。记者会上的第一个问题就抛给了我，当时，中国青年报记者问我多次参加过中南海的高层协商，感受是怎样的？觉得民主党派的意见对决策能够产生影响吗？效果怎么样？我的体会是，中国共产党是高度重视政治协商的，协商的态度非常诚恳。同时，民主党派参与政治协商也是非常认真和坦诚的。当然，协商的效果也非常明显，我们所提出的绝大部分意见和建议都得到了采纳，体现在了中央的决策中。

还有很多外国朋友对我们中国的这项政治制度很感兴趣，我在接待外宾或者接受外国记者专访时也很乐于和他们探讨相关问题。我从实践效果上跟他们讲，现行的政党制度已经保证中国实现政治稳定，经济繁荣，这是已知数；换个政党制度是未知数。当然，这个已知数里或许有些问题，但是这个已知数总体上是好的。我总会反问他们，既然已知数是好的，而且效果很不错，为什么要找未知数来代替呢？经过我的介绍，很多外宾都认同了我的观点。

10 年前，当我从何鲁丽同志手中接过民革中央主席的接力棒时，我接下的是使命和责任。如今站在政治交接的又一个重要的历史节点上，对于未来，我这位民主党派工作的"老兵"是充满信心的。正如习近平总书记所说的，我们比历史上任何时期都更接近中华民族伟大复兴的目标，比历史上任何时期都更有信心、有能力实现这个目标。面对宏伟的事业、艰巨的任务，作为中国特色社会主义参政党，我们更要切实搞好政治交接，使老一辈领导人与中国共产党团结合作的优良传统得到永续传承，使我国多党合作和政治协商制度的政治基础得到进一步巩固，使中国共产党领导的统一战线和多党合作事业不断向前发展，使我们中华民族伟大复兴的中国梦早日实现！

弦歌不辍　薪火相传

民盟中央主席　张宝文

今年底，各民主党派中央将开启新一轮换届，人事更迭、新老交替是自然规律，但"指穷于为薪，火传也，不知其尽也"，薪火相传、政治交接是时代课题、历史责任。我的理解，政治交接一定要把握好"变与不变"的关系，要在人事变化的过程中保持优良传统不变，政治方向不变，优势和特点不变，使多党合作事业后继有人、传承有序。梳理一下我多年来个人的成长经历和感悟思考，以期让更多的人从中感受到国家经济社会改革发展的脉动，感受到多党合作制度不断完善的节奏，权作一份政治交接的"礼物"。

　　我生于陕西农村，一生都与农业有着不解之缘，务农、学农、知农、爱农、为农，始终没有离开过农业、农村和农民。中国是农业大国，农耕文化源远流长，农村可以说是中国几千年文化的缩影，不了解"三农"就等于不了解中国。青少年时，在关中平原上成长求学，汲取了这片土地的丰厚滋养，不时地体验着"面朝黄土背朝天，挥汗如雨满身泥"的艰辛；大学毕业之后，在周至县西骆峪水库、华阴县二十一军农场劳动锻炼近两年，对于"三农"问题增加了一份更真实的认知；此后，调到西北农业大学，从事教学、科研和管理工作25年，在组织的关心培养下，从一名教师逐步走上校长岗位。在校党委的领导下，我和班子成员团结一致，齐心协力，在人才培养、学科建设、科学研究、技术推广、设施改善、国际合作等方面为学校的发展打下了一定的基础，为西北干旱半干旱地区的"三农"工作做出了应有的贡献；2000年，组织上调我到国家部委任职，开启了八年多农业部副部长的从政历程，作为部领导班子中的民主党派人士有职、有权、有责、有为，任内曾主管农业机械、农垦、科教、畜牧、计划等部门工作，为我国农业发展略尽绵力。每一笔经历都是人生的宝贵财富，每一步成长都有党和国家的关心关怀，从教师到校长再到部长，无论角色如何变化，从不敢有丝毫

2013年7月，张宝文率队在北京调研城镇化建设，与当地农民亲切交谈

2017 年 3 月，张宝文率队在江苏常州东风集团调研农机装备转型升级问题

懈怠，始终坚持不断学习、积累知识、锤炼能力，争取熟稔国情、知情明政，不辱使命、不负重托。

加入民盟，更多的是被周边盟员的风范所吸引。在西北农业大学有不少教授是民盟盟员，他们学术上兢兢业业、学有专长，工作上朴素踏实、任劳任怨，基本上都是教学科研的骨干，在他们身上体现出的严谨的治学态度、高尚的人格操守，都给我留下了深刻的印象。随着对民盟更多的认识，我也逐渐了解了民盟前辈与中共风雨同舟、休戚与共的政治自觉和立盟为公、参政为民的价值追求，1986 年我加入了民盟。在盟内，我从一个普通盟员到民盟陕西省委会副主委，后来历任民盟中央副主席、常务副主席、主席。从加入民盟直到今天，三十多年的个人成长历程，处在我国经济腾飞、社会和谐、国力日隆的黄金时期，也处在多党合作制度不断完善发展、制度化程序化规范化不断加强的重要阶段。从 1989 年中共中央 14 号文件的发布，到多党合作制度被写入宪法，2005 年中共中央 5 号文件和 2006 年中共中央 5 号文件的实施，再到 2015 年《关于加强社会主义协商民主建设的意见》《中国共产党统一战线工作条例（试行）》的诞生……我有幸见证了这些多党合作制度发展的重大事件，目睹了我国多党合作事业所取得的辉煌成就。特别是进入民盟中央领导岗位近二十年，更真切地感受着多党合作制度的不断发展，在与中共中央的民主协商中坦诚进言、献计献策，与执政党和广大盟员一道共商发展大计、共襄时代盛举，感触尤深。

担任十一届民盟中央主席，是我人生中的一次最重要的转变。我记得上任伊始接受媒体采访时说过，"当选民盟中央主席，我感到责任重大。我在民盟中央从事盟的领导工作多年，但今天这个岗位的转变，对我来说是新的起点，也是新的考验。"这确是直抒胸臆、发自肺腑之言。民盟是一个有着光荣历史的民主党派，成立 76 年来民盟前辈的卓越智慧、广大盟员的精神特质不断沉淀、升华，逐渐铸造了民盟的优良传统。作为民盟的领导人，如何能够带领全盟砥砺奋进、有所作为，无愧于民盟前辈、无愧于民盟历史，是落在我肩上的时代课题。总结我的履职经验，可以概括为：继承传统，不忘初心，履职尽责，不断前行。在这个政治交接的关口，希望我们的继任者能够带领广大盟员把民盟的好传统继承下去、发扬光大。

在多党合作事业中浸润廿载，关于民盟传统，我体会最深的是两条：

第一，坚持走中国特色社会主义政治发展道路

"以史为镜，可以知兴替"，民盟 76 年峥嵘岁月不断地佐证：坚持多党合作制度，既是在饱经苦难沧桑、艰难曲折之后的理性认知，也是在革命洗礼、建设实践中锤炼出的自觉选择。近代以来，中国遭受了空前的民族危机和社会危机，无数仁人志士苦苦求索、孜孜探寻救亡图存之路，但许多发展模式、道路都因脱离中国社会实际而归于失败。直到中国共产党成立，才"拯斯民于水火，扶大厦之将倾"，逐渐凝聚起了全国人民的力量，探索出一条适合中国国情的政治发展道路。记得，张澜先生在新中国成立之初曾经讲过，"自从民主政团同盟成立的时候起，我们一贯就是与中共密切配合，时时协商，尤其是在大关节处，是一致的，是没有分歧的"。沈钧儒先生 1949 年分析中国革命为何"不曾得到过像今天那样彻底的胜利"时谈到："原因很简单：二十八年以前没有中国共产党，二十八

年才有中国共产党。"前辈们的谆谆教诲、悉心指引，既饱含了他们个人的深思熟虑、政治智慧，也浓缩了全盟经年累积、日久弥坚的历史经验。

我们坚持多党合作制度，不仅来自于历史经验的深刻总结，更来自于制度实践的巨大成效。一个国家从经济的起落、人民的富穷，到国家的强弱、文化的盛衰，政治制度是至关重要的决定因素。改革开放以来，中国的发展取得了举世瞩目的伟大成就，"天下将兴，其积必有源"，中国的崛起首先就体现为"制度崛起"。习近平总书记在庆祝中国共产党成立95周年大会上讲话时强调，"要坚定道路自信、理论自信、制度自信、文化自信"，这种自信的底气主要来自于中国特色社会主义建设的巨大成就，而我国政治制度尤其是政党制度的实践在其中占有重要地位。世界上没有"放之四海而皆准"的政治制度，"治不必同，期于利民"，只要能使国家实现良好治理、人民过上美好生活，就是适用的，就是好的。社会上一些人极力宣扬西式民主，但事实上很多两党制、多党制的国家，政党之间互相倾轧、争斗不休、针锋相对、鲜有共识，近年来更是纷纷出现经济衰退、民主乱象、安全困局。与之形成鲜明对比的是，我国多党合作制度发挥着整合资源、利益表达、凝聚共识、促进和谐的重要功能，各民主党派通过政党协商、政府协商、政协协商等形式，广泛参与国家政治生活，发挥人才荟萃、智力密集优势，积极履行参政党职能。在以其作为基本政治制度的政治体系的支撑下，我国保持了经济社会快速发展，民族复兴展现出了光明的前景。

"源浚者流长，根深者叶茂"。我常思忖，多党合作之所以能够彰显巨大的制度优势，有没有更深层次的根源呢？当我们在观照这一制度的本质特征时，会习惯于从文化视角去审视，会发现：它的形成与发展，体现着和而不同、兼容并蓄、美美与共的中国文化传统。在多党合作中，各民主党派是参政党，不是在野党，更不是反对党，民主党派与执政的中国共产党"长期共存、互相监督，肝胆相照、荣辱与共"，建立了合作共存、体谅包容的和谐政党关系；民主党派与执政党在根本利益上是一致的，就是为人民谋福利，在基本目标上也是一致的，那就是共襄中华复兴。费孝通先生曾形象地谈到，"我们是和共产党唱一台戏，一台使中国兴旺发达起来的戏，而不是像西方资本主义国家你骂我我骂你那种虚伪的政治游戏"，"民主党派和共产党的关系，就像是一个合唱队，共产党是指挥，民主党派是合唱队中的一员，大家在共产党的指挥下，唱出和谐美好的歌声"。

第二，坚持"奔走国是，关注民生"的传统

民生是中共的执政之基，也是民盟的参政之要。民盟作为高中级知识分子组成的参政党，广大盟员素来具有"为天地立心、为生民立命"的强烈社会责任感，关注民生是盟员作为知识分子的自觉追求。古人讲："忧民之忧者，民亦忧其忧；乐民之乐者，民亦乐其乐"。民盟关注民生，目的是要通过提高人民生活水平，增强中国制度的吸引力、向心力，协助执政党解决好民心向背这一根本问题，这是参政党的政治觉悟和政党意识。民盟关注民生的侧重点随着时代变化在不断调整，从发轫成立之始关注民主民权，到改革开放初期关注民富民利，到新世纪更多地关注公平共享。因此，解决民生问题没有止境，在不同的发展阶段关注人民群众不同的民生诉求。

民盟成员主要分布在教育、文化、科技等领域，"身在其中，方知其味"，这是民盟参政议政的优势所在。比如，在28万盟员中有近15万在教育界工作，占全体盟员的53%，搞好中国教育，民盟责无旁贷。自成立伊始，诸多民盟先贤如张澜、黄炎培、梁漱溟、陶行知等，就秉承教育救国、教育兴国的理想，开展了大量教育实践和探索。改革开放后，费孝通、钱伟长、丁石孙、蒋树声等领导提

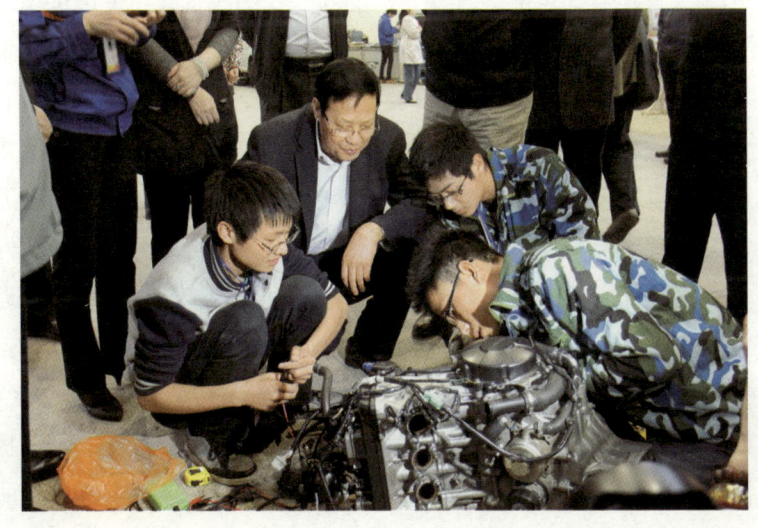

2014年4月，张宝文率队在南昌大学实习实训基地开展「大学生就业、创业政策优化」调研

「烛光行动」荣获 2011 年度中国扶贫创新项目奖

2015 年 4 月，张宝文在浙江桐乡乌镇雅园养老项目调研

出了大量卓有建树的教育理念，推动了我国教育改革发展进程。民盟十一大以来，我们分别就完善和巩固教育经费投入保障体系、高等教育体制改革创新、大学生就业创业环境优化、提升我国特殊教育水平、促进高校办出特色和水平、发挥教育扶贫的治本作用、推进民族地区教育发展等一系列热点、难点问题深入调研，积极建言，为促进教育事业发展起到了推动作用。全盟广泛开展的"农村教育烛光行动"，为加强农村教师队伍建设，推动城乡教育公平做出了积极贡献。

在担任主席的四年多时间里，我提倡参政议政既要咬住老问题，也要盯紧新趋势，注重实地调查和追踪研究。我们积极关注经济新常态下的新问题，就服务贸易发展、消费品工业产能国际合作、开发区转型创新升级、大数据安全保障、二维码产业体系建设等提出建议。连续开展社会保障专题调研并提出建议，为推进养老服务产业化发展、推进社会资本参与养老服务、完善养老服务体系、实现

2013 年 10 月，张宝文在宁夏贺兰县立岗镇兰光村开展"西北旱区农牧业可持续发展"调研

社会保障定型、稳定和可持续发展作出了积极努力。持续关注区域统筹发展、生态文明建设，就西北旱区农牧业可持续综合开发、赤水河流域连片扶贫开发、芦山地震灾区生态建设、大别山区综合性生态补偿、野生东北虎和东北豹保护、南海生态环境保护，以及太湖、汉江、洞庭湖、塔里木河、长江中下游、淮河中下游的水资源保护利用等提出建设性的意见和建议，得到中共中央、国务院的重视和采纳。

"观今宜鉴古，无古不成今"，民盟的优良传统要继承，也要创新，既不能忘本逐末，也不能固步自封。我体会，继承和发扬好民盟的优良传统，需要具备"四气"：

心气要正：正则品端，直则人立。人的价值取决于他的情感、思想和行动对增进公众利益的作用有多大。作为盟员，实现自身价值，最首要的是保持政治上的坚定，为人正派，做事磊落，以实际行动弘扬正气；

志气要远：器大者声必闳，志高者意必远。古往今来，立志者芸芸，遂志者寥寥，作为盟的领导干部，应当志存高远，胸怀全局，时刻牢记国家和人民的重托，牢记多党合作的伟大使命，在历史的进程中发挥积极作用；

勇气要高：惟道义之交，可以终身。执政党真听意见、听真意见，作为参政党，建诤言、献良策是应有之责。要有实事求是的勇气，不人云亦云，不讲违心话，不作违心事，不唯上，不唯书，不媚俗，不改忠直；

底气要足：腹有诗书气自华，最是书香能致远。就是要有真本事，用自己所掌握的知识服务国家、造福人民，勤于学习，潜心积累，功底扎实，专业精湛，水平高，能力强，善工作。

政治交接，不惟一时；薪火相传，期在绵久。政治交接既需要通过思想领域的政治学习、自我教育来实现，也需要通过切实的工作思路、方法和举措来实现。我认为，搞好政治交接，从当前工作整体部署上需要把握好四点：

做中国道路的拥护者，继承传统，同心同行。引导广大盟员继承多党合作优良传统，始终把坚持和发展中国特色社会主义作为最大的政治共识；深刻理解社会主义协商民主的性质、特点和优势，明确参政党的政治地位、时代责任，为促进民主政治建设作出努力；坚决摒弃实行西方两党制、多党制、三权分立等错误思想。

做参政党职能的履行者，参政议政，献计出力。发挥智力密集、视角客观、氛围宽松、渠道畅通的优势，围绕经济建设中心，把转变发展方式、提高发展质量作为发挥作用的重点方向；坚持以人为本，把改善民生作为参政议政、服务社会的出发点和落脚点；毫不动摇地做改革的促进派，围绕改革的重要领域和关键环节积极建言。

做执政党建设的学习者，固本强基，求真务实。作为参政党，唯有切实加强自身建设，才能跟上执政党励精图治、锐意进取的步伐，承担起参政党的重任。要以执政党为师，深入研究分析自身建设面临的形势、问题，积极探索参政党建设规律，不断提高"五种能力"，努力把民盟建设成为高素质的参政党。

做中国梦的践行者，追寻幸福，共创和谐。实现中华民族伟大复兴的中国梦是体现道路优越、理论先进、制度健全、文化自信的最佳途径。要把中国梦作为引领民盟前进的目标指向和价值追求，引导广大盟员立足本职、爱岗敬业，把个人梦与中国梦联系起来，既实现自身价值，又能够为中国梦的实现尽职尽力。

回溯历史，民盟在多党合作进程中书写了浓墨重彩的华章，一批政治家、科学家、艺术家、大学者云集于斯，在他们身上体现出的道德操守、人格魅力、学识修养、气度胸襟，经过岁月积淀，形成了凝聚民盟组织的重要精神力量。我们这一辈盟员沐浴在他们的璀璨星辉当中，唯有载兢载惕，尽职尽责，尽心尽力，做到知盟爱盟兴盟、知国爱国兴国，为推动中国特色社会主义事业发展，为实现中华民族伟大复兴的中国梦贡献智慧和力量！

民盟中央常务副主席　陈晓光

同心同行　再续新篇

民盟中央常务副主席　陈晓光

　　人生总会有几个关键的时间节点，总会经历几次重要的角色转换。我 15 岁在农场参加工作，1978 年考上大学，而后留校从事教学科研和管理，1997 年到政府工作，直至 2011 年卸任吉林省政府副省长，来到民盟中央从事专职盟务工作。回顾我个人的每一步成长，都离不开中国共产党和民盟组织的多年培养，离不开民盟前辈的谆谆教诲、期望嘱托。多年来，我深切感受到中国共产党领导的多党合作事业的不断发展，对自己能够在多党合作的大舞台上发挥作用感到荣幸和自豪。

1978年：在改革开放的春天里成长

个人的命运与祖国的兴衰密切相连。我1955年出生于吉林省梨树县，肥沃的黑土地养育了我。我的父亲是当地一家农场的领导，父母都是文化人，十分看重为人之道，对子女要求甚严。少年时期的我，做事懂规矩，从不惹是非，是父母心中的好孩子、老师眼里的好学生。但到了1966年，"文化大革命"开始了，所有中国人的命运都被突如其来的政治风云所左右，我们家也不例外。一夜之间，父亲被打成"历史反革命"，成了"阶级敌人"。刚刚小学毕业的我，仿佛成了时代的"弃儿"。初中的三年是在一所农业中学度过的，说是中学，其实只有几间破破烂烂的教室和一个高低不平、晴天扬灰、雨天和泥的操场，当然更谈不上图书室和实验室了。学校的老师，该来的来不了，不该走的都走了，连数学、物理、化学课基本都没有学习过。一晃三年，我的中学时代就这样结束了。

1970年，15岁的我开始就业，在农场当起了"农工"，先后做过木匠、干过瓦工、扛过麻袋，虽然身体瘦弱，干起活来却不争不讲，什么活累干什么，就这样在农场整整干了8年，当年落下的腰肌劳损至今常常作痛。工作之余，最大的爱好就是读书，读一切可能看到的书，《暴风骤雨》《我的大学》《钢铁是怎样炼成的》等成了我最好的朋友。如果说那时还有什么理想追求的话，就是希望有朝一日能够像保尔或是高尔基一样，通过自己的艰苦努力，实现走出困境、走出大山、走出封闭世界的人生目标。

1977年，打倒"四人帮"刚刚一年，在百废待兴的千头万绪之中，邓小平同志英明决策，恢复高考。中国的高等教育在名存实亡十年后，终于迎来了春天。当年失去读大学机会的"老高三"们和那些读过高中、没读过高中的"积压"多年的知青们都跃跃欲试，我也迫不及待地报了名。我的姐姐是"文革"前的大学生，她说你只读过不伦不类的"农中"，数理化都不懂，参加高考不就是凑热闹么！其实我也没抱多大希望，就是想去"经历经历"，为第二年的高考打个基础。1977年、1978年高考之间也就6个月的间隔。在半年时间里，我几乎是从零开始，别人是复习功课，我是从头"学习"功课。农场里白天不给假，要学习，我只好"开夜车"。劳动一天，晚上回到家里，拂去满身灰土、泥浆，草草吃罢晚饭，灯光下又打开了课本。数学、物理、化学，一点儿一点儿学，蚂蚁啃骨头，先反复看例题，再做习题，语文就只能凭借现有基础了。不会的东西太多了，怎么办？攒在一起，抽空到很远的地方找老师请教。每天常常是学到后半夜，歪在炕上合衣而睡。一觉醒来，又该上班了。六年的课程，我用半年的业余时间把它学完了。

"艰难困苦，玉汝于成"。人生经历点挫折有时也是好事，生活的酸甜苦辣会助你成长，催你奋进。1978 年高考，我被吉林工业大学录取。现在回想起来，还真是那句话："世上无难事，只怕有心人"。进入吉林工大，是我人生新的起点。1982 年，我以优异成绩毕业，同年又考取了硕士研究生。1986 年，考取博士研究生，毕业后留校任教。1991 年被破格晋升为副教授，1993 年提前晋升为教授。其后被评为博士生导师。1995 年，我被任命为吉林工业大学农机学院院长。在学术研究方面，我也取得多项成果，连续两年被机械工业部评为优秀科技青年，并被评为农业机械设计与制造专业骨干和跨世纪学科带头人。

我常想，虽然我在青少年时代经历了一些坎坷，但还是幸运地赶上了改革开放的好时代，政通人和，国泰民安。我们可以自豪地说，这是中华民族和平发展的最佳历史时期。三十多年的改革开放，经济快速发展，政治稳定团结，文化繁荣向上，社会安定和谐，人民生活水平显著提高，古老的中国大地呈现一派勃勃生机。中国共产党领导中国人民用了短短几十年的时间，开创了又一个太平盛世。改革开放也提供了空前的发展空间，每个人都或多或少地感受到这个时代给予我们的机遇和恩惠。每个人的成长固然都离不开个人的努力奋斗，但更应感恩祖国和人民的培养。

1997 年：转换角色走上从政之路

1997 年，经组织安排，我出任长春市副市长。在接到任命之初，心中也有过踌躇。那时我刚 40 岁出头，觉得在自己的这个专业领域里，是个佼佼者，放弃自己热爱的教学和科研事业，转行去做完全陌生的政府管理工作，能不能做好，心里没有底。但我也深知，只有把个人追求和组织的需要紧密结合起来，才能最大程度地体现人生的价值。热爱祖国、报效祖国，绝不是说在嘴上的空话，要想为人民干点儿实事儿，就不能瞻前顾后。

当时长春号称科技文化城，但经济并不发达，经济发展和科技力量形成鲜明反差。我作为分管科技和开发区的副市长，一上来工作压力还是很大的。但我也很幸运，我的工作环境非常好，书记、市长都非常支持我的工作，谁都没把我当外人。1997年我刚到长春市政府时，政府还没换届，宋春华任市长，第一天找我谈话语重心长："你不用担心，慢慢学，我跟你的经历差不多，有什么不懂的，就多问问。"1998年市政府换届后，李述担任市长，找我第一次谈话就说："晓光，虽然你是党外人士，但我们大家都不把你当党外人看，到这里来你就是副市长。""不当党外人看"，这句话质朴而真诚、实在又贴心。的确，在我后来的从政履职生涯中，我一次又一次地亲身体验到这种同志间的信任，深刻体会到中国共产党领导的多党合作和政治协商制度的现实基础与历史必然。就这样，在实施"科教兴市"的系统工程中，我主动做好市政府主要领导的参谋和助手，充分发挥各方面的积极性，促进科工贸全面发展。

建立新的科技支柱产业，培育新的经济增长点，不可能一蹴而就，除了体制机制的创新、政策的扶持，更重要的还是实干。比如说，长春无线电一厂是个多年亏损的企业，职工下岗待业。1997年企业"借翅"发展，依托四川长虹集团，组建了吉林长虹公司。按照市政府常务会议决定，为扩大吉林长虹的产能规模，1998年我专程到长虹总部拜访，争取支持。其后举办"长春电影节"时我们又请长虹集团负责人作为嘉宾出席，其间我全程陪同，为他详细介绍长春的投资环境和投资政策，他们为长春人的诚意打动，当即表示同意增加生产线。企业当年产量就比1997年翻了一番。几年间，长春市相继出台相关政策，加快体制创新和营造优良环境，推进了科教兴市政策的落实。

2003年我当选吉林省人民政府副省长，在第一次省长办公会上，洪虎省长就要求我们："一定要做到由于我们的任职使本届政府的工作更加出色；由于我的任职使主管分管工作更加出色。"这两句话我时刻铭记在心里。在省政府工作了8年多，我先后分管的部门有二十多个，每个部门的工作，我都会尽力去争取更好。比如，我分管广电局，当时最难的事情就是广电网络整合。由于事涉各市（州）的具体利益，使得这件事成了多年的难题。我了解到具体情况后，一城一地地做工作，终于使得吉林省的广电网络整合走在了全国前列，并使得省广电网络公司率先挂牌上市。直到2011年离开吉林，我在省市两级政府工作的14年间，始终怀着一颗谋事干事的感恩心，怀着一颗从容淡泊的平常心，在党委的领导下，恪尽一个党外干部的职守和义务，努力不负组织期待，不负人民重托。最近在整理材料时又看到了刚到长春市政府工作时的日记，扉页上写有六句话："坚持中国共产党的领导；密切联系群众；自觉接受监督；勇于开拓进取；乐于廉洁奉献；努力做好工作"，确实是那时心态的真实写照。

民主党派成员从政，是民主党派履行"一个参加，三个参与"职能的具体体现。党外干部作用发挥得好坏，将直接影响到多党合作与政治协商制度实践的成效。要想成为一名出色的从政干部，仅有朴实的为人民服务的感情还远远不够，还必须努力加强政治理论学习，多掌握些专业知识，特别是要学习适应政府的管理方式。到了从政的岗位，就必须具备从政的本领。政府工作与搞自然科学研究差别很大，确切地说，在政府工作，你什么都得懂，当然一个人的精力有限，不可能什么都精通但一定要懂，否则你就无法作出科学的决策和判断。有为才能有位，对党外干部来说尤为重要，要在党委的领导下，认真履行岗位职责，积极大胆地开展工作，该说的说，该干的干，既不越权，也不失职，在其位，谋其政，真干事，干实事，让事实说话，以优异的工作成绩证明自己。也正如丁石孙先生所说，我们不是为做官而做官，是为做事才做官。

2011 年：在多党合作的重要岗位上恪尽职守

在前辈和师长的影响下，我 1992 年加入民盟。当选为民盟长春市委会副主委，民盟吉林省委会副主委、主委以后，肩上的担子逐渐重了，责任也就越来越大，想到的就是怎样在多党合作的大格局下，尽心尽力把民盟的工作做好。2007 年我任民盟中央副主席，2011 年 4 月起到民盟中央做专职盟务工作，如何不负组织信任，不负盟员重托，在多党合作事业的重要岗位上尽职尽责，更是我经常思考的问题。

多年的党派工作经历，让我深切地认识到，中国共产党领导的多党合作和政治协商制度，既是历史发展的必然，也是人民的自觉选择，更具有巨大的优越性。中共十八大以来，以习近平同志为核心的中共中央，对坚持和完善中国共产党领导的多党合作和政治协商制度高度重视，先后颁布实施了《关于加强社会主义协商民主建设的意见》《中国共产党统一战线工作条例（试行）》等重要文件，提升了民主党派履职的范围层次，有力推动了多党合作事业新的发展。在这多党合作最好的历史时期，继承弘扬民盟前辈的优良传统，在多党合作事业中讲真话、做诤友，勇于担当，有所作为，进一步巩固多党合作良好局面，是我们面临的新的重要课题。

"人事有代谢，往来成古今"，这是自然规律，但人事的更替更要注重精神的传承。走过76年光荣历程的民盟，是中国共产党久经考验、风雨同舟的亲密友党。张澜、黄炎培、沈钧儒、闻一多、李公朴等民盟前辈坚持真理，关注民生，与中国共产党真诚合作的优良传统和高尚风范，既是历史经验的积累，也是凝聚和激励我不断前进的精神动力。同时，我还有幸直接聆听过费孝通先生等前辈的谆谆教导，虽时隔多年，与费孝通先生在长春南湖、与丁石孙先生在大庆油田促

2014年4月，陈晓光率队在辽宁省大学生创业基地开展"大学生就业、创业政策优化"调研

膝长谈的情景，与关梦觉、余瑞璜等诸多前辈的亲切交往，至今仍历历在目，铭记在心。我也先后在蒋树声主席、张宝文主席的直接领导下开展工作，在他们身上我学到了很多。民盟前辈都是优秀的知识分子，正如费老说的那样："正是这样一批人，作风正派、学有专长、有社会影响、愿意为国家做事情，大家走到一起，才有了民盟组织，有了更好的做事情的条件。"能得到他们的言传身教，是我一生最大的荣幸。当前，全盟正在深入开展"不忘合作初心，继续携手前进"专题教育，我们将积极引导广大盟员，自觉做民盟前辈优良传统和高尚风范的传承者，自觉做多党合作事业的维护者，自觉做中国特色社会主义的践行者，为全面建成小康社会、实现中华民族伟大复兴的中国梦贡献力量，在多党合作事业中体现自己的人生价值。

围绕中心、服务大局，切实履行好参政党职能，是民盟发挥作用、体现价值

2015 年 9 月，陈晓光率队在金刚玻璃科技股份有限公司开展"落实'一带一路'倡议，推动消费品工业产能国际合作"调研

的根本所在，也是我们履职尽责的永恒主题。近年来，民盟中央紧紧围绕执政党和政府的中心工作积极建言献策，先后就科技、教育、区域经济发展、三农、应急管理、粮食安全、城乡协调发展、社会保障等重大问题，深入调查研究、积极建言献策，为科学决策作出了应有贡献。受中共中央委托，民盟中央每年均就事关经济社会发展和人民群众关心关注的重大问题进行重点调研。我本人也多次与张宝文主席分别带队到地方深入开展调研。其中包括全面优化制度安排，实现社会保障定型、稳定、可持续发展调研；大学生就业、创业环境优化调研；改革开发区管理体制、促进开发区转型创新发展调研等。在综合提炼大量调研成果基础上，向中共中央、国务院报送相关政策建议，中共中央领导同志多次作出重要批示。

近几年来，我一直关注我国生态文明建设，开展了一系列调研，如关于保护与建设洞庭湖水生态文明调研、关于内蒙古生物多样性保护调研、加快张家口京

2014 年 7 月，陈晓光率队在内蒙古呼伦贝尔市开展"生物多样性保护"调研

2015 年 5 月，陈晓光、葛剑平在吉林珲春考察野生东北虎豹生存环境

津冀生态涵养功能区建设调研、汉江流域水资源可持续利用调研等，根据实地调研提出的很多切实可行的意见建议，对加快我国生态文明建设起到了积极的促进作用。

2015 年，我和民盟中央副主席、北京师范大学生态学教授葛剑平率调研组到吉林珲春、汪清调研东北虎、豹恢复与保护问题，此前葛教授的研究团队在野生东北虎、豹绝迹多年之后，又在吉林、黑龙江等地发现了 27 只东北虎、42 只东北豹，引起了社会各界的广泛关注。通过深入实地调研，与国家林业局、中共吉林省委、省政府多次专题座谈，民盟中央最终形成了《关于实施"中国野生东北虎和东北豹恢复与保护重大生态工程"的建议》报送中共中央、国务院，受到习近平总书记等党和国家领导同志的高度重视，获得了重要批示，有关建议在"十三五"规划实施中得以体现。目前，中国东北虎豹国家公园体制试点工作已经开始启动。

不忘初心，方得始终。在以习近平同志为核心的中共中央的坚强领导下，我们将始终坚持中国共产党领导的多党合作和政治协商制度，始终坚持中国特色社会主义道路，始终坚持与中国共产党风雨同舟、患难与共。对于个人而言，我将不忘入盟初心，发扬传统、奋力开拓，锐意进取、不辱使命，为把我国多党合作事业不断向前推进贡献自己的力量。

民盟中央原主席　蒋树声

风雨兼程　砥砺前行

民盟中央原主席　蒋树声

　　人生总会经历很多转折，面临很多挑战。对我而言经历过两次重大转折，第一次是 1997 年担任南京大学校长，第二次是 2005 年当选民盟中央主席。

　　我出生于江苏无锡的一个普通家庭，年幼时父母离异。母亲以坚强的意志挑起家庭的重担，艰难地把我抚养长大。我亦不负母亲的期望，以优异的学习成绩被保送进南京大学物理系。从 1958 年起，我在南大学习和工作了整整 48 年。在这漫长的岁月中，既经历了十年"文革"浩劫，也经历了邓小平同志倡导的改革开放。改革开放不久，我有幸首批考上公费出国留学，1979 年起师从英国著名学者 A.R.Lang 教授搞科研，不但取得了三项重要的研究成果，更重要的是提高了科学研究的素养。1982 年学成回国后，在十分艰苦的条件下，创建了课题组，教学、科研、申请课题，指导研究生等；这一期间我还多次去欧、美做三至五个月的短期合作研究。当这些工作逐步走上正轨，作为一名大学教授正十分欣喜地看到人才培养和科学研究均有所收获时，我经历了人生中的第一次重大转折——担任南大校长，从学术研究转到行政管理工作。我一直从事着教学和学术研究工作，这个转变对我来说是很大的挑战，是一项艰巨而光荣的任务！接手校长工作后我发现实际情况比我想象的更艰难。我必须要根据新形势，在前任工作的基础上明确办学新理念、办学新思路。要使南大的工作更有起色，再上一个台阶，首先要集中整个领导班子的集体智慧，调动全校师生员工的积极性，凝聚教授们的共识。在取得成绩的同时要提倡忧患意识和拼搏精神。我任校长期间，强调以学生为中心，我和其他领导经常不打招呼地深入教学第一线听课，认真听取学生们对老师的教学评价，进一步推动教学改革。我还常常随机访问学生宿舍和实验室，以便不断改善教师和学生的生活、工作、学习条件。在校长任期内，我团结全校师生，高质量地完成了"211"和"985"的工程建设，南大的学科建设、人才培养、科技创新都有了较大的发展。问心无愧的是九年里我日以继夜地工作，尽心尽力，砥砺前行，充分体现了对母校的深厚感情和责任感。

2005 年 12 月，我当选为民盟中央主席。2006 年上半年我卸去南大校长一职，到京城履新。从教育岗位转移至民主党派的工作，投入到多党合作的新的事业中，这是我人生中第二次重大的转折。从一个大学来到一个政党，我不仅面对一个全新的工作领域，更大的挑战是民盟作为成员最多的民主党派之一，她具有辉煌而光荣的历史，在我国的多党合作事业中发挥着重要的作用。对我而言，能否保证民盟薪火相传，继承和发扬民盟的优良传统，使民盟的工作再上一个新台阶，责任和压力巨大！因此，这是一次更为艰难的转型，面临着更为严峻的挑战。

在历史进程中，民盟的队伍前仆后继，英才辈出。在不同的历史阶段，诸多德高望重的前辈始终心系民生，奔走国是，负责任、守良知、讲真理，将己之能报于天下，历经岁月沧桑和各种复杂局面的磨练与洗礼，与中国共产党风雨同舟，患难与共，为实现民族独立、人民解放和国家富强、社会振兴作了重要贡献。他们的作为，在社会上光大了民盟的良好形象，在盟内为我们树起了标杆，作为民盟的后来者，我们见证了他们立德、立言、立功的过程，也领略了他们修身明志、追求真理、持守节操、一心为民的风骨。担任民盟中央主席后，在各种会议、不同场合上，我常讲这样几句话，并以此自勉："前辈遗泽，历久弥新，永远是我学习的典范。高山仰止，景行行止；虽不能至，心向往之。"

我担任民盟中央主席期间，多次参加时任中共中央总书记胡锦涛与各民主党派中央、全国工商联主要领导人以及无党派人士的座谈。每一次座谈中，胡锦涛同志都会对巩固和发展我国民主团结、生动活泼的和谐政党关系提出要求，并对各民主党派工作提出希望。从这些重要讲话中我深深体会到：多党合作是双向的，一方面，中国共产党为承担好领导职能始终在不懈地努力；而另一方面，如果没有参政党参政能力的提高，多党合作就不可能发挥出应有的作用。为此，以思想建设为核心、组织建设为基础、制度建设为保障，努力把民盟建设成为一支高素质的参政党，民盟历任负责人，包括我在内，都将此作为工作的头等大事以及政治交接的第一要务。

2015年5月，中央统战工作会议召开。我虽已退休，但对此事依然非常关注。习近平总书记在重要讲话中强调指出，坚持和完善中国共产党领导的多党合作和政治协商制度，更好体现这项制度的效能，着力点在发挥好民主党派和无党派人士的积极作用。与此同时，《中国共产党统一战线工作条例（试行）》颁布并开始实施，作为中国共产党关于统一战线工作的第一部法规，"条例"全面规范了各领域各方面统战工作，为全面加强统一战线建设提供了政治保障、组织保障、法治保障，在中国共产党的统一战线历史上具有里程碑意义，也标志着中国共产党领导的多党合作和政治协商制度开启了崭新的篇章。

民盟是以"奔走国是，关注民生"为己任的政党，也始终以此为传统。新中国建立近七十年来，尤其是改革开放近四十年来，民盟为国家的建设、民众的福祉，参与多党合作，围绕中心、服务大局，认真履行参政党职能，积极建言献策，做了大量卓有成效的工作。

在改革开放初期，民盟中央即向中共中央提出关于落实知识分子政策的系列建议；二十世纪八九十年代，费孝通先生就小城镇建设、黄河上游及中国西部开发、长江三角洲经济开发所做的系列调研以及提出的相关建议；等等，已经被时代和社会的发展实践证明了其巨大价值和现实意义。

教育界是民盟的主要界别之一。民盟数十年如一日地关注和重视教育问题，较早并多次就基础教育须重视建设教师队伍和大力发展农村义务教育、发展高等教育须注重教学质量和高校科技创新以及促进职业教育、强化素质教育等向中共中央、国务院提出一系列建议。尤其值得一提的是，就义务教育的公共财政经费保障机制建设，民盟中央早在上世纪八十年代中期开始，就通过每年举办一次研讨会的形式进行深入、持续的研究，并发出呼吁，一直坚持了二十多年；2006年，国家修订了"义务教育法"，明确规定"国家将义务教育全面纳入财政保障范围"，2008年秋季学期在全国开始实施学杂费免除、教科书免费提供等；就在2008年，民盟中央又以农村教师队伍建设为主，开展了"基础教育教师队伍状况"重点调研，并于2009年向国务院提出《关于完善"以县为主"的农村义务教育管理体制的建议》，反映基层完善这一经费保障机制的进一步诉求，得到了国务院领导的高度重视。由此可以看出，义务教育公共财政经费保障新机制从建立到完善，凝聚着民盟作为参政党的不懈努力和贡献。

心系百姓，关注民生，是民盟自建立伊始历代民盟人的情怀和探索。本世纪初，随着国家经济建设迅速发展，社会收入分配领域存在的问题开始逐渐显露，日益引起全社会的高度关注和广泛议论，并成为影响社会和谐稳定、持续发展的

2008年5月，蒋树声率民盟中央"中西部地区基础教育教师队伍状况"调研组，在广西鹿寨四排二中调研

2007 年 9 月，蒋树声在甘肃定西考察马铃薯脱毒种薯快繁基地

一个隐患。2010 年，受中共中央委托，民盟中央以"完善收入分配机制，促进社会和谐发展"为题进行重点调研，由我和当时的常务副主席张宝文率队，三位副主席和多名重量级的盟员专家参加，在广东进行实地调研，并由上海、河南、贵州三地的盟组织进行配合调研。在与中共广东省委、广东省政府的座谈会上，我问的第一个问题就是："对于在初次分配中提高劳动者的报酬，政府能做哪些工作？"在深入、广泛调研的基础上，民盟完成了详实的调研报告，并形成政策建议信，提交给时任中共中央总书记胡锦涛和时任国务院总理温家宝。胡锦涛、温家宝同志对我们的建议非常重视，做出了重要批示；对于两位主要领导的批示，国家发改委又召集了 14 个部委开会专门研究落实。就这一问题，民盟中央还先后 4 次在高层协商会、全国政协常委会上以发言形式提出相关意见建议，引起了社会的强烈反响和媒体的广泛关注。

2010 年 5 月，蒋树声带队在广东省肇庆职业技术学院进行收入分配制度改革问题调研

　　此后，民盟中央又在 2011 年上半年以"社会保障制度的建设与完善"为题、在 2011 年下半年以"统筹城乡基本公共服务体系建设，促进共同富裕"为题，在 2012 年以"统筹教育资源配置，促进教育公平发展"为题先后进行重点调研；从而构成了以改善和保障民生、提升公正水平、构建和谐社会、促进科学发展为主题的一个基本系列，并延伸、深入至教育领域。上述这四个课题，民盟进行实地调研的省（市）多达 14 个，无论是主题的深度和重要性，还是覆盖面的广泛性，应当说，都是民盟在多党合作事业中有代表性的案例。当然，这些问题一方面社会意义重大、一方面形成原因又盘根错节，解决起来任重而道远，不可能"毕其功于一役"，党和国家现在也还在全力以赴地予以推进，民盟组织也应继续尽全力促进。

　　多党合作，意味着围绕中心、服务大局，这也就需要我们时刻关注社会发展

2009年8月，蒋树声率民盟中央调研组在甘肃定西开展"坡耕地水土流失综合治理"调研

的新趋势、新动向和新问题。改革开放以来，伴随着经济建设快速发展而日渐突出的又一重大问题，就是生态文明建设；而生态文明建设与民生、经济发展又有着密不可分的联系。民盟在这一方面做过很多工作。2009年，民盟中央与水利部科技委、水土保持司组成联合调研组，进行了"坡耕地水土流失综合整治"调研。坡耕地的水土流失综合整治，是生态问题，同时也关乎耕地红线，关乎国土和粮食的安全，关乎山区农民脱贫和民生保障。在调研座谈中，我提出：坡耕地水土流失综合整治应列为国家工程，并与国土整治、扶贫开发结合起来。我们向中共中央、国务院提交相关政策建议后，国务院很快就批准实施了《全国坡耕地水土流失综合整治工程规划》，并在当年即投入100亿。这也是多党合作实效作用的一个很好案例。

　　民主监督，是我们参与多党合作的又一重大职能。履行这一职能，大体是两个层面：一个层面是担任各级人大代表和政协委员的盟员，以参与立法和执法检查、人大议案、政协提案、信息专报等形式依法履职，开展工作；担任中央和地方各级特约监察员、检察员、审计员、教育督导员的盟员，参与行风政风评议，为推进依法行政和廉政建设实施民主监督。另一个层面，是民盟各级组织参与中共党委、政府的各种协商会、座谈会和向党政部门提出书面政策建议、向政协提出提案，为保障决策的科学和公正、决策执行不走样和不跑偏、政策实施过程中与基层实际接地气和杜绝漏洞，发挥民主监督作用。这其中，既包括我上面列举的参政建言，也有我们对党风、政风中的不良方面所提出的意见。比如：针对一段时期以来的行政管理费支出快速增长，在2006年11月的一次与中共中央、国务院的高层协商会上，我就提出：要警惕以"合理"形式掩盖的腐败行为和形式主义、不正之风造成的浪费，中央应严管出国、会议、考察、宴请、礼品、公车、采购的公款使用，建立制度约束。在2010年1月的"政府工作报告"征求意见座谈会上，我再次提出：降低行政成本，必须标本兼治。治标就是要继续削减行政开支，抓住"楼、车、会、人"等关键环节，实行重点突破，确保每年"三公消费"的开支能够持续减少一定比例；对于各种违规违纪行为，要加大处罚力度，并及时向社会公开。治本就是要切实转变政府职能，进一步精简机构；强化预算，并将行政支出公开化；强化监督，建立起各级人大对行政成本监督约束的常态机制和完善的社会监督机制。再比如，针对当时反腐倡廉工作形势比较严峻的情况，在几次有关会议的发言中，我都提出：第一要抓住制度建设这个关键，重点一是堵漏洞、二要有创新；第二要强化监督，严格执行党纪国法；第三要尽快在重要领域、关键环节、突出问题的制度建设和遏制腐败上，取得较大进展和明显成效；第四要深化行政管理体制改革，切实推进政府职能转变，最大限度地减少腐败滋生的土壤和条件。在担任民盟中央主席期间，我对盟员同志经常讲：凡是符合科学发展的事情，我们要全力支持，而且争取做好做实；凡是不符合科学发展的事情，我们要做共产党的诤友，提出自己的意见。我体会，这就是在多党合作中参政党开展民主监督的责任和义务。

作为履行参政党职能的重要内容，民盟的社会服务工作，以自身优势为基础，不断拓宽工作领域，创新形式，丰富内涵，始终在扎实推进。从2007年开始启动的"农村教育烛光行动"，以帮助加强农村教师队伍建设、进而推动中国城乡义务教育的均衡发展和城乡教育公平为宗旨，以参与援建学校、与新东方教育集团合作培训基层教师、与北京四中网校合作开展"互联网＋教育"助教助学为重点，受到广大基层、特别是农村教师的欢迎，现在已是民盟社会服务工作的"知名品牌"，据不完全统计，截止2016年底，"烛光行动"共培训基层教师30多万人次，援建学校130多所。

2008年5月，蒋树声在毕节市梨树镇上小河村莱茵鹅养殖示范户赵奎家中调研

　　民盟在贵州毕节市、河北广宗县等地的对口扶贫支援和在四川遂宁市实施的"盟遂合作"以及与司法部门合作、以帮助刑释解教人员就业安置回归社会为主的帮教工作，也受到当地政府、民众和有关部门及社会的赞誉。这些，都是民盟在以社会实践方式履行多党合作职能方面所取得的成绩。

　　作为中国民主同盟的一员和民盟中央的曾经负责人，作为中国共产党领导的多党合作和政治协商制度的众多参与者和亲历者之一，我仅以上述几个方面的实例，说明中国共产党领导的多党合作和政治协商制度的重要意义和巨大作用。正如习近平总书记在中央统战工作会议重要讲话中所指出的："几十年的实践证明，这个制度是适合我国国情的，植根于我国土壤，构成了中国特色社会主义制度的一个鲜明特色。"我自己也在工作中深深地感受到：多党合作，"合作"是根本；其中，基础在于"合"——同心同德、同心同向、同心同行，关键在于"作"——如民盟前辈费孝通所说：出主意，想办法，做好事，做实事。参政党必须尽到自己的职责、必须不断有更大作为，这是时代对我们的期望，也是中国特色社会主义事业对我们提出的要求。

我相信，在实现"两个一百年"奋斗目标、实现中华民族伟大复兴的中国梦的进程中，我国的多党合作事业势将书写愈加辉煌的篇章，民盟也会做出更大的新贡献。

民盟中央原第一副主席　张梅颖

毕生的信念　无悔的选择

民盟中央原第一副主席　张梅颖

　　光阴荏苒，2001 年初我从北京大学肿瘤医院调到民盟中央，一晃十几年过去了。

　　伴随着时代前进的脉搏，在多党合作这个大舞台上，我是一步一个脚印地走过来的。从民盟中央的日常盟务，到广泛开展视察与调研，可以说足迹遍及了祖国的江南塞北、城市乡村、国家和社会生活的不同领域。我见证了在中国共产党领导下改革开放给中国带来的历史进步，也欣喜地看到多党合作制度在建设中国特色社会主义伟大事业中不断得到发展完善，我为能够参与到这一伟大变革与实践而骄傲，因为我没有忘记入盟时的初心，为我热爱的多党合作事业尽到了自己的一份责任和力量。多党合作事业是我毕生的信念、无悔的选择。

前辈为我树立了做人、做事、做官的榜样

我从政的原因，离不开家庭的影响，离不开我的祖父、民盟的创始人、曾任中央人民政府副主席的张澜先生。

在北洋政府时期，祖父官至四川省长，在贿赂公行的旧中国官场，他出淤泥而不染，被称为"川北圣人"，刚直不阿、清正廉洁是出了名的。从我很小的时候，就经常听见祖父说，要学习共产党谦虚谨慎、勤俭节约的好品质，坚定不移地跟着共产党走，这是一位历经坎坷的革命老人、民主求索者的肺腑之言。他常嘱咐晚辈："人不可以不自爱，不可以不自修，不可以不自尊，不可以不自强，断不可以自欺。"祖父的这些思想让我终身受益，对我后来从政影响很大。

从一个医生到民盟中央专职副主席、全国政协副主席，这个角色跨度之大可想而知。党和人民的信任，前辈精神的感召，参政党的使命和责任，沉甸甸地压在我的肩上，不容我有丝毫的懈怠。我是怀着如履薄冰的心情，努力追寻前辈的足迹，继承他们与中国共产党肝胆相照的政治风范，躬身实践、心系民生、奔走国是的优良传统，淡泊名利、严于律己、洁身自爱的高风亮节，其中尤以民盟中央原主席费孝通、丁石孙对我的影响最大。

费老在获得第二次学术生命以后，他以只争朝夕的精神投入到学术研究中去，在他担任民盟中央主席的 10 年里，每年用在实地调查的时间都在 160 天以上，他以战略家的卓识提出的许多具有前瞻性的建议，都是建立在掌握真实情况的调查研究基础上。记得到民盟不久，我去看望费老，向费老询以如何开展民盟的工作，费老大概看出了我内心的不安与忐忑，拉着我的手鼓励说："要走啊，要下去看啊。"费老把实地调查当成是"出门找老师"，遇到不懂的就问，问明白了还要思考，举一反三，这就是他所说的"行行重行行"。

丁主席是我政治上的引路人，对我的工作循循善诱，给予的帮助也最多。他支持我大胆改革，在民盟中央机关推进"三定"工作。他多次告诫盟内的领导同志，不要视职位为官位，而是当成是做事的岗位。他不仅这样要求别人，而且自

己率先垂范。他患有严重的腿疾，但凡是民盟中央的重点调研，他都亲自带队。为了搞好政治交接，继承民盟老一辈的优良传统，丁主席忍着病痛坐着轮椅远赴"苦甲天下"的甘肃定西，沿着费老足迹为定西人民脱贫致富"出主意、想办法，做好事、做实事"。

有价值的建议来自实地调研

2002 年 12 月，刚刚履新的中共中央总书记胡锦涛走访各民主党派中央机关，体现了新一届中央领导集体对统一战线工作的高度重视。新时期多党合作的良好氛围，为民主党派共商国是、议政建言提供了广阔的天地。当时，中共中央、国务院以及中央委托有关部门召开党外人士协商会、座谈会和情况通报会每年达到 15 到 20 次，已经形成了制度，我们深感进行这样高水平协商与对话的难度和压力。为此，我们大力加强参政党自身建设，实施"人才强盟"战略，把提高参政议政能力水平作为全盟的首要任务和"一把手"工程来抓。

在实践中我们认识到，由中国共产党和民主党派老一辈领导人共同探索建立的基本政治制度，将在国家的政治生活中起到越来越重要的作用，我们一定要把这个体制内制度设计的优势发挥好。

首先，我们注意把握位置比较超脱的特点，尽职而不越位，由于身处权力之外，不代表地方、部门或某个特定群体的利益，看问题的视角比较客观、公正、独特，往往能如实地反映广大人民群众的利益诉求，所以我们提出的建议、意见，能够引起党和政府的重视并被采纳。

2008 年 9 月，我带队在四川开展天然气、水电资源开发补偿机制调研。资源是西部赖以发展的优势，但长期以来，由于没有建立起合理的补偿机制，当地干部群众反映"资源被拿走了，贫困和污染却留给了当地"，资源地区陷入一个"富饶的贫困"的怪圈。为了破解这个"资源魔咒"，我和调研组成员在吸收地方和开发企业各方面意见的基础上，向中央提出要将资源税费重点向资源地倾斜，建立受益地区反哺资源地的横向生态补偿机制；创新水电移民后扶政策，使资源开发真正能够造福于资源地区老百姓的建议。这一建议有力地推动了国家相关资源补偿政策和机制的建立。

另一个涉及不同地区与部门利益的，是 2010 年秋季开展的千岛湖水资源保护情况的调研。千岛湖是长江下游重要的战略水源地，由于新安江流域的污染不断加重，千岛湖水质富营养化趋势十分明显，水环境综合治理已经刻不容缓。但是，千岛湖牵扯到浙江、安徽两个省的利益关系，因此两方面各执一词，互不相让。在对千岛湖水环境进行全面考察之后，我们很快就形成了调研报告。事后，我在全国政协主持召开了一次对口协商会，邀请发改委、财政部等国家部委，两省主管副省长参加，大家在会上达成了广泛的共识，促成中央每年拿出 3 个亿，浙江省、安徽省各拿出 1 个亿，支持黄山市建立集中的工业园区，体现了合作、互利、共赢的原则，具有积极的示范意义。千岛湖周边及其上游黄山市的老百姓发自内心地说："政协为我们办了一件实实在在的好事。"此外，我带队开展的高校贷款、城镇化和新农村建设、资源型城市转型、企业自主创新等调研，同样具有典型和代表意义。

其次，我们充分发掘党派智力密集和渠道畅通的优势，把知识分子参政议政的热情和独立思考的精神，引导到关系国计民生的重大问题开展调查研究上来，尽到做诤友、做挚友的义务。我理解，不论是以参政议政抑或是以民主监督的形式，监督与支持相结合，目的是支持共产党把我们的共同家园建设好。

有一件事情令我至今难忘。2005 年，我率全国政协视察团到湖北宜昌，视察被称为"世纪工程"的三峡大坝。走进接待大厅，迎候在这里的三峡建设委员会主要领导的一席话，让我很受震动。他说："三峡大坝建设的成功，首先要感谢民盟和各民主党派在论证时的诸多质疑，三峡大坝正是在反复的探索和实践中解决了一个个质疑。可以说正是这些质疑成就了三峡工程的成功。"

民盟中央对城市灾害管理问题的关注始于 2001 年美国"9·11"恐怖袭击事件。2003 年春夏之交的 SARS 危机，年底的重庆开县井喷事故，均给人民生命财产造成重大损失，暴露了我国灾害管理体系的严重缺失。为此，民盟中央 2003 年开始，连续多年组织盟内外的专家做了大量的调研，先后提交了《加强我国城市灾害应急管理能力》《强化我国城市灾害管理的思考和建议》《实施灾害管理能力的评价体系》等提案和建议，引起中央和社会各界的高度重视。2003 年，在"两会"期间的民盟提案现场办案会上，国家相关的九个部委领导都来参加；我们举办了两届城市灾害论坛以后，一些城市主动和我们联系，希望得到民盟中央技术上、做法上的帮助。由于我们从政治稳定、社会安定的战略高度认识灾害管理问题，所提的建议务实且具有前瞻性，有力地推动了国家出台一系列灾害管理的法

规和政策，促使我国在公共服务和公共管理方面跃上了一个大台阶。

青海湖是阻挡西部荒漠向东蔓延的天然屏障，有着极其重要的生态价值，2005 年我们考察青海湖流域沙漠化问题以后，在政治协商会上向中央反映了青海湖沙化的严重性及其后果。中央领导在我们的几条建议上作了重要批示，青海湖流域综合治理已经纳入到整个国家生态保护和环境治理计划中。

300 万平方公里的海洋是我国的蓝色国土，海岛是海洋的重要战略前沿和组成部分，对其管控是我们的薄弱环节。2005、2006 年，我们在调研基础上先后就海岛发展战略、海洋经济致函中共中央、国务院，得到胡锦涛、温家宝同志的高度重视，批转有关部门开展对海岛管理、开发、建设、保护的研究工作。其它如民盟中央关于生物技术强国战略、粮食安全、企业自主创新、阿坝湿地保护等调研形成的参政议政成果，很多都是通过提案、大会发言和建议的方式上达中央，产生了良好的政治效益和社会效益。

三是继续保持在教育领域参政议政的特色和优势。作为以教育为主界别的参政党，民盟有着很深的教育情结，所提的建议往往能得到党和政府的高度重视。我们持续关注教育公平、农村义务教育、职业教育和高等教育的问题，并触及到科学使用财政性教育经费促进教育公平发展、农村义务教育阶段教师队伍建设、提高职业教育的战略地位、大学生就业等深层次的体制和机制问题。

2012年9月，张梅颖在贵州兴义市参加科学使用财政性教育经费调研

令人鼓舞的是，我们的调研所形成的每一件建议都有回复和批示，相当一部分得到采纳和落实，促进了党和国家的科学决策、民主决策，产生了良好的反响。在调研和协商过程中，我切身感受到中国特色社会主义民主政治建设的不断向前推进，感受到参政党工作与国家经济社会发展息息相关，感受到多党合作和人民政协事业的存在意义与价值。

关注民生　奔走国是

从2003年开始，我参加比较大的调研有三十几次，其中许多是涉及民生领域的视察、调研，内容涵盖三农、库区移民生计问题、大学生就业、基层教育和卫生人才队伍建设、收入分配改革、养老服务业等方面。为了摸清基层真实的情况，我走遍了东、中、西部不同类型、不同经济发展水平的地区，查阅的资料和调研笔记密密麻麻地写满大小不一的二十多个笔记本，这其中饱含着我们民盟的民本思想和人文情怀。

百万库区移民的生计问题一直萦绕在我的心里。2006年，我到重庆万州库区调研。过去万县是长江上的一个码头，轮船行驶到这里乘客都要下船吃饭住宿，每个小门脸，一年都有数万块钱的收入。现在移民搬进了国家集中安置的移民小区，但是没有生意，一些年轻人上午九十点钟还躺在家里睡觉。了解到这个情况后，我当时就给中共中央写了一封信，呼吁政府解决移民家庭的零就业问题，并把免费职业教育作为库区群众的福利，让新一代移民将来能够自食其力，实现就业。多位中共中央领导同志在建议上做了批示，并指示相关省市和部门认真研究解决方案。后来，我又专门前往万州库区调研职业教育，就职业教育定性、定位和与解决库区移民的关系详细向中共中央阐述了观点，胡锦涛、温家宝同志都做了批示，刘延东同志在批复中写道："你们把职业教育谈得很透，抓住了一些影响中国今后发展的根本性问题。"

给我留下深刻印象的，还有 2008 年 5 月下旬在广西开展的基础教育教师队伍状况调研。在大化瑶族自治县七百弄乡的一个教学点里，我们看到那里的老师承担着教学和学生生活管理双重任务，工作不分日夜，薪酬少得可怜，而正是他

2008 年 5 月，张梅颖一行在广西泰安小学调研

2011 年 5 月，张梅颖在安徽参加养老服务业调研

们的牺牲和奉献，让无数农家子弟从此改变了命运。通过调研，我认为，义务教育阶段的不均衡、不公平的最重要因素，是教师待遇的不公平。回京后，我在人民日报上发表了《关爱大山深处的耕耘者》，又向国务院建议提升贫困县区教师工资保障机制的层次和水平，实行重点向老少边穷等地区农村教师倾斜的特殊补贴制度，直接促成了国家在第二年出台政策，使义务教育学校教师津补贴与公务员同步到位，并推动了代课教师待遇问题的妥善解决。

2011 年春季，我带队先后到浙江、安徽调研老年人保障与养老服务体系建设。在社会转型期，面对猝然而至的老龄化浪潮，我们尚缺乏物质、心理以及制度的准备，而这个问题关系到亿万家庭的民生福祉。这次调研坚定了我对老年人保障与养老服务体系建设的一些观点和想法。养老要由政府主导。政府是为人民服务的，补齐民生事业短板，救助穷人，维护社会公平正义，是政府的本份，对"三无"、"五保"失独老人要做到"应保尽保"。为了引起全社会对老年事业的关注，调研后我在《人民日报》发表了《老吾老以及人之老》。

我体会，民生就是民心，民心就是最大的政治。作为参政党，我们讲政治，其中一个重要方面就是要帮助执政党做化解矛盾、团结和争取人心的工作，推动民生事业进步，让人民群众在改革开放中有更多的获得感，为促进社会和谐、全面建成小康社会尽到我们的一份义务。

推动不同文化交流互鉴

费孝通先生晚年的时候，越来越多地谈及文化问题，他敏锐地觉察到全球化背景下由于文化差异产生的种种冲突与对抗，为此，他提出"文化自觉"的命题，指出要"各美其美，美人之美，美美与共，天下大同"。"文化自觉"是老人家一生思考众多题目的最后归宿，也是他留给我们的一份宝贵文化遗产。

为了让中华文化走向世界，2012 年底，我率团出访巴西、秘鲁和委内瑞拉，开展人文领域的交流，并在里约热内卢州长宫举办的中华文化讲座上作了题为"和谐世界与文化自觉"的演讲。2014 年 3 月 31 日，我在法国出席太湖世界文化论坛 2014 年巴黎峰会，做了"让思想的丝绸之路永放光芒"的主旨演讲。

作为太湖世界文化论坛的名誉主席，我致力于将这一旨在推动不同文明对话与跨文化交流的国际平台打造成为"文化达沃斯"。迄今为止，太湖世界文化论

2014 年 3 月，张梅颖在法国参加太湖文化论坛巴黎会议

坛已经成功地举办了四届年会，分别就加强文明对话与合作、建设生态文明、加强文化软实力互动、合力建设人类命运共同体等主题展开对话，并在澳门特别行政区举办中西方文化交流和中医药文化发展会议，许多国家和国际组织的元首和政要、知名专家和学者、企业界和媒体人士踊跃参加，扩大了中华文化影响力，提高了我国在国际文化交流中的话语权。

未来世界综合国力的竞争，其实质是文化软实力的竞争。作为民盟的后来人，传承薪火，沿着先贤指引的道路继续前进，促进中华文化与世界文化交流互鉴，和谐共生，营造有利于我国和平发展的国际氛围，为建设人类命运共同体作出贡献，是我们责无旁贷的历史担当。

民建中央主席 陈昌智

我与民建

民建中央主席　陈昌智

　　我参加民建与我读研究生时的专业方向有着联系。乘着改革开放的东风，在经历了十年艰苦基层工作锻炼后，我考取了 1978 年我国恢复研究生制度后的第一批研究生，有幸重返母校四川大学经济系，专业研究方向是中国经济史。和许多那个时代的莘莘学子一样，我珍视来之不易的学习深造机会，惟日孜孜，无敢逸豫。在学习中，我对中国近代民族工业和民族资产阶级产生发展的历程、特征有所关注和认知，而这也正是民建作为一个政党出现在中国政治舞台的土壤和背景。毕业后，我留校任教，专心致力于经济学教学与研究，历任讲师、副教授，与人合著《中国近代经济简史》、主编了《中华人民共和国简史》《经济发展辞典》等学术书籍。在这个过程中，我结识到了四川民建的同志，特别是老主委徐崇林。徐老早年号称"皮革大王"，抗战期间在中共南方局领导下，组织成立中国中小工厂联合会，1945 年与黄炎培、胡厥文、章乃器、施复亮、孙起孟等发起筹建民主建国会，任首届理事、民建重庆分会主委。在徐老等民建前辈的影响下，1985 年我加入了民建组织，成为一名普通会员。当时已届不惑之年的我，没有想到从此我的人生事业与民建结下了不解之缘。

要心中有民建，心中有会员，不能忘了"根"

高尔基说过，天才就其本质而论只不过是对事业、对工作过程的热爱而已。我不是天才，只是笃实力行，做到干一行爱一行。我热爱教师职业，大学毕业后我先到部队农场锻炼，后被分配到凉山彝族山区教书，一呆就是近十年。当时那里的生活条件艰苦，吃住以南瓜充饥、与跳蚤为伍，人畜共饮一沟水，经常要带着学生爬到陡峭的山上砍柴，学生不小心踢飞一颗足球，我们要背着干粮到山下寻找。那个时候年轻，有朝气，又从小生长在重庆，不怕走山路，挑过担子、挑过水，对这些也没有在意，不觉得怎么苦。与那些活泼可爱的学生、纯朴善良的彝族同胞相处的日子，至今留下的是一段美好记忆。不久前我教过的几个学生还发来了他们的照片，容颜已改，情谊长存。后来我又在大学任教，想的就是踏踏实实讲好课、搞好学术研究，没有想过要从政，更没想过做官。当组织上找我谈话，让我去民建工作时，我确实是犹豫的，自己在大学里已经是副教授，教学研究进展都得心应手，一下子要去做党派工作，无异于从头开始。人有所好、术有专攻固然好，但服从组织需要，组织让干什么就坚决干，是个基本原则，因此我的选择不是避难就易，而是迎难而上。从大学到党派、政协，再到省监察厅，后来再到监察部，最后到民建中央来工作，我都是坚持这个原则。

在其位、谋其政，恪尽职守，是一个人的起码操守。同时还要不忘初心，时刻记得自己从哪里来。参加民建，就要心中有民建，心中有会员，热爱党派事业，以萤烛末光增辉日月的精神，为多党合作多做事、做实事。我参加民建工作，从地方组织专职副秘书长、秘书长、副主委、主委，直到任会中央主席，只要没有出差任务，都坚持七点半前到单位。在监察部门工作期间，尽管本职工作十分繁忙，我也一定要抽出时间和精力积极参加民建组织的各种重要会议和活动。律己足以服人，身先足以率人。我常对民建会员在政府和司法部门任职的同志说，不能因职务的重要和工作的繁忙而忽略自己的组织，忽略党派工作，应时刻牢记自己是一名民建会员，没有民建，就没有我们自身的进步和发展，不能忘了这个"根"。因此切不能小看自己的党派、小看自己的会员，平时要加强与会内的联系，要关心会务工作，力所能及地尽心出力。有的同志做了副省长、副市长，同民建就生疏了，到地方不见民建会员、冷落会员，会员群众不高兴，对个人的意见是小事，使民建形象受损、影响了组织的凝聚力是大事。凝聚会员首先就要走进会员中，关心会员，维护他们的切身利益。

言必当理、事必当务。我常讲，必须做的事要先做好，你是赖不掉的。深入基层组织，密切联系会员，就是我们必须做好、做实的工作。正是长期的党派基层工作经历，帮助我很好地开展现在的工作。正因为了解基层，了解党派的工作实际，我的工作思路要实一些，具体一些，更有操作性一些。特别是以习近平同志为核心的中共中央号召要联系群众、走群众路线，这是一个好作风、好传统，一定要继承好、发扬好。民建有三百多个省辖市级组织，民建中央规定，主席、副主席都要联系几个省，在一届之内走完这些省份的市级组织，与会员座谈了解基层情况。民建八届期间我还是副主席，当时成思危主席给我分了联系几个省的任务，因为我担任监察部副部长，事情很多，难度大一点。但什么事只要处理好了就会变成优势，我把监察部的会议、出差工作和联系民建地方组织的工作结合起来，在开会的间隙抽出时间与基层民建会员交流沟通，所以那一届我是第一个完成这项任务的。担任民建中央主席后，我就认为自己的主要精力要放在民建，把民建工作抓好。这十年来，我已经走过二百多个市级组织，每到一地都和会员们面对面座谈交流，强调注意务实，汇报具体工作，不要念稿子，少讲大道理，还要切实检查督促他们的工作。我们召开了基层组织工作会议、市级组织工作会议，把基层组织负责人全部培训了一遍，这在民建历史上也是首开先河的。

搞清楚、回答好为什么
民建要坚持接受中国共产党领导

为什么要接受中国共产党的领导？我在民建工作直到现在担任主席，经常会被问及这样的问题，这也是党派内部做成员政治思想工作需要首先搞清楚、回答

陈昌智主席在办公室

好的问题。避而不答或者敷衍含糊都是错误的、有害的。井越掏，水越清；事越摆，理越明。解决思想上的、认识上的问题，只能用民主的方法，摆事实、讲道理的方法，以理服人，绝不能以力服人，以大话压人。而且要讲究说话的艺术，菜没盐无味，话没理无力，既要理直气壮，又要让人心悦诚服。

在 2008 年全国两会新闻发布会上，我回答了"美国之音"记者的提问。他的问题是，"新中国成立之初的新政权里并无执政党和参政党之分，可是 40 年之后，到了 1989 年，民主党派变成了所谓的参政党，参政党地位是永久性的不可变更的吗？"我稍加思索这样回答他：中国的政党制度，有自身的特点，刚才你在提问的时候，已经表述了这个特点。中国共产党执政，民主党派参政，为什么会这样呢？这是有一个历史的过程，它是有历史特殊条件的，是由国家的国情和性质所决定的。1945 年中国民主建国会成立的时候，国民党执政搞独裁、打内战，而其他的党派都反对独裁、反对内战，因而与共产党的宗旨和思想一致了，自然而然就和共产党走到一起了。曾经有人说共产党现在掌权了，你们只能说接受共产党的领导。我说不对，要很好地学习我们各个党派的历史。在1949年前，在国民党掌权的时候，我们并没有说要去接受国民党的领导，当时我们就在文件里清楚地写下了接受共产党的领导，那时候共产党没有掌权。如果愿意的话，可以翻阅一下我们党派的历史。新中国建立以后，我们各民主党派亲眼所见，现在可以说世界人民所见，共产党能够领导这个国家，只有共产党才能领导这个国家。除此之外，没有任何一种政治力量可以担负起让中国繁荣昌盛、让中国人民富裕生活的历史任务。

在2013年全国两会新闻发布会上，我又回答了《纽约时报》记者具有挑战性的提问。那个记者说："我们知道作为民主党派，你们的职责是提出建议，但是你们是否希望有朝一日也能参与多党竞选？"我给他讲了个故事作为回答：去年我去美国，和一个美国的朋友交流，他问了跟你相类似的话，你们中国为什么不可以搞竞选？民主党派为什么不可以来执政？我先没回答他，而是反问他，我说

2008年3月6日，全国政协十一届一次会议在人民大会堂举行中外记者招待会，陈昌智回答记者有关多党合作制度的问题

这样吧，你们美国实行一下我们的多党合作制度，你觉得怎么样呢？他说，那不行，你这个办法不适应我们美国，在我们那儿行不通。所以说我就回答他了，我说很简单，你觉得我们的政党制度在你那不适合你的国情，很显然、很简单，你的政党制度也不适合我们的国情。

外国人、外国记者会有这样的问题，我们必须讲清楚。普通群众也会存在类似的疑问，我们同样要说明白。2009 年 1 月我做客人民网"强国论坛"。现场主持人说，现在有一个比较尖锐的问题。网友有一种说法，"不想当执政党的政党不是好政党"。还有他们问中国共产党领导的多党合作和政治协商制度符合中国国情吗？我当即回答，中国共产党领导的多党合作和政治协商制度肯定是符合中国国情的。至于他问的那句话"不想当执政党的政党不是好政党"，在中国是不适合中国国情的。世界上的政党制度可以分为三种：一种是两党或者多党竞争的竞选制度；第二种是一党执政；第三种就是中国这一种，一党执政，多党合作。他那句话属于第一种情况，竞选的、轮流执政的，竞选就是为了执政，就是为了上台，在那个地方是可行的。中国共产党领导我们国家、领导全国人民，逐步走上了民族复兴的大道，中国国际地位不断提升，经济不断发展，人民生活水平不断提高，这是全世界公认的，实践证明执行这种制度是符合我们国情的。我们政党制度的特点就是共产党领导、多党派合作，共产党执政，多党派参政，把这句话转过来，应该说不接受共产党领导的参政党不是一个好的参政党。不为国家的经济发展、人民群众生活的改善出力，或者你的参政议政工作做得不好，这就不是一个好的参政党。

从组织来讲，民建作为一个具有政治联盟特点的政党，出现在中国政治舞台，离不开中国共产党的影响和帮助；作为中国革命、建设和改革事业中的一支力量，能够发挥作用，离不开中国共产党的领导和支持；作为我国多党合作格局中的参政党，不断发展进步，离不开中国共产党的领导和关怀。从个人来讲，我们民主党派成员也应该永远铭记和感恩，在自己的成长道路和事业工作中，中共党组织和党员同志对我们的关怀、信任和支持。是非之心，智之端也。始终不渝地坚持中国共产党的领导，就是必须明辨的大是大非问题，是我们民建一切工作的根本立场和政治准则。

整合力量，发挥优势，
努力提高民建的履职能力

在纪念民建成立 70 周年的时候，我对具有民建特色的建设发展规律做了初步总结：政治纲领的与时俱进，引领民建的前进方向；思想建设的与时俱进，保证民建的健康发展；履职能力的与时俱进，巩固民建的参政党地位。这三条经验规律贯穿于 70 年的历史进程，确保民建事业欣欣向荣、永不停顿。

履职能力是参政党的生命价值体现。我刚任主席时就感到肩负责任重大。无论是早期领导人还是最近的前任主席，他们高尚的品格、领导能力，以及学术上的卓越成就，都给我提供了榜样。黄炎培先生一身正气，他与共产党人的真诚合作、为民做事的事迹，成为我工作中学习的最好现成材料。成思危同志学术上造诣很高，在社会上影响很大，民建在他担任主席期间，参政议政的各项工作一直在高位上运行。摆在我面前的任务既要继承优良传统，也要争取有所创新。

最重要的就是发挥集体智慧。我十分重视民主集中制建设，无论是全会、常委会、中委会的讲话，我事前都会征求其他主席们的意见，体现集体意志。同时，我一直大力提倡参会同志要畅所欲言，群策群力。在参政议政工作方面，充分调动各方力量，发挥整体优势。我提出要求，民建各级组织领导班子负有做好各级参政议政工作的主体责任，要对推进本级组织的参政议政工作进行整体谋划，做到常研究、有部署。从会中央、从我自己做起，每年我都要和其他几位专职副主席分头带队，围绕会中央确定的几个重点课题，赴地方开展调研，写出调研报告，提出意见建议。前段时间，我带队就今年的重点课题"关于大力支持光伏产业发展的调查与建议"到甘肃、江苏进行了考察调研。同时我们还重视充分发挥专门委员会的主力军作用、基层组织的基础作用、各级机关的枢纽作用，和社会力量的补充作用，就是要紧紧依靠会员、调动广大会员的积极性，形成全会合力。

党派成员履职尽责，提意见建议，就要讲真话、讲实话、讲有用的话。今年年初，习近平总书记同各民主党派中央、全国工商联负责人和无党派人士代表座谈时就讲："'虚心公听，言无逆逊，唯是之从。'这是执政党应有的胸襟。'凡议国事，惟论是非，不徇好恶。'这是参政党应有的担当。"不管在哪开会，只要让我发言，我就会把看到的问题讲出来，我有意见就要提。有一次，我就民建中央的重点调研课题走访发改委。在座谈会上我就直言不讳地说："对不起，我今天发个言，提两个建议。第一，你们要让经济发展向质量、效益的方向发展，不要向单纯 GDP 的方向发展；第二，你们要加大改革的职能，那么多司，只有一个是关于改革的，这样的安排太不够了。"民建九大以来会中央领导参加中共中央和国务院举行的高层协商会 40 余次，对中共十八大报告、十八届三中和四中全会《决定》、每年的《政府工作报告》、编制和实施"十二五"规划和"十三五"规划、以及加强作风建设和经济社会发展的重大问题等代表民建中央提出意见建议，受到中共中央领导的重视。2008 年《关于完善我国多层次资本市场税收政策的提案》、2012 年与农工党中央、全国工商联联合提出的《关于强本固基维护实体经济基础的提案》分别被列为全国政协"一号提案"。十一届全国政协评选优

2009 年 5 月 9 日，陈昌智率"加快节能减排，促进可持续发展"考察团在湖南株洲冶炼集团调研

2011年8月4日至10日，陈昌智率全国人大常委会调研组赴黔，就促进民族地区经济社会发展开展专题调研

秀提案 281 件，其中八个民主党派中央和全国工商联入选优秀提案共 57 件，民建中央有 9 件提案被评为全国政协优秀提案。

去年民建又承担了中共中央赋予的一个新的任务，开展脱贫攻坚民主监督工作。民建中央对口广西。接到任务后，我们立即部署落实，成立了由我任组长的领导小组。多年来，民建"思源工程"已向广西累计捐赠 2000 余万元，先后在贫困地区学校开办了 18 个"思源教育移民班"，资助 900 名贫困学生，捐赠 72 台救护车，援建 1282 口"思源水窖"、9 座人畜饮水池，并捐建学校、道路桥梁等，约 100 万人从中受益。这些工作和成就，为今天民建履行脱贫攻坚民主监督任务，提供了丰富的载体，奠定了坚实的基础。

这些年来，民建坚持"饮水思源、回报社会"，以中华思源工程扶贫基金会为载体，以地方组织和会员企业为依托，汇集全会力量做好社会服务工作，也赢得社会广泛赞誉。我们党派搞扶贫虽然力量有限，但只要尽心尽力，务实肯干，照样能办好事、办大事。民建思源工程实施十多年来，已累计筹集善款超过 14 亿元，帮扶贫困群众超过 1000 万人次。几年前，民建中央定点扶贫点河北丰宁县申报了 17 年的一个抽水蓄能电站项目，我们帮助他们促成了。一期工程投资 95 亿，要建成世界第一的抽水蓄能电站，县财政将年增 5 个亿，这在当地绝对是个惊人的数字。

　　入会30年来，在民建组织中锻炼成就了我，为了民建事业，我也夙兴夜寐、无敢懈怠，努力做到竭心尽力、鞠躬尽瘁，其中所行所言、所感所悟，在这里只撷取在蓬勃发展的多党合作事业中民建阔步前行的几个片断。昔日之得不足以矜，后日之成不容以限。我坚信，在中国共产党的领导下，中国特色社会主义政治发展道路必将越走越宽广，民建事业必将不断发扬光大。

民建中央原副主席　冯克煦

话岁月沧桑　忆民建先贤

民建中央原副主席　冯克煦

　　我加入民建已经 62 年了。半个多世纪寒来暑往，抹不掉那些鲜活的记忆；透过历史烟云，我仿佛又看到了民建先贤爱国奉献的忙碌身影。坚持爱国主义和中国共产党的领导，是民建代代相传的精神法宝，我坚信，会一代代地传承下去。

结缘民建六十余载

我 1926 年出生于四川省江安县，早年从成都光华大学肄业。1945 年至 1949 年，我当过重庆《国民公报》记者、编辑，文华通讯社记者，工商导报特约记者，《民主报》广告部主任。也许是因为当过新闻记者，我始终有一种忧国忧民的情怀，这也是我跟民建结缘、走上参政议政生涯的原因之一。

我是 1955 年参加民建的，我的入会介绍人是胡子昂和徐柏图。其实，说起我和民建的渊源，那是由来已久了。我和民建最早的接触，远远早于 1955 年。早在抗日战争胜利后，我就认识了施复亮，他当时是四川省银行经济研究处处长，是有名的经济学家，我经常向他讨教，又通过他认识了黄炎培、章乃器、孙起孟等一批优秀的民建创始人。在民建筹建期间，我曾协助施复亮先生做一些通讯工作，跟他们打交道很多，印象很深的就是他们的政治主张。施复亮、章乃器他们都坚定地认为，挽救中国首先要反对封建独裁、实行民主政治，不然什么都谈不上。他们赤诚的爱国热情，给我留下了很深的印象，对我的影响非常大。

1955 年底，民建响应毛泽东"关于认识社会发展规律、掌握自己命运"的号召，很快在工商界掀起了接受社会主义改造的高潮。不到两个月时间，以民建、工商联实业家为主体的工商界在全国范围内实现了全行业公私合营，顺利实现了对资本主义工商业的社会主义改造，国家正式进入社会主义。广大工商业者由一个剥削者变成了半个公家人，民建在这场伟大的变革中起到了有力的配合作用。新中国成立初期，民建的一系列组织行动，为恢复生产、发展经济、巩固人民民主政权作出了积极贡献。我记得，当时私营工商业者你追我赶，争先恐后地"敲锣打鼓奔社会主义"。全国的工商业者主动把企业交出来，交给国家，这是非常难能可贵的，工商界的这种爱国热情让我很感动。

我正式投身民建事业后，开启了参政议政的政治生涯。加入民建之初，我兼任民建西南区办事处秘书，主任是胡子昂。此后的半个多世纪里，我追随和协助黄炎培、胡厥文、孙起孟等民建先贤工作，长时间、近距离地感受到他们身上深沉隽永的爱国热情、踌躇满志的报国情怀和接受中国共产党领导的坚定政治信念。

当好诤友　勇谏良策

　　实事求是中国共产党的优良传统和作风，民建作为中共的诤友，从建会伊始，一直忠实地履行参政党的职能，讲真话、进诤言。民建的主要创始人黄炎培鲜明的特点就是有胆量、讲真话、不怕得罪人，他真诚刚正的品格深深感动着我。

　　70年前，他曾在延安与毛泽东有一场精彩的"窑洞对"。1947年，黄炎培到延安考察，谈到"其兴也勃焉，其亡也忽焉"，称历朝历代都没有能跳出兴亡周期律。毛泽东表示："我们已经找到新路，我们能跳出这周期律。这条新路，就是民主。只有让人民来监督政府，政府才不敢松懈。只有人人起来负责，才不会人亡政息。"在黄炎培看来："这话是对的"，因为"只有把每一地方的事，公之于每一地方的人，才能使地地得人，人人得事。用民主来打破这周期律，怕是有效的。"黄炎培的提问是提醒共产党，加强自身建设。毛泽东回答的关键词是民主。70年前的这段对话，体现了黄炎培的勇气和胆量，也表明了毛泽东对民主的态度，所以至今仍不时被提起。

　　正如毛泽东的许多党内外朋友一样，黄炎培支持毛泽东，但并非是所有都予以肯定的。在若干政策上，有些不乏是重大政策，一旦存在不同意见，黄炎培是有所保留的，有些是对毛泽东当面提出，有些是去信表达，黄炎培和毛泽东之间

1945年毛泽东与黄炎培在延安机场

的私人信件就有一百多封。有些意见他会在相关会议上提出，比如，在土地改革运动中，黄炎培去看了情况后，回来就在中央座谈会上表示，他拥护土改政策，但所谓的消灭地主阶级，并不是肉体上消灭地主，而是要把地主改造成为新人。

他敢讲真话，敢提意见，既有反映工商界实际情况的，还有对党和国家一些政策方针措施的看法。1958 年大跃进，我陪同黄炎培一起去参观了农业生产，之后黄炎培就跟我们聊。他说，农业生产可以发展，但要实事求是，不能搞浮夸。大炼钢铁年代，我陪同黄炎培坐火车出去视察，从火车上往外看，一路过去，农村都在热火朝天地炼钢铁。黄炎培说："这个东西要讲科学，凭热情不行的，这样炼出来的钢铁能用吗？"我当时听了，敬佩之情油然而生。

"文化大革命"结束后一些党内健在的老同志，包括 20 世纪 50 年代与黄炎培激烈争辩过的人，都曾夸赞过他的为人。胡耀邦、彭真、邓颖超、陈云先后给黄炎培题字，以纪念这位昔日的老友。1987 年习仲勋代表中共中央在黄炎培纪念会上致辞，称黄炎培为中共的"诤友"。

肝胆相照　荣辱与共

如今，"长期共存、互相监督、肝胆相照、荣辱与共"——中国共产党与民主党派团结合作的十六字方针广为人知。在 1982 年之前，还只是"长期共存、互相监督"的八字方针。1982 年，在"文革"结束后中共中央举行第一次统战会议的前夕，胡厥文给中央写了一封信，在寄出这封信之前，民建中央还开了一个会，我就在场。大家一致认为，"文革"期间民主党派一些领导人受到了不同程度的冲击，但始终没有动摇对中国共产党的信心，民主党派与中国共产党的关系，用肝胆相照来形容是最贴切不过的。胡耀邦同志在看了这封信后，在统战会议上表述中国共产党跟民主党派的合作方针时，将原八字方针，增加了"荣辱与共、肝胆相照"八个字，变为沿用至今的十六字方针。

事实上，胡厥文等民建先贤，一直把中国共产党人视为最忠实、最亲密的朋友，用实际行动很好地诠释了"肝胆相照，荣辱与共"的含义。

1965 年，"文革"前夕，黄炎培病故后，李烛尘任民建中央代理主席，胡厥文被调到北京来主持民建的日常工作。粉碎"四人帮"以后，党和国家拨乱反正，实现工作重心转移，支持民主党派恢复工作。当时胡厥文任民建临时领导小

1973年6月，民建考察团在广州参观考察。前排左起：罗叔章、胡子昂、胡子婴。后排左起：孙晓村、胡厥文、冯克煦、沙千里、陈子彬

组召集人。为恢复民建的工作，他到各个地方深入调查研究，协助党和政府落实被"四人帮"破坏的原工商业者的政策。

为解决原工商业者的摘帽问题，1977至1978年，我陪同胡厥文到上海、江苏、浙江、福建、武汉等地方调研，后来在武汉召开了民建十八个省级负责人座谈会，了解"文革"期间停止办公后的现状，商讨如何恢复开展工作，以及如何解决工商界面临的困难问题。调查研究回来以后，民建向中共中央提出进一步落实对原工商业者的政策。

1979年1月17日，中共十一届三中全会闭幕二十多天，刚刚恢复党内职务不久的邓小平同志就邀请五位原工商巨子——胡厥文、胡子昂、荣毅仁、古耕

虞、周叔弢座谈，主要是对如何加快对外开放、推进经济发展征求他们的意见。当时，我负责在旁边做记录，有幸见证了这一个意义重大的历史时刻。记得那天的北京，还笼罩在瑞雪寒风中，人民大会堂福建厅内却已升腾起洋洋的暖意。我清楚地记得，大家在座谈中还提出了"工商界还没有摘掉帽子"的问题。他们说，现在工商界最大的思想负担就是帽子问题，企业已经交出来二十多年了，底薪也取消了，原工商业者绝大多数人都是靠劳动工资生活，在这种情况下还给他们戴上资产阶级的帽子，不利于调动广大工商业者为社会主义现代化建设服务的积极性。不久，邓小平同志在五届二次政协会议开幕词中就宣布，民族工商业者的阶级关系发生根本变化，他们绝大部分已经成为了社会主义自食其力的劳动者，实际上是为他们摘掉了资本家的帽子，打碎了身份枷锁。

摘掉了资本家的帽子，以五老为代表的工商业者仿佛重新焕发了第二春。在邓小平同志的鼓励下，胡厥文、胡子昂、古耕虞等一起创办了中国工商经济开发公司，荣毅仁创办了中国国际信托投资公司，王光英创办了光大实业公司，充分发挥了他们和广大工商业者的才能，为国家的现代化建设作出了重要贡献。在他们的带动下，北京、天津、湖南、吉林，包括湖北、四川陆陆续续好多省的民建会员都创办了很多实业公司，主要任务就是引进外资，推动中国经济发展。

胡厥文曾多次说过，现在是工商界为社会主义建设服务千载难逢的黄金时代，要把吃奶的力气拿出来。他是这样说的，也是这样做的。他到南方去调查研究，发现国有企业大批的设备闲置不用，有些进口的机器，连箱子都没有拆，放在工厂里面堆着，真是极大的浪费。对此他先后写了两三个报告，递交给中共中央负责人，提出要把这些闲置的机器用起来。胡厥文等民建人士还就改革开放的问题向中共中央提出，要放开市场，放开物价的控制，实行市场经济。这个建议，后来被中共中央采纳了。他的言行，对工商界同志起了很大的鼓舞和示范作用，博得了广大人民群众和爱国人士的赞扬。

1981 年，民建创造性地成立一个叫经济咨询和工商专业培训办公室的机构，具体负责推动全国开展上述工作，我被任命为这个办公室主任。当时，六千多名民建会员不辞辛苦、不计报酬，在全国范围内帮助地方中小型国有企业改善经营管理、改进生产技术，还帮助街道和知识青年创业，振兴实体经济，先后安置待业青年将近 10 万多人。在这过程中还逐步向老少边穷地区发展，帮助贫困地区改善企业经营管理、提高金融管理水平、培养技术职工。这些举措对当时恢复和振

冯克煦（左）为胡厥文（右）祝寿

兴我国经济发挥了很好的作用，受到社会广泛的好评。习仲勋同志曾高度评价民建的工作"具有政治和经济的双重意义，民建为新时期社会主义四化建设服务走出了一条新路子"。

即使经历了"文革"十年的艰苦磨难，胡厥文也从未动摇过对中共的信心和坚持走社会主义道路的信念。在民建成立 40 周年时，他把坚持高举爱国主义旗帜、坚持依靠中共的领导、坚持自我教育概括为民建的三大优良传统，成为推动民建事业不断发展的思想保证。

1987 年底，为进一步推进民建中央领导班子的新老交替，胡厥文坚决辞去主席职务，并积极推荐新人，在民建内外产生了积极的政治影响。

"党派今何似？长松附茑萝。百年生死共，痛痒共搔摩"。胡厥文写的这首《长期共存》五言绝句，短短 20 字，爱党之情、赤子之心跃然纸上，真切表达了胡厥文等民建人与中共肝胆相照的诚挚感情。

承前启后　砥砺前行

孙起孟在担任民建中央主席期间，我有幸在其直接领导下工作。他曾经在多个场合反复强调，民建最重要的优良传统就是坚持中国共产党领导。为什么要坚持共产党的领导？它来源于爱国主义。国家要富强民族要振兴靠谁？只能够靠共产党，跟共产党走。这是他根据自己几十年的亲身经历和体会，自然而然总结出来的，是发自内心的。

孙起孟的心中始终装着国家民族和多党合作事业。他曾说，要充分认识中国共产党领导的多党合作制度是我国政治制度中的一个特点和优点，特点就在于这个政党制度是中国共产党领导的，又是共产党与八个民主党派亲密合作，肝胆相照、荣辱与共的，是符合中国国情的社会主义政党制度；优点则在于这个政党制度有利于维护、巩固和发展我国安定团结的政治局面，有利于调动一切积极因素，共同为建设中国特色社会主义服务，有利于加强和改善中国共产党的领导，有利于增强我们国家处理应变复杂形势和局面的巨大合力。

正是基于这样的认识，早在 1989 年全国政协七届二次会议上，在孙起孟主持下，民建首次以党派名义作了题为《在坚持的前提下逐步完善、丰富、发展中国共产党领导的多党合作制度》的大会发言，强调了坚持中国共产党领导、坚持多党合作的历史必然性，以及二者密不可分的联系。1993 年，民建提出将多党合作制度纳入宪法的建议，集中体现了孙起孟对多党合作制度的深刻思索和深切体会。民建的建议，最终得到中共中央的采纳。当年 3 月 18 日，全国人大八届一次会议正式通过把"中国共产党领导的多党合作和政治协商制度将长期存在和发展"写进中华人民共和国宪法。宪法的这一修改，具有重要的现实意义和深远的历史影响。

孙起孟还在担任民建中央主席的时候就提出，民主党派要继承和发展下去，必须要实行领导年轻化，不能搞终身制，而要搞政治交接。他提出，新老交替是自然规律，只有新陈代谢才能促进事物的发展，才会看到前景。民建领导集体以前没有退休的规定，主席、副主席和地方组织的负责人任期没有限制，这不符合民建自身发展的规律。为此，孙起孟下定决心，从民建的中央组织开始改革终身制。那个时候我担任民建中央秘书长，受他的委托，我起草了一个关于实行新老交替机制的意见，供主席会议讨论。在这个意见中，孙起孟创造性地提出培养新

前排左起：冯克煦（左二）和孙起孟（左三）

人可以采取先进后出的办法，就是先引进来，成熟一个引进一个，其他人有合适时机再退，实行民建中央领导离退休的滚动交替机制。在当时的环境下，推动这项改革制度阻力还是非常大的。孙起孟身体力行，1996年12月，为推进民建领导集体的新老交替，他主动辞去主席职务，赢得了全体民建会员的尊敬和爱戴。

2010年3月2日，孙起孟悄然熄灭了点燃百年的生命之火，与世长辞。我专门写了篇文章怀念他，文章中写道，"他对温暖工程寄予希望的八个字'灯亮一盏、光洒成片'，我觉得正是他一生最恰如其分的写照"。

成思危和陈昌智先后担任民建中央主席之后，他们继承和发扬了民建的光荣传统，坚持把中共的路线、方针和政策同民建具体实践结合起来，创造性地开展工作，使民建工作开创了新的局面。

岁月流逝，黄炎培、胡厥文、孙起孟、成思危等民建历届领导人和广大会员在长期坚持革命、建设和改革开放过程中所形成的优良传统，给我们留下了宝贵的精神财富。回顾走过的这七十多年道路，民建之所以有今天，就是因为从建会到现在，始终不渝地高举爱国主义旗帜，坚定不移地跟共产党走，这是民建的光荣传统，是民建的根本原则，也是民建在中国革命和建设社会主义事业中能够始终保持坚定正确的政治方向，发挥特殊作用的根本保证，应当一代一代地继承下去并发扬光大。所以，我希望，民建必须不忘爱国、民主之初心，无论什么时候都要在会里开展好爱国主义教育和坚持共产党领导的教育。

如今，我虽年逾九旬，但仍坚持每天听收音机、听工作人员读报，了解关心国家大事。我的最大心愿就是希望民建爱国爱党的优良传统代代相传，民建的事业蒸蒸日上，祖国更加繁荣富强！

民建中央副主席　辜胜阻

竭忠尽智　不辱使命

——回顾我 30 年参政议政经历

民建中央副主席　辜胜阻

　　参政议政是参政党的一项基本职能。我 1988 年从美国留学回国，加入民建已近 30 年。30 年来，随着多党合作制度的不断发展和完善，我也在参政议政实践中得到锻炼，政治上逐步成熟，从一名书斋里的学者走向更广阔的社会政治舞台，成长为现任的民建中央副主席、全国人大常委会和财经委的组成人员；思想上也从最初怀抱的简单的"学术报国"思想，发展为更加深厚的家国情怀、使命担当。回首过去，组织的引领，先辈的教诲，薪火的传承，都已沉淀成为我生命中最宝贵的精神财富，历久弥新。

结缘民建　走上参政大舞台

我成长于一个大好时代。1977 年国家恢复高考，得以进入武汉大学经济系学习。1982 年毕业留校从教。1985 年时年仅 29 岁被破格晋升为副教授。1986 年获联合国奖学金公派赴美到密歇根大学研修。1989 年再次破格晋升为教授。我的参政议政生涯始自与民建的结缘。民建许多德高望重的老前辈、老领导都是我的良师益友，是我加入民建、熟悉参政议政工作、政治上成长的领路人。我的入会介绍人梁百先先生就是其中的一位。梁先生是我国空间物理学家，中国电离层电波传播与空间物理研究领域开拓者与奠基人之一。通过梁先生我对民建和多党合作制度有了初步的了解。1988 年 5 月，我光荣加入了中国民主建国会。自此，一扇崭新的大门向我开启，我的目光开始投向更广阔的社会变革和时代发展的新天地，我的命运与祖国的命运贴得更近了。

加入民建后，第一位把我引上参政议政舞台的人是时任民建中央主席孙起孟。记得 1992 年我被评为第三届"中国十大杰出青年"时，孙起孟主席在北京专门接见了我，当面听取我的工作汇报，亲切鼓励我要学以致用、以学报国。1993年 3 月，时任中共中央总书记江泽民要求民建研究一下农村剩余劳动力问题。对农村剩余劳动力转移和城镇化问题，我之前已经有了较为坚实的研究基础。我从1987 年 7 月在美国夏威夷东西方中心着手系统性地研究人口流动与城镇化问题，回国后又带领研究团队在湖北、江苏、广东、福建等 10 个省的 70 个县市进行了大量实地调查，调查问卷五万多份。我还利用出访机会，到印度、韩国、日本、美国、西欧和我国台湾地区的一些地方进行实地调查。1991 年，我完成并以全优的结果通过了题为《非农化与城镇化研究》的博士论文。了解到这一情况后，孙起孟主席把中共中央的这一重要任务交给了刚刚担任全国政协委员的我，希望我理论联系实际，提出高质量的意见建议。

为了不辜负孙老的器重和中共中央的重托，我在前期成果的基础上，进一步深入调研，历时近一年，形成了《合理引导我国"民工潮"的建议》，该建议成为我 1994 年 3 月在全国政协八届二次会议上所作的首场大会发言，并得到国务院相关部门的高度肯定。同时，我还参与起草了民建中央《关于农村劳动力转移和流动问题的思路与对策的建议》，专报中共中央、国务院。这给了我很大的激励和鞭策，自此以后，我多次在全国政协大会、政协常委会以及全国人大代表大

1992年，孙起孟会见辜胜阻

会、人大常委会等参政议政平台上建言献策，在学以致用、报效祖国的同时，我个人的能力也在多党合作这个大舞台上得到了锻炼和提升。

在参政议政过程中，先后给予我指导和帮助的还有民建前辈、武汉大学经管学院原副院长李崇淮，民建中央原主席成思危、民建中央现任主席陈昌智等等，他们以自身的政治品格、信念追求、学养修为和举止风范，影响着我，启迪着我，引领着我不断前行。1998年我调任武汉市副市长，赴任前成思危主席在他的办公室与我促膝长谈，临行前送我四句话，即"多学习，少应酬；多办事，少出头；多协商，少独谋；多研究，少开口"，这成为我在武汉市政府和湖北省政府工作八年的座右铭。

以学报国　为改革发展鼓与呼

作为一名学者，以学报国是我自始至终的理想。中国共产党领导的多党合作和政治协商制度，则为我实现理想提供了机遇和平台。1992年11月，我当选为民建中央委员，第二年增补为民建中央常委。1993年2月，担任第八届全国政协委员。1998年1月，当选为武汉市副市长。作为民建成员，党和民建给予了我极大的信任，而我也深感肩上的责任日益重大。我深知，身为民主党派成员，坚持围绕中心，服务大局，参政报国，议政为民，才是我们最大的担当，是参政党的职责和使命所在。

20 世纪 90 年代，风险投资在中国还是一个陌生的概念，而风险投资对于推动科技创新和经济发展具有重要作用，时任民建中央主席成思危早就关注到这一问题，并酝酿在 1998 年"两会"期间以民建中央名义提出关于推进中国风险投资发展的提案。1997 年 3 月，在我从美国返回北京参加全国政协大会期间拜见了成思危主席，他希望我利用在哈佛访学的机会，对风险投资进行研究并对美国风险投资的现状进行实地考察。这是继"民工潮"建议后，民建中央交给我的又一重大参政议政课题，我也非常庆幸能够亲身参与并见证这一载入民建史册的"一号提案"诞生过程。

从北京回到波士顿后，我考察了美国高新技术产业集聚地硅谷，对美国风险投资进行了深入的实地调查研究。1997 年 9 月，在武汉到重庆的轮船上，我参加了成思危主席主持召开的"创业投资与资产证券化"国际研讨会，提交了论文《美国的风险投资与中国发展风险投资的对策》。根据这次研讨会的成果，在成思危主席领导下，我又参与了《关于加快发展我国风险投资事业的提案》的研讨工作，这个提案在 1998 年全国政协九届一次会议上提出，被列为"一号提案"。我还有幸代表民建参加了"一号提案"现场办案会。"一号提案"成为点燃中国风险投资的火种，掀起了风险投资的燎原之势，风险投资这个"第一推动力"促进高科技成果全面而充分的转化为"第一生产力"。同时，也是在这次政协大会上，与民建中央的"一号提案"相呼应，我提交了《促进我国高新技术产业发展的对策案》，为推动我国的高新技术发展鼓与呼。

在民建老一辈领导的引领下，我注意把自身所学与民建的参政议政需求相结合，时刻关注国家的改革与发展，将更多的时间和精力投入到多党合作事业中，努力当好中国共产党的挚友和净友。从 1993 年到 2007 年，我担任全国政协委员和常委期间，共提交六十多万字的议政报告、七十多份提案、近 70 篇大会发言，先后 9 次在政协会议上作口头发言。为了加强对国家改革与发展战略的研究，1997 年 6 月，我从哈佛大学回国后推动创办了武汉大学战略管理研究院，成思危主席亲任名誉院长，我任始创院长，成思危主席出席成立大会并作了主题演讲。研究院集教学、科研、咨政于一体，成为具有参政议政鲜明特色的高端智库。研究团队的成果经过转化后，通过全国政协和全国人大的舞台提交政协提案

2008 年 2 月 29 日，在全国政协礼堂召开风险投资提案 10 周年纪念座谈会

和人大建议近 200 项，向中央高层呈送一大批研究报告，受到肯定与重视，一些政策建议在决策中被采纳。作为民建中央副主席，从 2008 年起，我积极推动民建在各民主党派中率先建立"两会"新闻发布制度，通过参政党的"两会"新闻通气会，不仅扩大了民建的社会影响力，也加深了民众对多党合作和政治协商制度的认识。

注重调研　倾听基层的声音

不明察，不能烛私。调查研究是民主党派做好参政议政工作的一项基本功。习近平总书记指出："调查研究是谋事之基、成事之道。"参政党要行使好话语权就要有知情权，最重要的知情方式就是深入开展调查研究。高质量的参政议政必须有"双轮驱动"——建立在坚实的理论研究和详实的实地调研考察的基础上。调查研究既要背靠理论，又要面向现实；既要"读万卷书"，也要"行万里路"，要用自己的脚步去感知中国改革开放的速度与温度，用自己的耳朵去倾听来自民间和基层的真实声音，这是我多年来从事参政议政工作的经验和体会。

2008 年以后，我担任民建中央副主席，主要分管参政议政工作。民建会员中企业界人士占会员总数的 60% 以上，为更好地促进非公经济健康发展，我持续关注民营经济，将其作为参政议政的重点领域，每年都用一半以上的时间就相关问题开展调研。我坚持每年都去十多个省市自治区，几十个地市，与几百名企业家进行座谈，召开数十场座谈会。从南至北，由东到西，行程所至，几乎涵盖整个中国版图。不论是沿海地区，还是西北边陲，我都始终坚持深入一线、走进基层，去工厂、乡村、市场等最能听到真实声音的地方，获取大量一手资料。实践证明，这种辛苦和付出是值得的，调研后形成的一批参政议政成果以民建中央的名义报送后，受到相关部门的高度重视，多项建议得到党和国家领导人的批示，并促进了多个有关民营经济和中小企业发展的重要文件的出台。

2013 年，习近平总书记在出访中亚、东南亚时提出"一带一路"倡议。面对国家这一重大战略举措，我意识到，民建作为联系经济界企业界的参政党，应该在参政议政上有所作为，为中共中央推动实施好"一带一路"尽绵薄之力。我把自己的想法向陈昌智主席及时作了汇报，得到了他的肯定和大力支持。为此，从2014 年开始，我带队先后出访了多个"一带一路"沿线国家，行程数万公里，考察项目几十个，与几百名企业负责人、一百多位专家学者和外国政要深入交流。

2011 年 5 月，辜胜阻陪同陈昌智在上海调研

2016年8月，辜胜阻实地调研中核集团卡拉奇核电站

这一路上的艰辛远远超出我们的预料。巴基斯坦和中国虽然心心相印，亲如手足，但安全形势十分严峻。在 2016 年 8 月 9 日出发赴巴基斯坦的当晚，通过新闻了解到该国刚刚发生了一起恐怖性爆炸事件，引起了团员的焦虑。统一认识后，我们没有犹豫，仍然坚定地登上了赴卡拉奇的飞机，在巴方军警严格的安全保护下，实地考察了中核集团在卡拉奇的核电站建设情况。团队成员克服长途跋涉、水土不服等困难，最终获得丰硕的调研成果。调研组提交的《推动企业"走出去"，实施"一带一路"建设》的考察报告，得到了中央有关领导的高度重视和肯定。

2017 年 5 月，"一带一路"国际合作高峰论坛在北京召开，我作为民主党派中的特邀嘉宾，有幸出席了论坛开幕式、高级别全体会议和"智库交流"主题会议，并就"深化'一带一路'合作，推进新型全球化"作了主题发言。

不忘初心　唱响新时代"大合唱"

关于民主党派和中国共产党的关系，民建中央原主席成思危曾经用过一个很贴切的比方。他说："我们的政党制度是'唱大合唱'。要大合唱，就要有指挥，这个指挥无论从历史还是现实来看，都只有中国共产党才能胜任。唱大合唱，就要有主旋律，这个主旋律就是建设中国特色社会主义。"回顾近 30 年的参政议政经历，我深刻地感受到，中国的政党制度具有巨大的优越性和强大的生命力，中国共产党在领导中国人民铸造辉煌过程中，不断加深同各民主党派的团结合作，共同开创了多党合作的历史。

中共十八大以来，以习近平同志为核心的中共中央高度重视中国共产党领导的多党合作和政治协商制度，对多党合作提出一系列新思想新论述，将多党合作事业推进到一个新的发展阶段。2012年12月，习近平总书记走访民建中央机关，2016年3月习近平总书记看望民建、工商联界委员并参加讨论，对民建的参政议政工作给予高度评价，对民建的所有成员给予了极大鼓舞。

2015年是民建的"参政议政工作年"，在这一年里，民建各级组织围绕参政议政工作进行了广泛调研，总结经验，提出问题，研讨对策。9月，民建中央参政议政工作会议在北京召开，会议全面总结了民建九大以来参政议政工作成果和经验，明确了新时期民建参政议政工作的总体思路和方向。陈昌智主席在讲话中强调了参政议政工作的重要性，明确提出参政议政是参政党的"三个需要"，即"履行基本职能的需要"、"适应统一战线新形势的需要"以及"自身建设和发展的需要"。根据民建多年的参政议政工作经验，我在会上总结提出了要构建以"三大优势"（人才荟萃、位势超脱、制度保障）、"四种制度"、"五种机制"、"六条标准"、"八个优势领域"、"九方面力量"、"十大平台"为主体的民建参政议政工作体系。这次会议可以说是民建历史上对参政议政工作的一次承前启后的会议，通过这次会议，全会进一步统一了思想，提高了认识，明确了方向，形成了全会上下总动员，撸起袖子加油干的良好局面。

回望自己加入民建以来这30年，在中国共产党的领导下，多党合作事业空前发展，为各民主党派履职尽责提供了广阔舞台，也为民主党派成员的自身成长提供了历史机遇。30年里，虽然参政议政的时代主题在变，参政议政的角色人物在变，参政议政的方式方法也在变，但自己的情怀不变，初心未改，始终秉承着无私奉献的品格和忠诚担当的精神。我想，这些精神和品格，也流淌在和我一样的广大民建人的血液里，绽放在履职尽责的枝头上，生生不息，发扬光大，成为我们继续前进的不竭动力！

民进中央主席　严隽琪

与祖国同命运

民进中央主席　严隽琪

　　在祖国走向现代化的时代大潮中，知识分子的命运始终与国家民族同沉浮。一百多年前民族工商业的兴起造就了苏州古镇木渎的首富——我的曾祖父，他留下了一处著名的苏州园林——严家花园，至今已成为当地的旅游胜地。我的祖父是位开明士绅，在发展民族纺织业中获利，并在家乡留下了乐善好施的名声和一幢领风气之先的西式洋楼，但也在日寇侵入威逼下，为了不当"维持会长"而弃家出逃。祖父高度重视儿子们的教育，迎着西学东渐之风，大力支持我的父亲赴美留学。父亲严家显在明尼苏达大学获得了昆虫学博士学位，成为优秀的昆虫学家和农业教育家。父亲于抗战的艰苦岁月里回到祖国，并于 1940 年受命创办福建省立农学院，他在敌机的轰炸声中，在穷乡僻壤筚路蓝缕为危难中的祖国培养人才，其学生中不乏日后成为海峡两岸农业复兴的栋梁之士。新旧中国交替之际，父亲怀着对共产党的信任和期待，拒绝了各种赴台劝说，坚决地留在复旦大学的教学岗位上迎接祖国的新生，他为新生的人民政权对知识分子的重视而感动，为新的社会风貌、新的建设愿景所激励，以空前的热忱投身于新中国的科学教育事业，毫不犹豫地接受邀请，参加到解放军医学科学院的初建之中。抗美援朝的战争打响后，为了对付美国搞细菌战，父亲毅然报名要到朝鲜前线去，希望用自己的专长为保卫祖国做贡献，可惜罹患重病，英年早逝，那时我年仅 6 岁。虽然这些家族史，都发生在我懂事之前，但在母亲和亲友的追述中，先辈浓浓的家国情怀，特别是父亲教育救国的志向和对新中国的热爱给了我"润物细无声"的深远影响。我的母亲王志芳曾是金陵大学历史系高才生，是一位坚强自立的新女性。父亲去世后，母亲含辛茹苦，坚持让我与姐妹们获得了接受良好教育的机会。国家对经济困难学生减免学费的政策和统战部门的不时来家慰问，犹如雪中送炭般地温暖着母亲和我们姐妹的心，因此以优异的学习成绩和努力工作报答母亲和祖国的"感恩"之情渗透入我的血液里，热爱学习、积极工作、报效祖国成为我的人生态度。

　　光阴似箭，自 1967 年我大学毕业参加工作起，已经过去了五十年，这是中国发生惊天动地变化的五十年，也是自己命运起伏、社会角色多次变化的五十年。以改革开放为界，之前的"文革"期间我当过煤矿工人和技术员，"文革"结束、拨乱反正给了我重返校园深造、乃至公派出国留学的机会，我成为大学教授；国家"高技术发展（863）计划"的实施让我被选为国家首批专家组成员，站在科技前沿，参与负责了"计算机集成制造"专题的规划与实施，主持完成了多项重大科技攻关项目；我国的多党合作制度和党的知识分子政策又让我被选入政界，先后担任上海市副市长、民进中央主席和全国人大常委会副委员长。我事业的每一步都借助国家的发展与进步，踏在时代为我提供的平台上，沐浴着中国共产党的信任、组织的培养和同志的帮助。尤其担任上海市副市长和民进中央主席，是我经历的两次大的角色转换，是对我的政治觉悟、政策水平和领导能力的全新挑战。虽然这出乎我原先对自己前途的设想，但面对国家的需要、党的信任、组织的安排，我没有逃避、犹豫或退却的权力，一名知识分子的责任感压倒了个人的各种思想斗争，终于选择了勇敢踏上新岗位。任职上海市副市长近六年，处在国家改革开放的前沿，自己能够参与许多重大决策，投身特大城市上海的改革与发展，我觉得自己与国家一起进步，与时代脉搏相呼应，为此而感到非常充实。

我的父母都是民主党派成员，这使我对民主党派有天然的亲近感，从小就对爱国民主人士专业造诣和社会影响力十分敬仰。由于对民进立会宗旨和政治主张的认同、对民进界别特色的认同，我于1998年成为民进会员，加入民进为自己打开了一扇参政议政的报国之门、社情民意的信息之窗、讲政治讲大局的学习之路。由于多党合作事业持续发展的需要，2007年，民进中央主席这个沉甸甸的接力棒交到了我的手中，它意味着政治交接的重大责任和十余万民进会员的信任。担任民进中央主席十年，我日益认识到民进前辈留下的"坚持接受中国共产党的领导，坚持爱国、民主、团结、求实，坚持立会为公"的优良传统弥足珍贵，老一辈民进人爱国爱会爱民的情怀，是对我深刻的教育和巨大的鞭策。

2010年，严隽琪接受第一财经节目专访

　　民进的优良传统就是中国近现代知识分子的优良传统，即思考国家民族的命运，由此选择自己的政治立场。民进的创立者是以马叙伦、王绍鏊为代表的一批有着强烈民族尊严、爱国热情和民主思想的学者，马老的传奇经历极富代表性地说明了民进的老前辈开创民进传统的历史必然性。在新中国成立前的严酷斗争中，马老对共产党的态度从朋友式的同情发展为全身心地拥护，他找到了实现自己的理想之路，参加到中国共产党领导的争取民族独立、人民解放和国家富强的伟大事业中来，书写了人生最耀眼的篇章——与中国共产党亲密合作、肝胆相照、荣辱与共。我们为民进创始人选择了认同共产党的主张，接受共产党的领导，成为共产党建立新中国的亲密战友而庆幸和自豪。"只有跟着共产党走，才是在正道上行"是民进首位主席马叙伦先生的政治嘱托，这是他留给民进的宝贵精神财富，也是民进的初心，我们须臾不能忘记。今天，民进中央提出"三个认同"，一是道路认同，认同中国特色社会主义的政治发展道路，这是我国走向富强、民主、文明、和谐的正道；二是目标认同，认同共产党提出的全面小康的

2011年，严隽琪接受凤凰卫视《问答神州》栏目主持人吴小莉专访

奋斗目标，这是亿万中国人共同的向往；三是价值观认同，认同民进的优良传统，这是民进人的共同价值取向，是民进能够有所作为、持续健康发展的根本原因。"三个认同"就是民进优良传统在现代的演绎。加入民进是对民进传统的认可，是以自己的贡献去继续、发展这个传统，为组织加力。后来的民进人要不忘历史，不忘民进人为国为民的出发点。我会正在开展的坚持和发展中国特色社会主义学习实践活动，以及"不忘合作初心，继续携手前进"专题教育，其中重要的内容就是引导广大会员进一步深化对我会优良传统的认识，并不断赋予优良传统以新时代价值。

习近平总书记指出："当今世界，要说哪个政党、哪个国家、哪个民族能够自信的话，那中国共产党、中华人民共和国、中华民族是最有理由自信的。"中国特色社会主义是中国共产党领导中国人民"独创的"发展模式，是中国人民开辟未来的根本保证。其中就包含中国共产党领导的多党合作和政治协商制度。所贵圣人之治，不贵其独治，贵其能与众共治。一个国家的社会制度，包括政党制度，必然由其文化传统、历史进程、国情和社会发展状况所决定。"共产党领导、多党派合作，共产党执政、多党派参政"是历史的延续，也是现实的选择。中国共产党能够为中国这样一个幅员辽阔、人口众多、经济欠发达、区域不均衡、多民族的国家提供强有力的领导核心；多党派的合作则能够扩大知识分子有序的政治参与，畅通和拓宽社会利益表达渠道。这样一种政党制度强调以协商、合作、互相监督、互相促进来代替竞争。我以为这是一个如此庞大、复杂的国家付出了巨大的历史代价，终于能够走出贫穷，实现现代化的最好选择了，多党合作制度是中国共产党和各民主党派共同的选择，也是中国人民政治智慧的一种体现。

中共十八大以来，以习近平同志为核心的中共中央先后颁发《关于加强社会主义协商民主建设的意见》《关于加强政党协商的实施意见》。习近平总书记明确提出"中国特色社会主义参政党"的概念，这是对各民主党派同中国共产党团结合作历程的科学总结，是多党合作理论的重大创新。在推进"五位一体"总体布局和"四个全面"战略布局、实现"两个一百年"奋斗目标的关键时期，中共中央召开了中央统战工作会议，对今后一个时期的统一战线工作进行了全面部署，制定颁布了统战史上第一部党内法规《中国共产党统一战线工作条例（试行）》。这些重要举措有力地推动了多党合作事业的发展。

自从担任民进中央主席后，我数十次参加中共中央和国务院召开的高层民主协商会，代表民进中央建言献策，还多次致信中共中央、国务院领导同志，就经济和社会发展中的重大问题提出意见建议，每当这些意见在国家政策和战略之中得到采纳时，会感到尽了知识分子的责任，也增强了对多党合作制度的自信。举一例，面对中国崛起与全球化的新局势，民进中央以必须高度重视和部署对域外国家或区域的深入研究为题向执政党建言，建议采取积极措施加强国别研究智库建设，并提出要充分发挥高校的特殊作用，加强在高校建设国际研究中心的意见，该建议在中共中央领导同志的高度重视下，促成教育部随之在全国高校建立了 42 个"国别与区域研究基地"，每一个基地对应一个研究对象国。此后，基于长期的研究和持续调研，我们又接连就推动国际研究的主题，提出《关于加强政府间交换留学人员工作的建议》《建立人才新机制，提升中国在国际组织中的影响力》，以及《关于"一带一路"与高校智库建设的建议》三份建议，也得到了中共中央领导同志的高度重视。在履职的过程中，我真切感受到中共中央领导人

2013 年 4 月，严隽琪率民进中央调研组赴天津围绕"促进义务教育公平，推进义务教育均衡发展"课题开展调研

2016 年 4 月，严隽琪率民进中央调研组赴湖南调研农村扶贫问题

以诚恳和虚心的态度鼓励支持民主党派参政议政，认真倾听和及时回应我们的建议和批评。这使我们更增添了参政议政的责任感和积极性。

肝胆相照，桴鼓相应。执政党推进"五位一体"总体布局和"四个全面"战略布局，向参政党提出了新要求，中共中央委托民主党派对相关省脱贫攻坚工作开展民主监督，是对民主党派履职能力的新挑战。民主党派做诤友讲真话要有责任担当，建关键之言献务实之策要有本领水平，常思不足才能奋力向前。民主党派要不断适应时代要求，听从祖国的召唤，认真研究参政党建设面临的新形势，研究民主党派建设的规律，加强自身能力建设，进一步保持民主党派的进步性和广泛性。"不忘合作初心，继续携手前进"是新的历史阶段民主党派政治交接的主题。我们要进一步加强全会的思想建设和组织建设，广泛团结广大会员和所联系的知识分子，在弘扬民进优良传统中凝聚政治共识，在加强思想交流中深化政治共识，在参与社会实践中巩固政治共识。我们要把党派工作放在国家大局中来思考和谋划，在创新、协调、绿色、开放、共享的新发展理念指导下，为破解改革难题，厚植发展优势献计出力。

我国改革开放已近 40 年，伟大成就举世瞩目。吾生有幸，处在这个伟大的时代，能目睹中华民族百年屈辱被荡涤洗刷、先辈们强国富民的梦想正在变成现实。我们伟大的祖国，在中国特色社会主义的康庄大道上，必将迎来一个更加光辉灿烂的明天！值得欣慰的是我个人的事业与祖国前进的步伐一致，在亲爱的祖国走向繁荣昌盛的历史进程中，我没有缺席。

民进中央第一副主席　罗富和

不忘初心行与思

民进中央第一副主席　罗富和

　　2017年底，各民主党派中央将进行换届。光阴似箭，转眼到民进中央领导岗位上工作已经十年了。回首这十年，一张张慈祥亲切的民进脸还历历在目，一件件亲身经历的民进事还记忆犹新。

　　我的人生历程有两个意外：年少时喜欢机械，理想的职业是做一名机械工程师，但是命运安排我进了农学院林学系；青年时要求进步，写的第一份申请书是志愿加入中国共产党，但是命运却导引我跨入了中国民主促进会的大门。

我出生在 1949 年，与共和国同龄。我们这一代人有着相同的人生经历：下放当知青，在逆境中努力磨练，考上大学，通过刻苦学习、艰苦奋斗走上教学科研道路。

1968 年，我随着广州大规模下乡的知青队伍，到了海南岛白沙县，成为广州军区生产建设兵团的一员。那时候的海南是遥远的，从广州坐轮船到海口需要一天多。搭茅棚住下，开荒、炸树头、挑水、育苗，伐木、炸石头、建房，还自己建小水电站发电，时常一个月都吃不上一口肉，在这样艰苦的环境下，一干就是 5 年。这 5 年给我的人生留下了不可磨灭的烙印，对中国的社会基层有了深刻的体验和了解，同时也得到了意志的磨炼。不仅学会做事，更重要的是在那扎根一辈子的退伍老兵和老工人教会了我应该如何做人。

1973 年，我参加"文革"开始后第一次恢复的高考，在层层选拔中以优良的成绩争取到读大学的机会。记得当时省招生办有人来问我对高考交白卷事件的态度，我认为在推荐的基础上通过考试选拔招生没错。后来我才知道，虽然在全团考生中我的成绩名列前茅，可能就是认识有问题未能被录取到心目中理想的大学和向往的机械专业，最后进了广东农林学院（今华南农业大学）林学系。这是我上大学的唯一机会，虽然遗憾，但别无选择。农林学院毕业后，我留校当上了助教。1978年，通过了"文革"后全国首次选送公派留学生的考试，得到公派留学的机会去了芬兰，在赫尔辛基大学林学院森林经理系进修学习。

在芬兰令我感受最深的是教授们一天到晚都扑在实验室里、试验林里，那种专心致志、兢兢业业，对事业的执著追求，令我深受教育。我的导师对我说："芬兰也不是所有人都能读大学，我们腾出学位给发展中国家的学子，让他们学成回国，为自己的国家作贡献。如果他们学完了，都留在芬兰，那是我们的失败。"导师的这种胸怀和境界给我深刻的影响，坚定了我为祖国发展贡献力量的信念。我把几乎所有的时间都泡在实验室和计算机房里，孜孜不倦地学习。

1983年，我获得了赫尔辛基大学农林学院硕士学位。回国后，陆续主持一批科研项目，发表十多篇论文，获得3项省部级以上科技奖励和一项国家专利，被破格从助教直接晋升为副教授。

1985年我加入了中国民主促进会，入会介绍人是华南工学院、华南农学院的教授。他们在"文化大革命"中都受到冲击，然而我从未听到过他们的半句抱

2014年9月，罗富和在贵州金沙参加民进中央捐赠仪式，并开展考察调研

怨，而是看到他们珍惜改革开放的春天，日夜操劳在教学科研第一线，业余还积极认真地参加民进的各项活动。民进人这种"老实党"的品格深深地烙在我的脑海里，从而不断地激励着自己投身中国特色社会主义参政党建设的实践与思考。

担任华南农业大学副校长后，我走上了领导岗位。领导工作其实就是服务，当时我分管科研，十分留意科技人员有什么想法、有什么困难。学校科研条件很差，记得从国际水稻所回来的一位博士，他的实验室就是一个旧房间，满地摆放着装稻种的玻璃干燥皿，两个书架。科研人员在这种条件下有劲使不出的焦急可想而知。我们暗暗下定决心要改变这种状况，经过努力，争取到经费，建设起一个达到先进水平的实验中心，凝聚了科研人才。

1998年4月，我被任命为广东省科委副主任，2000年我任广东省科技厅副厅长；2001年起，担任广东省农科院院长。农科院是院长负责制，让我这个党外人士当一把手，这是中共党组织对我的信任。这也促使我在工作中更多地注意学习中国共产党的方针、政策，自觉接受党的领导，因为权力不是个人的，是组织授予的。要做好一把手，除了做好管理和服务外，更重要的是"做方案、抓实事、听意见"。重大决策时，我坚持先个别通气酝酿，严格遵循议事规则，实行民主集中制。特别是抓改革，发挥科研人员的积极性。在大家共同的努力下，广东省农科院改革发展势头迅猛，2007年在全国农业科技机构"十五"综合科研能力评估中，列全国省级农科院前茅。

作为一名民主党派成员，我的参政议政历经了3个阶段：第一是发牢骚的阶段。尤其是当年我刚从芬兰留学进修回来的时候，对学校和社会上的很多问题都看不惯，牢骚话说的比较多，但牢骚话不能解决问题，只是不负责任的宣泄；第二是提意见的阶段。学校党委和校领导请我参加座谈会，在会上提意见是负责任的，但欠缺建设性；第三是提建议的阶段。担任了大学、厅局和科研院所的行政工作，换位思考，在现有的条件下，如何提出建议推动工作的进展，就难多了。学习线性规划知道，目标函数只有一条，收益的最大化或成本的最小化。然而约束函数是个集，可能成百上千，要提出改进或突破某些约束条件，达到相对优化的目标效果，努力做经过努力能做到的事情。担任民进广东省委会副主委后，李金培主委多次带我出席中共省委召开的党外人士座谈会，让我代表民进发言。开始真觉得压力山大，只好认真学习中共党委政府的方针政策，多了解省委会的有关调研报告，多听取民进会员、学校老师、社会各界等方方面面的意见，在研究

2015 年 4 月，罗富和率民进中央调研组在陕西就"构建现代公共文化服务体系，保障人民群众基本文化权益"开展专题调研

的基础上围绕座谈会的主题提出建议。只有提建议才是真正负责任而又富有建设性的，是参政议政的积极态度。就这样，先后有机会向 5 任省委书记提过建议。

2002 年，我担任民进广东省委会主委，雷洁琼主席在她 97 岁高龄最后一次回广州的时候，我们广东民进第五届省委会领导班子集体向她汇报工作，我们觉得要弘扬民进老一辈的光荣传统。她当时鼓励我们，光荣属于年轻一代，年轻一代要在老一辈的基础上，创造出新的方法来发展民进。回北京后雷老为"以党为师，立会为公，参政为民，服务为本"这 16 个字题词亲笔签名，是她对广东民进的谆谆教诲。民进广东省委会的新班子就广东民进今后 5 年自身建设、领导班子建设的总体思路达成了共识，即：以党为师，立会为公，参政为民，服务为本。弘扬民进的光荣传统，以中国共产党提出执政为民为榜样，以参政兴国作为参政党的第一要务，坚持为党和政府的中心工作服务、为基层组织服务、为人民服务。在北京召开的民进中央工作会议期间，我们向许嘉璐主席汇报广东民进的工作进展，许主席为广东民进成立 20 周年题词："南巡谆谆音容在，'代表'黄钟振聩鸣，粤土腾腾春雨早，我侪能不效群英。"广东民进牢记民进历代领导人的教诲，矢志不渝地坚持、传承、弘扬民进的优良传统。在民进广东省第六次代表大会上，代表们提议并一致赞同将这 16 个字工作总思路提升为广东民进健康发展的核心价值，使之成为凝聚和号召全体会员的一面旗帜。

2007 年 12 月，我被推选出任民进中央常务副主席，自觉是德才不备、拉牛上树，唯有笨鸟先飞，以勤补拙。始终不忘"服务为本"和"效群英"的教诲，为民进、为会员努力工作。严隽琪主席提出了"有思有行，集智聚力，顺势而为，开拓创新"的工作思路，我们在工作中认真贯彻，积极履行参政议政、民主监督、参加中国共产党领导的政治协商的基本职能。我们完善了人才队伍，创新了课题申报、提案形成、成果奖励等工作机制，共建了中国教育政策研究院等合作平台，开通了网上参政议政、信息报送等信息平台，紧紧围绕党和国家的中心工作，主动加强同政府部门、社会团体、高校、科研院所的联系，在参与教育修法、促进教育均衡发展、加强乡村教师队伍建设、构建现代公共文化服务体系、可持续发展中的资源节约和环境保护、经济转型、反腐倡廉、社会建设、科技创新、区域发展等方面提出很多意见建议。

参政议政是我分管（后改为协管）的主要工作之一。我认为，只有当你把参

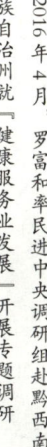

2016 年 4 月，罗富和率民进中央调研组赴黔西南布依族苗族自治州就「健康服务业发展」开展专题调研

政议政视作历史和人民赋予你的使命，才会"提出高水平的建议"。如果言之无物，泛泛而谈，那是对参政议政的不负责任。

2010年起，民进中央筹办新疆少数民族校长班，我们注意到双语教学中的"汉语"教学混淆了"汉语"与"普通话"的区别。"汉语"不是汉族的语言，在维语、藏语、蒙语等民族语言中都翻译成"汉族语言"，在民族地区提倡学好汉语就会造成要学习另一个民族语言的曲解，不利于民族团结。新闻出版、广播电视和对外交往的很多场合也经常出现将"汉语"与"普通话"混淆使用。为此，民进中央多次提出提案建议，按照中华人民共和国宪法第十九条规定，"国家推广全国通用的普通话"，建议规范国家通用语言文字的表述，同时《教育法》第十二条"汉语言文字为学校及其他教育机构的基本教学语言文字"亟需进行修订。在2010至2017年间，我们先后向中共中央、国务院报送5份建议、向全国政协提出2份提案，为了准备这些建议和提案，我们收集了近1.2亿古今中外的文字、图像和影音资料，得到了西藏政协、新疆政协、内蒙古政协，教育部语信司、中国教育政策研究院，民进广东省委会、新疆区委会、北京市委会、内蒙古区委会，首都师范大学、新疆师范大学等单位的帮助。我们体会到，要像做科研那样做提案，深入调查研究发现问题，认真辩思查找原因，换位思考提出建议。我们还多次参加全国推广普通话的活动，赴西藏、新疆、内蒙古、云南、广西等地调研，宣传推广普通话对于维护民族团结、国家统一，促进经济发展、社会进步的重要意义。结果令人欣慰：2015年12月27日，第十二届全国人大常委会第十八次会议表决通过了关于修改教育法的决定，2016年6月1日起施行的新修订《教育法》第十二条中，"汉语言文字为学校及其他教育机构的基本教学语言文字"修改为"国家通用语言文字为学校及其他教育机构的基本教育教学语言文字"。

社会服务工作是我长期分管的另一项工作。十年来，民进坚持政治性、公益性、组织性、实效性原则开展社会服务，集中全会力量组织开展以教育帮扶为重点的"同心·彩虹行动"，通过多种形式的全方位服务彰显参政党的社会责任。

说起我对社会服务工作的理解和认识，有件事带给我很大启发。民进中央原副主席冯骥才在汶川地震后，努力抢救独具特色和魅力的羌族文化遗产，后来，他成为统一战线唯一一名受到国家表彰的抗震救灾先进个人。这说明，民主党派社会服务工作不是比钱比物，比的是爱心和特色。要积小善为大善，各自的精彩汇集在一起就是民进全会的精彩。此外，在参加社会服务工作时，还要把社会服

2016 年 4 月，罗富和率民进中央分别在湖南、广西开展了「在全面建成小康社会进程中扎实推进农村扶贫供给侧改革」专题调研

务的过程作为调查研究的过程，与参政议政和其他各项工作结合起来，就能把工作做得更好。在实践中我们提高认识，转变观念，把"帮扶"转为"参与"，参与中国特色社会主义建设；把"施予"转为"收获"，收获了人民群众的认可和赞许，也收获了全面建成小康社会、实现中华民族伟大复兴的信心。

回首过去倍感欣慰，展望未来信心满怀。我们将始终牢记马叙伦等创会老一辈的政治嘱托，跟着中国共产党在正道上行，撸起袖子加油干，为实现"两个一百年"奋斗目标、实现中华民族伟大复兴的中国梦而努力奋斗。

民进中央原主席　许嘉璐

感恩　幸运　遗憾　期盼

——写在离任民进中央主席之际

民进中央原主席　许嘉璐

　　1997 年 12 月，我在民进八大上当选民进中央主席。十年履职期间，我与民进的同志们一起努力，共同为建设适应时代要求的高素质的参政党而奋发有为。十年间，我国多党合作事业在制度化和规范化的基础上进一步蓬勃发展，我作为民进中央的主要领导人，亲身经历、见证了这一过程。当前，在我国进入全面建成小康社会的决胜阶段，多党合作在国家政治生活中的地位越来越重要，民主党

2007 年 12 月 1 日，中国民主促进会第十次全国代表大会在北京召开

派与中国共产党团结合作的政治基础不断巩固，这极大地调动了民主党派履行职能、发挥作用的积极性，使民主党派的自身建设得到加强，综合素质不断提高，履职能力持续提升。在 2017 年民进中央换届年之际，回望十年前我离任时的感言，倍感时光如白驹过隙，在多党合作事业的发展进程中，我们断不可有一刻懈怠。在此，谨以我这篇感言与民进的同志们共勉。

2007 年 12 月 7 日，中国民主促进会第十次全国代表大会在北京闭幕。这次大会是一个团结的大会，和谐的大会，一个热气腾腾、催人奋进的大会。会议选举产生民进第十二届中央委员会，圆满完成了各项任务。这标志着民进中央顺利完成了领导班子的新老交替和政治交接，民进事业的发展走上了一个新起点。

我连续担任了两届民进中央主席，此时刚刚从民进中央领导岗位上退下来。古人云："人事有代谢，往来成古今。"十年，无论是在中华民族的历史上，还是在我们共和国的创业史上，都是短暂的一瞬。但是，对于民进这个大家庭，对当时十一万会员每个个人，都是不寻常的一段经历，几乎每一天都是闪光的，都是

2007年12月，民进第十次全国代表大会上，严隽琪当选为中国民主促进会第十二届中央委员会主席

值得永远留在记忆中的。这十年，是祖国发展变化最快的十年，是中国走向世界的步伐迈得最大，最引人瞩目的十年，是全国人民的生活水平提高幅度最大的十年；对于中国民主促进会来说，这十年是站在前辈的肩膀上继续攀登，手指尖触摸得最高的十年，是士气高涨、团结一心、新人辈出的十年。

回想这十年，和大家一样，激动不已，好日子、忙碌的日子，总是过得飞快。十年前的情景犹如昨日。

此时此刻，我心里充满了感恩之情。

首先，我要感谢民进全体会员和各级干部十年来对我的信任和支持。十年来民进的进步，是全会努力拼搏的结果。广大会员爱国、爱党、爱民进的炽热之心，勤恳、奉献、忘我的境界，经常教育我，净化我。我们的各级干部为本地区民进的事业深入实际，呕心沥血，同时积极参与会中央的工作，关心会中央机关的建设，经常让我感动。

其次，我要感谢两届会中央领导集体中的每位同志。他们不仅全力支持我的工作，时时纠正和补充我的思路和决策，而且人人分担了很重的任务，夜以继日地工作，做得又是那样出色。我要特别感谢张怀西副主席。二十年前，我们一起承担起民进的重任。他比我还要年长两岁，但是，他甘当副手，奔波劳碌，事无巨细，亲历亲为。就在十大召开前十天，他还一如多年那样为这次大会的会务工作召开机关会议，亲自动员，做具体的布置和检查；十年来，我们不但配合得若合符契，而且他经常以长期从政的丰富经验提醒我，指点我。特别是他突发脑溢血康复之后，依然像什么都没发生过一样奋不顾身！

我还要感谢会中央机关的所有同志，包括在那十年里先后离退休的老同志。是他们所处理的无数似乎不起眼的琐细事务，一步一步构建起民进中央这个可爱的善于战斗的集体。特别是各部门的负责同志，他们尽职尽责，身先士卒；顾全大局，爱会如家。举一个例子吧。就在民进十大闭幕前夜十一点我才知道，两天前的晚上，就在我们为会议的成功举杯相庆的时候，秘书长赵光华同志的母亲突然去世了。光华同志强忍悲痛，坚守岗位，没有离开宾馆一步。第二天早晨我给他打了电话，他已经在殡仪馆为母亲送行。我安慰他，为我获悉已晚而抱歉。他哭着对我说："感谢民进的关心，为怕影响会议气氛，没有汇报……"民进中央机关这类公而忘私的事很多啊！各个部门负责人把自己的部门建设成了一个个小家，把一批批年轻人当成自己的孩子，爱护，帮助，鼓励，教育。会中央机关的孩子们也的确争气，眼见得他们一天天长大了，逐渐地、迅速地成熟了，我从他们身上看到了民进中央机关的未来。感谢机关的老老少少，给了我人生中最难得的友情和亲情。

一句话，民进的上上下下一直在感召着我，激励着我，要我更努力地工作。是民进给了我很多很多新知，是民进催我不停地学习、思考，是民进逼我不断攀登思想和道德的高峰，以便站得更牢，看得更远。

十年中，我可能也出过并不怎么高明的主意、办过并不怎么高明的事、说过并不怎么高明的话；有时性急，态度生硬，批评和冲撞了一些同志。在这里，我要以极其懊悔的心情，郑重地向受到过我无意之中伤害的同志说一声："对不起！请原谅！"我还要对立平副主席说一句很久以来就想说而没有说的话："当初我答应你，多给你留出些时间，让你安心创作出更多更美的，为人们所喜爱的歌曲，但是我没有能够兑现，还是侵占了你过多的时间。实在对不起！这只有在你退下去以后自己去补偿了。我等着欣赏你新的震撼人心的杰作。"

可以聊以自慰的是，这十年，我和我的所有同事、伙伴，没有稍稍懈怠，没有片刻放慢脚步。靠着中共中央的领导，靠着大家的努力，我们可以对民进的老前辈们说：我们没有辜负你们的期望，我们始终"在正道上行"！民进十大选出的，现任领导集体年纪更轻，活力更足，知识更丰富，眼光更远大，心胸更宽阔，思想更敏锐，工作更勤奋。我从他们身上看到了民进更加璀璨的未来。我爱昨天的民进，也爱今天的民进，更爱明天的民进。民进永远是我家，我永远是民进家里人。

此时此刻，我感到特别幸福和幸运。我常想，我有幸出生在伟大的中国，有幸成长在中国共产党的阳光下，有幸遇上了好时代。我不过是一名普普通通的教师，年轻时立下的最高志愿是以业务报国，作一名好教师，作一名认真踏实的语言学家。没有想到，改革开放的大潮把我推向了领导岗位，一步一步地超出我的业务范围为我的祖国，为养我育我的老百姓做点实事，一直到参与协商国家大事。设想，如果没有党的教育和培养，如果没有邓小平同志的拨乱反正，如果没有中国特色社会主义道路，哪里有我们个人的成就与进步，哪里能够实现我们高尚的人生价值，哪里有当今国家的蓬蓬勃勃的景象，哪里有中国人今日的尊严与自豪！让我们对比一下昔日的"文化大革命"吧，再对比一下现在的台湾吧。如果我们身在另外一个环境中，不但国家和人民将沦入不堪设想的景况，连我们个人将成为什么样的人，都是难以预料的。是沉沦堕落？是碌碌平庸？是因抗争而遭扼杀，还是由随波而腾达？是活着还不如死去，还是死了却永远活着？都有可能啊。

当我还是一个少年的时候，曾经被革命战争时期前辈们出生入死的英雄气概所感动，所熏陶，觉得"己生也晚"，没有赶上轰轰烈烈的时代，难以为国家建功立业。以后懂得了，特别是改革开放以后，更明白了，建设、改革开放，同样轰轰烈烈，同样是一场革命，一场没有硝烟，但同样需要为了"大我"而不计个人得失的革命，一场不断革自身所带有的旧思想、旧观念、旧习惯的命的革命。人生一世，还有什么能比亲身参与改变祖国面貌的伟大事业，并在这事业中不断提高自身更幸福的呢？我不能不用全身的热血、真诚的声音说：感谢中国共产党，感谢伟大的时代！

现在回想，我也留下了不少遗憾。这就是还有许多该做而没有来得及做的事，这不能不说也是我的遗憾。所有的这一切，都只好由后来的领导集体去完成了。人生的道路大概就是在不断的遗憾中走完的吧。我有一本文集叫《未成集》，收入的是我在国家语言文字工作委员会工作时的论文和讲话。起名曰"未成"，意思是我原定的国家语言文字工作的目标还没有全部完成。但是现在，似乎我

民进十大期间，新老领导合影，左起：朱永新、刘新成、王立平、潘贵玉、罗富和、张怀西、许嘉璐、严隽琪、冯骥才、王佐书、贺旻、蔡达峰、张帆

　　无须再写一本《未成"续集"》了，因为民进人才济济，现任领导集体生气勃勃，后来居上，他们干得比我们好；再说，中华民族振兴的事业哪有穷期？民进将永远以"事业尚未完成"为动力，奋力拼搏，在建设高素质参政党的征途中不断迈出更大、更坚实的步伐。

　　唐代诗人刘禹锡在一首诗中说："芳林新叶催陈叶，流水前波让后波。"他这首诗是呼应白居易感叹友朋凋零的，以无可奈何的情调指出了人世的更迭；但截取这一联却正好可以用来形容今天民进薪火相传的生动景象。我们是正确的人生观、价值观、世界观的拥有者，我们由衷地赞赏"新叶"，自觉地为"后波"欢呼。我祝愿民进永远"新叶催陈叶"，永远"前波让后波"！这样，民进这片"芳林"必将越来越郁郁葱葱，这股"流水"必将越来越激越澎湃！

民进中央原第一副主席 张怀西

肝胆相照守初心 乐观豁达求奉献

民进中央原第一副主席 张怀西

我是 1987 年 5 月加入中国民主促进会的，屈指算来，如今已有 30 年会龄。作为一名老会员，同时也是民进中央原第一副主席，忆起加入民进，在民进中央任职期间的桩桩件件往事，不由得心潮澎湃，感恩中国共产党，感恩伟大的时代。

我原是一名普通教师，从事教育工作 22 年，从未担任过领导工作。1984 年 1 月，作为党外人士被选为江阴县副县长，走上行政领导岗位。1987 年 3 月，调任无锡市教育局副局长；5 月，加入中国民主促进会；7 月，调任市政府副秘书长，

1988 年被选为无锡市副市长，1993 年任江苏省副省长，1997 年至 2007 年任民进中央专职副主席。可以说，我是在国家发生重大转折时走上行政领导岗位的，这是历史的机遇，时代的需要，也承载着党和人民的信任，党派成员的重托。是党的政策为我的发展提供了良好的环境和平台。

记得我担任江苏省副省长后，在江苏"两会"举行的中外记者招待会上，一个记者向我提问。他说，你在十年间，从一个普通教师上升到副省长的高位，有无什么背景？我说，我是出生在苏南农村一个普通家庭，我的父亲、兄长都是普通教师，没有显赫的亲朋故旧，而在十年间能够走上副省长这个职位，主要有四个因素：第一，中国共产党领导的多党合作和政治协商制度为我的发展提供了前提。第二，改革开放的政策为我的发展提供了良好的环境。第三，干部"四化"的要求给我提供了机遇。第四，我本人的努力也是至关重要的。回想起来，的确是这样，这四个条件缺一不可。

1997 年，由于工作需要，我从江苏省副省长的岗位上调任民进中央专职副主席，一直到 2007 年卸任。这十年里，让我感到欣慰的是，在许嘉璐主席的领导下，我为民进各项事业的发展做了一些开创性的工作。其中，有几件极具代表性和重要意义的事情，至今记忆犹新。

修订会章，总结民进优良传统

《中国民主促进会章程》是民进各级组织和广大会员的行动指南。根据民主党派自身建设和履行职能的时代背景，以及民主党派工作的发展，会章也不断有所修订。1997 年民进第八次全国代表大会召开前夕，会章修订工作仍在紧张有序地进行，我同会章修改工作组的同志们逐字逐句进行推敲。针对总纲中民进性质的表述，即"中国民主促进会是以从事教育文化出版工作的知识分子为主的、具有政治联盟性质的、致力于建设有中国特色社会主义的政党"，大家一致认为应该在"知识分子"前面加上"高中级"几个字，因为这是中共中央对民主党派的要求，是参政议政的实际需要，是民进广大会员的热切期盼，也是民进现有成员实际组成情况，况且其他兄弟党派都是这样要求的。最终经过协商，在民进第八次全国代表大会通过的新会章中，明确了"中国民主促进会是以从事教育文化出版工作的高中级知识分子为主的、具有政治联盟性质的、致力于建设有中国特色社会主义事业的政党"。这一条修改，对于全会的组织建设、参政议政和宣传工作都有非常重要的意义。据此，民进在组织发展方面更加注重质量，一大批政治素质好、知识层次高、有代表性和影响力的中青年同志加入民进，为组织增添了活力，使我会的各级组织不断巩固和发展，会员素质明显提高，界别结构得到改善，为我会的参政议政和自身建设提供了有力的人才支撑。

与此同时，通过审慎地研究、提炼，我们明确了民进的三大优良传统：一是坚持接受中国共产党的领导；二是坚持爱国、民主、团结、求实；三是坚持立会为公。其中，前两点在民进第七次全国代表大会通过的会章中就有表述，第三点是新总结提出的，并在民进八大正式写入会章。当时我们在研究民进会史会章过程中体会到，以马叙伦、王绍鏊为代表的一批知识分子 1945 年发起成立民进组织，是秉持中国传统知识分子"大道之行也，天下为公"美好的社会政治理想，思考国家的前途和民族的命运，不图一己一党的私利，"应当避免成为通向宦途的门径"。在成立之初的民进会章曾规定"本会至国民最高权力机构成立后，由大会宣告结束"。新中国成立后，民进的创始人中有的主动提出不再参加民进领导机构，有的重新去做学术研究。后来在中国共产党的感召和鼓舞下，1950 年 4 月召开的民进一代大会上，决定"为了巩固和扩大人民民主统一战线，为了提高自己对于人民革命事业的贡献，本会不但不应该结束，而且还要更加努力加强自己的工作"。这段历史说明，成立民进是为"公"，民进的继续存在也同样是为"公"。进退无私利，去留两"公心"，这是民进前辈超越个人和党派层面，从国家、民族命运出发所作出的庄严政治选择。1987 年，为了逐步实现领导班子的新老合作和交替，叶圣陶、吴若安主动提出辞去民进中央主席和副主席职务，包括他们在内的 27 位老同志主动提出辞去民进中央委员职务。老一辈民进领导人再次用实际行动诠释了立会为公的丰富内涵，叶老临别前"有诸己而后求诸人，无诸己而后非诸人"的赠言，也成为民进会内广为称颂的一段佳话。因此，我们在研究、提炼民进优良传统时，认为坚持立会为公，是民进老一辈政治信念、优良传统和高尚风范的集中体现，应作为民进的优良传统写入会章，进一步丰富优良传统的内涵。这一条修订完善得到了全体与会代表的赞同，至此，民进的三大优良传统一直沿用至今，被民进的后来人继承和弘扬。

探索参政议政工作新思路和新做法

1997 年底，民进八大完成了跨世纪的新老交替，时任民进中央主席许嘉璐曾说，从雷洁琼同志手中接过接力棒，有"小马拉大车"之感。在一定程度上道出了我们新一届领导班子成员的心里话。随着我国改革开放的深入、社会主义民主政治进程的加快和多党合作事业的发展，对民主党派履行参政议政职能的要求也越来越高，可以说我们面临的挑战"前所未有"。

新形势向参政党提出了新课题，我们当时作为新任领导集体，不仅肩负着继承和发扬民进老一辈领导人优良传统和作风的使命，也承担起更为重大的政治责任和社会责任，要紧抓政治交接这条主线，不断加强自身建设，发挥自身优势，出色地履行参政党的职责。

自 1998 年 3 月起，会中央领导班子成员分别带队赴河北、天津、江苏、上海、浙江等 15 个省（市）调研，从基层工作中收集第一手资料，在此基础上着手研究部署全会下一阶段的工作；并决定召开议政调研工作交流会，研究探索参政议政工作的新思路、新途径。

1998 年 5 月 25 日，民进全国议政调研工作交流会在安徽合肥召开，我代表会中央作主题报告。报告的起草和修改的过程中，我花了许多心思，会议召开前一天晚上，我和秘书还在边改边抄，一直忙到凌晨两点钟。报告总结了五年来民进参政议政工作取得的显著成绩和基本经验，并着重强调了要正确认识参政党的性质、地位、职责、作用；不断增强参政党意识等十个方面的基本要求。特别是提出既要巩固和深化民进的优势领域和传统领域，又要不断开拓新的领域，这一点最终被表述为"巩固老阵地，开拓新领域"，成为后来民进参政议政工作的指导思想。

这次会议开创了全会参政议政工作的新局面。此后，全会贯彻落实会议的精神和要求，健全工作机构，充分重视和发挥会内外专家学者和骨干人士的作用，加强与国家有关部委的对口联系，陆续围绕"文化建设""节约资源""环境保护""星火西进""长江保护与发展"等系列课题深入基层调研，向国家提出了一系列意见和建议。全会参政议政工作的水平和质量有了大幅提升，陆续提出了一些高质量的提案。比如说：

助力科技"星火"西部燎原。2000 年 3 月，由民进中央提出的《关于建设陇海线星火产业开发带，推动中、西部经济发展的建议》被列为全国政协九届三次会议一号提案。一号提案的背后，是民进长期关注西部地区经济民生发展的殷殷情意。当时，京九铁路的兴建使沿线群众受益良多，然而，横贯我国东西的交通大动脉——陇海线却长久沉默着。这条从连云港到兰州，再加延伸的兰新线，一直通达新疆的黑色长龙，是一大财富源，而它却一头是先进、富裕，一头是贫穷、落后，极不平衡。民进中央通过多次调研，希望能找到充分发挥这条大动脉作用的关键点。我们发现，如果沿陇海、兰新线建设一条以科技兴农为特点的"星火产业开发带"，使科技星火的火种由铁路沿线开始，燎原于西部广大农村，这对于西部大开发来说是事半功倍的好事情。提案提出：在西部地区以发展"星火"产业为抓手，加大农村经济中的科技含量，推动农村产业调整，发展地区经济，增加农民收入。

国家科技部认为，该提案为加快中、西部地区的经济发展提出了一条符合实际的有效途径，决定将其作为贯彻西部大开发战略的一项重要工作，纳入"十五"星火计划。在民进的积极推动下，"星火计划"写入了政府工作报告。2002 年 6 月，科技部会同民进中央、陕西省人民政府共同在西安市召开了"星火西进"工作研讨会，由此推动建立了西部大开发中第一个星火产业带——"关中

2000 年 12 月，时任民进中央常务副主席张怀西率"星火计划"考察组赴黔西南州调研

星火产业带"。2003 年 4 月和 9 月，民进中央领导两次率团到甘肃省考察，历时 20 余天，向有关部门提交了《关于建立河西走廊星火产业带的调研报告》，促成了甘肃"河西走廊星火产业带"的启动。"星火西进"不但给西部地区带去了先进技术，还带去了科学技术观念，对西部大开发和农民脱贫致富起到了促进作用。

2007 年 12 月 1 日，民进第十次全国代表大会开幕式上，李克强同志代表中共中央致贺词，其中提到民进"开展星火西进、百名港澳台企业家西部行、甘肃河西走廊星火产业带建设等，为支持贫困地区和边疆地区经济社会发展做了大量工作"。对民进服务西部地区经济社会发展所作的工作给予了充分肯定。

大力倡导保护"地球之肾"。2002 年 3 月 10 日，对民进中央和许多长期从事湿地保护的专家来说是个不同寻常的日子。这一天，江泽民同志在中央人口资源环境工作座谈会上的讲话中指出："要有针对性地开展湿地保护宣传教育，提高广大干部群众对保护湿地重要性的认识。要严格控制湿地资源开发，在具备条件的地区要采取抢救性措施建立一批湿地保护区，同时要管护好已经建立的湿地保护区。"消息传出，提出这一建议的民进会员和一些老科学家流下了激动的眼泪。

湿地是地球上最富生物多样性的生态系统，被称为地球之肾。然而直到 20 世纪下半叶，湿地的重要性在我国仍鲜为人知。针对湿地保护缺位的情况，自

2001 年，时任民进中央常务副主席张怀西、副主席王立平在洞庭湖湿地考察

2001 年 4 月开始，民进中央先后组织了一系列专题调研。2001 年，组织湖北、湖南、江西 3 省的民进组织，共同开展了对长江中游湿地资源的调研。同年 9 月 18 日，在湖南岳阳召开了"民进洞庭湖及长江中游湿地资源保护与合理利用研讨会"，并形成了《关于长江中游湿地保护与合理利用的建议》。同年年底，民进中央将这份建议呈送国务院。

2002 年 3 月，全国政协九届五次会议的民革、民进联组讨论中，民进组全国政协委员，时任民进湖北省委会主委蔡述明就湿地保护等问题发言，参加讨论的李鹏同志很感兴趣，对湿地是"地球之肾"的提法给予了肯定。同时，民进中央提交了题为《关于尽早制定〈湿地法〉的建议》的党派提案，建议尽快制定《湿地法》及相应的法律、法规体系，把湿地保护与合理利用纳入法制轨道；并作了题为《保护与合理利用湿地资源，是我国可持续发展的重要组成部分》的大会发言。

节约型社会的先导者。1999 年 6 月 18 日，民进中央收到了由中共中央统战部转来的中共中央办公厅关于《将"节约、合理利用和保护自然资源"确定为我国基本国策》问题的复函。中办在函件中高度评价民进中央的建议，认为这个建议很好，十分重要，充分肯定了民进的这一贡献。把"节约资源"定为基本国策这一问题作为民进向党和政府提出的建议是 1998 年 2 月民进中央第二次主席会议作出的决定。民进中央将它作为当年参政议政的一项重点工作来抓。4 月，我在九届全国人大常委会第二次会议上作了题为《必须把节约、保护、合理利用资源确定为我国的基本国策》的口头发言，强调我国的基本国情要求我们必须把资源问题放到重要地位加以认真对待，并建议要在节约、保护、合理利用资源问题上形成共识，把节约资源确定为我国的基本国策。同年，民进中央将资源问题列为当年参政议政的重点，并发动全会力量共同调研，向中共中央提交了《关于将节约、合理利用和保护自然资源确定为我国基本国策的建议》。1999 年 3 月召开的全国政协九届二次会议上，民进中央作了题为《确定"节约资源"的基本国策，保障可持续发展战略的实施》的大会发言，社会反响强烈。随后召开的中共中央人口资源环境工作座谈会上，江泽民同志指出："促进我国经济和社会的可持续发展，必须在保持经济增长的同时，控制人口增长，保护自然资源，保持良好的生态环境。这是根据我国国情和长远发展的战略目标而确定的基本国策。"在民进的积极努力下，节约、保护和合理利用资源最终被确立为基本国策。

民进作为中国特色社会主义参政党，为国家发展和民族振兴事业作出了积极贡献。这些成绩的取得，得益于中国共产党领导的多党合作和政治协商制度为参政党充分发挥作用提供了坚实保障和广阔舞台，印证了这一制度的优越性和先进性。作为一名民进老会员，我既为自己在民进事业的发展中有所担当感到自豪，又为自身能在多党合作事业中作出贡献感到欣慰。

时光荏苒，自 1997 年从副省长调任至民进中央，到现在退休已经数年，我对中国共产党领导的多党合作和政治协商制度的认识更高、体会更深、感情更浓。我认为，中国共产党实行多党合作和政治协商制度是十分真诚的。中共中央、国务院关于党代会和人代会的工作报告以及其他一些重要事件，事先都要听取民主党派的意见，我也参加过许多次面对面的协商活动，并且所提的很多意见都得到了重视和采纳。合作是双方的事，作为民主党派必须以真诚的、积极的态度来履行参政党的职能，为更好地巩固和完善这项制度作出更大的贡献。

我认为，不论是民主党派处于新老交替和政治交接的重要时刻，还是继往开来和开拓创新的关键时期，民主党派需要认真去做这样几项事情：第一，要坚持中国共产党领导的多党合作和政治协商制度，不能动摇。无论是在事业发展顺利时，还是在遇到曲折的风浪面前都不能动摇。第二，要学习和高举中国特色社会主义理论的伟大旗帜，学习中共中央提出的一系列方针政策，不能迷路。第三，要继承和发扬老一代民主党派领导人多年来形成的优良传统和作风，弘扬他们强烈的爱国主义精神、继承他们与中国共产党合作的坚定不移的信念、学习他们高尚的道德品质和风范，不能断线。第四，要努力学习日新月异的新知识，研究新情况，不能守旧。第五，做好民主党派的各项工作，充分发挥参政党的作用，不能停滞。

民进成立于国家危难之际，在数十年的发展历程中，坚定地选择了跟着中国共产党走，矢志不移。一代又一代民进人牢记首任主席马叙伦先生"在正道上行"的政治嘱托，继承和弘扬我会的优良传统，将个人的理想抱负融入祖国和人民的事业，在中国特色社会主义建设的光辉历程中不懈前行。今年，民进中央将迎来新一轮的换届。立足当下，展望未来，我衷心为民进事业后继有人、稳步发展感到欣喜，也坚信中国共产党领导的多党合作和政治协商制度必将不断巩固和完善，多党合作事业必将蓬勃发展、再创辉煌！

农工党中央主席　陈　竺

寸草之心　永报春晖

农工党中央主席　陈　竺

雨露甘霖，是祖国和人民培养了我

　　2004 年 8 月 21 日，当时还在中国科学院工作的我受到中央统战部领导的邀见，通知我作为无党派人士代表参加第二天在人民大会堂举行的邓小平同志诞辰 100 周年纪念大会。我就是在那一刻，汇入了中国共产党领导的多党合作事业的历史洪流。

　　我们那一代人对邓小平同志的感情是很深的，因为正是邓小平同志作为"总设计师"的改革开放政策彻底改变了我们的命运。

往事如烟。我出生于上海的一个医生家庭。1970 年前往江西省信丰县香山村老圳头生产队插队，后又到横峰县城阳垦殖场当知青。尽管当地群众的生活条件都很有限，但他们仍然慷慨地接纳了我。除了尽快熟悉农业生产，为"修地球"出力流汗，我也想到如何为乡亲们做些事情。在父母建议下，我开始学习一些医学知识和技能，1974 年成为一名赤脚医生。1975 年我被推荐上了上饶地区卫生学校，两年后留校任教。蹉跎岁月中农民的养育之恩，是我一生铭记在心的。

1978 年，在邓小平同志倡导下，国家恢复了研究生招生制度。我报考了上海第二医学院（现上海交通大学医学院）的硕士研究生，师从我国著名血液学专家王振义教授。1984 年，得益于国家派遣留学生的政策，我被学校送往法国巴黎第七大学圣·路易医院血液中心实验室担任外籍住院医师。当时，代表生命科学前沿的分子生物学刚刚兴起，就已给国际医学领域带来了革命性变化。我深感机遇难得，决心尽快将该领域的最新理论和技术学懂学会，又注册了肿瘤发病原理专业博士研究生。四年多的留学经历，使我得到了法国科学文化的熏陶，也对法国注重研究和临床相结合的医学科研体制、覆盖全民的医疗保障制度留下了深刻印象。1989 年初，我获得法国巴黎第七大学科学博士学位。在博士论文扉页上，我写下了："献给我的祖国"，于同年 7 月回到上海瑞金医院工作。

当时国内的科研条件的确比较艰苦，但苦中有乐。幸运的是，在王振义教授首创全反式维甲酸（ATRA）治疗急性早幼粒细胞白血病（APL）获得成功后，20 世纪 90 年代初我和研究团队又与砷剂治疗白血病的先驱者张亭栋先生建立了

陈竺和研究组同事们在一起

合作。应用分子生物学方法，我们在 APL 发病原理和 ATRA 及砷剂治疗机理研究中取得突破，开启了两药协同靶向治疗 APL 的新方向。与此同时，我还有幸在前辈科学家支持下，参与协调国内的人类基因组计划，为我国在生命科学这一重要战略领域赢得了一席之地。

2000 年，组织安排我到中国科学院担任副院长，使我有机会为国家在生命科学方面的优化布局做了一些实事，并在管理学方面有了初步体会。回顾 70 年代到新世纪之初的个人成长经历，我深感是祖国和人民培养了我。只有主动把个人命运和祖国命运、人民福祉联系起来，人生和事业才有正确的方向。

士为知己者用。2004 年开始，我多次参加了中央统战部组织的无党派人士参政议政活动，对中国共产党领导的多党合作事业逐渐加深了理解，认识到党外知识分子在这个平台上可以为国家做出独特贡献。

肝胆相照，为健康中国建设同心协力

2007 年 6 月，中央决定由万钢同志和我分别担任国家科技部和卫生部的主要行政负责人。我深知这是中央对党外人士的莫大信任，责任重大，使命光荣。

党外人士担任国家行政部门的正职，如何与党组书记建立融洽的工作关系，是当时人们关注的问题。在国务院领导同志的关心和中央组织部、中央统战部的指导下，我们制定了《卫生部领导班子工作规则（试行）》，为部长在党组领导下履职提供了组织制度规范。在作决策前，我和党组书记都会进行充分协商，遇到

2008 年 6 月，陈竺看望参加汶川抗震救灾的医疗救援队

2011 年 6 月，陈竺在新疆维吾尔自治区人民医院看望接受先心病手术治疗的患儿

大事难事，我们共担责任。高强书记高风亮节，在政府管理学方面有很深造诣，从一开始就对我的工作给予了充分支持和信任，显示了共产党人的博大胸怀。2009 年初，我和接任党组书记的张茅同志又形成了亲密搭档。张茅书记政治上强，对深化医药卫生体制改革有深入研究和精辟见解，在破解工作难题方面给了我重要的指点和帮助。由于我和前后两任党组书记之间相互尊重，配合默契，使得党组的领导核心作用和部长的专业优势得以充分发挥，为卫生部贯彻党中央、国务院重大决策，推进各项卫生改革和发展工作，及时应对各种突发公共卫生事件，提供了有力保障。

当时作为无党派人士，我还有机会直接向中共中央、国务院领导建言献策。记得 2009 年底，我就提高新型农村合作医疗制度筹资水平直接向温家宝同志作了汇报，建议新农合人均筹资水平在"十二五"末达到 300 元，将一批导致因病致贫的大病纳入医保范围。温家宝同志对此给予肯定，并表示本届政府任内就要实

现这个目标。次年春节前的党外人士迎春座谈会上，我又向胡锦涛同志汇报了新农合提标保大病的设想，胡锦涛同志当即表示支持。让我深为振奋的是，从 2010 年到 2012 年，新农合人均财政补助标准由原来的 100 元快步提高到 240 元，加上个人缴费部分，人均筹资水平达到 300 元，儿童白血病、先天性心脏病、尿毒症等 20 种大病保障试点工作全面推开。

在中共中央、国务院的统一领导下，我和卫生部的同事们在努力推进全面深化医药卫生体制改革的同时，还通过发挥专家群体的优势为卫生事业发展进行谋划。2008 年，卫生部邀请韩启德院士、桑国卫院士领衔，组织我国医药卫生和公共政策领域的 400 多位专家，启动了"健康中国 2020"战略研究，历时 3 年完成了研究报告。该报告在我国卫生事业中长期发展的顶层设计方面发挥了先导作用。当时，韩启德院士是全国人大常委会副委员长、九三学社中央主席，桑国卫院士是全国人大常委会副委员长、农工党中央主席，而我是一名无党派的部长，这段为人民卫生事业发展竭诚协力的难忘经历，生动诠释了中国共产党领导的多党合作和政治协商制度的强大凝聚力。

沐浴春风，为多党合作尽献绵薄

2012 年，我加入了中国农工民主党，后又担任农工党中央主要领导。这意味着我参与多党合作事业的政治身份发生了一次重大变化。农工党有着爱国革命的

2015年4月，陈竺在西藏日喀则看望尼泊尔地震受灾群众

光荣传统，是中国共产党的亲密友党，是以医药卫生、人口资源、生态环境领域高中级知识分子为主体的参政党。在农工党中央岗位上，作为多党合作事业的亲历者、实践者，我深切体会到以习近平同志为核心的中共中央对社会主义协商民主的高度重视和虚怀若谷、海纳百川的胸襟气度。

2012年11月，中国共产党第十八次全国代表大会胜利召开，大会报告首次提出健全社会主义协商民主制度，对推动多党合作事业和社会主义民主政治建设提出了新的要求。十八大闭幕不久，习近平总书记就亲自走访农工党等各民主党派中央，共商多党合作大计，让我们如沐春风，深受鼓舞。习近平总书记高度评价了农工党的光荣历史和所做工作，对我们的建议一一作了回应，特别对我们拟将"健康中国"和"美丽中国"作为下一步议政建言的重点给予了充分肯定。四年多来，我们认真学习贯彻中共十八大和十八届三中、四中、五中、六中全会精神，深入学习贯彻习近平总书记系列重要讲话精神和治国理政新理念新思想新战略，经过全党同志的共同努力，在"健康中国"和"美丽中国"两条工作主线上都取得了积极进展。

在助推健康中国建设方面，农工党中央围绕医药卫生事业改革发展，提高人民健康水平，组织了一系列调研。2013年，我们开展了以健康服务业为主题的重点考察调研，提出鼓励和引导社会力量发展医疗卫生产业、推动养老服务业健康发展等建议，得到李克强总理的重要批示，并在同年国务院下发的《关于促进健康服务业发展的若干意见》中得到体现。2014年，我们围绕卫生立法问题形成的调研报告，得到张德江委员长的重要批示，《基本医疗卫生法》纳入本届全国人大常委会立法规划第一类立法项目，有望今年年底提请审议。此外，2015 年建立医疗卫生机构核心用药制度及做好药品集中招标采购工作的建议，2016 年"三医联动、推动公立医院改革"的调研成果以及《健康中国"十三五"建设规划》平行研究报告，2017 年深化医学教育改革的建议和"健康丝绸之路"调研成果等，都得到中共中央、国务院领导同志的充分肯定，为推进健康中国建设发挥了积极作用。

　　在助推美丽中国建设领域，农工党中央着眼实现中华民族永续发展，围绕推进生态文明建设，开展了系列工作。2013 年初，针对当时我国中东部地区发生持续大规模灰霾污染的情况，我们迅速组织农工党卫生和环境领域的专家，在卫生部、环保部、国家气象局等部门支持下，就灰霾对健康的影响等问题进行研究，发现急性心血管和呼吸系统疾病事件与灰霾天气存在正相关关系；揭示造成灰霾频发的主要原因是以煤炭为主的能源消耗大幅攀升和机动车保有量急剧增加。在此基础上，我们提出了高度重视灰霾的健康危害、加强源头治理、加强联防联控、积极应对区域灰霾污染的建议，受到中共中央高度重视。习近平总书记和李克强总理、张

2017 年 4 月，陈竺在兰州大学药学院就"健康丝绸之路"建设进行调研

高丽副总理等领导同志分别作出重要批示。这项建议也为国务院随后出台大气污染防治行动计划"大气十条"、实施蓝天保卫战提供了一些前期支撑。2015年、2016年，我们又分别围绕水污染防治和土壤污染防治进行调研，所提建议得到了国务院领导同志和相关部门的重视，为我国加强水体和土壤污染防治工作提供了参考。

民主监督是民主党派的基本职能之一。2016年，中共中央安排各民主党派中央与8个中西部省份对接，对脱贫攻坚开展民主监督工作。农工党对中共中央赋予的这项新任务高度重视，坚持问题导向，围绕精准要求，组织专家深入云南的市（州）、县、乡，进村入户，探索建立动态评估体系，在此基础上形成了年度调研报告和有关意见建议。其中，关于健康扶贫的综合治理和靶向施策有待加强的建议，得到俞正声主席的高度重视；关于助力云南边境地区脱贫攻坚的意见，得到国务院领导同志的批示，从而促进云南省加大了对重点人群、地区脱贫攻坚的施策力度。

通过四年多来的履职实践，我真切领悟到中国共产党领导的多党合作和政治协商制度，既保证了代表最广大人民利益的执政党的领导，又发挥了各方智慧和积极性。民主党派在我国政治生活中的重要作用在于，一方面可以充分凝聚所联系界别知识分子的智力资源，通过多学科的交叉调研，在科学论证基础上提出全局性、综合性的意见建议；另一方面又可以利用"直通车"的渠道直接将意见建议报送中共中央领导，帮助执政党更好地科学决策、民主决策。新中国成立60多年特别是改革开放30多年来，我国经济社会发展所取得的伟大成就，充分说明包括多党合作制度在内的我国政治制度符合国情，具有强大的生命力。这一制度必将对人类文明进步产生重大影响。

今年全国两会期间，习近平总书记看望全国政协民进、农工党、九三学社委员并发表热情洋溢的讲话，充分肯定知识分子的地位作用，对关心和尊重知识分子提出明确要求，对知识分子建功立业寄予殷切期望。直接聆听习近平总书记的亲切话语，让我再次如沐春风，深受感动，也引发了我对进一步发挥好以知识分子为主体的参政党作用的思考。新的历史条件下，民主党派要更好地履职尽责，就必须传承和发扬我国知识分子素有的浓厚家国情怀、强烈的社会责任感，重道义、勇担当，真正将专业优势、组织优势同人民群众根本利益紧密联系在一起，积极建诤言、出实招，为国家富强、民族振兴、人民幸福竭尽绵薄之力。

"谁言寸草心，报得三春晖"。抚今追昔，我和农工党的同事们将继往开来，团结带领联系各界别的广大知识分子，始终与中国共产党同心、与中国特色社会主义同行、与中华民族伟大复兴同进，努力创造无愧于时代的业绩！

农工党中央副主席　杨震

我的选择我的路

农工党中央副主席　杨　震

习近平总书记在纪念红军长征胜利 80 周年大会上旗帜鲜明地提出："一个不记得来路的民族，是没有出路的民族。"诚然，无论是大到国家还是小到个人，都有一条来时的路，以此为起点，走向未来、走向远方、走向更广阔的天地。无论我们走得有多远，都不能忘记来时的路。

我非常庆幸自己生活在一个伟大的时代，国家富强，生活美好，每个人都拥有人生出彩的机会。我也很庆幸，自己当初选择了在中国共产党领导下参加民主党派参与国家建设这条路。正是那一次选择,让我走上了一条大有可为的路,走上了一条视野更高远、心胸更开阔、人生更多彩的路。

一次选择带来的改变

人的一生,会遇到各种各样的机遇,而机遇又往往在选择的过程中出现。回首过去,我时常感慨,自己在人生的一些重要关口,作出了正确的选择,影响和改变了我后来的生活。1979 年,我按照父母的"意愿"考取了当时的南京邮电学院(即现在的南京邮电大学的前身),主攻当时并不算热门的电报与传真专业。从上世纪 80 年代开始,信息通信技术才逐渐成为影响经济社会发展和人民生活的重要领域。那一次"无心插柳"的选择,使得我与通讯结下了不解之缘。从南京邮电学院毕业后,我获得了留校任教的机会。当时的我,还只是一个一门心思教书育人的"书生",对中国共产党领导的多党合作制度不太了解,这可能也和我内向的性格有关。直到 2000 年发生的一件事,让我对中国特色的政党制度有了深刻的认识。

那是 2000 年下半年,我正担任南京邮电学院信息工程系的副主任,是一名普通的教育工作者。那时全国兴起一股"并校风",许多大专院校合并组建成新的大学。当时传言南邮也将被兼并,南邮师生都有一种不知所措的感觉。我也很担忧,因为随着 20 世纪 90 年代互联网的兴起和发展,信息通信技术在全新的信息化社会正发挥越来越重要的作用,而这正是南邮的学科优势。如果此时南邮被兼并,会不会影响优势学科的发展?当然,担心的后果并没有出现,南邮最终还是被保留下来了。除了原南京邮电学院老领导积极有效的工作外,还要提到一个人,他就是时任农工党江苏省委会副主委的陈锡生。他也是南邮的一名老教授,而且是我国通信程控技术领域的著名专家。陈锡生通过参政议政、建言献策等多条渠道,积极向中共江苏省委、省政府和原国家信息产业部(因为南邮原为邮电部和信息产业部直属重点高校)、省信息产业厅等有关部门反映情况,提出意见建议,为使南邮作为一个独立的办学主体保留下来发挥了积极作用。正是因为这件事,让我深刻感受到民主党派在国家建设和社会发展中的独特作用,也对以陈锡生副主委为代表的农工党的同志深感敬佩。从那时起,我切实体会到了中国共产党领导的多党合作制度的强大生命力,认识到了民主党派参加政治生活的重要性。

　　作为一名知识分子，报国的方式有很多种。科技报国，在专业领域有所建树、在科研方面取得成功，固然会影响一个领域，但除此之外如果还能积极参政议政的话，比如提的一份建议被采纳、一份议案被吸收，那可能这个影响是无法估量的。从这个意义上来说，积极参政议政，寻求发挥作用的更大舞台，为国家的发展、民族的复兴贡献智慧和力量，就是中国知识分子的报国之路。也正是秉持这样的初衷，我于 2001 年 6 月光荣地加入了中国农工民主党。在组织的培养下，2002 年 6 月我当选为农工党江苏省委会常委，同年 11 月当选为农工党中央委员，2007 年 6 月当选为江苏省委会副主委，同年 12 月当选为农工党中央副主席并任职至今。弹指一挥间，16 年悄然远去。而我，也由一名普通的高校教育工作者，成长为民主党派省级组织领导人，再到民主党派中央副主席。我肩上的担子越来越重，为国家和社会作贡献的平台也越来越大。

2007 年 3 月，参加十届全国人大五次会议期间，在人民大会堂前留影

我是幸运的，因为我赶上了一个好时代，赶上了民主党派发展的最好时期。因为民主党派成员的身份，我有了更多向党和国家领导人，以及中共地方党委、政府谈意见、提建议的机会。我记得大概是 2011 年到 2012 年期间，时任江苏省委、省政府，南京市委、市政府的主要领导，在促进经济社会创新发展的《南京九条》正式出台前，多次向民主党派、无党派代表人士等各界征求建议，还专门召开座谈会，听取意见。当时我也参与了，所提的意见建议都被认真对待。这样的事例太多了，不胜枚举。

随着多党合作事业的不断发展，尤其是中共十八大以来，习近平总书记提出："各民主党派是和中国共产党通力合作的中国特色社会主义参政党。"这对我国民主党派的政治地位和政治性质进行了新的科学界定，也是对民主党派在国家政治生活中地位的进一步提升。2015 年，中央统战工作会议召开，《中国共产党统一战线工作条例（试行）》（简称《条例》）颁布实施后，中国共产党领导的统一战线事业进入一个新的历史发展时期。《条例》将民主党派的基本职能，在"参政议政、民主监督"两项职能基础上，增加了"参加中国共产党领导的政治协商"，这是坚持和完善中国共产党领导的多党合作和政治协商事业的重要制度安排，体现了中共中央对民主党派的信任与肯定，也为民主党派履职尽责搭建了更大的平台，创造了更好的条件。这些都是我当初加入民主党派时所没有料想到的。

我参与的一次特别事故调查

还有一段经历也是我没有料想到的。说起这段经历，至今记忆犹新。我们常说中国共产党和各民主党派"长期共存、互相监督、肝胆相照、荣辱与共"，这种风雨同舟、患难与共、亲密合作的优良传统，在国家发生大灾大难时刻体现得尤其突出。比如 2003 年抗击"非典"时期，韩启德等一大批民主党派成员，通过不同形式为取得防治"非典"最后胜利贡献智慧和力量。我个人体会，在国家有特殊需要时，因为自己的民主党派身份，没有部门利益的羁绊，比较容易以客观公正的角色开展工作。因此遇到这种时刻，只要国家有需要，我们必当义无反顾。

2011 年 7 月 23 日 20 时 30 分 05 秒，甬温线浙江省温州市境内，由北京南站开往福州站的 D301 次列车与杭州站开往福州南站的 D3115 次列车发生动车组列车追尾事故，举国震惊。当时正是中国高铁发展的起步期，老百姓对高铁这个新事物充满期待。突发这样的意外，一时间舆论一片哗然。事故发生后，中共中央、国务院高度重视，在全力救人抢险的同时，立即启动了事故调查工作。我记得好像是在 7 月 25 日，国务院批准成立"7·23"甬温线特别重大铁路交通事故调查组（以下简称事故调查组）。7 月 26 日，第一批事故调查组成员就已经进驻开展调查。当时正值暑期，我带领南京邮电大学相关学科负责人正在南昌大学开展调研交流活动。我虽对"7·23"事故高度关注，但没想到的是，我居然能参与这次事故调查。大概是 8 月 1 日，我带领调研组刚到南昌大学，就接到国家安监总局的电话，说受国务院委托请我参加"7·23"甬温线特别重大铁路交通事故调查。我是学校调研组的组长，如果这时候我离开，调研活动肯定受影响。加之国家安监总局来电中也没有说具体参与方式，于是我和安监总局沟通，看能否把相关资料数据通过网络传过来，从我个人专业技术的角度提出一些分析意见，这样我可以一边调研一边参与事故调查工作。对方同意了。第二天，也就是 8 月 2 日，我们调研组一行乘飞机前往山东大学，开始第二站调研。不曾想刚下飞机，我就再次接到国家安监总局的电话，说经过国务院常务会议研究，委派我为"7·23"甬温线特别重大铁路交通事故调查专家组副组长，要求 8 月 3 日下午 15:00 之前进驻调查组。作为一个公民和民主党派高级干部，国家有需要，定当以国事为重。我当即买了机票飞回南京，简单收拾了一下随身衣物就奔赴温州。当时南京到温州还没有高铁，航班也只有下午 15 点以后才有。不能按时进驻势必影响工作，怎么办？我当即决定坐汽车到温州，经过 7 个多小时奔波终于按时抵达。说实话，当时我的心理压力非常大，一方面是因为社会非常关注这次事故，而我虽然对信号处理有所研究，但是对铁路部门专用数字移动通信系统（GSM-R Global System for Mobile Communications-Railway）却没有太多研究；另一方面是因为第一批的事故调查专家已经开展工作将近一周了，我这时突然参与进来，有点"程咬金"的感觉，毕竟一个团队需要大家同心协力。进驻事故调查组后，我首先向大家表明了态度，我说我是来向你们学习的，我充分尊重大家，我将会尽我所能，和大家共同努力，尽早从技术层面把事故的原因查清楚，拿出经得起历史和人民检验的调查结果。虽然调查组成员来自不同地方和单位，有中共党员、有民主党派成员，但是大家齐心协力，白天一起开展调查工作，晚上各个小组正副组长汇总情况开会研讨，经常工作到三更半夜。在工作和生活中，大家真诚交往，推心置腹，相处非常融洽。在前期工作基础上，经过近 10 天的努力基本还原了事故情况，拿出了初步报告，查明了事故发生前后的各种情况和具体技术原因，找出了系统和软件设计的问题，数月后公布的最终调查结论获得社会广泛认可。后来国家安监总局还给南邮和我个人都发来了感谢信，其实我只是做了自己应该做的。

温州动车事故教训是惨痛的，但事故发生后，中共中央、国务院调动了一切可以调动的人力物力，用最快的速度查明了事故原因，给历史和人民一个负责任的交代。记得德国 1998 年 6 月也曾发生过高铁事故，但那次事故的调查却历时两年之久。这充分体现了社会主义的制度优势。温州动车事故之后，我国吸取了教训，在相关方面进行了改进，之后再也没有发生此类事故，中国的高铁也步入了突飞猛进的发展时期。今天，无论是技术层面还是安全层面，中国高铁都达到了世界一流水平，并且走出国门，成为了中国的名片。我相信，今后中国高铁的发展将会又好又快。

肝胆相照，明天会更好

中国共产党带领中国人民走过了 96 年的光辉历程，中国由积贫积弱走向了繁荣富强。在实现中华民族伟大复兴的历史征程中，中国共产党始终与各民主党派肝胆相照、荣辱与共。从革命战争年代毛泽东与黄炎培在延安的"窑洞对"，到如今习近平总书记多次强调要继续加强民主监督，强调中国共产党要容得下尖锐批评，党外人士要敢于讲真话、敢于讲逆耳之言。这些都充分表明，中国共产党对各民主党派的充分信任和高度重视。

2016 年 6 月，中共中央委托八个民主党派中央对口八个贫困人口多、贫困发生率高的中西部省区开展脱贫攻坚民主监督工作。这是历史上中共中央第一次就专项工作开展民主监督作出具体部署，是中共中央赋予各民主党派的一项全新的政治任务。根据安排，农工党中央对口云南省开展脱贫攻坚民主监督。

这是一项开创性的工作，没有任何经验可供借鉴。当时接到任务时，我们深感责任与压力并存。怎样发挥农工党的优势，助力云南省打赢脱贫攻坚战是摆在我们面前的一道难题。当时在南邮下面一个二级单位——人口研究院里，有一批专家对人口政策有比较深入的研究，院长正好也是农工党党员。考虑到云南省贫困面广、贫困人口多的现实情况，必须借助科学的调查研究掌握第一手的资料，

2009年9月，杨震在北京领取第六届高等教育国家级教学成果奖

才能提出实事求是、具有可行性的意见建议。刚好在人口调查研究和信息技术方面，我校的人口研究院具有独特优势。就是基于这样的考虑，在各方面的共同推动下，南京邮电大学人口研究院和农工党中央、农工党云南省委会等一起合作，共同致力于对口云南省的脱贫攻坚民主监督工作。

这其中还有一段插曲。人口研究院的前身是南京人口管理干部学院，2013年建制撤销并入南邮。南京人口管理干部学院虽然被撤并，但是和南邮融合得非常好。人口研究院院长沙勇也是农工党党员。由于南邮的校领导给予充分信任和重视，沙勇院长成长得很快，如今已是农工党江苏省委会副主委，农工党中央人口与资源工作委员会副主任，南京邮电大学人口研究院、人文与社会科学学院院长。当然这是后话了。根据沙勇同志介绍：依托人口研究院的专家力量，他们建立了一套科学的监督指标体系和评估机制，在云南省选取了一些有代表性的"哨点村"开展抽样调查。在进村入户调查中，得到当地党委、政府的大力支持，调查进行得很顺利。因为有了足够的样本，加之运用科学的统计方法，动态获取了关于脱贫攻坚的第一手资料和真实数据。下一步就是在调查研究、综合研判的基础上，提出有针对性的意见建议，通过出实招献良策，切实帮助云南省打赢脱贫攻坚战。

也有人心存疑虑，民主党派开展脱贫攻坚民主监督，是不是来挑刺找麻烦的。其实不是。消除贫困、改善民生、逐步实现共同富裕，是社会主义的本质要求，也是每一位农工党成员的热切期盼。中共中央提出的"两个一百年"奋斗目标，就是农工党人同心奋斗的事业追求。中共中央委托民主党派开展脱贫攻坚民主监督，是执政党对民主党派的充分信任，也是彰显我国多党合作制度优势的新实践，其目的和着眼点，就是进一步坚持和完善我国多党合作制度，团结各民主党派共同打赢脱贫攻坚战。

观大势前景光明，看长远东风浩荡。时代召唤着我们投身决胜全面小康新的历史征程。如果说一个人的力量是单薄的，那么一个组织、一个群体的力量则是不可估量的。脱贫攻坚伟大征程中，没有旁观者，我们都是参与者，也是受益者！作为与中国共产党风雨同舟、肝胆相照的亲密友党的成员，我将与广大农工党人一道，以高度的政治责任感和使命感，为决胜全面小康凝心聚力，贡献智慧和力量！我坚信，有社会主义制度的强大生命力，有中国共产党的坚强领导，调动一切可以调动的力量和资源，决胜全面小康一定能夺取胜利！到那时，看盛世中华，更加辉煌！

回首我的选择，以及那些因选择而改变的人生，走过的路，我愈发深刻地感受到，没有中国共产党的坚强领导，没有中国共产党领导的多党合作大舞台，就没有今天的我。当初秉持立志报国的赤子之心加入农工党，如今我身为全国人大常委、农工党中央副主席，南京邮电大学的校长、教授、博士生导师，我所拥有的一切都是国家和组织给予我的。今后无论我在什么地方、什么岗位，我都将不忘初心，继续前进，尽己所能，为中国共产党领导的多党合作事业、为国家为民族的繁荣富强竭尽绵薄之力！

农工党中央副主席　朱静芝

心中有信念　脚下有力量

农工党中央副主席　朱静芝

　　人活着，心中就必须要有信念。信念是脊梁，支撑着不倒的灵魂；信念是明灯，照耀着期盼的心灵；信念是路标，指引着前进的方向。

　　1955 年，我出生于陕西武功。陕西哺育了中国革命，燎原了星星之火，是新中国诞生的摇篮，自然留下了许多感人至深、催人奋进的革命事迹。童年记忆里，泛黄的小人书、收音机和黑白电视机里讲述的是革命英烈的传奇故事；布满枪眼的老屋、战斗遗址的断壁残垣、革命烈士的殉难地，是司空见惯的场景，是长辈含着热泪的描述，是拨动心弦的壮烈。生活在这片红色土地上，我的红色教育启蒙很早，中国共产党、红军、革命都是我从小就熟悉的词汇。耳濡目染，中国共产党为国家、为民族、为劳苦大众不怕牺牲矢志奋斗的情怀在我幼小的心里埋下了种子。为国为民的坚定信念就像这颗种子，随着时间的流逝越长越大，枝繁叶茂，成为指引我前进的方向。

要以知识改变落后的农业

1978年，我有幸成为一名大学生，选择专业时我陷入了思考。那时的陕西，和中国大多数省份一样，工业不发达，农业羸弱，农民从土里刨食，农业是关乎生存的。如果选择学习农业，掌握了科学知识和先进技术，是不是就可以改变靠天吃饭的局面？想到这里，我毫不犹豫地填报了西北农学院农学系农学专业，三个"农"字，淋漓尽致地表达了我立志钻研农业技术，扎根土地，以知识改变落后农业的决心。

1982年，我毕业分配到陕西省汉中地区任农技站技术员。汉中大地凭借汉水的滋润，自古便是粮仓。但汉中地区由于山多田少，人稠地狭，人均耕地不足一亩。面对现实，我踌躇满志，渴望用所学纾解困局。1983年，陕西省提出建设汉中"第二粮仓"的计划，这正是像我这样的农业科技人员发挥作用的契机。没有调查就没有发言权，我带领课题组对汉中6个县、近50个乡镇的百万亩待开发荒坡地、水利资源进行了广泛深入的调查。我们不畏劳苦，深入偏远乡村、田间地头，互相勉励、互相支持，为做好这项工作倾尽热情与心血。随后由我执笔写出了详细的调查报告，在充分调研论证的基础上提出"汉中的百万亩荒坡地不仅可以开发，而且可以建成陕西省的'第二粮仓'"。

为了开发"第二粮仓"，我和课题组的同志一起奋战在汉中农村的试验田，和农民同吃、同住、同劳动，以确保试验的真实性、代表性，保证技术参数符合推广区的情况。由于常年奔波在田间地头，手粗了，脸黑了，对此我毫不在意，但常常让我愧疚于心的是，作为一个妻子、母亲，顾不上家庭、孩子。我的先生本来可以留在省城西安，但为了我的工作，他义无反顾地调到了距汉中市区30里的一所高校任教，每天骑着自行车来回奔波十几公里。孩子从小就被我带在田间地头，不论酷暑严寒，随我栉风沐雨，披星戴月。同事们开玩笑说我有"两个孩子"：试验田和儿子。有一次，汉中市的领导到试验区考察，见我牵着年幼的孩子，感动地说："静芝同志，给你换个环境，到县里去工作吧。"我婉言谢绝了，因为坐在办公室里无法了解试验田第一手资料。家人为我牺牲很多，所以我一有闲暇就赶回家陪伴他们，尽可能多干家务，弥补心里对家人的歉疚。

5 年后，我带领的课题组向政府部门递交了一份完整的开发陕西省"第二粮仓"的报告，政府部门根据这份报告，在汉中地区展开了大规模的开荒垦田，这让课题组的同志们欣欣鼓舞。能够学以致用，为改变落后农业作出一点贡献，自己所有的付出都是值得的——这是我的心声。

从政为民是我始终不渝的追求

1996 年，在组织的关怀培养下，我担任汉中市副市长，分管农林、水利、土地、民政等工作。从农业技术领域到农林土地领域，任务更重，担子更重，责任更重。我感到压力和动力并存，深知只有发奋努力，才能不辱使命。

上任伊始，汉中地区接连发生粮食、蔬菜、水果滞销的情况，农民损失很大。通过调研，我发现是由于市场信息不对称造成的。汉中农村信息闭塞，农产品的生产和销售大都处在相对盲目的状态。农户种植粮食、蔬菜随大流，市场需求一旦发生变化，农产品就会滞销。因此政府向农民提供及时、准确的市场信息，指导农民有目的地组织生产就显得尤为重要。我率先在汉中地区推出"订单"生产，即政府部门先了解市场需求，然后反馈给农户，农民据此开展种植活动，有效破解了农产品滞销难题，产生了良好的惠农效果。今天，这种"订单"生产模式，已经在全国推广，也成为农业信息化、产业化的前奏。在我任汉中市副市长 7 年时间里，汉中农民的人均收入增加了 1800 元。我每次深入基层调研，总有老百姓围上来，拉着我的手亲切地聊家长里短，聊生活更加和美，言语中流露出来的是对党和政府的感激之情。群众的话语总是让我满怀感动，我们只是做了自己应该做的事情，尽了自己的本分。群众的赞扬和满足，是对我工作最大的认可。

2003 年，我开始担任陕西省副省长，分管科技、教育、知识产权、中药产业、妇女儿童等工作，我觉得肩上的担子更重了，唯有更加努力工作，才能对得

2010年12月，朱静芝在陕西省安康市汉阴县汉阴中学施工建设现场实地考察

起组织多年的培养和教育，才能不辜负人民的信任和重托。

　　陕西是科技教育大省，高校众多，教育资源丰富。但是长期以来，科技教育发展水平与经济发展水平不相协调，科教并没能为陕西经济社会发展提供充分支撑，科教、经济"两张皮"的现象较为突出。如何破解这个难题，让科教更好地助推经济发展，从而造福广大陕西人民，这是摆在我们面前的重要课题。为此，我进行了广泛深入的调研，调研对象包括企业家、科技教育界的专家学者、行政干部、社会基层代表等，一年内开了多次座谈会，力图从独立的视角深入挖掘问题原因，从体制和机制上解决问题，提出有针对性的对策。最后，我们经过九易其稿，形成了调研报告。报告提出要密切关注经济社会发展中的重大科技问题，提供平台支撑，加快高校和科研院所的成果转化。中共陕西省委领导评价调研报告深入细致、实事求是、切中肯綮。陕西省教育厅、科技厅的同志充分采纳调研报告的政策建议，对接下来的工作进行了部署安排。此后3年里，陕西先后创建3个国家级和2个省级高新技术产业开发区、5个大学科技园与科技产业园区、5

2014年6月12日，朱静芝在陕西省铜川市调研文化产业发展情况

个高新技术创业服务中心，成为带动全省经济增长的龙头，对经济的贡献率达到40%以上，使科教有力地支持了陕西经济的发展。

在政府工作的20多年里，我深刻体会到周围领导同事们的敬业奋斗精神，走在省委、市委的大院，从夜幕降临华灯初上到深夜来临万籁俱寂，办公室灯火通明甚至彻夜长明。加班是常态，不加班是例外。领导和同事们工作着、努力着、奋战着……我既感动，也深受鞭策鼓舞。正是在这样的勤勉工作中，文件政策得以出台，造福民生的举措得以落实，才有了社会的和谐稳定、人民的幸福安康。小时候接受的红色教育不时浮现于脑海。在战争年代，中国共产党是带领人民求解放、争取民族独立的，在和平年代，中国共产党是带领人民谋富裕、走上幸福之路的。这何尝不是一场没有硝烟的战争？中国共产党一切为了人民的宗旨又何尝不是一脉相承、矢志不渝！如果没有中国共产党的教育引领，没有为国为民的坚定信念，没有党培养出来的千千万万勤勉敬业的干部，这一切都无从谈起。我从内心深深地崇敬中国共产党，这确实是一个全心全意为人民、毫无私利的政党。

担任党派领导与从政为民一脉相承

2004年，我加入中国农工民主党，在届中调整时担任农工党陕西省第四届委员会主委。此后又续任第五、第六届省委会主委，并担任农工党第十四届中央委员会常务委员、第十五届中央委员会副主席，政协第十、第十一届全国委员会委员，十二届全国人大常委会委员。走上党派领导工作岗位，变化的是工作岗位和工作内容，不变的是拳拳爱党爱国为民之心。

担任党派领导之初，我常常思索，在党派工作和在政府工作是怎样一种关系。随着工作的深入开展，我清楚地认识到：在党派工作，是一个新的平台，打开了新的窗口，具备发挥作用的独特优势，在党派工作与在政府工作一样，都是在中国共产党的领导下，心怀祖国和人民而工作，从本质上是一脉相承和一以贯之的。

延安是革命老区，哺育了中国革命，为中国共产党的壮大、为新中国的诞生、为中国革命胜利和社会主义建设作出了重大牺牲和重要贡献。新中国成立六十多年特别是改革开放三十多年来，在中共中央、国务院的关心支持下，延安面貌发生深刻变化，老区人民生活水平显著改善。但由于自然、历史等多重

2015年5月，朱静芝陪同全国人大常委会副委员长、农工党中央主席陈竺在延安调研

因素影响，延安发展相对滞后、基础设施薄弱、人民生活水平不高的问题仍然比较突出，脱贫攻坚任务相当艰巨。在新的历史时期，在全面建成小康社会的关键节点上，如何进一步加大扶持力度，加快老区开发建设步伐，让老区人民过上更加幸福美好的生活，是需要高度关注尽快解决的课题。这个课题在农工党中央陈竺主席的亲自关怀下得以开展。我带领农工党陕西省委会，联合中共延安市委、市政府开展了相关调研。以延安为切入点，深入解剖分析，查找根源，提出对策，形成了调研报告，通过农工党中央递交到国务院，得到了汪洋副总理的亲自批示。随后中共中央办公厅、国务院办公厅印发了《关于加大脱贫攻坚力度支持革命老区开发建设的指导意见》，要求各地区各部门结合实际认真贯彻执行。正是得益于民主党派的建言议政"直通车"渠道，得益于中国共产党领导的多党合作和政治协商制度，通过以点带面，为推动脱贫攻坚、全面建成小康社会贡献了微薄之力。我国的政党制度是具有中国特色和巨大优势的政治制度，能够最大限度地集中和发挥社会各界的力量和优势，共同为国家繁荣、人民幸福贡献力量。

陕西是农业大省，水的有效利用至关重要，但是陕西有三个地市严重缺水，这关系到农业命脉、经济发展和民生福祉，是省委省政府关注的难点。民生难点就是我们的工作重点。我组织农工党陕西省委会，以我曾经工作过、相对熟悉的汉中市为对象开展了一系列调研。汉中市水源丰富、水系发达，但是水资源开发散乱、管理水平差、利用率低、浪费现象严重。我们抓住这个矛盾，组织专家力量进行了大量考察研究，在此基础上向省政府递交了调研报告。省政府有关领导认为调研报告掌握情况实事求是、全面准确，分析问题切中本质、透彻深刻，提出对策切实可行、推广性强。就在我们提交调研报告的当天下午，省领导召集各相关部门负责人，现场开会、现场办公，从宏观的政策完善，到细节的措施部署都作了布置。通过这些点点滴滴的事情，我深刻感受到中国共产党的虚怀若谷、从谏如流、从善如流的胸襟和气度，感受到中国共产党领导的多党合作和政治协商制度的政治优势。随着中央统战工作会议的召开，多党合作事业在中国共产党领导下也迈上了更高台阶。我本人更加珍惜党派工作的特殊平台，再接再厉，砥砺前行。

人生如歌，信念如调，没有调的歌永远不能成为真正的歌，没有信念的人生，永远都是没有意义的人生。信念在传承，事业在继续。作为农工党的成员，我坚守坚持中国共产党领导的信念，决心在以习近平同志为核心的中共中央领导下，坚定走中国特色社会主义政治发展道路，为实现中华民族伟大复兴的中国梦贡献出一份自己的力量。

致公党中央主席　万　钢

不忘初心渡重洋　百炼成钢报中华

致公党中央主席　万　钢

　　2017 年 5 月 20 日，同济大学迎来建校 110 周年校庆。这一天，我再次踏入同济的校园，10 年前的场景历历在目。10 年前的这一天，同济大学迎来百年校庆，我最后一次以同济大学校长的身份站在这片沃土上。当天晚上，我便离开了同济大学，坐上了飞往北京履新的飞机。我的人生从此也开启了不同于海外创业、不同于教书育人的崭新篇章。

　　10 年过得很快，这 10 年来我见证了共和国科技事业取得了一个又一个日新月异的重大突破；10 年过得也很不平凡，这 10 年来我也感受到了在中国共产党领导下，致公党在多党合作前进道路上稳步前行。此时此刻，我谨以此文与大家一起来分享我的经历和感悟。

朴素难忘的知青时光

我出生于上海一个知识分子家庭，青少年时期正值新中国成立初期那段波澜起伏的岁月。1969 年 4 月，随着上山下乡的大潮，我刚刚过完 16 岁生日，就从繁华的大上海来到东北吉林省延吉三道公社插队。

初到东北，还是让我这个南方人感受到了很多的不适应。春天铲地，头上包着纱布还被蚊子叮得满头冒火；夏天种谷子，蹲着跪着爬着，一头汗，满脸泥；采石头，把绳子拴在腰间，从山上吊下去，用钢棍把石头撬下来……

但是，随着时间的推移，插队六年半，我学会了很多，锄地、扶犁、赶马车，当出纳员、会计、团支书……凭着一股干劲，我被乡亲们选为生产队长。我感受到了乡亲们的朴实和真诚，也发自内心地喜欢与乡亲们做朋友，我在那里塑造了自己的性格，奠定了我对待人生的基本态度。这一生都深深感谢东沟村那些可爱的乡亲们！

当仓库保管员时，我就跟常在仓库前修拖拉机的王大哥学习，按照图纸，一步一步把发动机拆开、清洗、研磨、安装，后来就学着开，给村里拉土送肥，去供销社拉货，很快就成了村里娴熟的拖拉机手。

我从小就喜欢动手，家里的钟表被我拆开又装上，而且还能走。从东方红28、铁牛 49、东方红 54，一直拆到丰收 35。无论是手扶拖拉机还是链轨拖拉机，我对它们的型号都能脱口而出。面对这些当时国产最先进的拖拉机，拆了修，修了装，这些实践经验为我后来到德国从事汽车研发奠定了深厚的基础。

1975 年 10 月，我作为吉林省唯一一名"黑五类"分子子女，被乡亲们推荐到东北林业大学道桥系学习。我非常珍惜这次难得的学习机会，物理学教研室主任曾告诉我说，每一个人都有他的历史使命，国家建设缺不了人才，经过十年"文革"，社会更需要知识。1978 年，我大学毕业后留校任教。

作为改革开放后的第一批研究生，1979 年 9 月，我考入同济大学，攻读固体力学专业结构力学和实验力学方向的硕士。那个时候录取率不到 5%，偌大的阶梯教室 200 多个考生都来考研，但总共才考上了 2 个。1981 年，我硕士毕业并留校，在数学力学系任教。那时，我一边教学，一边准备考博士生的课题。

当时正好德国克劳斯塔尔工业大学的佩特·迪茨教授到同济大学访问，当他看到课题之后就说我与他所做的课题很相近，如果我愿意的话，希望我到德国读他的博士。于是我下决心去德国留学，我想去学习世界上最先进的机械制造技术。经过了 3 次非常严格的综合考试，我最终获得了世界银行的奖学金。1985 年，我登上了留学德国的飞机。

创新创业的德国生涯

克劳斯塔尔工业大学是位于德国下萨克森州的一所以工科类著称的高等学府，有着 200 多年的历史。在机械工程、能源、环保方面颇具盛名。刚到克劳斯塔尔工业大学，学校规定，凡是外国留学生入校都先要进行德语入学考试。当时我年轻气盛不服气：我的德语这么好，为什么还要参加德语入学考试？

学校外办的老师很惊讶：两百多年了，来这里的外国留学生不知道有多少，但从来没有人说德语好到不需要考试的地步！于是安排几位教授跟我聊了整整一个小时，问了很多问题。结果是：同意免试。我也成为了克劳斯塔尔工业大学历史上唯一一个没有参加德语入学考试而直接就读的外国留学生。

攻读博士期间，我研究了定量研究固体波传播的整改和方法，并成功地开发了一项降低汽车噪音的技术，得到了德国高校与企业奖。这套技术德国大众汽车公司用了十多年，且这一技术开拓了新的研究领域，带出了 20 多篇博士论文，推动了克劳斯塔尔工业大学低噪声设计专业的整体进步。

博士论文答辩后的一天，导师佩特·迪茨教授找到了我。这是一次"交心"的谈话，他希望我留校做一名教授带更多的研究生。期间，我给时任同济大学校长李国豪打电话，征求他的意见，是留下来还是回国？李校长建议我如果能到世界顶级的汽车制造公司工作一段时间会学到世界上最尖端的技术，将来回国会派上更大的用场。于是在 1990 年获得博士学位之后，我带上博士毕业论文，走出校门，来到了奥迪汽车公司。

进入奥迪的第一年，我作为研发工程师，亲历了第一辆全铝车身 D2 项目的开发。1993 年，我参与了第一个全流程数字化设计开发体系，从造型、设计到试制、试验的全数字化流程。1995 年，我调任涂装分厂，主导了第一个全水基漆自动化涂装分厂的设计与建设。1997 年，我又主持了奥迪 A4 整车生产线设计实施。

我在奥迪一干就是 11 年，从基层工程师，做到了总规划部的高级技术经理。我接触了汽车企业的各个环节，先后参与了 5 种车型的研发，在轿车整车开发、车身设计和制造、数字化生产工程等方面主持完成了 15 项技术关键课题，参与并主导主持了汽车产业的 4 个世界第一，得到德国乃至世界汽车工业同行的认同和肯定。

寻梦汽车的同济岁月

1999 年，应当时的教育部副部长吕福源邀请，我组织了德国汽车工业界博士工程师代表团回国访问。这次回国给我的震动很大。当时国内盛行"汽车引进论"，认为中国没必要研究自己的汽车，我向国务院提出开发洁净能源汽车、实现中国汽车工业跨越式发展的建议。随后，时任科技部部长朱丽兰访问德国时，当面正式邀请我以首席科学家的身份回国，主持汽车新能源技术的研究工作。

2000 年圣诞，当德国人开始欢庆节日时，我回到了同济大学。能够回母校把我对汽车的理解和实践传授给下一批同济人，我觉得太幸福了。我不是急流勇退，而是急流勇进。这股"急流"，就是中国的汽车工业。因此，放弃奥迪高级经理职位，我一点也没有犹豫。我心中一直眷恋着祖国，我的梦想一直是要让中国的汽车工业成为世界第一流的汽车工业。

拿着 200 万元的科研启动经费，我选准了电动汽车的燃料电池作为突破口。刚开始研究燃料电池汽车时，有人和我打赌，说只要车子能骨碌起来，就算我赢。那么庞大的电池，就算塞进小轿车也非易事。顶着这样的质疑，我开始了第一阶段的研发。为了迎头赶上国外同行，我每天都在实验室，出差回来，家不回、办公室不去，先到实验室。没有暖气，就买了很多军大衣来过冬。凌晨两三点，为了某个零部件的调试，我和同事们都不愿走，裹着军大衣在一边盯着。克服了许多令人难以想象的困难，我和我的团队仅用一年时间，就试制成功了第一辆燃料电池原型车。尽管这辆车比普通的桑塔纳重 300 公斤，但我把它开动了。

2002 年 5 月，一辆四轮驱动燃料电动汽车概念车——"春晖一号"诞生，并在当年 11 月初举办的上海国际工业博览会上广受好评。2003 年起，"超越"系列的燃料电池汽车新品迭出。不负众望，2006 年，我带着我们的"超越三号"汽车来到了巴黎，参加世界上规模最大的清洁能源汽车大赛。结果，中国汽车在燃料电池组比赛中超过了当时通用、福特、日产等样车的成绩，总成绩与奔驰基本持平，而且在氢消耗、低噪音等单项指标中名列第一。

　　研究成果迭出，我身上的职务也与日俱增：新能源汽车工程中心主任、汽车院院长、校长助理、副校长。回国的第 4 个年头，2004 年 7 月，我被任命为同济大学校长。

　　2005 年 7 月，我提出要建一个"上海地面交通工具风洞中心"。经过近 5 年的建设，国内第一个"汽车风洞"——上海地面交通工具风洞中心于 2009 年 9 月 19 日在同济大学嘉定校区落成启用。落成那天，我驾驶着自主研发的新一代新能源汽车跨越主席台一侧的"时空隧道"，打开象征着"汽车风洞"的大门，全场顿时彩带飘飞、掌声雷动。我从德国回国时有两个梦想，一个是自主研发新能源汽车，一个是自主建造国内首个汽车风洞。这一天，这两个梦想都实现了。

不敢懈怠的参政与议政

　　2007 年 4 月 27 日，我被全国人大常委会任命为科技部部长。作为科技部长，我不仅要面临从专家到官员的转型，而且还要适应中国特殊的国情，最重要的是长期制约中国科技发展、创新的体制弊端，也将是我从事科技管理道路上必须克服的难题。我是从企业来的，在国外工作生活了很长时间，是民主党派人士。当时当校长已经"破了规矩"。我是当时为数不多的几个非中共党员校长之一。但恰恰是这样让我积累了多党合作的经验。

　　决策是一个民主的决策，一个集体的决策，一个科学的决策。在这个时候，在这个点上和更多的同志们，党内、党外的同志们共同探讨一个学校、一个部门的发展，这不光是一个非中共党员的校长，就是一个中共党员的校长也必须这样做。我和党委书记的合作，和行政班子、党委班子的合作都很顺利，形成了独特工作机制，作为行政首长必须对学校的发展承担责任。担任科技部部长后，中共中央领导人对我的鼓励与信任也让我在工作中干劲倍增。

　　作为国务院的一个组成部门，科技部坚持民主和科学决策，形成了稳定的工作机制。作为一个部的行政首长，应该勇于承担责任，在工作当中积极贯彻集体决策、民主决策和科学决策的方法和规划，努力营造一个新的合作氛围，调动大家的积极性，共同推动中国科学技术事业的发展。

我思考最多的是如何才能更好地服务于科技工作者，服务于企业，服务于民众，尽快地建设好国家创新体系，使国家的自主创新能力得到提高，使国家的国际竞争能力得到提升。这些年来，科技部也一直在这样努力。我们不断深化科技体制改革，努力让市场在资源配置中起决定性作用，同时更好地发挥政府作用，大力开展协同创新，注意集中力量办大事，抓重大、抓尖端、抓基础、抓大众创新创业，努力形成推进自主创新的强大合力，为实施创新驱动发展战略和建设创新型国家而不断努力工作。

2007年12月21日，在致公党第十三届一中全会上，我被选为致公党中央主席。致公党是中国成立最早的民主党派，把致公党建设成为在中国共产党领导下一个合格的、有生气的、活泼的、能为全国人民做事的参政党，对我来说是一个充满愿景与挑战的新领域。

2017年5月，万钢率致公党中央调研组在福建开展"推进'一带一路'建设中 中国文化'走出去'"重点调研

2016年12月，万钢调研四川脱贫攻坚民主监督工作并看望泸州法王寺村贫困群众

2008年3月，在第十一届全国政协第一次会议上，我被选为全国政协副主席。2013年3月，在第十二届全国政协第一次会议上，我再次被选为全国政协副主席。如何充分发挥人民政协作为协商民主重要渠道作用，围绕团结和民主两大主题，推进政治协商、民主监督、参政议政制度建设，完成以习近平同志为核心的中共中央对人民政协的期待和要求，对我来说是一个极大的挑战。

的确，这些年来，我如何协调这三个角色，并成功积累作为参政党主席担任部委"一把手"经验，一直是新闻界感兴趣的问题。记得2007年我当选致公党中央主席时，就有记者问我如何看待自己作为党外部长的问题。我当时的回答是："执政党一直在加强民主政治建设，2005年的'5号文件'就已经提出要增加民主党派人士在政府任实职的数量，被任命为科技部长这个举措，是中国民主政治建设的重要举措，而我自己也应谦虚努力，向中共党员干部学习，自觉接受人民的监督"。随后几年，我每次率全国政协代表团出访，总有不少国外的政要人士对

2011年9月，万钢参观温哥华华人社团举办的纪念辛亥革命100周年图片展

我的身份非常感兴趣，进而也对我国的多党合作制度产生浓厚兴趣。

通过这么多年的实践，我觉得民主党派人士担任政府实职，是中国特色社会主义政治发展道路独特魅力和显著优势的重要体现。例如，我作为科技部部长首先要坚决贯彻国务院的指示，完成国务院领导委托的任务，完成科技部行政管理的责任，主动接受社会各界的监督。作为一个参政党的主席，更多的是考虑党派的自身建设，做好参政议政，提出各种合理建议，关心的面更广一点，涉及经济发展、国计民生、社会发展等很多方面，特别是保持"侨""海"特色，同时也要为社会做好服务。作为全国政协的一名副主席，要牢记民主与团结两大职责，更多的是要考虑大团结、大联合，更好地把各界的智慧和力量凝聚起来。

随着现在科学技术越来越和经济、社会紧密结合在一起，科学技术对于经济发展要有支撑和引领的作用，对社会发展要做好服务。致公党具有浓厚的侨海特色，党员们具有丰富的政府管理、学术研究、企业经营等经验。特别是近年来海归人员剧增，海外侨界高度聚焦祖国的经济社会和创新发展，深谋远虑、妙计层出，提出了许多新见解、新创意。因此，可以从不同的视野、不同的角度为我们国家的发展、为经济社会的发展、为关注民生做好自己的工作。而在全国政协，有不同的协商议政平台，如双周协商会、议政性常委会，在这些会上，可以把党和人民关心的问题，来自各界别的建言献策，包括创新驱动、体制改革、社会发展、开放合作等问题，进行集中研讨，探寻解决问题之良策，凝聚促进发展之共识。

正是通过这三种身份，我可以更好地实践和体会我国政治制度的特殊优越性。既可以作为监督者，监督经济社会事业的发展；也可以作为被监督者，虚心听取批评建议，更好地推进我国科技事业的发展。既可以作为多党合作和政治协商事业的实践者，倾力参与我国统一战线事业的发展；又可以作为多党合作和政治协商事业的助力者，从政府管理的角度，全力支持和推动我国统一战线事业的发展。

2013 年 5 月，万钢在京会见来访的多米尼加共和国议员团

2016 年 6 月 2 日，中国科协九届一次全国委员会选举我为新一届主席。我感到了党和国家对我的信任，同时也再一次感到了肩上的重任。儿时对机械构造的痴迷，年轻时对知识的追求，中年时对梦想的追逐，以至现在对人生的审视，我想都可以成为我们这一代人对这个时代、对这个社会的注脚——我们眼里饱含着信念，为了自己的理想而不懈奋斗；我们心里眷恋着祖国，希望她强大与昌盛。我们赶上了一个伟大的时代，我也相信会有更多的像我一样的留学生、科技工作者、致公党人，为努力实现中华民族伟大复兴的中国梦贡献出自己应有的力量！

致公党中央原主席　罗豪才

心系侨海赤子心　参政兴国赋豪情

致公党中央原主席　罗豪才

　　2013 年 9 月 10 日，北京大学举行隆重的教师节庆祝大会。在会上，我荣幸地与其他 9 位老教授共同获颁北大教师的最高奖——蔡元培奖，这个奖项被视为北大的终身成就奖。

　　站在领奖台上，面对这么大一份荣誉，我心情反而很平静。我出生海外，少年归国，青年时代起就扎根北大，中年后又加入致公党，建言议政、参政兴国。在外人看来，我的经历多姿多彩，然而回头望去，不过是一步一个脚印走出来的。

青春岁月　投身革命归祖国

清末民初时期，由于生活所迫，中国东南沿海很多居民向东南亚一带迁徙。我的祖父罗朝助也加入了"下南洋"的大军，途经缅甸，最终落脚在新加坡。那时候的新加坡还是英国殖民地。

1934 年 3 月 15 日，我出生在新加坡。我是家里的长子，父亲罗端萄和母亲陈秀兰对我的期望很高。那时生活虽然清苦，但是充满了孩提时期独有的乐趣。我所生活的裕廊乡下到处是湿地、山丘、茂密的树林，有大片的橡胶园和椰子林，木屋掩映在高大树木之间，村民们过着质朴简单的乡村生活。童年的记忆总是特别难忘，种菜、捕鱼、看社戏，还有令人垂涎欲滴的各种美食，沙嗲、鱼丸、萝卜糕……最难忘的当然是母亲最拿手的椰子味的九层糕。

平静的生活下暗流涌动。1937 年卢沟桥事变后，中国国内抗战形势日益严峻。广大华侨人在海外，心系祖国。新加坡华侨人口密集，是南洋华侨抗日运动中心。著名侨领陈嘉庚领导的"南洋华侨筹赈祖国难民总会"发动东南亚 800 万华人，为中国筹集了约合 4 亿余元国币的巨额外汇。我的父亲和伯父虽然收入微薄，但同样积极捐钱捐物支持国内抗战。

1941 年珍珠港事件后，日军攻占了新加坡，对当地支援国内抗战的华人展开了疯狂报复。我的伯父同许多进步人士及热心华侨都惨遭日军杀害，父亲则逃亡印尼。在日军占领新加坡的三年零八个月期间，人们生活普遍困难。加之日军在新加坡推行奴化教育，强迫学生学习日文，于是我不再上学，离开家到集市上的自行车铺做帮工，贴补家用。那年我还不到十岁，虽然年纪很小，但是家人、邻居受害的经历以及这期间的所见所闻使得我对日本侵略者充满了仇恨，也慢慢和当时积极抗日的进步人士及进步组织走得很近。我年纪小，不引人注意，经常帮助抗日人员、游击队员捎带物资通过日本人的关卡。后来我顺理成章地加入了进步组织的外围组织。

1945 年日本投降后，英国迅速回来接管了新加坡，但是人们的生活并没有获得改善，有识之士开始进一步思索新加坡的未来。进步组织在日本投降之后，曾与当时的英殖民当局有过一段短暂的合作期，但很快被英殖民者宣布为非法，进步活动再次转入地下。

1950 年 1 月，我考入南洋华侨中学初中部学习，这是当时新加坡乃至整个东南亚最顶尖的华校，也是岛内进步势力最活跃的一所学校。进入华中后，我很快与郑万英、王清泗等进步同学接上了头，继续从事革命活动。由于受到当时国际共运思潮影响，进步组织经常组织大规模学潮和暴力活动。我因为个子高、目标大，组织上没有分配我从事暴力活动，那一阶段我的主要任务是从事进步宣传，组织和联络学校里的年轻人。即使这样的活动，危险也无时不在。

1951年4月14日，我在上学路上遭遇抽查，书包中的进步传单成为所谓"罪证"，我被戴上手铐推上警车，我被捕了。对于这一天的到来，其实我早已作好了充分的思想准备。我们当时把警车叫做"棺材车"，如果一旦看到它停在学校钟楼前，就会立刻从后山逃走。我是在上学路上遇险的，在被捕并被关押一年多之后，英殖民当局借口我的出生证丢失，决定将我驱逐出境。

红灯码头是新加坡早期的著名地标，自1933年建成以后，它就担负着海路运输、迎来送往的重要使命，见证着新加坡的近代历史。当年我的祖父在这里登陆，在新加坡扎根下来。抗战时期，一批热血青年从这里启程返回祖国，共赴国难。1952年7月22日，我与王清泗等其他难友一起从这里登船，离开新加坡，驶向中国大陆。那一年，我刚刚满18周岁。

我心中虽然充满了对这片土地的不舍，我出生于此，成长于此，亲人们也生活于此，但是同时我心中也涌动着回国参加轰轰烈烈祖国建设的万丈豪情！

青年时期的罗豪才

人到中年　结缘致公党启新程

回到国内后，我从汕头到广州，再到无锡、北京，一路走来，有欢欣，也有挫折。祖国建设经历了波折，我的个人发展也经历了起伏。自从 1960 年在北大法律系毕业后留校任教，我一直坚守在我最热爱的教师工作岗位上，为祖国教育事业做着贡献。改革开放之后，国家发展走上正轨，我的个人事业发展也进入了黄金时期。从 80 年代后期开始，我先后担任了北京大学副校长、中国侨联副主席、全国人大法工委行政立法研究组副组长。由此可见，个人的命运与国家和时代是紧密相连的。这个时候，新的机遇又再次悄然而至，我也面临着人生的又一个重大选择。

20 世纪 90 年代，我国八个民主党派之一、著名"侨党"——致公党的两位领导人董寅初主席和杨纪珂常务副主席来找我谈话，邀请我加入致公党，壮大致公党队伍，为党派发展出一份力，更好地服务于国家建设。

对于致公党，我其实并不陌生。致公党是团结广大爱国华侨、侨眷、海外华人的重要组织，是维护华侨权益、致力祖国建设的重要力量。早在新加坡的时候，我就知道致公党。回国后，华侨身份和多年从事侨务工作的经历使我与致公党有了更多接触。我的亲人、朋友中也有不少致公党员。当年和我一起在新加坡

2005 年 6 月，罗豪才在安徽大别山地区进行扶贫调研

坐牢、同船回国的好朋友王清泗也加入了致公党，而且他在致公党上海市委会创立过程中发挥了很大作用。做好致公党工作，我也有自己的优势；加入致公党将能更好地服务于社会、支援国家建设；在党派这个平台上，我也能更好地贡献自己的力量。

1992 年 1 月 4 日，我光荣地加入了致公党。1997 年 11 月，我当选为致公党中央主席。

世纪履新 "五侨"协作创新篇

中国的八个民主党派各有特点和优势。保持和发挥各自的特点和优势，是参政党发挥自身作用的重要方面。致公党是以归侨、侨眷中的中上层人士和其他有海外关系的代表性人士为主的参政党，特点和优势都离不开"侨"。

我自己就是华侨，回国后又长期从事侨务工作，所以对"侨"这一块工作是非常熟悉的。早年在无锡读中学期间，我就是学生会干部、江苏省青联委员，为侨生利益奔走。到北大读书的第二年，我成为校学生会和团委华侨工作组负责人，大三时我当选为北京市侨联委员。当时经常需要从北大进城参加市侨联会议，时间太晚就借住在侨联小小的办公室内。国家经济困难时期，我协助学校办起了华侨食堂，落实国家的"适当照顾"政策。当时全校共有华侨学生和教师三百多人，没有一个以困难为由申请出国。在我留校任教和成为系、校领导后，又在入学、工作分配、出国探亲、派遣留学人员等问题上，为维护归侨侨眷的正当权益做了大量工作。

在加入致公党之后，我一如既往把维护侨权、增进侨益放在自己工作的首要位置。对如何推动侨务工作顺应时代发展、更上一个新的台阶，我也一直在思考。

1998 年，我当选为全国政协副主席，与各方面涉侨机关联系更多了。在中国共产党领导的多党合作制度中，我达到个人事业的最高峰，同时也感受到身上沉甸甸的责任。我想，全国人大华侨委员会、全国政协港澳台侨委员会、国务院侨办、致公党中央、全国侨联等中央"五侨"机关虽然各自职责不同，开展工作的方式方法不同，但工作对象、目标和任务都是一致的，有必要加强几家涉侨单位的合作。侨界要大团结、大联合，把力量聚合起来，形成合力，共同推动我国侨务工作深入开展和侨务法制建设。本着这一思路，我与国务院侨办主任郭东坡、

2006 年 3 月，罗豪才在全国政协十届四次会议上作政协提案情况工作报告

中国侨联主席杨泰芳等侨界领导人谈及此事，大家一拍即合。

1999 年 2 月，在各方的共同努力下，第一次中央"五侨"联席会议顺利召开，我主持会议，"五侨"部门领导和办事机构主要负责人均出席。中央"五侨"联席会议制度从此形成，由五个侨务部门轮流承办会议。除中央"五侨"联席会议外，"五侨"办事机构也召开会议，协商研究解决有关问题，密切往来，信息共享，建立了长期合作关系。2001 年 1 月，"五侨"联动，一起视察广东、广西华侨农场，并于数年内多次调研华侨农场这一特殊产物，集中向国务院建言，推动了华侨农场的转型和发展，解决了历史遗留问题，维护了归侨侨眷权益。

这种合作机制一直保留下来，至今已经将近 20 年，硕果累累，地方"五侨"组织也纷纷效仿，侨务工作打开了新局面。

新时期 民间外交凸显成效

致公党的历史有其复杂性。致公党最早是在海外成立的，前身是海外洪门致公堂，而海外洪门本身鱼龙混杂。作为一个新型社会主义参政党，致公党如何处理与海外洪门的关系，既要找准自身定位，又要处理好、利用好海外洪门这一重要资源，是直接关系致公党进一步发展壮大的重要课题。

在充分学习领会国家有关政策和深入了解致公党历史的基础上，经过与党内外各方人士有效沟通，我逐渐明确了处理这一问题的基本准则。我坚持一点，既不能把二者简单等同，也不能完全割裂二者之间的联系。一方面，致公党与海外洪门有历史渊源，是朋友。海外洪门人士大多有爱国精神，讲忠义，讲共济、共助，双方可以在爱国主义的旗帜下团结起来。但另一方面，致公党是中国共产党领导的社会主义参政党，不是洪门组织，更不是洪门老大。要认识到，洪门组织的情况比较复杂，既要多做工作，又要保持慎重的态度。

根据中共中央关于对台和侨务工作的方针，致公党在统战部、外交部等的支持和帮助下，不但注意做海外爱国侨团的工作，还凭借与海外洪门的历史渊源关系，与未建交国家开展适当的民间外交活动。在与海外传统侨团交往中，注重突出中华传统文化的纽带和联系作用，广交朋友，深交朋友。在与未建交国家政要和政府部门打交道过程时，注重介绍和宣传我国政党制度的特色和优点，有的放矢，成效突出。2001 年 7 月，我们邀请中南美洲未建交国家巴拉圭议员代表团来华访问，代表团在华期间受到了李鹏委员长的接见，与有关部门进行了广泛接触，取得了积极成果。目前，致公党中央与地方组织已经与世界五大洲 60 多个国家和地区的华侨华人社团建立了友好联系与往来，大力推进民间外交，推动未建交国家工作开展，大大拓展了我国对外交往和国家发展的空间。

新挑战　留学人员不忘中华根

随着经济社会的发展，尤其是在改革开放之后，我国每年出国留学人员数量不断增多，在国家社会生活中起的作用也越来越大。做好党派工作，对内讲，要维护归侨侨眷和海外侨胞在国内的正当利益，反映他们的意见和合理要求，落实国家有关政策。同时要团结和引导党员及归侨侨眷，积极投身于祖国的现代化建设事业，各显其能，各展其才，在各行业建功立业。对外讲，则要积极开展对海外华人华侨的联谊活动，广交朋友，做好经济、教育、文化等领域的交流和引进工作。而开展海外联谊活动，既要继续与传统侨团和人士保持联系，又要结交新朋友，拓展联谊的空间，加强与高层次人士，特别是海外留学人员的往来，做好他们的工作。要关心海外留学人员生活，积极创造条件吸引他们归国创业、为祖国服务。

基于这样的认识，上任不久，我就组织致公党中央调研组走访国家科技部、人事部、教育部等单位，并对北京、上海、苏州、南京、大连等地的"创业园"这种国家吸引留学人员服务祖国的新形式进行考察调研。在1999年全国政协九届二次会议上，致公党的发言《筑巢引凤，精心培育，促进留学人员创业园的健康发展》，指出留学人员企业群体必将发展成为推动地区经济和社会发展的一个新的经济增长点，成为人才、技术的一个重要辐射源，并对创业园的发展提出积极建议。这一建议引起了时任全国政协主席李瑞环的高度重视，并专门作了"数额不大，意义重大，应支持"的批示，科技部和教育部也都作了高度评价。留学人员问题成为致公党参政议政的重点领域和课题。鉴于致公党在这一问题上的贡献和影响力，全国创业园年会特意聘请致公党中央作为其特邀会员。在2000年全国政协九届三次会议上，致公党中央又提出《关于促进留学人员创业园健康发展的几点建议》的提案。2001年1月，致公党同其他几家涉侨组织到中关村留学人员创业园进行了春节慰问。海外留学人员工作已经成为致公党工作的新领域、新亮点。

从事侨务工作，免不了有很多迎来送往。在多次出访、接待过程中，我注意到一个现象：随着一代华侨人的老去，新一代海外华人不断成长，但海外年轻人更多成为"白香蕉"，虽然是华人的外表，但是跟国内联系越来越少，对中华文化不了解、没感情，与"根"的联系少了。我意识到这一问题将成为致公党和我国海外华侨华人工作的新挑战。于是我提出要关注侨务资源的可持续发展问题，认为要更多关注华侨华人在所在国的生存和发展，尤其是要加强新华侨华人和华裔新生代的工作。一方面鼓励海外侨胞积极融入所在国主流社会，另一方面要大力开展华文教育，努力弘扬中华优秀文化，使关心侨团事务、关注祖国发展的优良传统代代相传，争取侨心支持，涵养侨力资源。2004年，致公党中央向中共中央提出《关于加强海外侨务工作，促进华侨华人资源可持续发展的建议》，受到中共中央领导同志的高度重视，胡锦涛、贾庆林同志等党和国家领导人分别作了重要指示。

新愿景　海西建言促统一

福建是我国著名侨乡，也是我的祖籍地。我在回乡探亲、调研过程中，当地领导和有关人士向我介绍了建设"海峡西岸经济区"的初步构想，即以福建为主体并包含周边地区建立一个跨区域经济带。我深入了解后意识到，这一宏伟蓝图的实现，不但将大力促进区域经济的协调发展，更重要的还在于其具有特殊的政治意义，有助于大陆与台湾建立更紧密的经贸合作，促进海峡两岸经贸交流和人员往来，推进祖国和平统一大业。

2004年我率全国政协常委视察团赴闽考察，对于海峡西岸经济区的建设作了系统、深入研究，想法逐渐成熟，规划不断完善。在十届全国政协常委会第六次会议上，我们在调研成果基础上提出了《建设海峡西岸经济区，促进祖国和平统一》的建议。胡锦涛、贾庆林同志对此也都非常重视，作了详细、具体的批示，大大推动了海西建设。2006年两会期间，支持"海峡西岸"经济发展的字样出现

2006年9月，罗豪才在厦门出席首届"海峡西岸经济区论坛"

在《政府工作报告》和"十一五"规划纲要中。2007 年，海峡西岸经济区建设写入中共十七大报告中。2009 年《国务院关于支持福建省加快建设海峡西岸经济区的若干意见》正式发布，海西建设稳步推进。

建设海峡西岸经济区，不但是加快传统侨乡福建发展的重要战略，拓展了福建发展空间，而且也大大促进了全国区域经济布局的完成，为促进中部崛起、西部开发提供了一条快捷通畅的对外开放战略通道。更重要的是，加快海峡西岸经济区建设，将进一步促进海峡两岸经济紧密联系、互动联动、互利共赢，提高台湾同胞对祖国的向心力和认同感，为发展两岸关系、推进祖国统一大业作出积极贡献。

回顾我所走的每一步，从加入进步组织到被捕入狱，从返回祖国大陆到投身教育事业，从静坐书斋到深度参与国家法治建设实践，从参与侨务工作到加入致公党，有偶然因素但也有着必然性。在我看来，从事什么行业、做到什么位置并不重要，重要的是能把一生奉献给人民、奉献给中华民族复兴的伟大事业，了无遗憾！

严以治学　勤以创新

致公党中央副主席　严以新

　　我出身于学者世家，是共和国的同龄人。父亲严恺是我国的水利泰斗、两院院士；叔伯祖父严复是著名的翻译家、教育家，译有著名的《天演论》。父亲给我起名"以新"，寄托着他迎接新中国成立、"而今迈步从头越"的新思想。我和我的父亲都是"海归"。我的父亲是庚子赔款赴荷兰读书的第一人，我是"文革"后国家向国外派遣的第一批留学生。我和我的父亲还在同一所大学任教，从事同一领域的研究和教学，可以说是名副其实的子承父业。

"严"字当先　家风家训代代传

父亲的"严"是出了名的。他治学严、治校严，教子同样严。1982 年，在华东水利学院建院 30 周年大会上总结办学经验时，父亲第一次提出"艰苦朴素，实事求是，严格要求，勇于探索"的"十六字校训"。他说，作为一名科技工作者，在生活上一定要艰苦朴素。要坚持实事求是的原则，科学是严肃认真的，不能马虎，所以还要严格要求，要有创新精神，才能取得独特成就。

父亲对时间的珍惜是用生命来维护的。即便他早年在中央大学教书时，时常冒着敌机的轰炸，也从没有耽误过一节课，甚至连迟到都没有过。凡是他参加的会议，秩序都特别好，绝无迟到、早退者。

父亲严谨、认真的治学态度是让我们敬重的。我的太太曾有几年的时间负责打印父亲的外文稿件，让我们惊讶的是，所打印的稿子，没有发现一处错误，哪怕是标点符号的错误都没有。凡是交由父亲签字或审查的报告、总结、论文，如出现"估计""大概"等字样，他是决不会轻易放过的——科学不允许"大概"！科学需要的是铁板上钉钉式的实在，一丝不苟的认真，实事求是地做事。用他自己的话说："水利工程，一动就是上亿元的投资，每当我签字时，真是落笔千斤重了！能不认真？"

钱正英院士（前右）参观严恺成就展并与严恺（前左）、严以新（后右二）父子等合影留念

父亲一生省吃俭用，但他对教育从不吝啬。1995 年，父亲用自己的稿费、咨询费 20 万元设立了"严恺教育科技基金"，用于奖励学校教学和学习成绩好的师生及全国水利系统的优秀科技人员。2014 年，我和我的学生向河海大学捐资 70 万元，用于严恺教育科技基金，我就是希望通过捐赠将父亲爱祖国、爱人民、爱水利的精神发扬光大。

父亲提出的"十六字"校训，也是父亲个人的座右铭。我理解这十六个字，不仅是严格的教学要求，严谨的治学态度，还包含严以律己、为人师表等等。这"十六字"校训，同样也是他教育我们子女的家训，我们要一代一代传承下去。

勤奋不息　父子接力兴水利

父亲是蜚声国际的水利工程专家，在 60 余年的水利生涯中，先后参与和主持了黄河治理、钱塘江治理、长江葛洲坝及三峡枢纽工程、长江口深水航道工程等重大工程建设项目，为中国水利建设事业作出了重大贡献。

我深受父亲的影响，从小耳濡目染，对水利工程非常感兴趣。小时候在家里看到的都是水利方面的书，就连父亲给我们讲的故事，也都是水利前辈的事迹。我上大学的时候正好是 70 年代中期，当时中国的港口特别落后，导致外贸的船只进不来，周恩来总理提出三年改变港口的面貌。1974 年我被推荐到华东水利学院（现河海大学）水港系学习，选专业时，是父亲给了我参考意见，最终我选择了与父亲研究领域类似的港口航道及海岸工程专业。

1978 年 1 月毕业后，恰逢"文革"后第一次恢复考研，通过考试，我非常幸运地被录取了，当年我们学校一共考取 4 人。

我们那届研究生还真是出了不少人才。像水利部原副部长、全国政协提案委副主任胡四一，水利部原副部长、民盟中央原副主席索丽生，江苏省原副省长金忠青等都是七八级研究生班的同学。当时，国家正处于拨乱反正，百废待兴的历史时期，学校对我们这些"文革"后新招的第一批研究生非常重视，为我们创造了非常好的学习环境，由著名教授担任指导教师，从事研究生培养工作。父亲常来看望我们，勉励大家努力学习，圆满完成学习任务，今后为国家建设多作贡献。

1981 年 8 月，我成为"文革"后华东水利学院第一位进行论文答辩的硕士，顺利通过了答辩。同年 9 月，我成为"文革"后国家向国外派遣的第一批留学生到美国特拉华大学土木工程系学习，一年后，我随同导师转到了佛罗里达大学海岸及海洋工程系，与我在国内读本科、硕士的专业接上了轨。1987 年，我顺利取得了佛罗里达大学的博士学位。

1987 年，我回到祖国任教于河海大学，回到洒下父辈创业汗水的一片热土，我要把河清海晏赤子情，融进祖国腾飞的脉动中，服务于自己的国家经济建设，这是我的追求与向往。2001 年 8 月，我被任命为河海大学副校长、河海大学科学研究院院长。从 1990 年代开始，我就开始跟着父亲干长江口的事情，长江口的治理，凝结了几代人的心血。

在从事港口与海岸工程建设和研究的 30 年中，我主持或参加撰写专著 3 部，在国内外刊物上发表论文 100 余篇，也成就了我和我的团队所承担的包括国家自然科学基金项目、国家科技攻关项目在内的 50 多项重大项目成果。

履职尽责　创新工作下真功

1989 年 3 月，我加入了致公党。在各级党委和组织的培养下，在同志们的帮助下，我不断成长，先后担任致公党江苏省委会副主委、南京市委会主委、南京市政协常委、南京市政协副主席、全国人大代表。感谢组织和致公党员们的信任与支持，2007 年我荣幸地当选为致公党中央副主席。次年，我当选为全国人大常委会委员。岁月无痕，沧桑有迹。转眼间我到致公党中央机关工作已近十个年头了。

刚到致公党中央机关工作时，面对着全新的工作领域，如何从一名科研工作者迅速转型为一名专职的民主党派领导，对我来说是一个不小的挑战。尤其是我分管的宣传思想工作，这是参政党自身建设的中心环节，也是统一战线的基础工作，意义重大。

宣传思想工作，实质上是做人的工作。调查研究是父亲传下来的家风。为了做好宣传思想工作，实时掌握基层党员的思想动态，十年来，我坚持走访基层组织，实地调研，和党员交流座谈。针对高校、科研机构、民营企业中的党员，尤其是归国高学历青年党员思维活跃、眼界开阔、诉求多样等特点，凡在外地调研、开会，我都请当地组织尽量安排和党员座谈，深入党员之中，面对面听取他们对当前国家政治、社会、经济及他们关心问题的看法和意见建议，使我们的宣传思想工作做到点子上，能入脑入心。

2011 年，严以新率致公党中央调研组赴贵州、陕西两省开展有关民办教育问题的调研

　　记得在一次座谈会上，有高校党员建议，要把青年人才的思想政治教育融入到教学科研之中。他讲了一个例子：黄河是每个水利工作者绕不开的情怀，抽水和发电装备的泥沙磨损是回避不了的研究课题。几代水利工作者经过半个多世纪的钻研，仍未取得明显突破。现在的研究生对从事这样的研究课题有明显的抵触和恐惧心理。他就把学生带到了黄河边，让他们跟现场的技术人员交谈。一位工程师的话让学生们震惊："一个泥沙磨损问题，60 年都没能解决掉，国家培养的人才都干什么去了？"学生们的眼圈都红了。后面的研究虽然很艰难，但学生们再也没有抱怨过。这个例子告诉我们，爱国、敬业从来就不是抽象的口号，宣传工作也要避免流于空洞的理论和宽泛的口号。

　　我过去在学校里教书，对教育很有感情。到致公党中央工作后，我们成立了致公党中央教育委员会（简称教育专委会），教育专委会每年都围绕当下的教育热点搞调研，调研所形成的建议都得到中共中央领导同志的批示，特别是刘延东副总理多次对我们的建议给予批示，对我们做好教育专委会的调研工作既是鼓励，更是鞭策。

　　在致公党中央教育委员会的大力支持下，全国青少年模拟政协活动在全国多个地方展开，得到当地团委、教委、学校，特别是广大学生的喜爱。学生通过模拟政协委员，关注身边、关注社会，调查研究、撰写提案，极大地丰富了学生在课堂上、书本上学不到的知识。这些未满 18 岁的青少年学生对我国的政治制度有了全新的理解，"协商民主"不再是一个冷冰冰的词汇。2017 年 3 月 1 日，我带

2016 年 10 月，严以新率队赴四川省就"推进贫困地区素质教育"进行专题调研

着 5 位全国政协委员到海南大厦参加全国青少年模拟政协活动，一进会场就被参加模拟政协活动的学生团团围住，他们就关心的问题争相提问，我感觉他们不像中学生，更像"两会"时的记者采访。参加模拟政协的小委员们兴致很高，本来两个小时的活动，三个小时还没有结束。去年，模拟政协活动还通过请全国政协委员带学生提案上"两会"的形式，第一次实现了学生"参与"国家大事。模拟政协还成为 2015 年北京高考文综卷试题，获得巨大社会反响。这项活动已成为致公党中央教育委员会的一个品牌项目。

栽下梧桐树　引来金凤凰

2015 年 10 月 12 日，第四届中国创新创业大赛生物医药行业总决赛上，由苏州大学杨磊博士领衔的"微灵纳智能骨科材料"项目荣获团队组全国第二名。赛后，杨磊受到了国务院副总理刘延东的亲切接见。接见时，万钢主席向刘延东副总理介绍说："杨磊是 2010 年我们致公党'引凤工程'引来的博士。"

"引凤工程"是一棵"梧桐树"，而杨磊是这棵"梧桐树"引来的一个个"金凤凰"中的代表。

作为"侨党"，我们的党员中有相当一部分是"海归"，能不能吸引更多的留学人员回国投身到国家经济社会建设中来？

社会上存在一种"双盲"现象：渴望集聚人才的国内用人单位和期望回国发展的青年海外学子之间相互"看不见、摸不着"，"彼此需要"却又"彼此不知道"。能不能让他们从"双盲"走向"双赢"？

2009 年，致公党江苏省委会提出了"引凤工程"的设想，致公党中央留学人员委员会大力支持，通过邀请海外"小凤凰"到江苏考察、联谊，建立起更为直接的沟通体系，从而使双方从"双盲"走向"双赢"。

刚开始，"引凤工程"的海外发动工作成了最大的难题。我们没有"手眼通天"的本领，但却有一批真正用心去打造"引凤工程"平台的党员志愿者。我们通过致公党员在海外发动、利用亲朋好友传递信息、在校园张贴"小广告"等最原始的方式，首站新加坡就有 13 人报名参加"引凤工程"。

2012 年 12 月，习近平总书记走访致公党中央机关时，殷切希望致公党在新时期注重发挥自身优势，切实做好"侨""海"这篇大文章。"引凤工程"是我们发挥"侨""海"特色和优势，贯彻人才强国战略进行的一种尝试。8 年来，我们累计向海外发布了近 2 万个岗位需求，组织了美国、加拿大、英国、法国、德国等 27 个国家和地区的 457 名学者和创业人员回国考察，成功引进 180 多名海外博士回国发展，1 人入选"千人计划"，5 人入选"青年千人计划"。现在"引凤工程"已成为致公党的品牌工程，得到了越来越多留学人员的认可。

"引凤工程"在为国家引进人才的同时，也为致公党引入了新鲜血液。落户江南大学的许轶冰博士为致公党员敬业奉献的精神所感动，加入了致公党。现在像许轶冰一样通过"引凤工程"落户江苏的 70 位海归博士中，已有 10 人加入了"致力为公"的行列，成为致公党党员。

侨海情深　讲述致公好故事

2013 年，各民主党派启动开展坚持和发展中国特色社会主义学习实践活动。

万钢主席多次要求，要切实谋划好广大党员便于参加、乐于参加、易于接受的学习实践活动。怎样才能让学习实践活动不空、不虚、不偏、不浮，这成了我们要倾力探索的课题。

翻看在"创先争优"中涌现出来的先进集体和先进个人，他们的背后，有不少感人的故事，我们应该给他们一个舞台，让他们去讲一讲、说一说。如何把感人的故事说感人？我们通过实地调研、采访、挖掘好故事、打磨好稿件、培训宣讲员等形式，宣讲活动从市级组织、省级组织，逐步走向致公党中央全会。从2016年年初到现在，我们的宣讲团共进行了17场宣讲，宣讲团成员也发展到了60人。宣讲内容有致公党重庆市委会26年帮扶酉阳县的"致酉合作"、毕节扶贫开发；有创新参与公共外交，推动美国马萨诸塞州与中国广州城市间友好交往的青年党员林海杰；有21年前发出贵州第一封电子邮件、花甲之年前往南极开展科考的党员谢晓尧等。2017年6月21日上午，我们还首次尝试通过网络直播的形式，对在湖南举行的"中国梦·侨海情"宣讲活动进行网络直播，25万人次点击观看。这种生动、接地气的形式，更有利于讲好中国故事，传递致公好声音。

现在，我们的宣讲活动仍在继续，我也相信会有越来越多多党合作的好故事让全党听到，让社会知道。

总结自己多年来从事党派工作的实践，我清晰地看到，致公党在与中国共产党合作共事的各个阶段，始终坚持不忘合作初心，始终沿着中国特色社会主义道路前行。致公党作为执政党亲密的诤友和挚友，在坚持和发展中国特色社会主义道路上，切实承担起了中国特色社会主义亲历者、实践者、维护者、捍卫者的政治责任。在未来的征途上，我们将继续增强道路自信、理论自信、制度自信、文化自信，在中华民族伟大复兴的征途上，写下新的篇章。

致公党北京市委会副主委　顾行发

遥感梦　我的中国梦

中科院遥感与数字地球研究所副所长

致公党北京市委会副主委　顾行发

　　1962 年 6 月，我出生在湖北省仙桃市杨林尾镇的一个普通家庭。父亲是一名普通工人，母亲靠卖苦力来挣钱养家。小时候家里生活困难，甚至因为没有钟表，经常去邻居家看时间。放学后，我经常坐在 15 瓦的灯泡下编芦苇，赚钱贴补家用。虽然日子过得并不富裕，但父亲却很舍得在我的学习上花钱，给我订阅了《解放日报》和《参考消息》。那时候订报纸是绝对的奢侈消费，因为父母一个月

顾行发近照

也就挣 16 块钱。直到现在，每当想起我母亲都觉得她很苦。她身子瘦弱，不到 90 斤，却要背 100 多斤的粮包，背到陡峭的粮堆上，就这样养活我们五个孩子。在那个年代有多少家庭还会想着给孩子订报纸？但恰恰是这些报纸在那个信息极度闭塞的年代，让我看到了不一样的世界。

1978 年，也就是恢复高考的第二年，当时还在读高一的我就参加了高考，并以当地第一名的成绩考上了武汉测绘学院。1982 年，我大学毕业后被分配到国家测绘局测绘科学研究所工作。由于踏实认真并肯于钻研，1985 年被公派法国留学深造。起初，我被安排学习数据库，但我坚决表示想要学习遥感技术，在我的再三坚持下，最终被安排到法国巴黎第六大学地质系遥感应用专业学习。

初到法国，我什么都听不懂，笔记也不会抄。分子光谱这门课程，最高 20 分，而我只能拿到 3 分。当时可供学习使用的计算机数量有限，白天被占满，为能用上计算机，我经常半夜两点起来用。这样学下来，最后竟然得了很多"优秀"。

身在海外　心怀祖国

1986 年，法国继美国之后发射了一颗测绘卫星，测绘能力全球领先。遥感卫星要想用得准确，必须对获得的信号进行定标。当时的卫星定标技术由美国人垄断，可供借鉴的资料非常少，为打破这种垄断，我在马赛附近选择一个实验场地，并独立完成了法国卫星的校正工作，从而弥补了法国这一技术的空白，这个试验场也成为世界上第二个正式运行的辐射校正场。在实验的过程中，我在对比美国的一组数据时，发现美方提供的数据有出入。经过反复实验比对，最终证实了自己的观点正确，且将这一发现通知了美方。美国专家根据我的结果，对错误数据进行了修正。令美国同行感到意外的是，发现问题的竟是一名中国人。这件事在当地引发广泛关注，法国方面也极为荣耀。当地议长听说后，专程驱车来我所在的研究所对我进行表彰。法国当地报纸、欧洲遥感协会会刊及国内的《人民日报》海外版都曾对此事作了详细报道。从那件事后，我的研究成果也得到了业界的承认，世界遥感领域也首次出现了华人专家的面孔。后来我博士毕业答辩时，当地议长还专程参加，这是仅有的一次。　毕业，我就被留在研究所工作，取得了终身研究员职位，进入公务员行列，这种优厚的条件是绝无仅有的，此前还没有刚毕业的留学生就能享受如此待遇的。

尽管各种条件非常优越，但我的心中却始终有一种不安。一来我是中国人，但我们中国自己的遥感技术在国际上还没有一席之地，我感觉应为国家争得荣誉；二是我们改革开放后成长起来的这代人，获得了很多好的机会，深受国家和前辈的恩泽，总想着要为祖国做些事情。也想像当年钱学森、邓稼先等老一辈科学家一样，在祖国最需要的时候义无反顾地选择回国，用自己的身心和智慧报效祖国！

的确，科学研究没有国界，在哪里都可以做，但中国的航天遥感事业，只能在中国做！

1992 年，受时任中国科学院遥感应用研究所所长童庆禧院士的邀请，我回到国内讲学。期间，还拜访了相关老领导、老前辈，多次表达了自己想回国的心愿。前辈们说，在国外一样为国家做事。利用在国内讲学的机会，我帮助国内科研人员在敦煌建立了定标场。我还作为副团长和在法工作的 18 位中国科学家组成了"法国支援中国西部支援团"，专门为甘肃兰州的建设出谋划策。

2003 年 7 月，法国图卢兹召开了一年一度的世界遥感大会，当时不到 1000 人的大会，中国有 300 余人参会，但没有一篇文章用中国自己的卫星数据，没有一人介绍中国自己的对地观测卫星计划，这对我触动很大，当时我就下定决心回国，因为，中国在遥感技术方面不能没有自己的声音，中国也必须要有自己的卫星发展计划。

义无反顾　回国圆梦

2003 年，我受时任中科院遥感应用研究所所长李小文院士邀请回国。当相关部门问我所需的条件时，我当时就说，什么都不需要，条件是自己创造的。很多人都以为，回国就要有一个很好的外部环境，才能回来做好工作，我要告诉他们，先扪心自问，别一张嘴就要各种待遇，首先想想自己为国家作了多大的贡献？

回国后，我和我的团队挤在一间仅 18 平方米的办公室里，经常工作到凌晨一两点。当时单位安排我住一套只有 30 多平方米的房子，各方面的硬件条件都比较差。我居住的小区到晚上 12 点就关门了，迫不得已，每次都得翻墙进大院，并用绳子捆好自行车拽上来翻过墙去，以免被偷……我还要摸着黑爬楼梯到 13 层的宿舍。宿舍里的水龙头一不小心就会被扭断，抽水马桶在用了一年半载之后，才知道里面的水是温水，因为冷热水是混的……

科研环境的简陋犹可克服，但科研经费的缺乏却是最大的难题。幸运的是，在领导的帮助下，我申请到教育部留学回国人员启动基金，之前的启动金最多也就 2 万元，经过努力，破天荒的一下子申请到了 50 万元。在老一辈遥感专家的引荐下，我又入选了中国科学院的"百人计划"。正是在这两个人才项目的支持呵护下，我开启了自己的航天遥感梦。

我常说自己回国后"安了一个家，生了三个孩子，打了多场战役"。"安了一个家"，就是扎根中科院，在中国的土地上耕耘中国航天遥感；"生了三个孩子"，就是在中国自主卫星应用处于一穷二白的状态下，组建了中国遥感应用三大机构：国家航天局航天遥感论证中心、遥感卫星应用国家工程实验室和国家环境保护卫星遥感重点实验室；"打了很多场战役"，就是自己有幸主持、参与国家"十五"规划以来几乎所有的中国自主遥感卫星的重大科技项目与规划决策工作。围绕我

顾行发参加学术交流合作协议签约仪式

国航天遥感论证和航天遥感数据定量化应用的理论与技术方法开展了系统性研究工作，作为主要负责人之一，负责组织开展了国家16个重大专项之一的"高分辨率对地观测系统"应用系统实施方案的论证与实施。同时，作为主要组织者之一，发起并组织实施"国家自然灾害空间基础设施"专项论证、"国家空间基础设施建设中长期发展规划"方案的论证。

2016年10月26日，科技部发布了关于国家重点基础研究发展计划（含重大科学研究计划）2015年结题项目验收结果，由我作为首席科学家承担的重大科学研究计划项目"多尺度气溶胶综合观测和时空分布规律研究"项目验收结果为优秀。此次共有180个项目通过了验收，被评为优秀的只有50个。这个项目重点攻克了气溶胶遥感天、空、地观测新技术，对我国气溶胶的环境评价以及对评估气溶胶的气候变化效应具有十分重大的意义。

我和我的团队完成的国产高分陆地卫星定量化遥感技术体系及应用，获得2016年度国家科技进步二等奖。这个科研课题首次创建了完整的国产高分陆地卫星高精度辐射和星地一体化几何校正技术体系；攻克了复杂多变大气环境和破碎地表条件下高精度大气校正和定量遥感信息反演技术；首创涵盖辐射校正、几何表达、反演参数等多要素的分级分类准则，构建了国产卫星遥感数据与信息产品标准体系，大大提升了国产高分数据的应用水平和应用效益，成功推动了我国高分遥感从科研实验向业务化应用的转化，提升了国家形象和国际影响。

在我个人成长的过程中，党和国家给予我很多关怀和荣誉。我先后获得国务院特殊津贴、科技奥运先进个人、中国科学院先进工作者、中国侨界杰出人物提名奖等多项殊荣。我本人先后发表了300多篇论文，出版专辑及专著9册，授权专利17项，获得了45项软件注册权。三次获得国家科技进步二等奖，六次省部级一等奖。

一个人一生能参加一次国庆观礼就已经非常荣耀，但我却三次受邀参加国庆等观礼，而且每次身份都不一样。1999年，国庆50周年阅兵，我作为海外留学生优秀代表，第一次登上天安门观礼台观看阅兵；2009年，国庆60周年阅兵，我作为回国人员，以归侨的身份接受中央统战部的邀请，再次登上天安门城楼；2015年9月3日，中国人民抗日战争暨世界反法西斯战争胜利70周年，我作为在京全国政协委员第三次受邀请。三次观礼，每次心情都不一样，当五星红旗升起、雄壮的国歌响起的时候，那种大国的自豪感油然而生。尤其是看到我国的军事实力一次比一次强大，感受到我们的国家国际地位一步步提高，我由衷地有一种自豪感，咱中国人的声音更自信、更有底气！中共十八大以来，在以习近平同志为核心的中共中央坚强领导下，协调推进"四个全面"战略布局，我们比以往任何时候都更加接近实现中华民族伟大复兴中国梦的目标。习近平总书记指出："实现中华民族伟大复兴的中国梦，就是要实现国家富强、民族振兴、人民幸福。"的确，中国梦，归根到底是人民的梦；民族梦只有同个人梦融合统一起来，梦想才有生命、根基和力量。习近平总书记指出，中国梦必须紧紧依靠人民来实现，必须不断为人民造福。生活在我们伟大祖国和伟大时代的中国人民，共同享有人生出彩的机会，共同享有梦想成真的机会，共同享有同祖国和时代一起成长与进步的机会。

参政议政　侨海报国

我本身是中央国家机关侨联副主席，我周围很多朋友都是致公党员，大家都是从海外回来的，致公党是侨党，侨海情深。2013年，在李昭玲和闫傲霜两位老党员的介绍下我加入了致公党。

如何从本职工作出发，致力为公，侨海报国，履行致公党员的社会责任是我面临的首要问题。在致公党的培养和帮助下，我的政治思想觉悟得到很好的锻炼和提高。回顾历史，通过自己的亲身感受，我更加深刻地认识到，中国共产党是全国各族人民的坚强领导核心，也是中国特色社会主义事业的坚强领导核心，这是历史的选择，也是人民的选择。中国共产党开辟了中华民族伟大复兴的新征程，根本改变了中国人民的前途命运。各民主党派在与中国共产党长期合作过程中，形成了自觉接受中国共产党的领导，与中国共产党风雨同舟、团结合作的优良传统。作为民主党派成员要坚持这一正确的政治方向，使老一辈的优良传统代代相传，不断延续和发展，使中国共产党领导的多党合作事业日益兴旺发达、长盛不衰。

作为致公党员、全国政协委员，我积极履职尽责，建言献策，并多次获得致公党中央和致公党北京市委会的表彰。我撰写的"关于大力发展航天技术与应用"的建议先后得到俞正声主席、刘延东副总理等的批示，并被评为全国政协2014—2015年度优秀社情民意信息。2017年致公党北京市委会换届，我又当选为副主委，我越发感觉到自己身上的担子更重了。

民主党派这个身份让我受益匪浅，通过各种党内活动广交朋友，认识了很多有理想的人，通过交流获得知识，通过调研让自己得到锻炼。同时，身为致公党员和归国人士，我深刻理解海外人员的处境，并与他们分享自己归国的感受：当个人的事业和社会的需求达到统一时，个人才会得到幸福感。

现在想来，如果我当时还继续留在法国，可能也不会遇到因为退出法国国籍而遭受的种种阻挠。因为退出法国国籍在此之前没有先例，仅有一名加拿大籍的法国人要回国当总督，才放弃了法国籍。而一名中国人想取得法国籍在当时几乎不可能，一名中国人取得了法国籍却要放弃，他们怎么都想不通。在法国，即便是很多法国科研工作者，想取得终身研究员身份也是艰难的事情，但我同样放弃了终身研究员的身份，也放弃了普罗旺斯的别墅，毅然决然回国。我的愿望很简单,就是想报效祖国。

我是一个平凡的人,遇上了一个不平凡的时代,正是这个伟大的时代,给了我这样一名科技工作者施展本领的伟大事业。面对组织的多年培养,回顾自己的履职实践,我深怀感恩,倍感责任重大。我将义无反顾地为中国遥感事业的腾飞作出更多贡献,藉此实现报效祖国的人生夙愿和我的中国遥感梦!

九三学社中央主席　韩启德

承启仁心　崇德尚道

九三学社中央主席　韩启德

　　人生一世间，如白驹过隙。自我 2002 年底当选九三学社中央主席，15 年过去，弹指一挥间。2017 年是九三学社中央和省级组织换届年，政治交接意义非凡。我感到有必要梳理自己多年来对人生、事业以及多党合作制度的一些思考感悟，与大家分享共勉。

明德厚学　仁心精诚

我的人生可以用"历经沧桑"来形容。我出生在上海一个新式知识分子家庭。父亲曾赴日留学，母亲自桑蚕学校毕业后曾到农村组织农户种桑养蚕。父亲刚直要强，母亲聪慧温良，他们的性格和教养对我的成长产生了非常重要的影响。青少年时，由于所谓的家庭成分不好，尽管我一直勤勉好学，努力进步，但难以得到组织信任，想作贡献却没有机会。高中曾考上名校，却被人顶替了；大学成绩名列前茅，但班长职务也被取消了；大学毕业分配到陕西农村工作，全身心服务当地百姓，获得群众拥戴，申请入党时一致通过，但终未获批准。如今，我很庆幸自己经历过那些磨难，我深信，人一定要经历磨炼方能成大器，方能有胸怀，而一个人有多大的胸怀就能成就多大的事业。

是少年时的一场重病让我萌发学医的梦想，我一生在很多岗位上担任过不同的职务，但我最钟爱的职业始终是医生。"医者仁心"，一名医生的成就感不仅来自解除病患痛苦的欣慰，还源于心灵深处的济世情怀。我自认为是个很传统的人，有着中国传统知识分子"修齐治平"的理想抱负和家国情怀。所以当大学毕业被分配到陕西临潼一个公社医院当医生时，确是怀着"广阔天地，大有作为"的激情到农村去的。当时心灵深处感到的是愉悦，并不觉得生活艰苦。那时的医院缺医少药，设备简陋，我就自己建起能接收20多名病人的简易病房，后来又相继建起手术室和化验室。没有临床知识，身边也没有可求教的老师，我就靠着在医学院里学的基础知识，靠着从上海带来的几本临床手册，边学习边实践，救治了不少垂危病人，治愈了不少疑难杂症。而且还学会了中医和针灸，成为名副其实的"全科医师"。

十年艰苦磨炼，让我对医者的"仁心大爱"有了更深的领悟，人生境界得到升华。前几年我回原来工作过的卫生院，当年我三天三夜不闭眼救活的一个新生儿，全家老少十几口人出门迎候；有被我救活的孩子曾表示"要做韩叔叔那样的人"，如今成了大学教授；我当时培训的一位赤脚医生，后来给村民看病一直坚持不收注射费，他说："您当时带我们为村民看病，什么时候收过人家的钱呢？"这些都让我深深感悟到，授人玫瑰，手留余香，为别人做事就是自己的幸福。

多年从医生涯，让我体会到，医生这个职业不是一门冰冷的技术，它是充满情感和人文情怀的事业。北大和北医合并后，我意识到在学科建设方面，要坚持以人为本，发扬人文精神，应充分利用并校后的综合学科优势，促进学科交叉创

2017 年 4 月 9 日，北京大学前沿交叉学科研究院院长韩启德在首届北京大学前沿交叉学科研究生论坛作主旨报告

新与复合型人才的培养。并校伊始，我就倡导成立了北京大学生物医学跨学科研究中心，利用医学部的医学、药学等学科与本部的理科、人文和社会科学的有机交叉，形成了品牌，开展了很多跨学科的前沿课题研究。我还发起组建了北京大学卫生政策与管理研究中心，充分利用北大经济、管理、法律、社会和公共卫生等多学科综合优势，为政府实施医疗卫生制度改革提供政策意见。同时，还以加强医学人文教育为抓手，带领北大医学部不断深化教育改革。我认为，大学教育最根本的内容就是高层次的人文教育和科学基础教育。在"技术至上"盛行导致医学离人渐行渐远的今天，回归"人的医学"，具有极其重要的现实意义。

近几年来我一直在关注和思考医学哲学和医学伦理学的命题，比如医学技术发展方向问题、过度诊疗问题、医学公平问题等，提出一些创新性的观点。从医是我一生不悔的抉择，医学之路漫漫，吾将上下而求索。

身兼重担　赤诚建言

2003 年初，我赴任全国人大常委会副委员长后不久，"非典"来袭。九三学社医卫界成员很多，我又身兼北大医学部主任，防疫工作责无旁贷，每天深入一线了解疫情；先后视察北大各附属医院，看望奋战在一线的医护人员，并通过高层协商会议发言、向党和国家领导人写信等多种形式，提出意见和建议。例如，4 月 20 日下午，在中央统战部召开的座谈会上，针对防疫工作存在的问题，提出要加大力度切断传染源，严格执行和用好《传染病防治法》，广泛深入发动群众，加强科技联合攻关和进一步加强领导等 5 条建议；21 日，写信给吴邦国委员长，建议开展执法检查，依法防治"非典"；23—24 日，多次与北京市代市长王岐山同志直接沟通，就"非典"疫情和应采取措施提出意见和建议；27 日，应邀与吴仪副总理就防治"非典"有关问题进行交谈；30 日，在中央统战部召开的党外人士座谈会上，再次就防治"非典"建言献策。我提出的建议得到中共中央、国务院和有关部门的高度重视，转化为一个又一个具体措施落地。与此同时，九三学社中央发动各级基层组织全力投入抗击"非典"的战斗中，献计献策，捐钱捐物。经过抗击"非典"一役，九三学社与中国共产党肝胆相照、同舟共济的团结合作精神得到充分体现。

九三学社是以科学技术界高、中级知识分子为主体的参政党，这是我们参政议政的优势。针对我国现行科技管理体制和科技创新中政策层面存在的诸多问题，在我的倡议下，社中央成立了"促进科技发展和自主创新"研究课题组，长期从事这方面的调查研究。我们向上万名社员发放了调查问卷，就我国科技和教育发展 64 个方面的问题向社员征求意见。通过实地调研，提炼问题，不断聚焦，向国家提出很多建议。比如，我们多次向中央建议，要彻底解决科技资源配置重复、分散和不公的问题，科技管理相关部门应彻底从直接分配资源的事务性工作中脱离出来，把项目确定、资金拨付、运行管理等各项权能交给独立的第三方专门机构承担，专心于制定宏观科技政策、监督科技计划实施以及评估科技投入绩效等。经过长期努力，2014 年国务院发布了《关于改进加强中央财政科研项目和资金管理的若干意见》，出台了若干减少科技资源分割和重复立项的举措。但是我认为执行的力度还不够，改进的余地还很大。为此，我们将进一步深入调研，建言献策，直至问题妥善解决。

2016年9月6日，韩启德调研九三学社参与"一带一路"倡议社会服务工作，考察社员、北大药学院屠鹏飞教授在新疆的肉苁蓉种植基地

　　就业是民生之本。高校扩招以来，我们十分关注大学生就业难这一关系国计民生的重大问题。我注意到，大学生就业难的症结不是因为毕业生太多，而是由于缺乏政策扶持，少有人愿意到基层就业，供需严重错位。从2003年起，我牵头就这一问题多次深入高校和企事业单位，走访教育和人力资源社会保障主管部门，持续开展广泛深入的调查研究。在此基础上，向中共中央递交了关于引导高校毕业生面向基层就业的报告，提出完善鼓励高校毕业生到基层就业人事政策，招考公务员向有基层工作经验的大学生倾斜等意见建议。在2005年党外人士迎春座谈会上，我还当面向时任中共中央总书记胡锦涛谈了自己的观点。中共中央领导同志高度重视，分别作出批示，要求中央人才领导小组办公室牵头深入调研，尽快提出政策性建议。2005年6月，中共中央办公厅、国务院办公厅联合印发《关于引导和鼓励高校毕业生面向基层就业的意见》，我提出的多项建议得到采纳。现在这些措施多数得到很好的落实，基层人才得以充实，高校毕业生得到锻炼，用人单位对有基层工作经验的人才也普遍反映良好，可谓一举多得。

　　在担任九三学社中央主席和在全国人大、全国政协工作的十几年间，我感受最多的是肩上始终有一副沉甸甸的担子，感受最深的是中国共产党对民主党派的信任与支持。15年间，从三江源生态保护到长江中上游水利工程对下游生态的影响，从发展低碳经济到解决国有企业退休科技人员待遇，从基层医疗卫生体制改革到社区自治和服务完善……，我代表九三学社中央多次致信中共中央、国务院，就经济和社会发展中的重大问题提出意见建议，很多意见建议得到很好采纳，上升为国家政策和战略。

坚定信心　砥砺奋进

古稀之年忆往事，深感生逢其时。我们这一代人都曾经历过改革开放前后两个截然不同的时代，深感是改革开放改变了中国知识分子的命运。正是"尊重知识、尊重人才"的政策，让知识分子释放出巨大能量，社会生产力得到空前解放。改革开放同样也改变了民主党派的命运。改革开放后，随着民主党派参政党地位的确立和多党合作制度的不断完善，我社参加国家政权，参与国家事务的管理，在国家政治生活中发挥着越来越重要的作用，产生着越来越大的社会影响。亲身经历让我相信，唯有坚持中国共产党的领导，九三学社才能在中国的发展进步中找到自己的位置，发挥应有的作用；没有改革开放，也就没有今天民主党派的地位和作用，甚至没有民主党派存在的价值和未来。

当今中国正处于一个深刻变革的伟大时代，机遇前所未有，挑战也前所未有。我们既不能盲目乐观，更不能丢失自信。自信从哪里来？我认为，一是源于中国特色社会主义的成功实践和伟大成就。只要我们拓宽视野，回顾中国百年来的历史并联系我们的亲身经历，就可以清楚地看到，我们用60多年的时间，走过了发达国家300多年走过的路，中国特色社会主义的生命力和优越性不言而喻。二是来自对中华民族优秀传统文化的肯定。中国是世界上唯一未曾中断、延续至今的文明古国。中国文化中根深蒂固的家国情怀和社会责任感，以及根植于现实世界的精神超越，是中华民族生生不息、团结奋进的不竭动力。

作为参政党，九三学社在开创中国特色社会主义事业新局面的征程中，责任重大，使命光荣。我们要站在国家和中华民族历史发展的高度，善于运用哲学思维考虑问题、谋划工作，要继承和发扬爱国民主科学的优良传统，脚踏实地，扎实工作，聚焦重点领域和关键环节履行好参政党职能，发挥好参政党作用。

千磨万击还坚劲，任尔东西南北风。我坚信，不论国际风云如何变幻，不管遇到何种困难与挑战，九三学社将始终与中国共产党风雨同舟，携手同心，共同为实现中华民族伟大复兴的中国梦奋勇前进！

九三学社中央副主席　丛斌

不忘初心　持正虑远

九三学社中央副主席　丛　斌

　　15 年前，已故九三学社中央原副主席、著名学者金开诚先生为我题写过四个字——"持正虑远"。逝者如斯夫，不舍昼夜。多年来，这四个字既是鼓励又是鞭策，深深烙印在我心中。2017 年是特别的一年，各民主党派中央及其省级组织陆续换届。多年党派工作使我对中国共产党领导的多党合作和政治协商制度有深刻的感悟，借此机会我愿将个人成长经历、履职实践体会与大家交流。

一

　　我出生于一个革命军人家庭，父母具有传统山东人的性格，朴实敦厚。在红色峥嵘的战争岁月，他们均是中国人民解放军第四野战军的战地军医。20 世纪 50 年代，为响应中共中央"开发北大荒"的号召，我的父母毅然决然脱下军装，奔赴祖国东北，在黑龙江松嫩平原这块沃土上，一扎根就是 54 年。"个人的选择只有契合时代要求、符合人民需要，才会有价值"是我父亲一生秉持的信念。即便在"文革"期间受到不公正的对待，他仍冒着被再次迫害的风险从死亡线上拉回一个又一个病人。受家庭影响，我立志当一名救死扶伤的医生。1974 年，年仅 17 岁的我高中毕业便奔赴黑龙江生产建设兵团连队工作。临行之前，父亲语重心长地对我说："不管你走到哪里，都要记住国家和人民的利益高于一切，坚韧不拔、平实做人。"父亲这句话，我一生难忘。

　　雷锋说过，钉子有两个好处：一个是挤劲，一个是钻劲。在连队，我是卫生员和通讯报道组组长，工作紧张而充实。但我仍心怀理想，发挥"钉子"精神抓住点滴时间学习。1977 年高考恢复第一年，我顺利考入河北医科大学临床医学专业，毕业后留校任教。1984 年，我被派往西安医科大学（现西安交通大学医学院）全国法医高级师资班学习，两年后，又继续攻读该校法医学研究生。在学习中，我感觉到做一名好法医必须要掌握足够的法律知识。读研期间，我利用课余时间每晚到西北政法大学听法学专业课，晚上 9 点下课后再赶回实验室做医学实验，等回宿舍休息往往已是深夜 12 点以后。天道酬勤，勤能补拙。尽管我不是法学科班出身，但是通过多年对法律知识执着学习，1988 年通过全国律师资格考试取得律师资格，1996 年于中国社会科学院民商法专业在职研究生毕业。法医工作中，我意识到要在法医学专业深入发展，有所创新，必须系统深层次地掌握病理生理学的前沿理论和技术，1995 年又继续攻读了病理生理学的博士研究生，为我后续研究法医病理学应激损伤理论打下了坚实基础。

　　"守法持正，嶷如秋山"。长期从事法医和律师工作，我经历过一个个惊心动魄的故事。在维护法律尊严和公平正义的司法实践中，我曾多次"枪下留人"。1991 年，我担任一起精神病患者杀人案的辩护律师。犯罪嫌疑人已被某大城市司法精神病鉴定中心鉴定为"非精神病"，但凭着科学的分析论证和丰富的法医检案经验，我认为该鉴定结论有误。然而，正当我准备将辩护意见上交办案机关时，死刑判决被核准，死刑令正式签发，准备第二天执行死刑。我急忙赶往火车站，在已经停止检票的情况下被特批登上从石家庄开往北京的列车，不想赶到最高人民法院门口时，已经是下班时间。这可是人命关天的大事啊！我心急如焚，手持辩护意见和律师证，对着纷纷走出大门的法官高喊："谁是刑一庭华北组的审判人员？"幸运的是，一位50多岁的女同志接待了我。后来，我才知道她是刑事审判一庭的审判员肖凤云。40分钟后，最高人民法院作出决定，"暂缓执行死刑、重新鉴定"。此后，北京市司法鉴定委员会组织国家级的精神病专家对该犯罪嫌疑人进行重新鉴定，结论是其确有精神病。

司法是维护社会公平正义的最后一道防线，而司法鉴定在司法审判中起着举足轻重的科技支撑作用。33年法医生涯，我的理想就是维护司法公平正义。办案中我发现，一个错误的鉴定会导致一个生命的终结，不少冤假错案是由于法医鉴定不准确造成的。于是在担任九三学社河北省委会副主委期间，我多次以民主党派成员的身份向省委、省政府提议成立"河北省人身伤害医学鉴定委员会"。该鉴定机构于2002年正式成立，纠正了多起重大错案。

用科技手段捍卫司法公平正义是我的志愿。我参与多起震惊全国大案要案的司法鉴定，曾获中央政法委书记孟建柱、最高人民法院院长周强以及公安部多位领导的批示和高度评价。2015年，受山东省高级人民法院委托，我参与某强奸杀人案复查再审的专家论证工作。此案当年轰动全国，被视为新中国成立以来最悬疑的案件，案情复杂程度、办理难度前所未有。经仔细阅卷、科学论证，我向案件承办单位山东省高级人民法院提出，"建议从政治高度、匡扶司法正义的高度、依法回应人民群众和社会高度关注的角度，应依据'疑罪从无'的司法原则实事求是地处理此案"。该意见被最高人民法院采纳，依据"疑罪从无"的原则再审，改判犯罪嫌疑人无罪。此案处理结果深得民心，树立了公平正义的国家法治形象，彰显了我国实施依法治国战略的重要性。2017年1月，最高人民法院同各民主党派中央、全国工商联和无党派人士座谈，我代表九三学社中央参会。周强同志在会上说："丛斌同志对国家某些重大案件成功解决所作的贡献，是司法领域多党合作的重大成果。"作为全国人大法律委员会副主任委员和法医学专业技术人员，这是对我专业能力的肯定；作为民主党派的成员，这是对我履行政治职能莫大的激励和鼓舞，更加坚定了我为中国共产党领导的多党合作事业殚精竭虑、贡献毕生的决心。

丛斌在河北医科大学现场指导学生

"科技特色"是九三学社区别于其他党派的鲜明标志。王淦昌、邓稼先、赵九章、陈芳允、程开甲……这些杰出的科学家如同浩瀚夜空中的星辰，指引我砥砺前行。作为科技工作者，我突破多项检案鉴定技术难关，攻克了高度腐败生物样本 DNA 分型及溯源等国际重大技术难题。以往，犯罪分子用碎尸、埋尸、焚尸手段来隐匿罪证，导致生物检材 DNA 降解，应用常规 DNA 分型技术无法侦破案件，严重威胁公民生命及公共安全的恶性命案不断发生。我的研究成果破解了这一难题，并于 2011 年获国家科技进步一等奖。

近 5 年，我采用新一代测序技术探索核小体缠绕区 DNA 分子稳态机制，为法医遗传学寻找新的遗传标记提供理论依据；针对轮奸案及多人互殴等刑事案件的精液、血液、唾液、尿液混合斑检验的世界性技术难题，研发出用于混合斑 DNA 分型的技术及计算机分析软件；为解决复杂死因鉴定的国际难题，对不同应激原引起的组织细胞损伤及其猝死参与度的分子机制研究创新了法医病理学的成伤理论；在国际上首次将法医学及法学的理论与技术规范进行系统整合，主编了《法医法学》全国统编教材，建立了法医法学分支学科，更新了法医学传统概念，并被写入《中国大百科全书》。我的一些研究成果已被推广应用，为"认定刑讯逼供"和最高人民法院、最高人民检察院、公安部出台的"非法证据排除"制度性规定提供了科学依据。

多年来，我先后主编《实用法医学》及全国统编教材等著作 8 部；以第一完成人获国家科技进步一等奖 1 项，二等奖 2 项；发表专业论文 420 余篇，单篇最高影响因子 40.197；培养博士、博士后 60 名，硕士 101 名；近 5 年发表学术论文 124 篇，SCI 收录 90 篇。2011 年，我当选为中国工程院院士。

薪火相传，关键在人。我始终以人才培养和学科建设为己任，经 30 多年的努力，将名不见经传的河北医科大学法医学教学小组（隶属病理教研室）发展成今天的河北医科大学法医学院，成为全国法医学专业一流学科。此外，还担任"九三学社院士导师计划"的 6 位九三社员专业指导老师，他们都是各自领域的顶级专家。

"法令者，民之命也，为治之本也"。公平与正义、民主与法治是建设和谐社会的文化基础和政治基础。作为法医，我主持完成 5000 多起公检法机关委托的法医鉴定案件，无一错案。作为律师，我为许多无辜者洗刷清白，使逍遥法外的罪犯得到法律惩罚。习近平总书记指出，"努力让人民群众在每一个司法案件中都能感受到公平正义"，这是司法建设的重大命题，也是司法改革的价值目标，更是我秉持的信念与追求。

二

九三学社是以科学技术界高、中级知识分子为主的参政党，"爱国、民主、科学"是我社鲜明的宗旨和旗帜。作为一名九三学社社员，我始终怀有对国家和人民最朴素的情感。2002 年，我当选为九三学社河北省委会主委，2003 年担任河北省政协副主席、全国人大常委会委员。角色变了，肩上的担子更重了。从那时起，我不再从事兼职律师的任何工作。依照相关规定，我完全放弃了热爱的律师事业。但我并不后悔，因为在新平台上，为了国家和人民的利益，我必须做应该做的事情。

2003 年，"非典"发生以后，在审议《传染病防治法（修改草案）》时，我提出修改完善草案的相关意见，在常委会全体会议上，受到时任全国人大常委会委员长吴邦国的肯定。在讨论《物权法（草案）》时，我建议要审慎处理好农民土地承包权问题，必须给失地农民补偿到位。就补偿条款如何修改，时任全国人大常委会副委员长王兆国专门召集国内多名著名民法学专家共同讨论，我与大家进行充分的交流，最终我的修改建议得到与会专家的认可，草案修改时予以采纳和吸收。2016 年全国人大法律委员会分工由我负责《中医药法》立法，我带领法工委同志多次调研，为法律草案的修改完善作出了积极贡献，该法最后获高票通过，在国内外引起强烈反响，获得高度赞扬。近15年来，我提出意见建议达800多件，其中"建立我国居家养老制度的建议"、"建立国家公园制度的建议"、"树立规则意识、倡导契约精神的建议"等，受到中共中央和国家相关部委的重视。

习近平总书记指出："能否做好意识形态工作，事关党的前途命运，事关国家长治久安，事关民族凝聚力和向心力。"做好新形势下意识形态工作，不仅要充分发挥中国共产党各级组织和党员干部作用，民主党派和无党派人士也责无旁贷。多年来，我始终坚持辩证唯物主义和历史唯物主义立场，用科学家的操守和理性研究自然科学的方法去学习、理解、研究中国特色社会主义统一战线理论。为贯彻中共中央提出的"马克思主义中国化、时代化、大众化"的要求，在我担任九三学社河北省委会主委期间，提议成立了九三学社河北省委会马克思主义研究会。2010年，我当选为九三学社中央副主席，分管宣传和思想建设方面工作。

2012年11月，习近平总书记在参观《复兴之路》展览时指出："实现中华民族伟大复兴，就是中华民族近代以来最伟大的梦想。"中国梦迅速成为社会热点，引发国人共鸣。不久在基层调研时，我却发现个别同志当时对中国梦的提法并不完全理解。2013年6月，我接受《人民网·强国论坛》的现场直播采访，与网友畅谈中国梦。站在民主党派的角度，我解读了中国梦、个人梦、传统文化、马克思主义四者之间的内在逻辑关系，以及为筑好中国梦民主党派如何履职。活动引起媒体强烈反响，访谈视频先后被人民网、光明网、人民政协网等国内十余家主流媒体转载。

在多党合作的实践中，我始终奉行的基本政治逻辑是：只有知党，才能信党；只有信党，才能坚定不移地坚持中国共产党的领导。成功来源于坚信，坚信来源于自信，自信来源于艰苦的实践。只有做到"四个自信"，才能坚信中国共产党的领导，坚信中国特色社会主义道路，坚信以习近平同志为核心的中共中央。2016年是红军长征胜利80周年，我接受人民网、求是网采访，就民主党派成员如何继承长征精神，学习贯彻中共十八届六中全会精神讲述心得体会，提出要抓住和深刻理解"核心意识、纪律意识、民主集中制、民主监督"四个关键词。访谈在网上引起热烈反响，网友纷纷点赞。

民主党派要通过组织学习、舆论宣传等方式展示对中国特色社会主义道路、

2016年11月30日，丛斌做客人民网，以「把握十八届六中全会精神，民主党派要抓住四个关键」为题进行访谈

理论体系、制度的坚信和支持，这有利于支持中国共产党在意识形态领域打好主动仗，也能体现民主党派同中国共产党团结合作、同心同德、肝胆相照、荣辱与共的大好局面。"根深才能叶茂，固本才能培元。"我认为，民主党派思想建设工作最坚实的力量支撑在基层，必须把抓基层打基础作为长远之计和固本之策。我经常到基层走访调研，与基层社员座谈，以自己的亲身经历、学习感悟、工作实践体验讲述自己对中共中央提出的新理念新思想新战略的体会和认识。社员们普遍反映我讲的内容入情入理，收获很大，"希望社中央领导能经常和我们开这样的座谈会"。我还利用各种机会向基层社员及其他统一战线成员积极讲述"中国特色社会主义的故事、中国共产党的故事、多党合作的故事和九三学社的故事"。

2017年1月，习近平总书记同各民主党派中央、全国工商联负责人和无党派人士代表共迎新春佳节，提出希望"深入开展'不忘合作初心，继续携手前进'专题教育，教育引导广大成员增强'四个意识'"。为开展好此项专题教育，我受邀为河南省统战系统做了《不忘合作初心，继续携手前进》专题讲座。我认为，增强"四个意识"是中国共产党政治能力建设的认识论基础，具有深刻的政治意义和时代内涵。坚持"四个意识"也是民主党派思想建设的题中之义。

2017年3月全国"两会"，习近平总书记看望参会的民进、农工党和九三学社委员时强调，我国广大知识分子要以时不我待的紧迫感、舍我其谁的责任感，主动担当，积极作为，刻苦钻研，勤奋工作，为全面建成小康社会、建设世界科技强国作出更大贡献。作为一名知识分子，我难以抑制激动的情感，把自己对讲话的所感所想以文字的形式记录下来。"在实现中华民族伟大复兴的历史进程中，知识分子应有何种追求和责任担当，是我一直认真思考的价值观问题。"我认为，"以行促知，知行合一，实践出真知。当代知识分子不仅要具有济世为民、服务社会的学术品格，更要具有'一寸丹心图报国'的责任担当和道德情操"。这篇《重道义 勇担当 是当代知识分子的精神特征》的署名文章发表在3月7日的《光明日报》上，引起共鸣。我笔耕不辍之目的就是要做中国特色社会主义伟大旗帜的坚定信仰者、捍卫者、实践者。近5年，我在《人民日报》《光明日报》《求是》《中国统一战线》等报刊杂志发表理论文章40余篇，被多家网站转载千余次。

习近平总书记说："一切向前走，都不能忘记走过的路；走得再远、走到再光辉的未来，也不能忘记走过的过去，不能忘记为什么出发。"中国共产党领导人民进行社会主义道路艰辛探索的伟大历程告诉我们，接受中国共产党领导是历史的必然，是正确的选择，民主党派必须长期坚持、永不动摇，这是我们的"初心"。我深刻地意识到，一定要认真理解"不忘合作初心"的思想内涵：坚持中国共产党的领导，与中国共产党同心同德，是始终如一的政治自觉；坚持中国共产党领导的多党合作和政治协商制度，是最根本的政治准则；坚持走中国特色社会主义道路，是最重要的政治责任。在国内外意识形态领域尖锐复杂的斗争中，民主党派成员尤其要立场坚定、旗帜鲜明，大是大非问题面前不充当"看客"，坚定维护中国共产党的领导地位，坚定不移地把中国特色社会主义作为共同理想，并坚持不懈地为之奋斗。

三

青史如鉴照千秋，人间正道是沧桑。96年来，中国共产党克服各种艰难险阻，团结和带领全国各族人民书写了人类发展史上的宏伟诗篇。民主党派是接受中国共产党领导、同中国共产党通力合作的亲密友党，基本职能是参政议政、民主监督，参加中国共产党领导的政治协商。民主党派社会服务工作是参政议政的延伸和拓展，也是直接服务国家经济建设和社会发展的实际行动。

一切要从民生出发，是九三学社中央主席韩启德对社会服务工作的要求。社

2012 年 7 月，贵州威宁"同心·智力行·企业行"活动，丛斌在草海镇梨营小学捐赠现场

会服务也是我分管的一项工作。在韩启德主席的领导下，我们在社会服务方面始终坚持调查研究，注重形式创新，逐步探索出一些新的工作模式和经验，形成了"九地合作""亮康行动""同心康福"等具有科技特色的品牌，取得良好社会效益。仅 2016 年，"亮康行动"在 11 省完成免费白内障手术 7478 例，撬动社会配套资金 4571 万元，开展筛查活动 1346 场，筛查 20 万人次，发放药品 28455 件，开展培训 615 场，参训 23076 人次。"同心康福"投入资金 1540 万元，在中西部贫困地区完成筛查 2230 例，救治脑瘫患儿 167 例、先天性心脏病患儿 125 例，髋关节置换 159 例，假肢置换 246 例。

　　"全心全意为人民服务"是中国共产党始终不渝的宗旨，参政党各项工作，出发点也是为人民群众，为国家的发展大计服务。新的历史阶段，民主党派就要以党为师同心同行，切实保持与人民群众的联系，不断增强"全心全意为人民服务"的自觉性。2017 年 4 月，我率队赴陕西开展脱贫攻坚民主监督工作。作为革命老区，陕西是一片镌刻在中华人民共和国历史丰碑上的热土。但是在这片热土上，至今还有为数不少的特殊困难群众生活在国家贫困线以下。当我们到汉中市宁强县广坪镇曹家沟村贫困户许建亮家走访时，发现他们 3 岁的女儿杨雪丽患先天性心脏病，因贫困一直无法得到救治。

不能让一场大病毁了一个家！回京后，我们立刻联系了开展救治贫困家庭先心病儿童社会服务项目的九三学社深圳市委会。经过安全可靠的微创手术，孩子重获新生。拿着"携手患儿同舟共济，感恩九三传递真情"的锦旗，孩子母亲杨素芳泪流满面地说："感谢党和政府，感谢九三学社，感谢你们救了我的孩子。"

对陕西开展脱贫攻坚民主监督，是九三学社中央多年来第一次对专项工作进行监督，对拓展民主监督的渠道、丰富民主监督内容有重要的现实意义。这次调研，我率队从陕北到陕南，从黄土高坡到秦巴山区，8天时间，行程3970公里，深入2市3县4村，查看了260户建档立卡资料，走访了151户贫困群众。忠诚和奉献是革命老区人民给我留下的深刻印象。一位革命老区农民说："长征胜利80年了，我们对红军的感情从来没有变过。我们是喝着延河水、吃着高粱馍馍长大的。改革开放38年了，有些问题并不是一下就能解决的，慢慢来。三年五年，五年八年，一定能解决。我相信共产党，相信习近平！"

老区人民朴实的话语，更加让我感到肩负的责任是沉甸甸的。调研结束后，我们立即与陕西省政府有关领导进行交流座谈，将在监测点调研中看到的5项工作亮点，发现的2个方面23个问题，实事求是地进行了反馈，并提出5条具有可操作性的意见建议。回京后，我们又组织10多位社员专家起草了详实的调研报告，上报中共中央。

民主党派开展的脱贫攻坚民主监督工作，就是坚持共同的思想政治基础，同中国共产党一起"不忘合作初心、继续携手前进"的重要实践活动。以习近平同志为核心的中共中央提出了精准扶贫、精准脱贫战略，就是要举全国之力确保打赢这场脱贫攻坚战。我深刻地体会到，民主党派应站在历史的高度，深刻、全面、系统理解这场攻坚战的现实意义和伟大的政治意义。脱贫攻坚是中共中央重大战略举措，通过这场伟大实践，我们可以系统梳理改革开放以来我国农村改革所取得的成绩和经验，深刻反思存在的缺陷和不足。这是一次为推进农村全面深化改革所必需的艰苦实践，同时又是我国多党合作一次难得的机遇。

马克思曾言："科学绝不是一种自私自利的享乐，有幸能够致力于科学研究的人，首先应该拿自己的学识为人类服务。""爱国、民主、科学"是九三学社永不磨灭的旗帜。作为民主党派成员，我们对国家发展、民族振兴充满信心。我们会一如既往地把国家需要与专业理想结合起来，为实现"两个一百年"奋斗目标和中华民族伟大复兴的中国梦贡献力量！

九
三
学
社
中
央
原
副
主
席

贺
铿

肝胆相照　经世济民

九三学社中央原副主席　贺　铿

筑梦一生　不忘报国

我已古稀，回想这一生，感慨万千。

由于农村落后，家境贫困，小学两年就读完了。初中毕业我决意考师范，为的是早就业挣钱接济家庭。但是教导主任劝我不考师范，并保送我念高中。就这样，我上了高中，上了大学。从初中到大学，我依靠国家助学金和勤工俭学收入生活。因此，是人民、是共产党送我上的学。并且，我心里渐渐形成了一个梦：要做一个科学家，报效祖国，报答父母，经世济民。

大学毕业后，我在高校教过工程力学、高等数学。1982 年去美国学习经济计量学；1984 年加入九三学社；1988 年破格晋升教授；1991 年调西安统计学院任副院长、院长；1995 年调任国家统计局副局长；2003 年任九三学社中央专职副主席；是第九届全国政协委员，第十届、第十一届全国人大常委会委员，第十一届全国人大财经委副主任委员。

人的一生都是在筑梦。如果梦是指理想，我年轻时有过。中学时的理想是当数学家，因为崇拜我的数学老师，我的数学成绩也不错，好几个学期总成绩是满分。到了念大学，因各种因素，改变了我的理想，想当一个比较博学的统计学教授。大学毕业后却分配到了当时并不很有名的工科院校任管理专业教师。次年遭遇了"文化大革命"，"文革"十年几乎让我没有了个人的理想。但是，想做一个有益于人民的人，始终没有放弃。

园丁公仆　竭诚尽职

1965 年大学毕业后，在高校工作了 30 年，教学、科研小有成就。1979 年至1991 年我在中南财经大学数理统计系工作，先后任副教授、教授，统计系副主任，数量经济研究所所长。其间，1982 年至 1983 年赴美国罗得岛大学工商管理学院做访问学者，攻修经济计量学。在中南财经大学工作的 12 年中，正值我国改革开放的大好时期，统计学科和统计专业处于转轨时期。我担任系副主任和所长期间，全力进行课程和教学改革，做了许多开创性工作。如拓宽统计学的研究方向，将单一的经济统计学方向扩展为社会经济统计、数理统计、国民经济核算理论、经济计量分析和统计核算自动化 5 个方向；在全国财经院校中第一次开设数理统计专门化方向，创建了数量经济研究所；通过承接科研课题，以科研促进教学改革；提升硕士生和博士生教育质量，确立了学校数量经济研究和教学在全国的领先地位，培养了一批在全国高等学校、研究机构和政府部门工作的有影响的硕士和博士。

1991 年调西安统计学院工作，并先后担任副院长和院长。在此期间，我首先制定学校发展规划，确立了西安统计学院的办学指导思想；同时突出师资队伍建设，加强了专业和课程体系建设；加强了西安统计学院的国际学术交流，举办了中日统计学术研讨会，邀请了莫斯科统计与信息大学和印度统计学院的教授来华进行学术访问，决心要将西安统计学院发展成为与莫斯科统计与信息大学、法国巴黎统计学院、印度统计学院齐名的世界性统计信息大学；并于1993年正式提出了"大统计"思想，推动了中国统计学术理论的现代化、国际化。

我于1985年加入九三学社。作为九三学社社员，我的工作同时塑造和体现着九三学社的形象，承载者多党合作的使命。通过自己的工作实践，我深深体会到，我的工作之所以能够取得一些成绩，离不开中共各级领导的大力支持，而这种支持不仅仅是对我个人的支持，也不仅仅是对一个普通学校领导的支持，更是体现了对民主党派的支持，体现了执政党对民主党派的充分信任，这也坚定了我对中国特色的多党合作制度的信心。

正当我准备在统计教育方面大展宏图时，组织安排我到国家统计局任副局长。1995年8月赴任，媒体有一篇专访《从园丁到公仆》。这是我人生中的大转变，完全没有思想准备，不想放弃教授工作。但是我也深知，这是党和政府对我这个民主党派成员的信任，于是我服从了组织安排，决心努力当好人民公仆。在任副局长的9年中，我的工作得到了局党组和局里同志们的大力支持，正是在中共党组和同志们的支持和协助下，我得以充分发挥自己的专业特长，利用统计局这个平台组织和领导了全国的统计科研和教育；在统计科研所新设立统计科研管理处，规划和管理全国统计科研工作；将统计培训中心更名为统计教育中心，组建中国统计培训学院，加强了与国际统计培训机构的合作；组织和领导了全国高校统计学专业的教学改革和课程建设；联络国内外统计学专家、教授，编写了适合中国国情的重点统计学教材，翻译出版了代表世界前沿水平的系列统计学专著，定期开展两岸四地统计学术交流，积极推进国际统计学术活动，提高了中国统计教育、统计科研的现代化水平；加强了中国数理统计学会、中国现场统计学会与中国统计学会的联系，成立了中国统计学联合会，促进确立了统计学在中国学科分类中的一级学科地位。

1998年和2000年，接受组织安排，我先后两次在中央党校省部级干部进修班学习。在此期间，我系统学习了中国近现代史、中共党史、中国特色社会主义理论和统一战线理论，这使我从理论层面加深了对多党合作这一中国特色政治制度的理解和认识，也进一步增强了我接受中国共产党领导、践行多党合作制度的自觉性。

参政议政　讲真话建诤言

2003 年，我从国家统计局副局长岗位退了下来，成为第十届、第十一届全国人民代表大会代表、全国人大常委会委员。十年履职中，我深深感到，要真正发挥人民代表的作用，必须敢于讲真话。

人民代表大会是票决制，人大代表和常委会委员的权力是平等的。在参政议政中不要以为自己说了就一定有效，但是一定要敢于坚持。自己认为看准了的事情要敢于说，反复说，直至让大多数人理解和支持才能发挥作用。十年之中，至少有两件事值得我回忆。

一是关于出口退税问题。在十届全国人大期间，财政部因出口退税额越来越大而不堪重负。出口退税的原则是保证出口产品在进入消费过程中不重复征税，是维护贸易公平、鼓励出口的重要措施，其内涵是指对出口货物退还国内生产、流通环节已经缴纳的商品税。通过调查，我觉得退税不合理，主张结构性降低退税。这一主张起初受到相关部门和一些出口大省的质疑和反对。经过不断宣传，摆事实，讲道理，支持的人越来越多，最终被国务院采纳。

二是关于流动性过剩问题。流动性是一个比较复杂但又不很清晰的概念。通常意义的"流动性"是指整个宏观经济的流动性，即在经济体系中货币的投放量的多少。2006 年，中国对外贸易增长迅速，外汇储备超过 9000 亿美元。于是一些管理部门和理论界高喊"流动性过剩"，甚至说"流动性泛滥"。有人预计马上要出现两位数的恶性通货膨胀。在此舆论下，加速了所谓汇率市场化改革，加速了人民币对美元单边升值，从此对外贸易越来越困难。我在财经委多次发言，不赞成人民币对美元单边升值，主张进一步促进对外贸易，并建议澄清"流动性过剩"概念，加速改革外汇管理制度，藏汇于民，引导民间对外投资。我认为超发货币只会形成经济滞胀，不会引发恶性通胀，因为超发货币没有形成居民财富。我的上述意见尽管没有被完全采纳，但是我认为明显影响了当时的货币政策，国务院调整了外贸政策，促进了外贸发展。

寄望后辈　薪火传承

2003 年 12 月，九三学社召开十二届二次全会，我当选为副主席，直至 2010

年 12 月辞去副主席职务，专职做了 7 年党派工作。在参政议政、社会服务、宣传工作等方面，我注意加强社中央与地方组织的相互支持与配合，建立了一些制度，开拓了新的工作局面。在领导修改《九三学社章程》时，强调了在坚持中国共产党领导的前提下，要突出九三学社的特点，强调"爱国、民主、科学"精神，特别强调要与时俱进，正确理解"爱国、民主、科学"的现代意义，让广大社员知道自己的历史责任。在许多会议上我专门阐释过自己的学习体会和认识，对推动九三学社自身建设和相关工作发挥了积极作用。能为多党合作事业作出一些贡献，我心里是由衷高兴的。同时我也衷心希望九三学社的后来人继承和发扬先贤们"爱国、民主、科学"的优良传统，切实加强自身建设，履行好参政党职责，使九三学社各项工作再上一个新的台阶，为实现中华民族伟大复兴的中国梦作出更多的贡献。

2008 年 8 月 2 日，贺铿（右三）冒着频发的余震，赴地震重灾区四川省青川县沙洲镇就九三学社帮扶援建该镇江边村灾民家园工作进行调研

2013 年 11 月，我正式退休。回顾我的这一生，从园丁到公仆，从官员到人大代表，努力做到尽职尽责，赤胆忠心。虽然我这一辈子工作成绩不算很大，学术造诣不算很深，但也不是碌碌无为。我做人的原则是：实事求是，诚实守信。在工作中努力做到开拓进取，敬业乐群。同时我承认，我是一个典型的湖湘人：刚直、耿介的特点在我身上都有体现。

我生长在一个伟大的时代。这个时代，是中国共产党带领中国人民朝着中华民族伟大复兴的中国梦奋勇前进的时代。我终生的信念就是永远听党的话跟党走，按党的路线、方针、政策办事。无论是顺境还是逆境，无论是青春还是年老，我对于党的信赖从未动摇，对于走中国特色社会主义道路始终坚信不移。同时，我发自内心地感谢党：如果没有党的关怀，一个穷困的农村孩子不可能成长为有一定专长的学者；如果没有党的培养，一名普通的教师不可能成长为民主党派高级领导干部。

我满怀感恩和欣慰之情，写下上述文字。这是我对一生的回顾，同时也是我对多党合作和九三岁月的眷恋。作为一名九三学社社员，今后我还要在有生之年继续发挥余热，多做些力所能及的工作。我期盼多党合作事业更加美好的明天，期盼祖国更加辉煌的未来。

九三楷模　薪火相传

　　长期以来，奋斗在各条战线的九三人心怀祖国，恪尽职守，无私奉献，涌现出大量先进人物。从2014年开始，九三学社中央开展"九三楷模"评选工作，每年从众多优秀者中选出10名"九三楷模"。这些"九三楷模"在各自岗位上作出了突出的成就，他们的感人事迹展示了九三人的风采，也诠释了新时期多党合作的内涵。我们从过去三年评选出的30位"九三楷模"中，特别邀请了潘建伟、陈利浩两位社员，他们各自从自身成长经历、工作业绩、履职体会等不同角度，畅谈对九三学社优良传统以及对新时期推动多党合作事业的体会和感悟。

科技兴国是九三人的使命担当

九三学社中央常委、中国科学技术大学常务副校长　潘建伟

作为一名有 12 年社龄的九三学社社员，我有幸与众多优秀的知识分子一起参与和见证了九三学社在新时期的发展历程，深刻地体会到科技工作者对国家发展的重要作用和责任。

在革命战争年代，九三学社与中国共产党为争取民主和平，推翻独裁统治，建立社会主义新中国，风雨同舟，休戚与共。新中国成立后，百废待兴，正是像王淦昌、邓稼先、赵九章、陈芳允、程开甲等这样的九三学社杰出的科学家，他们不计较个人得失，在国家最需要的时候坚持奉献，参与完成了"两弹一星"的壮举，奠定了我国稳固的大国地位，我们国家才能在相对稳定的环境下发展。他们在为新中国的科技和教育事业作出杰出贡献的同时，以实际行动向我们诠释了那句名言：科学没有国界，但科学家有自己的祖国。在改革开放新时期，九三人肩负科教兴国、科技强国的责任，涌现了像王选、谢家麟、师昌绪、闵乃本等优秀典范，为推进我国自主创新和社会经济跨越发展作出了卓越贡献。

老一辈九三人炽热的爱国热情和为祖国富强、民族振兴而无私奉献、始终不渝的高尚品格，为全体九三学社社员和中青年科研工作者树立了光辉榜样。正是包括诸多九三学社前辈在内的爱国科学家光辉榜样的激励和引领，使我坚定了献身中国科技事业和为我国量子科技发展作出贡献的决心。我至今仍清晰地记得，1996 年我留学奥地利，第一次见到我的导师蔡林格（Anton Zeilinger）教授时，他问我的第一个问题是：你的梦想是什么？我的回答是：在中国建一个世界一流的量子物理实验室。此后，我一直为实现这个美好的中国梦而不断地努力。

2001 年，我回国在中国科大组建了量子物理与量子信息实验室。虽然是从零开始，但我们前进的每一步，都伴随着党和国家以及九三前辈的亲切关怀、鼓励和大力支持，更加坚定了自己要在国内做出国际一流研究工作的决心。特别令我温暖和感动的是，王选先生与我素昧平生，却多次来信勉励我。王选先生在信中说，一个人在 50 岁以前的创新能力是最强的，应抓紧时间，不满足于目前的成绩，继续心无旁骛地投入到科研工作中去；考虑到我的科研任务较重，回信可

能需要花费时间精力，王选先生还特别嘱咐我不必回信。后来我才得知，王选先生其实一直就对包括我在内的年轻科技工作者非常关注。我所敬佩的中国科学家，很多都是九三的成员，再加上王选先生的直接关怀，更是激发了我对九三的向往。此后，韩启德主席又亲自给我打电话表示关心，并希望我加入九三学社。正是在九三前辈科教报国之情、提携后辈之德的感召下，2005 年我光荣地成为了九三学社大家庭中的一员。这是我莫大的荣幸，也是对我在科技创新道路上建功立业的巨大鞭策。

九三学社作为以科技界高、中级知识分子为主体的参政党，有责任实践"顶天立地、科教报国"，为提高我国科技自主创新能力作出贡献。经过十多年的努力，我们建立了具有国际先进水平的实验研究平台，培养了一批优秀青年人才，取得了多项国际领先的原创性成果，为我国在国际量子科技版图上占据一席之地尽了一份力量。

在量子计算方面，我们团队一直在量子计算的核心资源——多光子纠缠的制备与操纵方面处于国际领先地位，率先验证了几乎所有重要的量子算法，系统性演示了量子计算的基本功能。最近，我们成功构建了多光子可编程量子计算原型机，首次演示了超越早期经典计算机的量子计算能力，为未来在特定问题上超越经典超级计算机、实现"量子称霸"这一里程碑奠定了方法与技术的基础。在量子通信方面，我们发展了实用化城域量子通信网络技术，自主研制的量子通信装备已为中共十八大、纪念抗战胜利 70 周年阅兵等国家重大活动提供了信息安全保障。为构建广域量子通信体系，我们在国家发改委的支持下构建了国际上首条千公里级的量子保密通信"京沪干线"。在中科院的前瞻性布局下，国际上首颗量子科学实验卫星"墨子号"率先实现了星地量子保密通信，为我国未来构建覆盖全球的天地一体化量子保密通信网络提供可靠的技术支撑。令我深有感触的是，在中科院启动量子科学实验卫星专项时，我的导师蔡林格教授主动提出与我们合作开展空间量子实验。回想起当年蔡林格教授问我的关于梦想的问题，我深刻地体会到，随着综合国力的不断增强和科技制度的不断创新与完善，我国的科技事业正处于一个蓬勃发展时期，我们科技工作者正处在一个不断实现和超越梦想的光荣时代。

中共十八大提出创新驱动发展战略，将科技创新摆在国家发展全局的核心位置。这既是新时期党和国家的工作重心，也对广大科技工作者提出了更高的要求。科技工作者首先要有敢为人先的魄力，勇于创新、善于创新，创造引领世界潮流的成果。当初我们提出卫星量子通信的构想时，常常被人问及："美国有没有在做？""欧洲的情况怎么样？"而我们坚信，中国的科技创新一定不能仅满足于跟踪和模仿，我们也一定能立足国内做出开创性的成果。中国科学院也以前瞻的态度，支持我们从事这样一项国际上未有先例的原创研究，我国得以成功发射国际上首颗量子科学实验卫星，实现了广域量子通信技术的国际引领。我相信，只要广大科技工作者进一步发扬敢于担当、敢为人先的精神，一定能够在更多的领域实现从跟随到并跑、领跑的转变。

多党合作是知识报国的宽广舞台

作为参政党成员的科技工作者，在做好本职工作的同时，我们还要争取在多党合作这个宽广舞台上充分发挥自己的聪明才智，为中国的科技事业发展和现代化建设贡献力量。2014 年以来，我多次参加全国政协组织的双周协商座谈会，就科技发展若干问题提出了自己的思考，包括利用量子信息技术推进大数据时代的通信安全和高效数据分析，为政府决策提供新的技术支撑手段；借鉴国外的经验并考虑到我国的现实国情，推进新时期的国家实验室体系建设；以更加开放和灵

2017 年 2 月 8 日，潘建伟荣获 2016 年度「感动中国」人物称号

活的方式支持国际科技合作与大科学计划等。2015 年 4 月，九三学社中央以"量子信息科学与技术"为主题召开科学座谈会。如同韩启德主席所指出，这是为了发挥我社优势，从前沿的科学技术问题出发，从国家的战略高度出发，推动量子科学技术和相关产业在中国更快发展，令我深受启发和鼓舞。像这样汇集全国相关领域杰出科学家集思广益的科学问题座谈会，近年来已经举办了多次，充分彰显了九三学社的特色，也让我们体会到九三学社在国家实施创新驱动战略进程中的重要作用。

2016 年 10 月，我有幸在中央党校参加了为期一个月的高校中青年干部学习班。通过这次学习，我深刻体会到人民立场是党的根本政治立场。中共中央对科技发展的重视正是人民立场的鲜明写照：科技的最终目的就是为了发展生产力，为了人们能够生活得更好。九三学社"爱国、民主、科学"的精神与中国共产党的人民立场是完全一致的，就是要顺应人民群众对美好生活的向往，坚持以人民为中心的发展思想，使科技发展的成果更多更公平地惠及全体人民。正因如此，与中国共产党戮力同心、扎实工作，是每一个民主党派成员报效国家的必由之路。

2017 年 3 月 4 日，习近平总书记参加全国政协十二届五次会议民进、农工党、九三学社委员联组会并发表重要讲话，体现了中共中央对知识分子的充分信任和亲切关怀，体现了中国共产党一以贯之重视知识分子的鲜明态度和对民主党派的高度重视。学习了总书记的讲话，我真切感受到中共中央虚怀若谷、海纳百川的胸襟和气度。我同时也感受到，科技工作者必须将自身的事业融入到祖国现代化的宏伟事业中，才能大有作为，才能取得无愧于时代的成就。衷心感谢党和国家给予我们广阔的天地，使我们有机会尽情发挥自己的智慧与能力，为国家科技事业的发展作出自己的贡献！衷心感谢九三学社对我们的培养和帮助，使我们能够参与到多党合作事业中来，为我们打开又一扇报国之门，使我们的人生更加丰富，更加出彩。

一个新阶层民主党派成员的"主业"

九三学社中央委员、远光软件股份有限公司董事长　陈利浩

我是 1989 年加入九三学社的"老社员"。记得申请入社时我只有初级职称，不符合"硬杠杠"，等提供了我的科技进步奖获奖证书和出版的软件书籍后才"破格"获批。入社后，随着所创业公司的发展、上市，我在中国共产党领导的多党合作事业的感召下，逐渐把时间和精力更多地放在参政议政上，党派工作从某种程度上成了我的"主业"。

我属于对环境比较敏感的人。2007 年，我从资料上看到一个国外机构建议中国政府在东西部各选一个城市进行"低碳经济"示范，并把其意义等同于当年的经济特区，就在珠海市政协提案建议申请"低碳经济示范"。因为政府决策需要专家论证，但决策前又没有经费，我就自费邀请国内外专家考察，向珠海市委市政府提出报告，促成了横琴"低碳岛"的实践。为了推广到广东全省，我又写了《创新发展模式，建设低碳广东》的建议，准备寄给时任广东省委书记的汪洋同志，当时有人劝我：汪书记可是政治局委员，不可能收到你的信。没想到寄出后一个星期，汪洋书记就批示给省委政研室专题调研，为广东在全国的低碳示范走出了第一步。社中央领导听到有一个社员在提"低碳"，便专程到珠海指导我从全国层面提出建议。我在调研的基础上提出了 8 条在全国范围内发展低碳经济的政策的建议，并参加韩启德主席从 2009 年开始连续四年以"低碳"作为主题的"大调研"。在此基础上，社中央向中共中央、国务院领导提出了系统性的建议，社中央的"低碳发展"提案成为 2011 年全国政协一号提案，"低碳"成为九三学社参政议政的品牌。我本人也连续五年被评为全国低碳年度人物。韩启德主席指出：从一个党派成员的建议变成整个党派的行动，这是一个先例。

低碳发展的建议让我深切体会到，在中国特色的多党合作制度下，民主党派绝不是一些人所说的"摆设"、"花瓶"，而是实实在在的起作用的参政党，民主党派平台对参政议政具有倍增效应，通过这个平台，一个普通的民主党派成员可以充分发挥自己的才智，直至在国家重大政策制定中发挥作用。受此鼓舞，我在中共十八大后，认真学习和体会中共中央治国理政新理念、新思想、新战略，结

合社会实际，继续提出了一些较有影响力的建议。

公职人员财产等个人事项的公开需要等待时机和条件，但当时网络上"财产公开"炒得很热。我提出：不能为了公开而公开，公开的主要目的是为了"公众核查"，但这就像"让路人拍超速"，难免误拍、漏拍；我们应该用"专业拍超速摄像头"，这就是各类财产信息系统中的"名单管理"。我结合对上市公司监管的实例，提出用财产信息系统中的"名单管理"解决对公职人员的财产核查，同时用财产登记时的"披露代持"抑制将财产由别人代持的行为，用"财产分色"、区别性质来消除"反腐影响执政基础"的担心。我在全国政协联组会上提出这一建议，与会的中央纪委书记王岐山给予肯定，九三学社中央就此提出的政协提案也被中纪委充分借鉴，并被汇编入反腐制度设计的文献。在北京大学召开的专题研讨会上，法律专家和反腐学者将其称为"最具备可操作性的技术反腐"。一开始，有些专家不同意我关于"权钱交易只是极少数"的观点，我就说这是你们自己说的，你们不是说权钱交易的原因是"权力集中在少数部门、少数人手里"吗？这说明有权钱交易"资格"的本来就是少数，真正去实施的更是极少数了。

2016年，九三学社中央邵鸿副主席告诉我：九三学社宁夏区委会所属的法律支社很活跃，不少律师申请加入九三学社，原因是"九三学社为我们律师说了话"。这也和我的一个建议有关。中共十八届四中全会提出全面依法治国，我就向社中央提出10条具体建议，如废除"案款提留"，不搞运动式执法，不提"命案必破"和"限期破案"，实行"告知措施"，利用信息技术保障司法人权等，其中就有保障律师合法权利的内容。这个建议成为社中央2015年全国政协大会的书面发言《完善人权司法保障制度，遏制执法犯法造成冤假错案》，《人民日报》、《南方日报》、财新网、东方卫视等纷纷报道，法律界也给予较高评价。

2015年下半年，听一个做移民业务的朋友说他们的业务量成倍增长，而且企业家居多，我就特地了解了一些民营企业家的心态，发现他们的获得感、安全感有所下降，一些片面的舆论（如"别让李嘉诚跑了"）是原因之一。我就向社省委会、社中央提出高度重视产权保护的建议。在中共十八届六中全会多处提及"产权保护"的背景下，我个人的《加强产权保护，助推两个"率先"》成为广东省政协提案委重点督办提案。

"营业税改增值税"之后，一边是"企业税负下降"的报道，一边是科技型企业税负增加的反映。其原因主要是人力投入不能在交增值税时抵扣，研发投入比重越高，税负增加越多。在 2017 年参加九三学社中央"科技型企业发展"大调研时，我提出了"把自行研发形成的无形资产视同外购无形资产计税"的思路，以及"比照对软件企业的规定落实对四技企业的税收优惠政策"的建议，得到中央领导同志和有关部门的重视。

近年来，我几乎每年都有数篇建议列入全国政协的提案、发言，或成为高层协商的内容。我在广东珠海的建言献策更是备受肯定：每年都获优秀提案奖；被广东省政协评为"人民的好委员"。

我还努力创新参政议政的形式。在珠海市政协任职期间，我想用社会调查的形式为"两会"代表、委员征集市民建议，但一提出来家人就担心：社会上各种声音都有，你收集到一些负面的内容怎么办？我想：只要实名，所提的建议就可能是负责任的；而只有"有奖"，才能要求实名。我个人出资百万在珠海举办了两次"金点子，亮珠海"有奖社会调查活动，几千市民实名登录网站提出建议，《金点子荟萃》成为珠海"两会"代表、委员提出建议的重要来源。后来，珠海市把这项活动改由地方党委主办，成为了"建立社会参与机制"的珠海品牌。为了推动能源消费革命，我编写并自费印刷《低碳 100》在全国、省、市的"两会"现场向广大市民发放；为了推动低碳交通，我连续两年向珠海市政协委员赠送自行车，"百名委员单车赴会"成为焦点；我首创了珠海市政协大会"抢麦脱稿发言"，并连续四年在广东省政协大会争得第一个"抢麦发言"的机会，提出了诸多建议。

多年来，我还努力"用公益推动进步"，体现参政党的时代形象，成为几起全国性公益事件的发起者。如 2011 年 7 月温州动车事故后，我用微博向"以人民的生命和利益为最高命令"、坚持"救人第一"的武警邵支队长致敬，并承诺每转发一次为被他救出的小伊伊捐 1 元，创造了 24 小时内转发超过 90 万条的世界纪录。2012 年 7 月，北京下岗工人廖丹在为患尿毒症的妻子透析用完所有积蓄之后，私刻了医院收费章，被称为"凄美北京爱情故事"。为了帮助廖丹"退赃"后获得轻判、继续照顾妻子和孩子，我向廖丹捐款并呼吁"推动医保、户籍制度的优化，推动对尿毒症患者的关注"，全国各地媒体争相报道，中央人民广播电台更把我称为"最美新闻人"。在佛山小悦悦等事件之后，我呼吁"要让救人者在经济上和法律上都没有后顾之忧"，建议从机制设计上避免"见死不救"或"救人被赖"的悲剧，并承诺出资为天津"许云鹤"案"兜底"，呼吁设立"道路交通事故紧急救助基金"、出台"好心人法"。我先后获得"全国微公益年度人物""珠海公益人物""广东好人""中国慈善榜样奖""中国好人提名奖"等称号。

一生为之奋斗的光荣事业

入社以来，我始终坚持把参政议政履职尽责、推动多党合作事业作为自己毕生奋斗的一项事业。我认为，参政议政、社会服务等党派工作，只有在中国特色社会主义理论和中共治国理政理念的指导下才能事半功倍。我一直坚持学习、钻研中共十八大和十八届各次全会文件和习近平总书记系列重要讲话精神，学习体会十多次刊登在《人民日报》《人民政协报》、人民网、人民政协网等报刊及网站，其中刊登在《人民日报》的评论文章就有近十篇。如习近平总书记最近两年在政协联组会发表重要讲话（去年强调基本经济制度、非公经济和政商关系，今年论述知识分子问题）后，《人民日报》第一个评论版的首篇体会文章都是我的稿

2017 年 5 月 16 日，陈利浩当选为广东省新的社会阶层人士联合会首任监事长

子，分别是 2016 年 3 月 8 日的《构建政商关系新生态》和 2017 年 3 月 6 日的《有担当才是真情怀》。

我的每一点滴进步都得到九三学社中央领导的鼓励和肯定，给了我不少的荣誉，包括首届"九三楷模"等。韩启德主席还把我的事迹向中共中央政治局常委、全国政协主席俞正声汇报，建议"发现若干这样的先进典型，给予宣传和表彰，并发动政协委员开展'如何当好政协委员'的大讨论"。俞正声主席批示《人民政协报》开展这项工作，我的体会文章被登在《人民政协报》头版头条，五十多位全国政协委员接连发表体会文章，结集为《国士风采》一书出版。

回顾这些年参政议政的历程，我深切感受到：中国共产党领导的多党合作和政治协商制度作为我国的一项基本政治制度，与人民代表大会制度相适应、相结合，为我这样的新阶层人士提供了一个非常好的参政议政舞台。在这个舞台上，大家有话好好说、有事好商量，充分地反映各方人士意见和愿望，努力寻求最大公约数，既符合社会主义民主政治的本质要求，又体现了中华民族兼容并蓄的优秀文化传统，因而具有西方民主不可比拟的广泛性和包容性。

我国的爱国统一战线，由中国共产党领导，有各民主党派和各人民团体参加，包括了全体社会主义劳动者、社会主义事业的建设者、拥护社会主义的爱国者和拥护祖国统一的爱国者。如此一条坚实、牢固而又壮美的战线，全世界独此一份。有幸成为这条"战线"的一名老兵，倍感荣幸。而新老接力、政治交接，正是爱国统一战线和多党合作事业蓬勃活力的来源所在。年龄存差距，职务有交替，但统一战线情、中华复兴梦是共通的，我自当为这一毕生使命奋斗不止。

台盟中央主席　林文漪

一湾海峡意绵长　一念家国志同心

台盟中央主席　林文漪

　　天地日月，星转斗移。作为我国多党合作事业的亲历者和见证人，回首担任台盟中央主席以来的十二载春秋，心中有感慨，更有感动与感恩。谨以此文纪念那些在同心奋斗中送走的岁月，感谢一路同行的同志、朋友和乡亲。

人生的三次角色转换

和每一位台盟盟员一样，台湾是我们珍葆于心的故乡。我的祖先于清朝从福建晋江移居到台湾省。我的父亲出生在台南市，怀着反日爱国的心念，只身投奔大陆，辗转南北，艰难求学。母亲出身于杭州大家庭，卓有才华。父母先后毕业于协和医学院，均获医学博士学位，留在大陆从医。父亲1948年最后一次回台探亲后，却被一湾海峡阻断了回家的路，自此再也未能重返故土。几十年音讯杳然、骨肉隔绝的锥心之痛，一直留在两岸亲人心中。所以我们台盟人切盼祖国统一、家庭团聚，并愿为之奋斗一生。这也是我加入台盟的初衷。

我自己的人生成长中曾经有过三次重要的角色转换，经历了教授、行政领导、党派工作三段重要的岗位历练。我在母校清华大学长期从事教学科研工作，在学科前沿艰辛探索，饱尝过失败的苦楚，也得到过成功的嘉奖，养成了严谨、笃实的习惯和不断学习的能力，为我今后走上跨度极大的新岗位打下了重要基础。我虽非中共党员，但是党组织对我悉心教导与培养。1996年我被选为北京市副市长，2003年当选为市人大常委会副主任等职务。2005年起，我连续三次当选台盟中央主席，并连任两届全国政协副主席。

从教育科技界到多党合作大舞台，从居象牙塔到奔走国是，在我看来，因机遇、历磨炼，但也有某种必然。因为对台盟盟员来说，祖国心与故乡情始终交织融汇于一身，凝聚成国家至上、民族至上、人民至上的不改情怀，凝聚成为祖国统一大业不懈奋斗的坚定信念。

回顾包括我在内的历任台盟领导人以及广大台盟盟员成长成才的人生历程，不忘合作初心，坚定接受中国共产党领导，坚定不移地走中国特色社会主义道路，这是台盟与新中国俱进而成长、与多党合作事业同行而进步的历史真谛。

参政党履职的三个设问

在八个民主党派中，台盟的人数最少，但参政党不分大小，都要在中国共产党领导的多党合作政治格局中发挥同样重要的作用。对于台盟来说，如何选好履职的定位、角度、切入点，实现以少当多，是我们在履职过程中不断思考探索的问题。

参政党履职的定位是什么？在我看来，这是首先要明确的问题。我们参政履职的立足点，是紧紧围绕中共中央重大决策，团结全体盟员和有关群众，为促进改革落地、推动政策实施以及两岸关系发展大势出主意、想办法、增共识、促团结，应坚持正向发力。

比如，新型城镇化是关系我国现代化全局的大战略，如何稳步推进这一重大政策的实施？台盟与有关专家、研究机构合作，从新型城镇化的顶层设计与总体规划、水环境治理与生态维护、新生代农民工市民化等方面开展典型案例调研，形成的系列专报得到中央领导同志先后19次重要批示。其中，习近平总书记对系列报告之三一《创新解决新型城镇化的水资源制约与水环境治理》作出近二百字的具体批示，详细阐述了对水安全的战略思考，高度肯定了我们的意见建议，相关部门在具体落实过程中也多次征求我们的意见。

又如，近期，中央赋予民主党派脱贫攻坚民主监督的新任务，这是民主党派履行民主监督职能的新领域，台盟中央为此召开专职主席会议，成立了专项领导小组，并建立了全盟工作协调机制、工作联系沟通机制、强化社会力量参与机制，还及时制定了台盟中央《关于开展脱贫工作民主监督工作的实施方案》。我们动员全盟力量共同参与，开展了两轮较大规模的调查研究，深入临夏、陇西、甘南、天水、定西五个市州的二十余个贫困村，在脱贫攻坚一线开展摸底调研，并向有关部门提出务实可行的意见和建议。

从这些履职实践中，我们尤其体会到台盟作为中国特色社会主义参政党的定位，体会到台盟与中国共产党同心致力全面小康的责任与使命。

定位明确了，如何选好履职角度？我感到，关键是要结合台盟自身特点，找到适当角度，为国家发展出主意、提建议，将党派界别上的特色转化为参政履职上的特色。

比如，中央作出了推进供给侧结构性改革的战略决策，台盟如何发挥作用、建言助力呢？我们感到，还是要从自己的党派特点出发。如台资在转型升级中遇到的问题，一定程度上就能够折射出供给侧结构性改革推进过程中遇到的共性问题。我们于是按照这个思路组织开展了系列调研，形成《从台资企业发展看中西部地区供给侧结构性改革存在的问题及对策建议》，得到中央领导同志的高度肯定。

又如，我们将两岸一家亲的重要理念与台盟的亲情乡情优势有机地结合起来，近年来连续举办了"大江论坛"、"中华文化研习营"、"中华文化进（台湾）校园"等体验式两岸交流活动。活动中，具有台盟特色的亲情乡情互动拉近了彼此的距离，

2016年4月,林文漪率台盟中央调研组赴重庆市围绕"台资参与中西部地区创新发展、开放发展,创造新供给"主题开展调研

而触动台湾乡亲潜藏于内心深处的家国情怀,激发他们融入于血脉的历史责任,是使台湾同胞,特别是台湾青年,萌发"两岸命运共同体"的觉醒与归属的关键。

通过工作实践,我们体会到,必须突出党派履职的特色角度,从台盟来说,就是要抓住国家工作大局与两岸关系发展大局的结合点,多多关注台胞反映的具体问题,多多从推动两岸互利合作的角度提出可行意见和建议,这样才能充分发挥多党合作的优势与效能,为国家推动相关工作提供独特的政策参考。

定位和角度确定了,如何找准具体工作的切入点?需要从"以小切口反映大问题"的思路来开展工作。比如,近年来,中央多次强调要增进两岸基层民众交流,推动两岸经济社会融合发展。我们感到,发展好祖国大陆现有的29个台湾农民创业园可以是一个很好的切入点。为此,我们持续数年跟踪调研,通过多种宣传和建言渠道推动相关工作。我们提出的政策建议,得到中央领导同志的高度肯定,认为言之有理、论之有据。相关主管部门多次邀请我们共商支持台创园

2013年1月16日至17日，林文漪走访台资企业天福集团

发展、推动两岸基层民众往来的工作方案。我们反映的台农普遍关心的贷款利率问题，在国家有关部门的支持下，已在福建等地区的台创园中开展了贷款贴息试点，有效缓解了一直困扰台资农企的贷款难、贷款贵问题。

在履职实践中，我们真切地体会到，结合台盟的党派实际，以钉钉子的精神开展工作，切入点适当，受力面集中，才能把工作做得更加扎实有效。

举重若轻和举轻若重

我常和盟内的同志交流，台盟的干部要做到"举重若轻"和"举轻若重"。什么意思呢？首先，台盟要在我国多党合作事业中担当起"重"任，在这个过程中要学会"举重若轻"，也就是要掌握科学的工作方法，达到"四两拨千斤"的效果。

比如，我们通过纵横交错的矩阵管理模式（纵：从盟中央到地方组织纵向贯连；横：以各专门委员会联络各省各层专门人才），积聚盟内人才资源，最大限度地发挥参政党的整体作用。我们首次设立了参事室，发挥德高望重老同志的独特优势，为盟务工作的顶层设计开展决策论证，同时帮助青年盟员学习成长，使台盟的优良传统、多党合作的光荣历史能够薪火相传。我们设立了10个专门委员会，根据专业特长将盟内骨干有机地组织起来，为他们搭建发挥作用的平台。

2017 年 4 月，林文漪率台盟中央调研组赴浙江围绕「构建开放合作平台，打造 21 世纪海上丝绸之路战略支点」开展调研

在工作中我们还特别注重提前做好规划，明确方向和目标。比如制定了《参政议政工作五年规划纲要》《对台联络工作五年规划纲要》《关于新形势下进一步加强社会服务工作的指导意见》等，明确履职的重点和方向。每一年再细化部署第二年工作任务与计划，确保劲往一处使，集中力量，以少当多。

我们形成了"上下联动、横向联合"的参政议政工作机制，走过了"规划、量化到数字化"的发展过程。如，2017 年我们联动全盟 15 个地方组织，围绕打造 21 世纪海上丝绸之路战略支点开展大调研，抽丝剥茧集中解剖跨境电子商务、江海联运体系、中欧国际班列等具体案例，以承国家战略之宏大、落正向发力之细微的视角献计国是。又如，我们联合盟内外专家学者与研究机构，聚焦首都城市战略定位、协同生态体系建设共同开展调研，发挥参政党的组织优势和整体优势，多方面、多角度地吸收意见建议，为京津冀协同发展献策助力。2016 年台盟参政议政成果量化数字化统计评价体系显示，有超过一半的盟员，主要是年轻盟员被动员起来，直接参与调研，撰写调研报告、提案和社情民意信息，盟员参政履职的积极性空前高涨，政治意识、大局意识普遍增强。我理解，多党合作制度，不仅体现在参政议政成果上，也体现在党派的凝聚力上。我们以参政议政为抓手，提高参政党意识、优化组织能力、增强内生凝聚力的探索，也是对丰富和完善多党合作运行模式的一种积极尝试。

2013 年 9 月 4 日，林文漪为贵州盛华职业学院赫章籍的学生发放学习用品

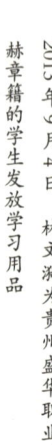

我们形成了"对台联络与社会服务结合开展"的工作模式，将鼓励台湾同胞参与祖国建设有机地融入社会服务与精准扶贫工作之中。我们牵线台湾企业家王雪红女士，在贵州贫困地区创办公益性的盛华职业学院，目前共有千余名学生在校就读。这是引入台湾职业教育的成熟经验开展教育扶贫的一次有益尝试，也有效增进了这部分台胞代表人士对祖国大陆的了解和热爱。每逢参加开学典礼等活动，见到那些走出大山、学习现代技能的同学们，看到他们充满希望的笑脸，看到学校中两岸管理者们的辛勤付出，我都真切地体会到，中国梦是每个人的梦，是两岸同胞共同参与、共同书写的民族梦。

在"举重若轻"的同时，日常工作中我们还要处理很多看似具体实则重要的"小"事，这时就要"举轻若重"，因为"重"都是由"轻"积累而来的。尤其是在对台工作中，更是要落细落小，久久为功。

比如，我们 10 年来锲而不舍，与在台湾中南部有较大影响力的民间专业人士团体——台南医师公会开展持续联络交流。特别是组织台南医师与祖国大陆医生一起，深入贵州、陕西、江西、四川、安徽的贫困地区和红色老区开展义诊活动。每次和这些台湾医师朋友座谈交流时，他们都会向我讲述与老区就诊民众真情互动、与大陆医师同行并肩工作的感人故事。他们多次由衷地向我感叹："偏远地区的发展这么好，令人意想不到，大陆领导人了不起""凡事还是要亲眼看""愿意为大陆的同胞多做一点事情"。这些来自台湾南部的医师亲见、亲历了

2012年9月，林文漪在台盟中央机关会见台南医师公会访问团王正坤一行

祖国的发展建设情况，增进了同胞感情，对中国梦的丰富内涵、对两岸关系和平发展的强劲潮流、对中华民族伟大复兴的光明前景有了更真切的体会和感悟。

对台湾青年朋友，我们也始终坚持从"心"出发、以情感人。对大陆台生就学就业以及台二代扎根大陆等情况，我们持续关注、跟踪调研，尽所能帮助他们反映具体问题、解决实际困难，向中共中央领导提出相关建议，得到领导重视。同时，我们连续举办了多届两岸青年创业论坛、台湾青年企业家国情区情培训班、台湾青年文化研习营、两岸中学校园足球邀请赛等各种贴近新世代、更加接地气的主题活动，使两岸青年在互动参与中增进心灵契合。

一湾海峡，情融两岸；一念家国，矢志同心。回首走过的岁月，台盟始终与中国共产党同道相求，坚定立场凝聚共识；同声相应，建言国是共创伟业；同心所向，关切民生爱国爱乡。

当历史开启新的征程，我们比任何时期都更接近中华民族伟大复兴的目标。以习近平同志为核心的中共中央，引领我国多党合作事业砥砺前行，翻开了新的篇章。

时光奔涌的脚步永远向前，传承台盟前辈光荣传统，深化政治交接薪火相传，是台盟广大盟员始终如一的不变初心。我们将继续坚持中国共产党的领导，坚定不移走中国特色社会主义道路，切实增强"四个意识"，紧密团结在以习近平同志为核心的中共中央周围，为多党合作伟业的发展，为实现祖国和平统一和中华民族伟大复兴的中国梦再谱新篇！

台盟中央原主席　张克辉

一寸中国心　万里故乡情

台盟中央原主席　张克辉

我的故乡在中国台湾彰化。

八卦山是彰化境内唯一的高地，远眺视野极佳，可以一眼看到我出生的西郊张厝所在的小村庄。上学的时候，祖母就伫立在村门口等我回家。老家门楼正中镶嵌着青石凿成的匾额，上面镌刻着"清河衍派"四个大字，让后人记得我们家族来自中原河南，南迁福建后又渡海到台湾的。

云雀岗在八卦山的东南面，因为山坡上栖居着许多云雀，故而得名。岗上有我就读的两所学校。小学在岗麓，彰化商校在岗顶。夏天的时候，我和同学们沿着麓路一路东进，路边清亮的小溪中，一群群深蓝色条纹的小鱼欢跃着随行。路两旁的山坡遍植相思树，景色清幽。翻过几座小山头，便可以看到漫山开放的百合花，仿佛绿茵丛中闪耀着的白色的光。

在这里，我度过了 12 年的学生时光，被迫念日本书，说日本话，也被日本人欺侮。与日本同学之间的种种恩怨纠葛，唤起了我沉睡的中国人意识，民族感情从此奔腾于血液之中，始终不可遏抑。1945 年台湾光复，国军驻台，八卦山上日军侵台司令的遗迹碑在一片雷鸣般的怒吼声中轰然倒塌，中国人的骄傲从此又回到家乡人们心中。

那年春天，我和三年级以上的彰化商校同学们应招进驻大甲，成了可怜的学生兵，每天挖战壕、修阵地，食不果腹。水边的青蛙，山上的老蛇，都是我们围猎的对象，迫不得已时还会偷吃农夫的地瓜或者甘蔗充饥。8 月 15 日的中午，见习军官把我们集中起来收听广播，裕仁天皇嘶哑的声音宣布无条件投降，战争终于结束了，我们的第一反应便是冲进厨房，把能吃的东西统统吃光。侵略战争之于人身心的重压便是如此了。晚上，躁动的人们依然在呐喊，不少家庭开始焚香祭祖。此后，游行庆祝的队伍络绎不绝，歌仔戏、布袋戏、龙灯舞狮……热闹非凡。复课后，学校举行了升旗仪式，当时尚不会唱国歌的我们默默注视着国旗冉冉升起，此时无声胜有声，我们内心都深切地感受到新时代的来临。一位日籍地理老师在他的自传《一里塚》（中文"里程碑"之意）中写道："学生们每天早上自动地举行朝会。以四年级的张有义（我的原名）君为中心，用台湾语喊口令，举动利落，使人感到爽快。最后高唱三民主义的国歌。他们用全身心来表达台湾光复的喜悦"。

我们的国文老师是一个比高年级学生大不了两三岁的女孩子，同学们私下里叫她"小雨点"。据说，她小学没有毕业就跟随抗日的父亲举家从台湾搬到福建泉州了。抗战胜利时，她正在暨南大学读书，是停学回到故乡教国文的。她讲的屠格涅夫的散文诗《明天啊，明天！》是最受学生们欢迎的一课。常常，她抛开课本，从八国联军入侵北京一直讲到苦难的中国现实，深深地打动着我们这些长期在日本军国主义铁蹄下生活的青年学生，追求光明的想法开始在我们心底悄悄萌发。究竟什么是"光辉的明天"，虽然在当时的意识中还模糊不清，但我想，我应该去寻找光辉明天的道路。

国民党接收官员以征服者的姿态来到台湾，很快就暴露了腐败无能又歧视人民的真面目，民怨沸腾。云雀岗上成了我们的议事场，慷慨激辩不时惊飞这里可爱自由的云雀。

"二二八"的枪声终于将我们拉回到冷酷的现实，也给台湾人民心里留下了一道难以弥合的伤痕。我跑到大肚溪上游的姑母家避风，直到局势恢复平静才回来，同学们也陆续回到学校，有的人却一直下落不明，云雀岗再也听不到他们的笑声。

云雀啁啾依旧，但它们必定可以感知我们的迷茫与彷徨。此时，青年学生们好像一叶失去方向的孤舟，在茫茫大海上四处漂流，不知哪里才是可以停泊的港口。1947 年夏天，我们高年级中学生去听了几位正在大陆念大学的公费生演讲，从他们那里得知，大陆学生正在为民主和正义而斗争。在他们的鼓励下，我先报考了台湾师范学院进修班，在台北念了一年书，第二年夏天，参加考试，被厦门大学录取，身负同学们对民族兴亡的共同责任，即将奔赴激动的祖国。"巍峨黉合，云雀之巅。登高自卑，毋怠毋忿。"别了故乡，别了，云雀岗。

厦门大学是著名的爱国侨领、教育家、企业家陈嘉庚先生倾资创办的，在国内外享有盛誉。在当年 1300 多人的在校学生中，参加中共地下组织的有 260 余人，占总人数的五分之一。国民党腐败统治是肇因，但这终究是时代洪流，民心所向、大势所趋。几个月后，我加入中共厦门大学地下党，开始了一种全新的生活，每天都在汲取革命思想的滋养。1949 年 4 月的一天下午，我的地下党直接领导人、同系同学把我单独叫了出来。

"情况严峻，党组织决定派你去安溪游击区工作，你愿意吗？"

"愿意。我早就向往到游击区去了！"

当时，厦大已经有几批同学先后进入游击区，一想到自己即将开始传奇式的战斗生活，心情无比激动。几件换洗衣服、简单的生活必需品，我写好了给亲人和好友的信，带着联络人送我的咖啡色小提包于黎明启程，来到中共领导的福建内地游击区。当地群众给予了我热烈的欢迎，组织上对我充分信任，一个用普通话表达尚且困难的台湾籍学生居然当上了独立连连长。

在两年多的游击和剿匪战斗中，我并无战功可言。可一生不敢忘的是，不顾安危舍身救护我几次死里逃生的战友和人民。1949 年夏天，我们连队在福建云顶山下被敌军居高临下三面包围。当时我得了疟疾浑身不住地打寒颤，为了不拖累连队，我同四个战士从另一条山路转移。追敌迫近，这时，碰巧遇到一对逃难的当地农民夫妇。他们毫不犹豫地马上将我们带到附近的一座石洞。洞口野草茂盛，洞内可以容纳十几人。一进洞，夫妇俩忙把家里唯一一床棉被铺在湿地上，叫我躺下来。敌军随即赶到，在洞口盘桓搜索，直到黄昏才离去。在农民夫妇的一再坚持下，我们几个人跟着他们回到家。那屋子很黑很小，一张旧床，几件斑驳破损的家具，家中残败不堪，这正是那个动荡年代众多黎民百姓的生活状态。他们拿出仅存在包袱里已经发黑的番薯干给我们吃，又麻利地生火架起大锅，把已经潮湿的棉被放进锅里翻炒烘干，当他们把暖烘烘的被子围在我身上的时候，我的眼泪夺眶而出。温暖我的何止是这一床棉被，更是平凡百姓对于中国共产党，对党领导的军队毫无保留的信赖和关怀。

在这片许多爱国的台湾前辈曾经战斗过的土地上，我和这里的人民生死与共，度过了黎明前的黑暗，迎来了新中国的诞生。人民的信赖和关怀一直照亮着我寻求光辉明天的道路。此后，无论我从事何种工作，不管走上什么岗位，即便风雨坎坷，人民的信赖和关怀始终紧紧围绕着我，这份深情厚谊让我感动，也让我充满力量，我坚信自己选择了一条正确的道路，更深深感到，自己身上肩负着对人民的责任。

1951年，我结束了军旅生涯，调入福建工作。光阴似水，40年一瞬。在统战、侨务、外事工作岗位上，由于福建与台湾特殊的地缘关系，我处理了大量涉台事务。这道深情的海峡间，两岸渔民并肩作业，相互救助，怀同胞之情，行同行之谊。间或有纠纷或突发事件，我们坚持公正协商，合情、合理解决，盼望点滴微小的努力可以促使海峡的气氛日趋祥和起来。在运返空难的国民党军官遗体时，我将一束鲜花放在棺木上，船将出港，带去大陆人民的哀思吧，毕竟两岸是骨肉至亲，血浓于水。还有数不清多少次，营救台湾遇险船只，我总是坚持护送着他们出海返乡，心底默默祝祷他们能平安回家，早些与亲人团聚。望着小船渐渐消失在海峡那头，我的心如波涛起伏，海峡那头的故园啊……

1979年元旦，全国人大常委会发表了《告台湾同胞书》，我逐字逐句细读了几遍，整个身心按捺不住地兴奋。我知道，与亲人相见的愿望就快要实现了。当夜，我做了一个梦，梦见在一条大船上，我和父母重聚，他们紧紧拥抱着我，我为他们献上了一束百合花。

那年夏天，在一位老华侨的热心帮助下，我收到了父亲的亲笔信和一盒录音带，拆开信的刹那，我的心激动得透不过气来。录音机里传来父母亲悲喜交加的呼唤，"儿子，回来吧，回来吧！"录音机内外连成了一片不能自持的哭声，两端是痛彻心扉的牵挂和思念。30年，杳无音信30年，1979年的秋天，我与亲人终于在东京相见，美梦成真。美梦，人人都有，我和所有中国人一样怀着一个祖国繁荣富强、两岸和平统一的美梦，这个梦正在慢慢地实现。

1990年，告别了第二故乡福建，我调任国台办副主任。次年，当选为全国台联会长。1992年，当选为台盟中央副主席，五年后当选为主席，开始在多党合作制度框架下，以参政党的角色定位，促进海峡两岸交流，推动祖国和平统一。

台盟是由生活在大陆的台湾省人士组成的参政党，也是唯一一个地域色彩鲜明的民主党派。台盟的盟员与岛内有着广泛的联系和深厚的乡亲情谊。基于自身的这些特点，我们鼓励盟员和台胞充分发挥亲情关系的优势，在改革开放的时代背景下，积极为两岸经贸往来牵线搭桥，提供咨询服务，详细介绍大陆改革开放以来的投资环境和产业政策，确实吸引了众多的投资者。现在许多家喻户晓的台资企业都是通过我们的介绍到大陆投资发展的，这些台资企业在大陆的广阔天地重新焕发了新的生机，也为大陆同行企业的技术管理进步升级乃至经济发展建设作出了积极贡献。同时，我们长期关注在大陆的台资企业经营的情况，一方面引导他们守法经营，另一方面切实了解他们遇到的困难和问题，积极向有关部门反映他们的意见建议，得到了他们的信任和认可。许多当时来大陆发展的一代台商，长期生活在大陆，现在，他们的子女也留在大陆读书就业，延续着与台盟的友谊。

就在我们积极推动两岸关系发展，密切两岸交流合作的同时，台湾一些势力却在加紧对台湾文化、教育进行"改造"，削弱台湾同胞，特别是台湾青少年的中华民族意识，切断台湾同胞同祖国历史与文化的联系。这种分离倾向不只限于意识，而日益明显地表现到行动上来。陈水扁任台北市长时，台北市教育局催生的所谓"母语教材"，就是培植"台独"思想的语言文化活动。此后，随着民进党上台执政，各种"去中国化"更加肆意蔓延发展，我和广大盟员，以及身居大陆的台胞对此忧心不已。1998年，在深入调研基础上我代表台盟郑重建言，弘扬中华文化，警惕文化"台独"。我们逐渐意识到，在两岸不断密切的经贸往来之上，中华儿女共同创造的五千年灿烂文化是连结两岸中国人、维系两岸关系的精神纽带，是实现和平统一的重要基础。

多年来，我常在闲暇之余把自己的经历、感悟记录下来。当年离开故乡，西渡福建，正值国统区反饥饿、反内战、反迫害的爱国民主运动高涨，我常有所思所感，不免写下来，寄回台湾中部青年文学刊物《潮流》。这份油印刊物，一直得到著名作家杨逵先生的热情关怀。我有幸在其中发表了几首稚嫩的诗，并在杨逵先生主编的《力行报》"新文艺副刊"上发表了我的第一篇反映日据时代台湾人民生存状态的小说《农民》，几年前，台湾著名女作家李昂积极奔走，居然在台南的文学馆找到了手稿，文史馆还特别为此举行了一场文稿捐赠的仪式。

台湾著名的统派作家陈映真一直提议将我多年的随笔结集在台湾出版，并为此付出了许多辛劳。2001年，《深情的海峡》《故乡的云雀岗》在故乡与读者见面，其中记录了时光岁月和我对国家、故乡以及同学战友、人民群众的刻骨思怀。于我而言，这是与故乡亲人的一次隆重的重聚，也是故乡对于一个羁旅多时的游子最热情的拥抱。

就这样，在大陆和岛内台胞的热情鼓励下，工作之余，我开始动笔创作涉台题材的文学剧本，希望通过我的努力可以让更多人，特别是年轻一代，了解我们这些返回大陆原乡的台湾仔的人生际遇，了解海峡阻隔、家国分离带给我们的切肤之痛，了解我们对于祖国统一、两岸繁荣的奋斗与热望。以文学创作、影视作品为载体对台开展争取民心工作的做法，得到中共中央领导同志的充分肯定和大力支持。在大家的帮助下，反映不同时代背景，以不同台胞真实人生经历为蓝本

2005年12月，《云水谣》电影发布会

2005 年 5 月 1 日，张克辉出席在福建举办的中华妈祖文化交流协会大会

的《台湾往事》《云水谣》《湄洲岛奇缘》《走不尽的台湾路》《何日再拥抱》相继问世，其中《台湾往事》《云水谣》（原名《寻找》）先后被拍成电影在两岸上映，并收获了许多大奖，这是我没有想到更未曾奢望的。如果，两岸同胞可以通过这些作品增进一些彼此的理解，拉近一点相互间的感情，引发对两岸关系和祖国统一的共同思考，便是对我最大的奖赏了。

2006 年，我离开台盟领导岗位，还存着一桩心事。早在 20 世纪 90 年代，"台独"势力就将领导"二二八"武装斗争的谢雪红奉为"台独之母"，时任台湾民进党文宣部主任的陈芳明花了十年时间写了厚厚的一本《谢雪红评传》，断言"台盟、台联没有人敢写谢雪红"。不能还原历史的真相，不能为台盟创建人之一，首任主席，第一个疾呼"收复台湾"，为反抗日本殖民统治，为台湾劳苦大众谋求幸福，为实现祖国统一而不懈奋斗的传奇女性正名，那些爱国爱乡、坚持中国共产党领导、矢志祖国统一的盟员台胞又情何以堪？

在查阅大量历史资料和文献著作，访问众多台盟老前辈、老同志后，我终于厘清了一直纠缠、困扰写谢雪红时的几个重点问题，完成了文学剧本《啊！谢雪红》的写作，为谢雪红，也为台湾民主自治同盟的创建澄清了历史。

风云入世多，日月掷人急。人生暮年，尚有中华妈祖文化交流协会会长一职未及卸任。小时候，每年一定要带我去彰化南瑶宫参拜妈祖娘娘的祖母坚信，妈祖必定会庇护我平安幸福。于我，在每逢一年一度的妈祖祭祝大典上，则更乐于看到"炎黄子孙同在，妈祖膝下承欢"。

回首来时，初心未改。值得欣慰的是，在追寻光明的道路上，我掌握了自己的命运，始终跟着中国共产党前进的步伐，战胜重重困难，一步一步，见证了贫穷落后的祖国繁荣富强起来。希望故乡的亲人们可以与我一道共享作为一名中国人的自豪和荣耀。希望后来人，可以继续戮力同心地走下去，实现民族复兴的梦想。

我来自台湾海峡的东岸，台湾有我童年的梦幻、青年的憧憬，有亲人的盼望。我来到台湾海峡的西岸，大陆有我追求的理想，热爱的事业，有同甘共苦的人民。我爱台湾，我爱大陆，我更爱这个让我为之奋斗一生、不断走向伟大复兴、必将实现统一的中国。

台盟中央副主席　吴国祯

躬耕两岸一世情

　　对许多台盟盟员和机关干部来说，吴国祯副主席不仅是大家熟知的台盟现任领导人，还是一位受人敬重的长辈学者和人生路上的良师益友。他学识渊博，无论自然科学还是人文历史，均有深厚的功底与独到的见解。他待人随和、谦逊有礼，颇具中华文化中的"士"人遗风。在他温文尔雅的外在下，凛然有一副为国为民的侠义心肠，很自然地就把个人的前途与整个国家和民族的命运紧密地联系在一起。

　　作为生活在祖国大陆的台湾同胞代表人物，他的履历非常丰富，用"资深"

来形容毫不为过。他是担任多届中央委员会副主席的台盟领导人，是分别连任了四届的全国人大代表和全国政协委员，是在自然科学领域耕耘四十多载，为国家作出过诸多贡献，为社会培养了大量高素质人才的大学教授、高级知识分子。是中国和平统一促进会、全国台联、台湾同学会等人民团体的资深成员……

他的经历亦是丰富，一生割舍不断的是与"两岸"的情缘。他生于台湾，在宝岛度过童年、少年和青年时代。之后又定居北京，在大陆工作、生活，结婚、生子，成就个人的事业发展；他毕业于台湾新竹"清华大学"，又任教于北京清华大学；他在台湾接受完整的小学、中学和大学教育，又全心全意投入祖国大陆的教育事业，在中国共产党领导的多党合作和政治协商制度中履职尽责，参与国家方针、政策、法律、法规的制定执行，履行参政议政、民主监督等职能，从两岸同胞的切身利益出发，投入大量精力为之谋福祉、化分歧、促和平。

1947年出生的吴国桢，经历了中华人民共和国成立以来的大部分重要历史时刻，包括台湾的、大陆的。从两岸对峙隔绝到20世纪70年代台湾青年的思想解放运动，再到改革开放和社会主义现代化建设。走近吴国桢，我们犹如阅读一本自传体的中国当代社会发展史，从中看到一位台湾知识分子在历史前进的浪潮中成长、成熟的心路历程。

亲历"保钓"拓视野

24岁以前，吴国桢都是在宝岛台湾度过的。故乡的风土人情，以及所受到的基础教育，都在他身上留下了深深的印记。定居北京40年来，他的乡音一直未改。从台北建国中学到新竹"清华大学"，学生时代的吴国桢受到良好的教育。

在吴国桢眼里，新中国成立后相当一段时期的清华虽然是工科立校，但他在台湾上学那阵子，老校长梅贻琦所提倡的校风余荫依旧浓厚，时刻提醒着每位清华学子务必重视文史的学习。不仅要善于学习知识本领，更要以"自强不息"来自勉，以"厚德载物"做理想，肩负起"振兴中华、复兴祖国"的历史责任，有所作为。这些校风校训都深深地印在吴国桢脑海里，被他奉为人生的座右铭，成为他一生所抱持的理想信念和行为准则。

　　吴国祯上学的年代，台湾作为东西方冷战的桥头堡，正处于国民党的高压统治之下。两岸的紧张对峙和全面隔绝，使得吴国祯这样的台湾新生代对祖国大陆的认识非常有限，对中国近现代史的理解与认知，更是在台湾当局的人为歪曲下变得模糊不清。他们的满腔报国之志和民族复兴之梦，也由于国民党的独裁压制而无一丝用武之地。

　　1971 年 6 月，吴国祯开始留学美国攻读博士学位。对于吴国祯来说，这是他第一次离开台湾，却从此改变了自己人生的轨迹。

　　在美国的校园里，吴国祯开始接触到许多在台湾不曾见、也不能见的书籍，从 20 世纪 30 年代的左翼作家作品到经典的马列著作、毛泽东选集，大陆出版的中国哲学史、中国近代史、中国共产党史和新中国史等，他都饶有兴致地认真研读，视野一下子开阔了不少。

　　吴国祯赴美的时候，正赶上已经兴起的海外"保钓运动"。这场运动的起因是，1970 年底，台湾报纸披露美国总统尼克松要将原由美军管制的琉球的主权移交日本，并将钓鱼岛海域也一并划入"归还区域"。对此，台湾当局不敢得罪美国，态度暧昧，表现也很软弱。而祖国大陆立即发表声明，宣称中国拥有对钓鱼岛无可争辩的主权。这种反差对比，触动了一些爱国的台湾留学生。为了保卫祖国的神圣领土，旅居美国、加拿大和欧洲各国的台湾、香港、澳门留学生掀起了声势浩大的"保钓运动"，在海外留学生中成为一股社会潮流。他们先是对美国的无理主张感到激愤，进而对台湾当局亲美反共、色厉内荏的统治表示失望和不满。这种思想上的觉醒意识，使得许多台湾留学生成为这场"保钓运动"浪潮中的积极分子。

　　这场被周恩来总理称作是"海外五四运动"的"保钓运动"，以及后来衍生的"中国统一运动"，反映了 20 世纪 70 年代，冷战思维下成长起来的一批台湾进步青年到美国后，看到整个世界和祖国大陆的发展状况，开始改变态度、转变观念的过程。经过这场运动的洗礼，他们开始思考台湾与世界的联系，探讨台湾的前途问题。吴国祯等一些被看作是异类的"左派"青年，看清了历史发展的趋势，走上了赞成共产党、拥护新中国的光明大道。而另一些人，尽管也参加了"保钓运动"，却始终难以改变禁锢多年的思想束缚，成为国民党专制独裁统治的追随者。还有的人则成为 20 世纪 70 年代台湾"党外运动"的参与者。这种人生道路的不同选择，也成为个人发展的分水岭。多年以后，吴国祯与青年学子交流时曾说到，"其实个人的力量是很微弱的，你得跟着大时代的潮流，你就走得比较顺，过上比较有意义的生活"。

找寻祖国踏归途

海峡对岸的祖国大陆，是吴国祯长久以来一直盼望了解但又无法触及的禁地。到了美国后，吴国祯对社会主义新中国增添了更多的认同和好感，一种回归的情愫开始逐渐占据他的心灵。

1971 年下半年，中美关系已经开始解冻。联合国投票决定恢复中华人民共和国合法席位的时候，吴国祯在美国看了电视直播，印象很深刻。就在这年底，五位留美台湾学生突破重重障碍首次访问北京，周恩来总理亲自接见并和学生们进行了彻夜长谈，成为 1949 年以来两岸关系史上的一件大事。这件事让吴国祯增添了信心和勇气，心中找寻祖国的心愿也更加清晰和明确起来。

1975 年 3 月，吴国祯冒着被台湾当局通缉的风险，和几位台湾学生一起辗转欧洲，第一次踏上祖国大陆的土地，开始长达两个多月的参访。期间，他去了北京的街道社区、清华大学、王府井大街、颐和园、天安门广场和太庙，参观了大庆油田、河北瓦房台生产队、花园口黄河，访问了延安、西安、上海、南京、无锡和苏州等多个城市。一路上的交流与观察使吴国祯感觉到，虽然大家的日子过得仍然比较艰苦，但那个年代的大陆老百姓，尤其是年轻人，大都胸怀理想抱负、心系国家前途，他们对社会主义现代化建设事业的乐观积极态度，让吴国祯看到了祖国的希望所在。

直到今天，吴国祯仍然保存着参访期间拍摄的九百多张珍贵照片。中华大地的山川河流、历史遗迹，以及老百姓淳朴自然的生活状态，通过他的镜头一一展现出来。他把这些照片经过筛选，剪辑成幻灯片，分享给许多台胞和青年学子观看。尽管今天的许多年轻观众对 20 世纪 70 年代父辈一代人的集体记忆还略感陌生，也无法完全体会到一位台湾游子冲破艰难险阻首次踏上大陆故土时的心情，但从照片中吴国祯在花园口黄河岸边留下的凝思背影，到幻灯片中《我的祖国》背景音乐的情绪烘托，在视觉与听觉的双重渲染中，大家都对吴国祯那份爱国之志和赤子情怀感同身受。

1977 年夏天，吴国祯顺利完成学业，获得化学博士学位。由于之前参加了"保钓运动"以及后续的"中国统一运动"，反对台湾当局并擅自到祖国大陆访问，他被台湾当局列入黑名单。于是他做了一个在当时被看作十分大胆的决定——到祖国大陆去。这是那个年代极少数的台湾人敢于尝试的道路。彼时的祖国大陆，打倒了"四人帮"，结束了"文化大革命"，即将开启改革开放和社会主义现代化建设的伟大征程。吴国祯在这时来到了北京，在中科院化学所做科学研究，教书育人。

多党合作讲传承

定居北京后，吴国祯受到了大陆有关部门的热烈欢迎，在京的许多台胞也对这位从台湾来的年轻人给予了热情照顾，台盟老前辈苏新、颜光等人和他还成了无话不说的忘年交。1983 年 11 月，吴国祯加入了和他同龄的台湾民主自治同盟，先后担任第五、六、七、八届全国人大代表，第九、十、十一、十二届全国政协常委，第六、七、八、九届台盟中央副主席，参与国事协商决策，积极建言发声。

围绕京津冀协同发展和首都战略定位课题，吴国祯积极参加台盟中央的大调研活动；围绕"水资源保障与水资源承载力"问题，他和台盟调研组一起认真考察了北京市的河道治理工地、再生水工厂和温榆河小流域建设，为破解水资源短缺难题提出相关建议，得到李克强总理的批示并交由国家发展和改革委员会认真研究。即使在一些"小事情"上，吴国祯也能敏锐地抓住事情本质，认真反映问题。比如，针对改革开放初期出国留学人员接触国内信息宣传过少的情况，他提出，应注意改进和解决对海外留学人员国内报纸、电影放映片的供应。这不仅是对留学生精神生活的照顾，更是做好对美国等海外地区宣传工作、做好对台湾留学生工作的一块重要阵地。他的这个建议案也被及时地交由国务院相关部门进行了研究办理。

台盟是由居住在祖国大陆的台湾省人士组成的参政党，参政履职的一大特色便是对台工作。20 世纪的 80 年代和 90 年代，是台湾局势剧烈变动的时期，吴国祯将当时参加各种对台会议上的发言稿，包括关于对台政策的各种建言，进行了整理，收入《在历史面前》一书，充分反映了他对故乡的关心、对局势的观察。进入新世纪以来，围绕两岸关系和平发展的主题，吴国祯多次代表台盟中央、全

2005 年 3 月 10 日，在全国政协十届三次会议上，吴国祯作《反对分裂，努力维护和平、发展、和谐的两岸关系》发言

国台联在全国政协会议上作大会发言，就全面加强两岸民间各行业的交流、保护台湾同胞的合法权益、加大对台湾青年学生的工作、重视从历史文化层面推进"反独促统"工作等提出对策建议，得到相关部门的积极反馈和吸收采纳。

作为一名多年从事自然科学研究的学者，吴国祯也特别看重历史教育。如何从历史文化的层面做好"反独促统"工作？吴国祯对此有着自己的思考与实践。在他看来，台湾同胞历来具有爱国爱乡的光荣传统。诚如台盟总部原副主席李纯青所言："每个台湾人寻找祖国的经历，都是一部千万行的叙事诗。"百余年来，台湾的命运与祖国的命运紧密联系在一起。中国近现代发生过的几乎所有重大历史事件，台湾同胞从来都没有缺席。从公车上书到辛亥革命，从北伐战争到抗日战争，从解放战争到抗美援朝，从解放初期新中国建设，到今天的改革开放事业，都留下了台湾同胞的足迹，也充分反映了台湾与祖国大陆血脉相连、密不可分的关系。这些史实生动地说明了两岸关系的深层次脉络，理应被很好地保存下来，并为今天更多的人所了解和感知。

为充分发掘这些共同的历史记忆，吴国桢不遗余力地做了许多有益的工作。在北京，他带领台盟调研组将文物部门勘定的 14 处涉台文物史迹全部进行了仔细勘察和资料记录，并就文物的保护、开发及应用提出工作建议；在台湾，考察台南延平郡王祠时，他仔细阅读康熙皇帝平定台湾后颁发的圣旨，其中赦免郑氏家族"叛乱"罪的内容让他心情为之一振。即使是平时阅读新闻，他也关注与台湾相关的消息。他说："前几年，我见到拍卖公司拍卖《1748 年巡台御史白瀛呈供乾隆皇帝御览手绘台湾全岛地图》。这个文物的价值在于它明白无误地说明了'台湾是祖国一部分'的史实"；在清华大学，他热心促成学校图书馆成立"保钓资料收藏研究中心"，将"保钓运动"时的一些刊物、资料和文献，包括 70 多位"保钓运动"亲历者的口述记录都进行了认真收集与整理，出版相关学术书籍和历史文献，为研究人员查阅资料提供便利，也吸引了许多访客，特别是台湾青年学子前来参观学习。

近年来，在教学工作之余，吴国桢重视与青年朋友的交流。他在台湾《两岸

2016 年 4 月 23 日，吴国桢《荷清苑书简》新书座谈会在台北市举行

犇报》上连续 5 年撰写专栏文章，结集出版了《荷清苑书简——与台湾青年朋友的通信》一书，和台湾的年轻人分享自己多年来对生活、学习，对两岸关系发展的所思所悟，正面介绍大陆的经济、政治、文化和社会事业发展情况，宣传"两岸一家亲"的历史渊源。在大陆青年台胞和台盟机关干部中，他也积极参与台盟优良传统的教育实践和历史传承工作，热心地教授公文写作的要义，分享对台工作的经验，重温老一辈台盟领导人与中国共产党风雨同舟的典型事例，为台盟优良传统的薪火相传和政治交接作出自己的努力。

2017 年恰逢台盟成立 70 周年，回首台盟走过的 70 年光辉足迹，吴国祯说：台盟有着优良的历史传承，相信台盟后继有人，能和其他民主党派一起，在中国共产党领导的多党合作事业中，共同努力，实现伟大的中国梦和祖国的统一大业。对于台盟的年轻人，他寄语道：不论学习什么专业，总能具备基本的现代科学知识和人文素养，特别是中华文化的涵养。不论职位高低，总能平等待人。不论是否具有中国共产党员身份，总能努力做一个马克思主义者，有着唯物辩证的认识观、历史观。不论是否有宗教信仰，总能具备"悲天悯人"的情怀，包括"国际主义"的情操，不仅爱祖国，爱人民，也爱全人类。

（执笔　李剑根）

多党合作历史

记忆篇

民革成立

——国民党民主派的大联合

　　抗日战争胜利后，蒋介石领导下的国民党统治集团不顾全国人民要求和平、民主的共同愿望，挑起了全国性内战。在这个中国历史发生转折的重要关头，国民党民主派人士选择了联合起来，成立统一的新组织，与中国共产党合作，共同推翻蒋介石统治。这一为着民主建国而产生的国民党民主派统一组织就是中国国民党革命委员会（简称：民革）。

寓所座谈　确定"大事"

创建民革的工作首先从促进国民党民主派组织实现联合入手。

在民革成立前，国民党民主派人士主要集中在上海、广州、南京、重庆、成都等几个城市。这几个城市，遍布蒋介石的耳目，很难隐蔽地开展民主活动。与国民党统治区相比，香港的特殊环境，不仅有利于民主人士密切关注国内局势的变化，保持与中共的联系，相机开展活动；而且港英当局多次拒绝国民党政府通过外交途径提出的驱逐中共以及民主、文化人士出境的要求，氛围相对宽松，人身安全较有保障。李济深经过深思熟虑，找到中共领导人董必武，征求中共对于他去香港组织反蒋活动的意见。董必武表示完全赞成。

1947 年 3 月，李济深由上海秘密前往香港。一到达香港，9 日，李济深便在中国共产党于香港创办的第一份中文报纸——《华商报》上发表《对时局的意见》："我是中国国民党党员，我们国民党执政已 20 年，使国家弄到这样地步，我们的党，当然要负相当责任……每一个信仰总理遗教的党员，亦应该不客气的起来，改正党内反动派的错误政策，不应消极放任听其错误到底，误党误国，弄到同归于尽。"他痛心疾首，强烈呼吁停止内战，废除党内独裁。除了"言"之外，李济深立即"行"，着手创建一个有较大影响的国民党民主派组织，并就建立国民党民主派组织的问题和一些同志交换意见，以便更好地从内部反对蒋介石独裁统治。

5 月 4 日，李济深邀集何香凝、蔡廷锴、彭泽民、李章达、陈其瑗、朱学范、陈此生、邓初民等人来自己在香港的寓所聚会，商讨正式成立联合组织的问题。在聚会上，他直抒胸臆："希望通过这次座谈会把成立组织的问题确定下来，并讨论当前需要做哪些工作，以推动革命组织的成立。"

大家进行了热烈的讨论，一致赞成，最好的联合是建立国民党民主派新组织，应当尽快团结国民党内的一切爱国民主力量，与中共合作推翻蒋介石统治。在发言中，大家情绪高涨，认为尽管民联、民促有联合的愿望和要求，但二者自成立以来，都为争取和平民主做了大量工作，在全国有很大的影响，不宜解散。为了更好地发挥它们的作用，以利于斗争的开展，应当继续保留这两个组织。国民党民主派联合的最佳方式是另外成立一个组织，让民联、民促的同志以个人名义参加这个新组织，并作为骨干力量来推动这个新组织的工作。

民促在广州文德东路六和新街14号的秘密联络点

民联，全称三民主义同志联合会。1945 年 10 月，在周恩来、董必武等同志的关怀下，由谭平山、陈铭枢、杨杰、柳亚子、朱蕴山、王昆仑、郭春涛等中国国民党爱国民主人士在重庆成立。民联公开宣布"接受三民主义及中国国民党第一次全国代表大会宣言与决议案"，"中国国民党应即自动结束党治，建立举国一致的民主联合政府"，"保障人民的民主权利""国内一切民主党派，一律处于合法平等地位"。三民主义同志联合会第一次全体大会选举谭平山为临时干事会总干事，主持工作。

民促，全称中国国民党民主促进会。1946 年 3 月 12 日和 4 月 14 日，在中国共产党的帮助下，由李济深、蔡廷锴、李章达等国民党爱国民主人士先后在广州两次举行会议，正式成立中国民主促进会，后改为中国国民党民主促进会，推举李济深为中央主席。《中国民主促进会成立宣言》公开宣布，忠诚于孙中山的革命三民主义，以"民有、民治、民享"为最高准则，反对蒋介石的内战和独裁政策。

形势紧急，刻不容缓。会议当即确定了几件重点要做的"大事"：

一是写信邀请在上海的民联同志来港，共同商议有关联合的事宜。

二是征询冯玉祥对建立组织的意见。会议委托即将赴欧洲参加世界工联会议的朱学范赴美，会见在美从事反蒋活动的冯玉祥，征询他对成立国民党民主派统一组织之事的意见。

三是成立筹备小组，商讨新组织名称等重大问题，着手准备纲领等重要文件的起草工作。

"大事"已定，大家立刻分头行动。

绸巾密语　信邀来港

李济深在 5 月 4 日会议上明确提出："现在要成立新的革命组织，是联合起来的一个好机会。鉴于在座的基本上是民促的同志，当务之急是把在上海的民联负责同志请到香港来共商大计。即使合并有困难，也可以个人名义参加进来，成为新组织的骨干，这样才能推动工作。同时，也可以为推动民联、民促的联合或合并奠定基础。"会议决定由李济深、何香凝联名写信，邀请在上海的民联同志来香港，共同商议二者联合事宜。

5 月 6 日，李济深再次召集会议，讨论由李济深、何香凝联名写信邀请上海同志来港的具体问题。于是上演了民革历史上广为流传的典故——"绸巾密语"。

绸巾

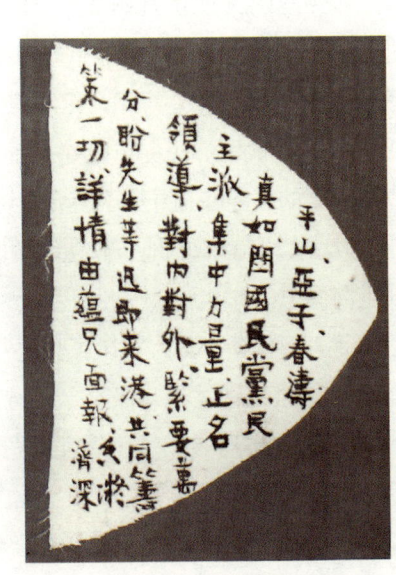

　　在李济深发表《对时局的意见》，公开举起反蒋大旗后，白色恐怖日益严重。蒋介石控制的国民党中常会，以李济深诋毁蒋介石和国民党统治为名，通过了开除李济深国民党党籍、全国通缉的决议。蒋介石还派特务赴港暗杀李济深，好在暗杀行动事先被宋庆龄得知，她立即派人通知，才帮助李济深得以躲过一劫。一时间，风声鹤唳。

　　邀请民联同志来港的信函怎么写？采用什么方法才能最大限度保证信件安全送达？是大家首先考虑的问题。

　　为了保证信件的安全，当时的想法是，通过一位可靠的人士将信带到上海，亲手交给谭平山、柳亚子、郭春涛、陈铭枢等人。

　　经过反复研究，大家决定采用秘密通讯办法——将信的内容写在巴掌大小的绸巾上，缝在衣服里面，以便躲避途中国民党军警的严密检查。

　　方案已定，大家逐字逐句地斟酌，可谓惜字如金。经过多次的讨论，最终形成简明扼要、含意深刻的36字密信，全文如下：

　　平山、亚子、春涛、真如阅：国民党民主派，集中力量，正名领导，刈内对外，紧要万分。盼先生等迅即来港，共同筹策一切。详情由蕴兄面报。

　　　　　　　　　　　　　　　　　　　　　　　　　香凝　济深

　　据朱学范回忆，仅"正名领导"四字就颇费了一番推敲。它至少概括了三个层次的含意：（一）国民党民主派急需成立一个革命组织，才能正名（名正言顺地）领导开展推翻蒋政权的活动；（二）这个革命组织急需定出名称，才能对外联系，发展组织，开展工作；（三）民联、民促可以并入新组织，其成员也可以用个人名义参加进来，成立一个新的、能够领导推翻蒋介石统治的革命组织。

　　信的内容被誊写在绸巾上，密密麻麻地布满整块绸巾，具体讨论详情，只好以口头汇报的形式告知上海同志。

　　进行到这一步，已经是万事俱备，只欠东风了。这个东风就是——送信人！

　　这封干系重大的信到底由谁来送才最为保险、妥当？6月初，有着丰富革命经历的朱蕴山秘密到达香港。他先后参加过光复会、同盟会、国民党、共产党、第三党、中华民族革命同盟、民盟、民联等组织，交友广泛，对各方政治人物都很熟悉，为人又豪爽豁达，急公好义，孑然一身，不治家产，一旦遇到重要任务需要进行联系时，总是请他辛苦跑一趟，故此得了一个"神行太保"的雅号。他无疑是送信的最佳人选！

李济深立即去征求朱蕴山的意见，朱蕴山表示愿意回上海送信。于是信尾又加上"详情由蕴兄面报"七个字。但是朱蕴山最终未能成行。他本来已经买好了返回上海的船票，开船前一天，突然接到上海友人电报，称他若返回上海，一上岸就有被捕的危险。朱蕴山一生经历过多次大风大浪，对此毫不畏惧，但是为了绸巾上所列同志们的安全，经与李济深、梅龚彬等商量，上海之行最终不得不取消。后来，李济深等决定分头托人带口信请上海民联的同志们速来香港。

柳亚子到港后，李济深把这封没有送出的"绸巾密语"拿给他看，看后就留在他家。为安全起见，柳亚子将密信藏在放有孙中山先生像的镜框里。几经辗转，这封颇具传奇色彩的密信现存于中国国家博物馆，成为当年国民党民主派人士为了推翻国民党反动统治，甘冒生命危险，和中国共产党领导的广大人民一起，毅然投身革命洪流的历史见证。

绕道赴美　征询意见

在准备"绸巾密语"的同时，朱学范也带着任务准备出发。出国前，他到李济深、何香凝府上辞行。李、何二人特意叮嘱他按照 5 月 4 日会议的安排绕道美国，与"水利考察专使"、著名反蒋人士冯玉祥面谈。李济深还强调希望冯玉祥能出来领导。

朱学范到美国后，与冯玉祥进行了商谈。朱学范介绍了香港方面酝酿成立国民党民主派统一组织的情况，以及 5 月 4 日会议确定的几件"大事"。冯玉祥立即表示同意香港方面的意见，认为要改变国民党当局的错误政策，必须联合国民党内的爱国力量，从内部进行斗争，只有尽快建立这个组织，才能更好地联合民联、民促的同志，进而团结一切爱国的国民党军政人员，达到分化国民党、推翻蒋介石统治的目的。

两人足足畅谈了三天。冯玉祥还答应筹募一些经费，并准备学习孙中山先生发动华侨的力量，成立"旅美中国和平民主联盟"配合革命行动。他根据与朱学范谈话内容写了一封信，托朱学范带给李济深，并表示一旦这个组织在香港成立，他就尽快赶赴参加。不幸的是，1948 年 9 月，冯玉祥在回国途中遇难，没有见到李济深等民革同志，没能亲眼目睹新中国诞生。

筹备成立　组织定名

1947年10月初，柳亚子首先抵港，带来了民联中央关于成立国民党民主派联合组织的意见。大家经过商议，决定由李济深、何香凝、柳亚子、蔡廷锴、王葆真、邓初民、张文、梅龚彬、朱学范、朱蕴山、陈此生等人组成中国国民党民主派联合代表大会筹备委员会，推举李济深、何香凝为筹委会召集人，柳亚子为秘书长。不久，陈铭枢、谭平山也相继到达，参加了筹委会，郭春涛则一直留在上海，化名从事策反工作。筹委会工作得到了中共香港分局的大力帮助，方方、潘汉年、章汉夫等经常以招待会形式，辅助联络予以帮助。

在李济深、何香凝等的主持下，筹委会在香港坚尼地道52号举行了多次会议，具体讨论了拟成立的组织名称、纲领和领导人选等重大问题。其中，新组织的名字，是筹委会讨论的重点议题。早在酝酿成立组织时，李济深等国民党民主派领袖就提出组织名称应该先定下来，以便对外号召，开展工作。

组织定名过程较为曲折，大家意见纷纭，分歧较大。新组织名字既要迎合当时反独裁、反内战运动之需要，又要团结、凝聚国民党内爱国民主力量，还不能和当时已经成立的组织名称重复。"民主和平运动大同盟"、"中国民主党"……一个个名字，提出者有理有据，反对者也有缘由。李济深说："我们要建立的是一个革命的政党。"柳亚子带来的上海方面意见，建议定名为"国民党民主派同盟"。许多人认为"国民党民主派同盟"比其他几个名字都好，可以考虑。李济深为了慎重起见，就此分别征求宋庆龄、冯玉祥的意见。冯玉祥复信表示赞同"国民党民主派同盟"。信上说："昨读赐电，敬悉为成立同盟，特别盼望成功，此间友人亦皆此意。"

宋庆龄则从上海给何香凝捎来口信："早年我与邓演达、陈友仁以'中国国民党临时行动委员会'名义发表《莫斯科宣言》（即《对中国及世界革命民众宣言》），以示继承孙中山的革命事业。后来，我曾想过，'临时行动委员会'之下一步，可以改为'革命委员会'……建议考虑。"何香凝即倡议这个革命组织可以命名为"中国国民党革命委员会"。

因为国民党的种种倒行逆施，筹委会很多同志都嫌弃"国民党"，想尽量避

1948年一月，民革中央部分同志在香港合影。前排左起：朱蕴山、柳亚子、蔡廷锴、李济深、张文、何香凝、彭泽民、王葆真；中排左第二人起：郑坤廉、梅龚彬、刘遐羲、张克明、冯伯恒、李子诵、陈其瑗，右一为周颖

开这三个字。何香凝理解宋庆龄的用意，主张保留"国民党"三个字，强调"国民党是孙中山先生亲手缔造的，我们作为孙先生的信徒，成立革命组织，必须保留孙先生的传统，才足以取信于民众，为利于广泛号召，就不能不保留国民党三个字"。她指出："当前南京政府在战场上已经败北，国民党内部人心惶惶，不少人对各自的前途正在抉择，形势需要我们这样做""在当前的有利形势下，只有善于团结可以团结的力量，我们这个组织才会兴旺发达，才能在与共产党真诚合作中发挥分化敌人的作用。"何香凝的一番话，使与会者对民革的性质和任务有了进一步的认识。

朱蕴山也指出，孙中山当年曾组织过革命委员会，"四一二政变"后国民党民主派与共产党合作，在南昌起义中也曾成立过国民党革命委员会，因此新组织采用"中国国民党革命委员会"的名称，正显示了国民党民主派决心继承和发扬孙中山不断进步的革命精神。

经过反复讨论，筹委会一致同意将新组织的名称确定为"中国国民党革命委员会"。

宣告成立　中共支持

1947年11月12日，在孙中山先生诞辰81周年纪念日，中国国民党民主派

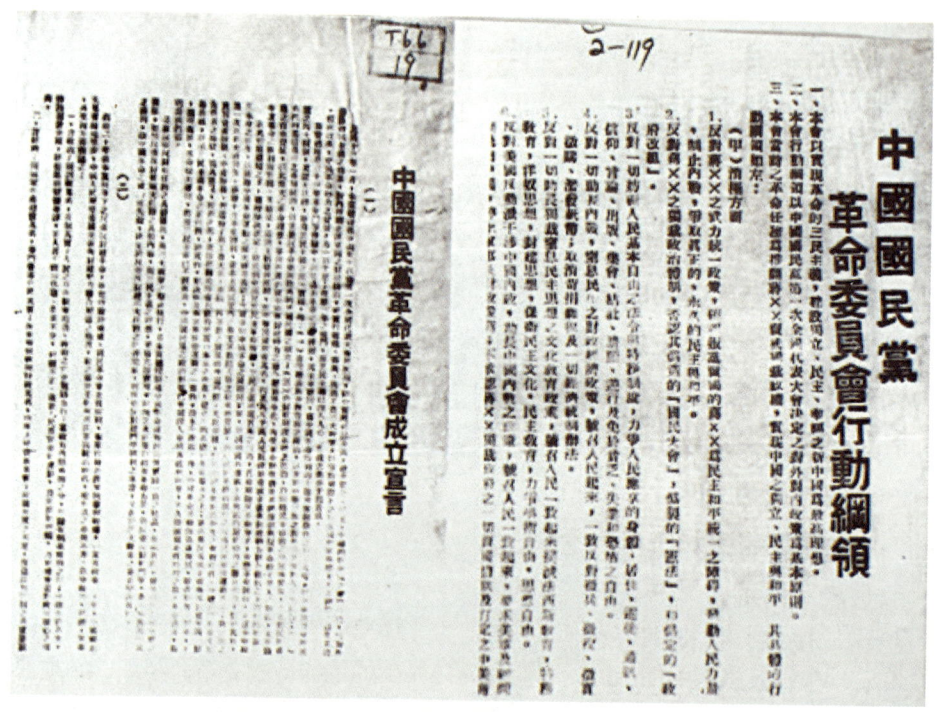

发表于 1948 年 1 月 4 日香港《华商报》上的《中国国民党革命委员会成立宣言》和《行动纲领》

第一次代表大会在香港举行。李济深在开幕词中说："今天适好是总理诞辰，我们来开会，就是象征本党再生之意义。"经过一个多月的商讨，1948 年 1 月 1 日，民革在香港正式宣告成立。大会推举宋庆龄为名誉主席，李济深为主席；通过了《中国国民党革命委员会组织总章》《中国国民党革命委员会成立宣言》《中国国民党革命委员会行动纲领》《中国国民党革命委员会告本党同志书》等重要文件；宣布民革的行动纲领是："以实现革命的三民主义，建设独立、民主、幸福之新中国为最高理想"，"以中国国民党第一次全国代表大会决定之对外对内政策为基本原则"。

3 月 8 日，中国共产党致电对民革的成立表示支持。中共中央发言人评论："国民党革命委员会今年元旦发表的宣言与行动纲领，这些文件表示反对美国帝国主义与蒋介石反动统治集团的民族民主运动的统一战线，是何等广阔……我们欢迎中国国民党革命委员会的成立，我们愿意在新民主主义的革命事业中和所有一切反帝反封建的民主团体一道为共同的目的而携手前进。"民盟、农工党、致公党纷纷致电、函祝贺,表达了愿与民革一起为建立民主、和平、独立、统一的新中国而努力。

在民革成立的过程中,中共中央南方局(南京局)及广东、香港党组织做了大量工作,周恩来、董必武、廖承志、潘汉年、方方等共产党人也对民革的成立直接或间接地进行过帮助。这些支持和帮助,是民革得以顺利成立的重要原因,也是民革坚持与中国共产党合作、赞同成立联合政府,并制定出与新民主主义纲领原则基本一致之政治纲领的重要原因。

民革一成立,就强烈地震撼了蒋介石集团,引起了国内外有关政治势力的高度关注,使中国的政治格局发生了重要变化。它标志着国民党民主派和其他爱国民主分子,在坚持孙中山三大政策和革命精神的基础上,在政治上、组织上与蒋介石把持下的国民党反动政府进行了彻底、公开的决裂,在推翻蒋介石集团反动统治的共同目标下,与中国共产党亲密合作,实现了国民党爱国民主力量的集结与联合。继承和发扬孙中山爱国革命不断进步精神,在中国共产党领导下致力于国家富强、民族复兴、人民幸福,从成立之初就深植于民革的基因中,成为了民革优良传统的重要组成部分。

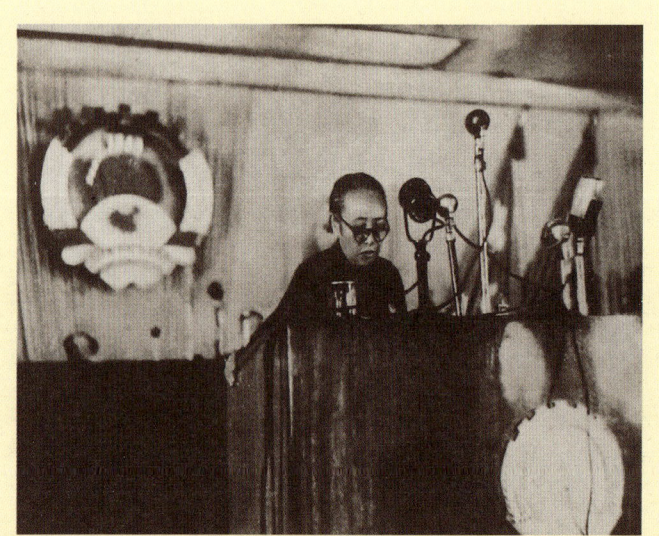

民革拒绝"中间道路"

　　1949 年 9 月 21 日，万众瞩目、具有伟大历史意义的中国人民政治协商会议第一届全体会议在北平中南海的怀仁堂隆重开幕。作为参会单位之一的民革，也派出代表参加了会议。在开幕会上，代表民革发言的何香凝提出，孙中山先生奋斗了 40 年的目标以人民政协的开幕为标志终于实现了，她发出号召："我们信仰孙中山先生的革命的三民主义信徒，今天，要来做一个模范的新民主主义工作者。"

　　看到这里，有的人或许会发出疑问：民革——由原中国国民党民主派及其他爱国民主人士所创建的国民党民主派组织，如何成为了新民主主义的"工作者"、走上了新民主主义道路呢？

一场论战凸显的政治问题

要回答这个问题，首先要了解民革在成立之时所面临的一场"论战"。

1948年1月，也就是民革宣告成立的当月，一些人士在国统区的《大公报》上接连发表了诸如《自由主义者的信念》《国际第三方面势力的抬头》等带有"宣言"性质的文章，认为"武力不能解决问题"，提出中国应该实行所谓的"自由主义"，主张中国走"第三条道路"，号召"自由分子站起来"，提出"政治自由与经济平等并重"，倡议仿效实行欧美式的"民主的多党竞争制"。这样的观点，赞成者有之，反对者亦有之，社会上随之掀起了一场关于"自由主义"的激烈争论。

就在争论正酣之际，美国也前来"凑热闹"。2月，美国驻华大使司徒雷登发表《告中国人民书》，也鼓吹中国可以走"第三条道路"。司徒雷登提出，中国的爱国之士"可组一新党，而对政府作建设性之批评"；也可以在美国支持下"组成若干团体"，"倡导若干有关改革之主张及进步之运动"。美国的掺和让论战的激烈程度加剧，部分国民党政府的官员、一些颇有成就的学者等受此影响，也通过多种方式加入"第三条道路"的宣传阵营，由此引发的社会思潮对相当一部分人产生了影响。

应该说，这种思潮的出现，不是偶然的。自抗战结束后，建设一个什么样的中国，不同的政治势力一直有着不同的见解。有些人士对国民党的专政独裁进行严厉的批评，但又不认可共产党的新民主主义主张。他们受英美政治制度影响，以国共之外的第三方面力量，提出有别于国共两党的、"不偏不倚"的第三条政治路线，也就是前文所谓的"第三条道路"，又叫"中间道路"，配之以相应的政治纲领、建国方案等内容。"中间道路"思想的出现反映了当时社会上一部分人的想法，因而在一定范围内得到了响应与传播。

民革的成立标志着国民党内部的公开分裂，引起国民党内部极大震动，也引起国内外各种政治势力的高度关注，成为美国政府、国民党不同派系极力拉拢争取的对象。如当时担任广东省政府主席的宋子文就亲赴香港，提议与民革联合推翻蒋介石，在广东另组政府，由广东政府直接与中共谈判。而以李宗仁、白崇禧为首的桂系历来反蒋，想借民革成立之机行取蒋代之之事，几次派人到香港拉拢李济深。蒋介石在军事上的接连失利，美国政府已经产生了"换马"意向，积极地寻找在中国的新代理人。鉴于李济深的影响、民革的影响，美国政府游说李济深，寄希望于民革在美国支持下代替蒋介石组织一个新政府，然后由李济深出面与共产党谈判，实行"划江而治"。

在这种背景下，在面对这些重大问题时，民革成员意见并不一致。有一些人，因为受过"欧风美雨"的影响，对国共之外的"第三条道路"抱有幻想；还有少数人提出搞武装，扩大势力，自成体系，以便一朝全国取得胜利，可以"分红"。如何解决这些问题，以何种方式加入中共领导的新民主主义阵营，是否接受中国共产党的领导，就成为民革必须正视的重大政治问题。

坚定地反蒋反"中间道路"

同样是 1948 年 1 月，身在香港的民革中央主席李济深在中共香港分局主办的《华商报》元旦特刊上发表了一篇与《大公报》所刊登的基调完全不同的文章——《除恶务尽》。

在文章中，李济深指出，抗战以后，全国同胞曾怀着"无限欣慰的心情"等候和平民主出现，但因蒋介石撕毁政协决议，"逐步摧毁人民的愿望"，此后蒋介石独裁统治变本加厉，处在当下的人民"对独裁政府已由失望而绝望"，深切了解到"独裁者绝对不会有丝毫的和平，丝毫的民主出让"，要想求得和平民主，"就只有靠自己的力量去推翻独裁统治"。他号召站在"民主阵线"上的同志，"以人民的意旨为意旨"，在人民对独裁政府"忍无可忍、让无可让"之时，就要"跟着作粉碎独裁统治的行动"。这篇文章不足千字，却尽数道出当时社会上已经"绝望"之人的"绝望"之情，同时表达了刚刚成立的民革与国民党彻底决裂的决绝态度和要推翻蒋介石独裁统治的坚定决心。

这"绝望"之情，指的就是当时相当一部分秉持"中间道路"的人士不再对蒋介石抱有幻想，抱着势必要通过"你死我活"般斗争才能求得民主的心情。结束党治，休养生息，组建民主联合政府，实现和平建国，这是当时包括国民党民主派在内众多社会进步人士的心声。但蒋介石奉行假和平、假民主，坚持独裁，撕毁和平协议，主动挑起内战，在后方对爱国民主人士打击迫害，还悍然取缔以民盟为代表的"中间党派"——何香凝与李济深等人在 1946 年创办的"中国民主促进会"（后改名"中国国民党民主促进会"，简称"民促"）也遭到当局的破坏。"中间力量"没有了生存立足的空间，为了躲避蒋介石的迫害，他们有的移居香港，继续开展革命活动；有的奔赴解放区，走向人民阵营；有的则依附了蒋介石。民革在这时成立，成立伊始确立的政治任务就是"推翻蒋介石卖国独裁政权，实现中国之独立、民主与和平"。

此时战争已经进入战略反攻期。中共从 1947 年 10 月起，先后发布《中国人民解放军宣言》《目前形势和我们的任务》等文件，响亮地提出"打倒蒋介石，解放全中国"的战略目标，宣布"联合工农兵学商各被压迫阶级、各人民团体、各民主党派、各少数民族、各地华侨和其他爱国分子，组成民族统一战线，打倒蒋介石独裁政府，成立民主联合政府"。这样的号召是中共长期以来领导新民主主义革命的一个具体体现，反映了中共与国民党政治取向的根本不同，契合了人们长期以来的愿望，极大地鼓舞了广大人民的信心与斗志，也对广大民主人士产生了深远影响。"中间力量"在反蒋的共同目标下与中共更加紧密地联系与合作，逐渐对中共的革命性、先进性，对中共领导的新民主主义革命有了更为深入的理解与认识。现实条件让"中间力量"内部出现重大分化，认同"中间道路"的力量越来越少，相当一部分人士逐渐地抛弃了原先的幻想，形成了共识：在民主与反民主的阵营中只能选择其一，而断不存在中间的、独立的政治立场。

就在民革成立后不久，民革创始人之一朱学范就清醒地认识到"中间道路"已经行不通了，对于新成立的民革而言，必须找到自己的"民主阵容""革命同伴"，即"苏联"以及"中共和民主党派之统一战线"。他在深入东北解放区的农村、工厂、煤矿了解情况后，感受到解放区是一个充满希望的新社会，生活在解放区的人民已经翻身当上了新社会的主人，在中共开展的群众路线下，解放区人民所展现出的力量是无穷的。他通过信函告诉李济深："这里人民生活有了保障，物价也很稳定。范在哈市与沿途经过之城市，看到的人民都是喜气洋洋，有了生气。依照新民主主义经济政策工商业是有保障的，中小工商业还是可以私营的。""中共同志一条心，一切为了革命，一切为了人民"。因此，朱学范旗帜鲜明地提出了民革接受中共领导的问题："在今天民主革命斗争中，站在领导地位，只有由中共坚决领导才能得到革命最后的胜利，不但如此，将来革命胜利后，在民主建设中，中共是第一大党来领导建国工作。"李济深接到信后，以电报和信件方式委托朱学范与中共中央领导人取得联系，表示民革愿意与中共合作，并建议尽早就成立新政协和民主联合政府交换意见。李济深还表示，民革是坚持孙中

民主党派，国民党有几十年历史，我们现
在负起了一个复兴时期的领导责任
国内外国民党革命进步份子都抱着
无限希望。这个机会不能使它失去
我们如果认清了中间路线已经死去
的话，那末我们要选择我们革命
同伴！国民党革命委员会无疑的要
选择一个民主阵营和革命集团
来作我们的同伴，这个民主阵营就是
苏联，这个革命集团就是中共和
民主党派之统一战线，革命委员会在
这个时候，接着了总理革命三大政策
及赞成土地改革，是适合了这个
时间的实际情况。吾以为当时参
加国民党一二次革命斗争时期之
工农群众更能体会总理之联苏联
共和扶助农工政策革命的真
谛。这次革命委员会之成立之开阖

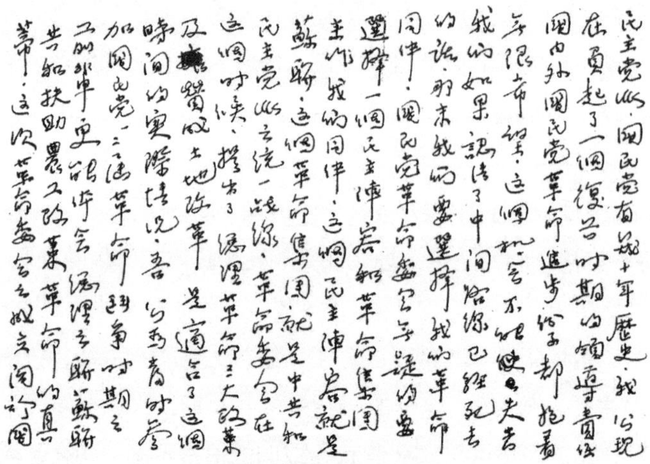

朱学范给李济深信件手迹之四

1948年2月，朱学范写给李济深的信件手迹部分内容

山“联共”政策的，民革在香港得到中共南方局的诸多照顾，将来与中国共产党长期合作共事，更要中共中央多加支持与帮助，接受中国共产党的领导，“这是不成问题的”。

与李济深、朱学范书信往来探讨的同时，在香港的民革领导人对“中间道路”观点也进行了有力的公开批判。3月6日，民革创始人之一谭平山在香港《华商报》发表《巩固统一战线，粉碎和平阴谋》一文，指出：在美蒋导演下，无论是《大公报》这样打起“‘自由主义’、‘中间路线’的臭旗子，自鸣高超”，还是社会上一些人士“高唱‘第三条路线’，‘再起和平运动’，‘要求国共两党息战’那种滥调”，亦或司徒雷登等“致中国人民书”，归根结底进行的是“和平阴谋”，其主要目的，就是企图“欺骗中国人民，掩饰美帝援蒋亡华，延长中国内战的罪恶”，“企图代蒋府寻找一个喘息的机会”，“分化革命力量”，争取“自由分子”“中间路线者”，改善蒋介石“孤立状态”，同时将内战责任“转移于民主党派”。文章要求革命派除揭露和打击这样的阴谋之外，还要“整顿我们的革命队伍，清除一班苟安妥协的动摇分子，巩固革命的统一战线，把革命战争进行到底”。谭平山还在文中提出，如果不能坚持武装斗争，彻底推翻蒋介石的反动统治，那“真正的和平、民主是无法获得实现的”。

3月12日，民革中央在纪念孙中山逝世23周年时发表《告本党同志及全国

同胞书》，明确表态民革"不信有帝国主义卵翼下的自由主义，不信中国人民所企求的真正永久的和平，能够在卖国独裁政权彻底推翻之前出现"。

在几位重要创始人的带领下，民革内部在革命大目标、大方向、大方针政策上取得了一致，保障了民革作为国民党民主派组织的思想统一、团结以及政治路线的正确，为随后接受中国共产党的领导、走上新民主主义道路奠定了思想基础。

积极响应"五一口号"

1948 年 4 月 30 日，在中国人民解放军节节胜利的形势下，中共中央发布纪念"五一"劳动节口号，提出彻底摧毁国民党反动政府、夺取新民主主义革命胜利、建立真正民主的联合政府新政权的纲领。5 月 1 日，中共中央主席毛泽东又致函李济深、沈钧儒，提出"召集人民代表大会"、"成立民主联合政府"、加强各党派人民团体"相互合作"的意见，并建议 1948 年秋在哈尔滨召开政协会议，由民革中央、民盟中央、中共中央三党联合发表声明，以为号召。5 月 2 日，中共中央邀请民革的李济深、冯玉祥、何香凝、李章达、柳亚子、谭平山等以及其他民主人士前往解放区参加协商。

"五一口号"的提出，与国民党政府一直以来的倒行逆施形成鲜明的对比。这个口号从根本上回答了"中国向何处去"的问题，代表了包括各民主党派在内的全中国大多数人的呼声，可谓审时度势、顺应民心、适应国势，获得广泛好评和拥护。民革对此热烈拥护响应，认为"五一口号"的发出"适合人民时势之要求，尤符合本同人等之本旨"，并将中国人民解放事业的满腔希望寄托于中国共产党。5 月 8 日，在港各民主党派、人民团体以及无党派爱国民主人士，连续就"五一口号"召开座谈会，并发起以香港为中心的新政协运动，与国统区爱国民主运动南北呼应。民革就新政协召开一系列问题与各党派认真而深入地讨论，并在讨论中与中共及各民主党派之间在重大原则问题上基本形成了共识，促进了民革与中共及各民主党派之间的信任与合作，也为新政协会议的筹备与召开奠定了必要的政治基础。

6 月 25 日，经过多次充分讨论，民革公开发表了《中国国民党革命委员会响应中共"五一"号召的声明》，明确表示赞同中共中央"五一口号"，认为这个口号的提出是"诚为消灭卖国独裁的反动统治和建立独立民主幸福的新中国所应循的途径"，公开表示民革要"以此号召本党同志、全国人民，为新政协之实现，人民代表大会之召开，民主联合政府之成立而共同努力"。同时，在这篇声明中，民革对当时国内外政治势力提出的"中间道路"基调给予坚决有力批判："今日之中国，只有革命或反革命两条道路，即爱国与卖国之分，民主与反民主之分，其间绝无中立徘徊之余地。苟且偷安，投机取巧，倚靠美帝扶持，轻视人民力量，都是自绝于民主，自绝于人民的死路。"自此，民革明确了自己所选择的道路，愿意站在"人民方面"、站到"民主阵营方面"，投身新中国的成立与建设之中。

"五一口号"发布之后不久，受中共中央邀请，民革领导人与各民主党派及重要人民团体代表相继北上解放区。解放区崭新的气象，中共的热情招待，都使他们对中国革命有了更为直接的认识。在东北解放区举行的民主人士欢迎会上，李济深发表演说。他说，在解放区"看到一般平民真正享受了民主成功自由的幸福，生产建设突飞猛进，特别是动员人民的力量有了最大的成功，以及中共党员领导人民工作的艰苦努力和解放军的无比英勇，令人钦佩不已"。

1949年1月，蒋介石提出"停止战争，恢复和平"的谈判请求，毛泽东则发表《关于时局的声明》，表示中共愿意在八项条件的基础上开展和谈，从而打破蒋介石假借"和谈"拖延备战的幻想。22日，李济深、谭平山、朱学范与其他民主党派无党派人士等55人，联名发表《我们对时局的意见》，表示"在人民解放战争进行中，愿在中共领导下，献其绵薄，贯彻始终，以冀中国人民民主革命之

李济深（左三）到达东北解放区，观看演出

迅速成功，独立、自由、和平、幸福的新中国之早日实现"，并对毛泽东关于时局的主张及所提出的八项和谈条件表示"彻底支持"。这是民革公开表明接受中国共产党领导的政治态度，标志着民革的重大政治转变。从此，民革与各民主党派一致承认了中国共产党在中国革命中的领导地位。《大公报》因不断遭受国民党的指责打击，在 1948 年年底于香港发表《和平无望》，也宣布改变立场，明确了反蒋态度，转向中国共产党领导的革命阵营。

随着三大战役的相继胜利，民革与中共的关系从共同反独裁、反内战、争取和平建国，进入到在中国共产党领导下建立新中国的新阶段。民革参与了新政协筹备会及建立民主联合政府的各项必要准备工作，并派出代表参加了新政协会议。会议上，就出现了文章开篇出现的那一幕。

孙越崎：带领资源委员会员工起义

1949 年 5 月 30 日，上海刚刚解放，陈毅领导下的上海市人民政府、中国人民解放军上海市军事管制委员会接收了原国民政府部门移交的一大批物资：16000 吨白糖、50000 余桶原油、一套炼油厂的大部设备、钨锑锡等矿产品、大量钢材等。这批物资，对于即将成立、百废待兴的新中国来说，十分宝贵。这些物资隶属于国民政府资源委员会，一手策划移交的是孙越崎。

执掌资委会

孙越崎（1893—1995）是著名的爱国民主人士，原名"毓麒"，是当时比较常见的传统名字。在上海读书期间，年纪轻轻的他有感于中国屡遭磨难，就自己更名为发音相近的"越崎"，寓意务使国家"越崎岖以达康庄"，实现民族的伟大复兴。

孙越崎被誉为"工矿泰斗"，是煤炭、石油工业名副其实的泰斗级人物。他大学毕业后，投身工矿生产建设第一线，30 岁出头就将穆棱煤矿建设成当时东北非常先进的煤矿；在陕西延长，他打出了中国人自己的第一口油井；在茫茫戈壁滩，他成功创办我国第一个石油基地——玉门油矿，用石油有力地支援了抗战。因为他的突出功绩，不仅获得了"煤、油大王"的称号，还在抗战胜利后成为国民政府资源委员会的领导人。

国民政府资源委员会（简称"资委会"），成立于 1935 年 4 月，由国防设计委员会与兵工署资源司合并而成。1938 年，改隶国民政府经济部，翁文灏兼任主任委员，钱昌照担任副主任委员。因为它实在是特别重要，1946 年 5 月，资委会独立出来，成为主管国企的正部级单位。翁文灏坚辞不就，于是钱昌照任主任委员，孙越崎任副主任委员（资委会始终仅 1 个副职）。1947 年 4 月，钱离职，翁回来任委员长，孙越崎任副委员长。此时的资委会，空前庞大，辖 121 个总公司，1000 多家大中型企事业单位；职员 32800 多人，其中 40% 为大学毕业的技术人员和管理人员；工人则有 20 万，其中不乏技艺超群的技工。可以说，资委会集中了当时中国轻重工业绝大部分的建设和科研人才。作为国民政府最主要的工矿事业机构，资委会垄断了从重工业到轻工业，包括钢铁、石油、机械、电力、煤炭、化工、造纸、制糖等一系列工业部门。它还拥有世界产量第一的钨、锑等矿产品专有出口权，享有外汇留成收入，经济实力居各部会之首。

1948 年 5 月，翁文灏任行政院长，孙越崎升任资委会委员长，成为这个庞大部门的一把手。

南京秘密会议

抗战胜利后，一心怀抱工业报国梦想的孙越崎以为终于等来了和平建设年代，准备大干一场。但是国民党政府却处心积虑地挑起内战，他的理想和抱负根本找不到施展的舞台。随着解放战争的进行，他越来越认清了国民党政府的独裁

腐败反动本质，开始认真思考资源委员会和自己到底该如何抉择。

1947年7月，孙越崎到华北及东北视察资委会所属工矿企业。到东北后，看到国民党军队士气低落、节节败退，共产党军队士气高昂、深得人心、节节胜利，他认识到，国民党的败亡，共产党的胜利，基本已成定局。国家建设、民族复兴的重任，非共产党不能承担。

1948年2月，鞍山解放后，孙越崎从回到北平的鞍钢公司人员口中得知，鞍山解放时，鞍钢公司员工无一人伤亡，公司协理和不少高级技术人员都被留下并受到优待，其他人员愿留者欢迎，愿走的发路条沿途放行。孙越崎大为感动和欣慰，从这件事情上，他了解了共产党对待资委会所属工矿企业工作人员的政策。他反复思考，认为共产党建立建设新中国，需要工矿企业和广大工人，只有跟共产党走，资源委员会下属的众多工矿企业才能获得新生，广大的工人才不会抛妻别子、背井离乡、四处漂泊。

孙越崎担任资委会委员长不久，辽沈战役爆发，东北全境即将解放，关内的解放区也日益扩大，蒋管区一片混乱。孙越崎对腐朽反动的国民党政府日益失望，他决心运用自己的智慧和魄力，将一个庞大的国民政府工业部级机构和资产完整地移送给新中国，使其充分发挥富强祖国、振兴民族的重任。

10月，国民政府全国工业总会在南京召开。会议期间，孙越崎事前未与任何人商量，便以委员长的身份，召集资源委员会各地的负责人秘密开会，商议把资委会留在大陆。

会上，孙越崎明确表态："我终于明白在国民党下面是没有出路的，去年我把东北一些工矿企业的负责人撤到关内是个错误，工程技术人员离开企业还能发挥什么作用？现在共产党胜利在望，我们难道还要继续跟着这个腐败政府一路走下去，跟他们一起毁灭吗？"他要求资源委员会所属企业的全体员工弃暗投明，"坚守岗位、维护财产、迎接解放、办理移交"。他在会上说，"我们这些人，都是学工程技术的，都是怀着工业救国的理想，在抗日战争开始前就参加了中国的工业建设。资源委员会现有的工矿企业，是中国仅有的一点点工业基础，我们有责任把它们保存下来"。他还说，共产党执政后，一样要建设中国，一定会用我们，大家都会有用武之地的。孙越崎还让大家回去后向附近资委会所属厂矿负责人秘密转告。

在国民党统治的中心，孙越崎敢于当众公开表示对政府的"叛逆"，这不啻是石破天惊之举。只要有一个人出卖他们，后果将不堪设想。当时也确实有一个人当场提出了反对，但也没有去告密揭发。为什么呢？很简单，因为大家都认为孙越崎的这个提议是正确的，是会受到所有职员和工人拥护的。

会后，孙越崎通过资委会财务处长季树农，找到了中共地下党潘汉年系统的关系，同中共地下党员季崇威取得联系。这样，在以后指导资委会起义的工作中，孙越崎就有了获得中共组织指导和帮助的可靠渠道。

拒绝将南京"五厂"迁台

1948 年 11 月 26 日，翁文灏辞去行政院长职务，孙科组阁，拟定吴尚鹰为资委会委员长，结果因蒋介石不同意，孙越崎职务未动。

12 月底，国民党军队在淮海战役中的败局已定。就在孙越崎布置属下坚守岗位之时，蒋介石突然召见他，当面要孙越崎把在南京的资委会所属 5 个厂，即南京电照厂、有线电厂、无线电厂、高压电瓷厂和马鞍山机械厂全部拆迁到台湾去。

孙越崎说："长江封江，轮船不好雇。"

蒋说："京沪铁路畅通无阻，你可以把机器由铁路运到上海，再船运台湾。"

孙越崎说："'五厂'现在都有困难，拆、运、建都需要很多费用。"

蒋说："你做个预算来，我交财政部照拨。"并提出"限 1 月 11 日迁出南京"。

孙越崎让"五厂"的几位厂长编出一个高达 132 亿法币的预算，希望蒋介石知难而退。没有想到，钱款很快到账了。孙越崎只好开始一点一点地拆迁，尽量拖延时间。

1949 年 1 月 21 日，蒋介石"下野"，李宗仁任代总统，国共两党开始和谈。借着这个机会，孙越崎马上下达了停迁令，将南京"五厂"集中在下关码头的机器设备搬回。同时，他组织留守职工，成立"留京员工励进会"。这时，京沪杭警备总司令汤恩伯来电，"奉层峰（即蒋介石）令"催南京五厂迁台。孙越崎见蒋盯得太紧，就向李宗仁求助，说：现在你正想派和谈代表去北平谈判，我如果从南京拆厂去台湾，不就显得政府没有诚意，对和谈不利吗？李宗仁权衡之后，答应说："那就不要拆了。"但李宗仁在南京并无嫡系军队，生杀大权仍在蒋介石的嫡系汤恩伯手中。孙越崎保护南京"五厂"的斗争经过几次艰险，最终将"五厂"成功留在了大陆。解放以后，这五个工厂中有四个成为中国电子工业的基础厂，后来四机部的许多工程师也出自这几个工厂。

2 月，翁文灏应蒋介石约赴奉化溪口。蒋向翁说："我要孙越崎拆迁南京的五个工厂，他一直没有迁，我看他是受了资源委员会里中共地下党的包围了，糊涂了。这个人对我们很有用，你回去劝劝他，叫他不要上共产党的当，告诉他不要失去信心。"孙越崎知道问题很严重，赶紧召集大家开会，宣读了汤恩伯的电报，以及翁和蒋的谈话。孙说："尽量拖延吧……"大家知道这个事情风险极大，有身家性命之忧，"迁厂组长"、电照厂长沈良骅主动要求分担孙的责任，其他人也纷纷表示支持。孙越崎很感动，但他表示：拖延迁厂的责任还是由我承担。40 年后，当见到厂长之一的王端镶时，孙越崎激动地和他紧紧拥抱，说："我们是生死之交！"

汤恩伯督查搬迁事件平息后，孙越崎感到拒绝搬迁的风险和压力不断加大，他请季树农与季崇威联系，请求中共派正式代表见面，以指导今后的行动。

3 月，中共代表与季树农见面，指示的大意是：共产党不做强人之难的事，汤恩伯既看重物资，那就能留则留，不能留就让他运走些。人是第一，物资第二，保全人是最要紧的。

资源委员会是"全体员工起义的团体"

为了不引起蒋介石的怀疑，孙越崎与他的同仁不仅采用拖延战术，而且转守为攻。他们编造了两本清册，一本是《半年来已运台湾物资清册》，另一本是《急待抢运台湾物资清册》，并付文"恳切要求抢运"。他们知道，局面一团混乱，上海至台湾船运十分紧张，蒋介石的亲信们根本没法再顾及这些物资了。

1949 年 4 月 21 日，在隆隆的解放军渡江战役炮声中，国民政府逃到广州。孙越崎则到达上海，帮助资源委员会各部门做好护厂护产工作。上海是当时中国最大的进出口贸易港口，资源委员会主管物资进出口的材料供应事务所设在这里。凡是资源委员会直接采购的物资，都由材料供应事务所办理进口和分配事宜，主要进口的有成套设备、五金材料、工具仪表以及美援物资。资委会主管出口钨、镁、汞、锡等的金属管理处和台湾十大公司驻上海营运处也在这里，还拥有各类物资的大小仓库70余座，另外在高桥油库存储进口原油10万吨，产自甘肃玉门、新疆独山子的汽油1800万加仑。为了便于集中力量保护，孙越崎经过深思熟虑，把资委会本部迁到了上海。

此时，汤恩伯等仍在轮番督促资委会搬迁到台湾。4月26日，为了使资源委员会手中的资源能完整地移交到人民手中，孙越崎在布置好资委会工作后，南下广州。凭着他的机智，取得了行政院长何应钦的同意，资源委员会及其管理下的大量物资仍旧留在上海。

5月27日，上海全部解放。30日，资委会将全体员工及大批机器与设备移交给军管会。陈毅曾对此作出评价："蒋家王朝已经垮台，所有伪单位纷纷南迁台湾，伪中央部、会一级中，只有资源委员会所有人员，包括各级负责人，以及在已解放地区所属各厂矿企业员工及设备器材，几乎未走一人，几乎未有一点破坏，实在是伪中央文职机构中的一个全体员工起义的团体！"

此时，孙越崎已经受到怀疑。孙越崎给李宗仁、何应钦各写了一封辞职信，飞到香港。

到香港后，孙越崎立即与香港中共组织取得了联系，得知周恩来欢迎他随时北上抵京，参加新中国建设。陈毅谈及孙越崎时也说："他是为国家事业而做官的，我们对他甚为谅解，请他即返上海。台湾及广州两地人才，也请他设法召回。"

孙越崎把从上海带来的208万美元现金支票（按当时1盎司黄金价35美元现价约1300美元折算，相当于现在的7000多万美元），立即签名兑现成现金，把这笔现金发放给尚未解放地区的数十个资委会下属企业，供它们青黄不接时应急使用。这笔救济款大大稳定了厂矿员工的情绪，使"坚守岗位、维护财产、迎接解放、办理移交"成为可能。

在香港期间，孙越崎还想方设法，组织成立了"资委会香港国外贸易事务所员工保护矿产委员会"，避免了价值数百万美元、重达4000吨的矿产品被侵吞。1949年11月14日，事务所全体员工宣布起义，最终将这笔巨额资产完整地交到新中国手中。这一行动，在港澳同胞和海外人士中产生了很大影响。

南京秘密会议后，分散在全国的资委会各厂矿企业和32000余名职员及数

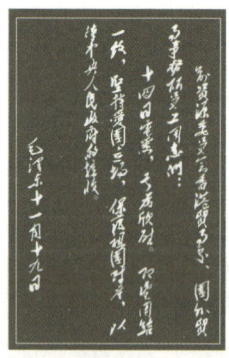

毛泽东欢迎资源委员会起义的电文

1980 年中，孙越崎（右三）与邹明（右二）等人合影

十万技术工人，有组织地开展活动，与当地国民党政府、军队百般周旋，最终全部留在原岗位，护厂护矿迎解放，为百废待兴的新中国保存了一批重要的重工业家底和大批物资，如北京的石景山发电厂、上海的中国石油公司高桥油库、甘肃玉门油矿等，为新中国经济建设事业作出了特殊贡献。

例如，国民党政府西北长官公署要求中国石油公司甘青分公司（即玉门油矿）经理邹明炸毁油矿，以免落到解放军手中。邹明飞到香港，请孙越崎协助。孙立即联系在北平的同乡、老师邵力子等人，请解放军尽快进军玉门，以免油矿受损。邹明回到油矿后，组织武装护矿。1949 年 9 月 25 日，玉门油矿迎来解放。我国唯一的石油基地就这样从资委会完好地移交到了新中国手中。

"论公，我没背叛国家"

孙越崎及他领导的资委会起义，打乱了蒋介石的部署，蒋介石极为恼怒。应新中国的邀请，1949 年 11 月 4 日，孙越崎携夫人和幼子北上。孙所乘船的船主黄恕之与他同行，黄感到孙目标太大，就临时改变路线，没有走台湾海峡，改走台湾外海。他们后来得知，蒋介石曾派四艘小军舰在海峡企图拦截孙越崎，十分惊险。蒋介石没有抓到孙越崎，就开除了他的党籍并下令通缉，直到蒋介石去世，通缉令也没有撤销。

孙越崎能到资委会委员长的高位，除了他具有能力超群、公而忘私等优秀品质之外，也离不开蒋介石这位老乡的器重和提携。孙越崎是知恩图报的人，但他没有"愚忠"思想，对他来说国家民族利益至高无上，人应该成就大我，不能局限于小我。他后来说："论私，我背叛了蒋介石；论公，我没背叛国家。"

孙越崎辞去政府职务到香港后，便没有了收入。卢作孚十分了解孙的为人，就以民生公司顾问名义，每月给孙 1000 元港币。孙越崎全家靠这笔钱，支撑到了回国的时候。

1949 年 11 月，孙越崎携眷乘船到天津转回北京，担任中央财经计划局副局长。次年 3 月，邵力子介绍他加入民革。孙越崎先后担任民革中央常委、副主席、监察委员会主席、名誉主席等职务。

李瑞环同志曾说："孙越崎老所经历的 100 年是中国历史上极不平凡的 100 年。在重大的历史转折时刻，孙越崎老都作出了正确的选择，毅然站到党和人民大众一边，为新中国的经济建设和发展留下了一笔宝贵的财富。孙越崎老的历史功绩，党和人民是永远不会忘记的。"

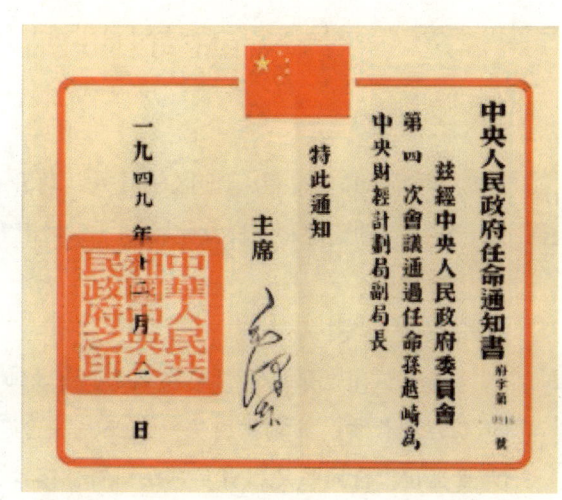

毛泽东签批的任命孙越崎为中央财经计划局副局长的任命通知书

屈武与蒋经国的结拜手足情

1988 年 1 月 13 日，台湾地区领导人、蒋介石之子蒋经国因病在台北去世。第二天，蒋经国的遗孀蒋方良女士收到了一封自大陆发来的唁电：

"方良弟妹礼鉴：

　　昨夜惊闻老弟病逝，悲痛无已，竟夕难眠。经国一生爱国，夙怀大志，正期再展长才，共竟祖国统一大业，不意遽尔长逝，痛惜何似！我与经国，两世交谊，情同手足，当年苏联同窗，溪口话别，此情此景，历历在目，虽两岸睽隔，音问久疏，然思念之情，无时或已，近见台湾开放探亲，方庆把臂话旧有期，讵料经国先我而去，竟成永诀，遥望云天，不知涕泗之所从矣。谨电致唁，敬希节哀顺变，善自珍重。经国灵前，尚祈为我馨香祝祷安息。临电神驰，未尽欲言。"

这封唁电，情真意切，饱含深厚的感情，提到了很多往事，局外人不容易看懂。唁电的署名者屈武，时任民革中央名誉主席，是蒋经国早年的结拜兄弟。新中国成立后，屈武利用他与蒋经国的特殊关系，在推动祖国和平统一大业进程中做了一些独特的工作。

异姓手足　革命同志

屈武（1898—1992），字经文。陕西渭南下邽人。蒋经国（1910—1988），浙江奉化溪口人。屈武与蒋经国没有血缘关系，两个人的出生地相隔2000多里，本来是素不相识的。1925年6月，蒋经国在上海读书时，五卅惨案发生，他参加了游行罢课斗争，结果被学校开除。蒋介石便让蒋经国去北京学习，并托国民党元老于右任予以照顾。于右任发现，蒋经国与自己的女婿屈武（字经文）名字里都有一个"经"字，看起来很像兄弟，屈武比蒋经国大12岁，属相都是狗，两个人又都是满怀爱国热情的热血青年，惺惺相惜，很难得。就这样，蒋经国和屈武结拜为兄弟。

这一年年底，蒋经国和屈武夫人于芝秀等人到莫斯科中山大学学习。半年之后，屈武也到苏联留学，两个结拜兄弟在异国重逢，成了同班同学。他们同窗学习，朝夕相处，情同手足。

1927年夏天，正当屈武、蒋经国等200多名第一期中国留学生将要毕业之际，蒋介石、汪精卫相继背叛革命的消息传来。屈武、蒋经国和同学们在校园里举行示威游行，声讨国民党右派背叛革命的罪行。几天后，17岁的蒋经国发表了书面声明，公开谴责父亲。声明中写道："蒋介石作为一个革命者，他已经死了，他已经走向了反革命……蒋介石是我的父亲，曾经也是我们的革命朋友。现在他反革命了，反革命就是我们的敌人。以后他是他，我是我，我仍跟着革命走。"这一宣言通过塔斯社传向世界，引起了很大的反响。

不久，八一南昌起义爆发。就在起义爆发的前一天，在南昌发表了由国民党二届二中全会22名委员签署的《中央委员宣言》，谴责反革命逆流，声援革命行

屈武与于芝秀合影

动。屈武与宋庆龄、邓演达、谭平山、林伯渠、吴玉章、柳亚子、毛泽东、邓颖超等人都名列其中。

　　这两件事，使屈武和蒋经国瞬间成为全校的新闻人物，大家纷纷向中国留学生打听："认识蒋经国吗？""屈武是哪一位？"

　　毕业后，屈武进入苏联陆军大学学习，蒋经国到列宁格勒政治军事大学学习。蒋经国因故提前结业，被分配到西伯利亚的一家工厂做工。他从列宁格勒动身，先到了莫斯科，与屈武共同生活了一个月。两人经常遥望祖国，促膝交谈。蒋经国离开莫斯科去西伯利亚之前，有些担心自己抵不过那里的酷寒。屈武赶紧安慰他不要发愁，并立即把于右任赠送给自己的一条很厚的哈尔滨毛毯转赠给他。蒋经国靠这条厚厚的毛毯，度过了一个又一个寒冬。谁都没有想到，屈武后来被送到摩尔曼斯克劳动改造，所经受的磨难比蒋经国还多！蒋经国知道了屈武的遭遇后，禁不住热泪夺眶而出："经文大哥，你受苦了！我真对不住你！这条毛毯对我来说，真是生死之礼，我是终生难忘的。"蒋经国经常对人谈起这条救命毛毯的故事。

政见出现分歧　溪口两次规劝

　　渐渐地，蒋经国不再是那个充满革命意志的年轻人了，而是对蒋介石亦步亦趋、唯命是从，走到了人民的对立面。无形之中，屈武与蒋经国这两位异姓兄弟之间的政见分歧越来越大。

1949 年初，蒋介石反动集团败局已定。为了最大限度地实现和平统一、避免战争给国家和人民带来更多的伤害，中国共产党同意国共两党代表团在北平举行和平谈判，张治中任国民党代表团首席代表，屈武任顾问。正式和谈之前，屈武曾两度陪同张治中前往奉化溪口，向已经"下野"的蒋介石请示汇报。

3 月 3 日，屈武陪同张治中第一次到溪口。蒋介石派蒋经国去迎接他们。这一次，屈武在溪口住了八天。八天之中，屈武与蒋经国夫妇朝夕相处，所谈内容，从妻子、儿女、家庭生活到莫斯科中山大学校友等，无所不有。当然，谈论的中心话题是国共和谈。由于两个人的立场、地位等差异，经常争得面红耳赤，不欢而散。这种令人不愉快的场面，在他俩结拜 20 多年以来，还是第一次出现。

屈武苦口婆心劝说蒋经国："古人讲'识时务者为俊杰'。现在我把这句名言转赠于你，这是大哥对小弟的忠告。应当说，当年我赠送给你一条毛毯是微不足道的，而这忠告，比起毛毯来，包含的情谊更加深厚。此所谓'君子爱人以德也'。""假若你老弟还能像你初到赣南时那样，从国家民族利益出发，拥护国共合作，我就马上走近你。何况，我接受张文白（张治中）将军盛情邀请，协助他参与和谈，从迪化（乌鲁木齐）到南京，又从南京到溪口，跟你住在雪窦寺妙高台，朝夕相处，畅所欲言，不是走近你了吗？正因为你我情同手足，所以我才这样掬诚相见，敢掬肺腑之言，望老弟三思。"蒋经国沉默了。半晌，他才对屈武苦笑道："经文大哥，我说不过你！"

1949 年 4 月 8 日，国民党北平和谈代表团一行在颐和园合影。前排右三为屈武，右四为邵力子，左三为刘斐

3月29日，屈武同张治中第二次飞往溪口。因为代表团4月1日要飞赴北平，这次他俩只在溪口逗留一晚。尽管已经能预测到最后的结果，屈武仍不放弃一切机会，再一次与蒋经国恳谈，进行规劝，以尽兄长之责。在机场离别的时候，蒋经国和妻子方良，与屈武紧紧拥抱，不忍分手。蒋经国一直把屈武和张治中送到就要上飞机了，他又一次拥抱屈武，深情地说道："经文大哥，我们会很快相见的。祝你成功！"屈武回答道："经国老弟，多多保重，后会有期！"他们谁也没有想到，这次分手，竟成了永别！

屈武加入民革　频频规劝蒋经国

和谈失败后，国民党代表团成员集体留在了北平，包括屈武在内的大部分人先后加入了民革。蒋经国跟随蒋介石到了四川成都，布置所谓"川西决战"。但解放军势如破竹，迅速逼近成都，蒋介石父子只好从凤凰山机场起飞，离开大陆，退往台湾。兄弟二人再也没能见面，只能隔海峡相望。屈武这个兄长，心中始终牵挂着对岸的蒋经国。

1955年3月，所谓的"美台共同防御条约"生效，为祖国统一蒙上一层阴影。毛泽东等中共领导人展示出了超凡的政治智慧，开始酝酿和平解放台湾，把两岸局势引向缓和。1956年，周恩来总理代表政府公开表示，新中国"努力争取用和平方式解放台湾"，愿意同台湾当局协商和平解决台湾问题的具体步骤和条件，并且希望台湾当局在他们认为适当的时机，派遣代表到北京或者其他适当的地点进行谈判。"凡是愿意走和平解放台湾道路的，不管任何人，也不管他们过去犯过多大罪过，中国人民都将宽大对待，不究既往。"新中国的一系列主动示好的做法，引起了海外华人和民革同志的强烈反响。

为了加强对民革相关工作的具体领导，1957年2月18日，民革中央决定成立和平解放台湾工作委员会，由张治中任主任，邵力子、黄绍竑、刘斐、屈武等当年国民党和谈代表团成员及有关人士为副主任，制定了会议制度，成立了工作机构，拟定了工作计划，统一了文件处理方式与程序，积极开展工作。在此前后，毛泽东、周恩来几次接见从香港回国的曹聚仁，商谈大陆与台湾接触事宜，屈武都在座。双方议定，先派代表在澳门接触，大陆方面的代表是屈武和徐冰，台湾方面的代表是蒋经国。十分遗憾的是，此事后来中断，未能取得结果。屈武失去了再次当面劝说蒋经国的机会。

1979年4月，全国人大代表团访问日本期间，屈武与邓颖超合影

　　1975年蒋介石病故以后，蒋经国成为台湾地区领导人。他虽然比屈武小12岁，但是健康状况不如屈武。屈武深知蒋经国内心是爱国的，主张统一，反对分裂。他十分担忧蒋经国的身体状况，便利用一切可能的机会，通过各种途径，对蒋经国进行诚恳的劝说，希望蒋经国能在有生之年，抓紧时间，果断决策，打开台湾同祖国大陆和平统一的新局面，在民族复兴大业上青史留名。

　　1979年4月，屈武随同邓颖超访问日本，向记者发表谈话，希望蒋经国能够顺应历史潮流，为促进第三次国共合作作出贡献。1980年3月12日，在孙中山逝世55周年那天，屈武给蒋经国写了一封长信，忆及两人当年在赣南相聚、相期青史留名的情景，期望蒋经国能"顺应潮流，体察民意，果断抉择"。

　　1983年4月，原国民党和谈代表团成员、民革中央副主席刘斐逝世，屈武成为唯一健在的代表团成员。他在给蒋经国的告知信中，进一步敦促蒋经国及早决策，共竟祖国统一大业。1984年5月，屈武借第一次国共合作60周年、黄埔军校建校60周年的机会，发表了《与台湾国民党朋友谈第三次国共合作问题——并向蒋经国先生进一言》的文章，"我希望经国拿出足够的决心和勇气来，排除一切干扰，当机立断，作出正确的抉择。不世之功，千秋之业，就在一念之间。如果能在他的任期内，实现国共合作，完成祖国统一，就会在中国历史上写下光辉的一页，永远为中国人民弦歌丝绣，口碑不绝，希望经国三思"。兄弟之间的私谊，国家民族的大义，深深渗透进字里行间，凡此种种，难以一一列举。

弥补兄弟遗憾　专程奉化扫墓

　　蒋经国非常孝敬母亲。不幸的是，母亲在抗战期间惨死于日军飞机的轰炸。当年，蒋经国闻讯后，不顾艰险赶回老家，将母亲安葬，并手书了"以血洗血"的石碑，立誓要为母亲报仇。在离开溪口去台之前，蒋经国特地到母亲墓前依依不舍地辞别。从那以后，蒋经国再也无法回乡亲自为母亲扫墓，随着自己迈入老年，内心的遗憾和愧疚感与日俱增。他通过台湾和海外的朋友，向结拜兄长屈武转达了问候和感激之情，还表达了他十分强烈的愿望：深以不能亲临溪口为母亲扫墓为憾！

　　为弥补手足兄弟的这一大遗憾，1987年6月，90高龄的屈武专程到奉化溪口，替蒋经国扫墓尽孝。

　　这时的江南，闷热潮湿。可是这位90高龄的老人，却坚持徒步登山前往蒋经国祖母王氏的墓，王氏墓在白岩山鱼鳞岙，要经过一条连年轻人也会走得气喘吁吁的崎岖山道。随行的人担心他吃不消，特地准备了滑竿，但屈武却硬是自己一步一步坚持走到了墓前。他深深懂得蒋经国的孝心：自己代表兄弟前来，如果借用任何交通工具，都有损孝道！接着，屈武又到蒋经国生母毛氏墓前，敬献花圈，行三鞠躬之礼。90高龄的老人，如此虔诚地替结拜兄弟扫墓，旁边的人无不深受感动。

　　扫墓结束后，相关媒体进行宣传时，特地附上了屈武在蒋经国题字的毛母墓

屈武祭扫蒋经国生母墓时留影

碑前的留影。

或许是屈武的这次扫墓触动了背井离乡近40年的蒋经国的心弦：自己虽然不能回乡扫墓，可是有结拜兄弟尽心尽力替自己完成，总算弥补了缺憾。那些从大陆来到台湾的军政人员，他们不能回乡扫墓的遗憾谁来替他们弥补呢？

1987年10月，在大陆的积极努力和两岸民间的呼吁下，台湾方面宣布从当年11月2日起，允许除现役军人和公职人员以外的台湾居民，经第三地转赴大陆探亲，海峡两岸同胞分离长达38年之久的隔绝状态终于被打破，海峡两岸人为的樊篱开始拆除，无数的家庭得以骨肉相聚，阖家团圆。

没有想到，就在两岸交往形势一片大好之时，蒋经国突然于1988年1月13日离世。消息传来，屈武既为结拜兄弟的去世而伤感，又为两岸关系的走向深感惋惜和忧虑。他"悲痛无已，竟夕难眠"，第二天，屈武给蒋经国的遗孀、他的老朋友蒋方良女士发去了文章开头提到的那封唁电。

除了与蒋经国的交往外，屈武的一生还有很多充满传奇色彩的经历。他早年参加辛亥革命，五四运动中血溅总统府；后来三见孙中山，接受中山先生的命令赴西北鼓动革命；有国民党、共产党两个党员身份；赴苏联留学，回国后努力推动国共合作抗日；与王昆仑等人参与发起中国民主革命同盟（简称"小民革"）；解放战争期间，屈武与张治中一起释放被盛世才关押的100多名共产党员，一同参加北平和谈；新中国成立后，他推动新疆实现和平解放，使新疆免受刀兵之灾。在那个多灾多难之秋，屈武为民族复兴作出了诸多的努力。他的一生都在为国家富强、民族复兴不懈奋斗，值得我们后人衷心地景仰，认真地学习。

在屈武等民革前辈的率先垂范下，新中国成立后，特别是改革开放以来，广大民革党员干部怀着满腔的爱国热情，响应党和国家号召，利用自己与台湾军政人士的特殊关系，大力揭批"台独"分裂势力，为两岸关系和平发展奔走呼号。经过长期的探索和努力，促进祖国和平统一成为民革工作的突出特色和亮点。特别是近年来，民革不断创新工作思路和方法，依靠祖国和平统一促进委员会（由和平解放台湾工作委员会改名）、中华中山文化交流协会等平台，在助推平潭综合实验区发展，举办海峡论坛、"中山·黄埔·两岸情"论坛，举办两岸与香港、澳门青年设计师"华灿奖"等工作中成效显著，形成了台湾高校杰出青年赴大陆参访团、两岸青年创新创业大联盟、台生赴大陆实习、两岸青年和平发展论坛等诸多特色品牌，为祖国统一大业进行了有益的实践探索。

毛泽东三赴特园会张澜

　　1945年8月28日中午，一辆黑色雪佛兰轿车停在鲜英公馆门口石阶下，中共南方局统战工作负责人徐冰匆匆忙忙进入大门，直奔饭厅。正在用餐的张澜和鲜英见状，赶紧将他请到客厅。来不及用茶，徐冰急促地说："表老（即张澜），我是来奉告一个大喜讯的，""毛泽东主席已经从延安飞来重庆了！"

　　"好！终于来了！"张澜长舒了一口气，"我们马上到机场去接。"

机场初晤约长谈

1945年8月10日晚，当抗战胜利的消息通过广播在重庆街头传开时，张澜不禁老泪纵横。第二天，国民参政会组织游行，张澜和黄炎培、冷遹几位老人在人群中紧紧拥抱，像儿童一样欢欣鼓舞。然而，就在当天，张澜发表谈话，在表达万分喜悦的同时，也饱含忧虑之情。

抗战胜利了，张澜为何依然忧虑重重？

就在一个月前，张澜从成都赶来重庆，本想促进国内团结，然而国民党当局却用"召开国民大会"来抵制中共提出的建立联合政府的主张。为此，张澜一方面和中共参政员一道，拒绝出席国民参政会；一方面又致信蒋介石，坦言"吾国不能离开中共以言统一"，真诚希望他能以"千夫非之不为动，山震岳撼不可夺"的决心，迅速召开各党派会议，推进国内民主团结。几天后，蒋介石晤见张澜交换意见，坚决反对召开党派会议，并重复过去说过的老话："你不要上了共产党的当！"

抗战硝烟未尽，而内战却一触即发。老百姓之苦，就是张澜之忧。8月12日，张澜就时局发表谈话，呼吁"国共两党军队赶快停止各地足以促成大规模内战的一切摩擦，并立即召开党派会议，从事团结商谈"。

迫于国内外压力，同时为了争取时间部署内战，蒋介石于8月14日、20日和23日连发三电，邀请毛泽东到重庆"共定大计"。对蒋介石的邀请，中共迅速应对。24日，毛泽东复电蒋介石，表示"亟愿与先生会见，共商和平建国之大计"。

毛泽东以弥天大勇来重庆谈判，无疑让张澜看见了和平的曙光。时值盛夏，重庆酷热难当，徐冰再三劝他不要去机场。但是，徐冰刚走，张澜、鲜英就和从张家花园赶来的黄炎培、冷遹一道登上汽车，径直向九龙坡机场驶去。

下午3时37分，一架草绿色军用飞机缓缓降落。机舱门打开后，身材高大魁梧的毛泽东走出机舱，站到舷梯上。只见他用左手摘下帽子，举过头顶，在空中有力地挥舞着，然后微笑着，走下舷梯。迎接的人紧步围上去。当乔冠华依次介绍迎候的代表时，毛泽东在人群中发现了一位身穿麻灰色旧布长袍、银髯飘飘的老人，不待介绍，他便迈步过去同他握手，"您是张表老？您好！"

张澜握住毛泽东有力的大手，满脸笑容："润之先生好！欢迎您光临重庆！"

张澜等人在重庆机场欢迎毛泽东

"大热天气，您还亲自到机场来，不敢当，不敢当！"

"应该的嘛，您为国家操劳，才真是辛苦，应当！应当！"

一行人介绍寒暄完毕，张澜、张治中、邵力子、郭沫若等又与毛泽东合影留念。在热烈的掌声中，毛泽东作了简短而精彩的讲话，然后缓缓离开机场。

这是张澜和毛泽东的第一次见面。在机场，两人互道"神交已久"，的确不是谦词。

毛泽东十分推重张澜领导的保路运动；张澜主持北京《晨报》工作时，毛泽东是该报的忠实读者。毛泽东组织湖南赴法勤工俭学运动，也得到过张澜经费上的支持。1943年3月，董必武在延安作《大后方的一般概况》报告，还专门介绍过张澜，说他"富有正义感，很耿直，社会声望很高"。的确，因为张澜德高望重，当时有"得张澜者得四川"的说法。张澜对中共和毛泽东的了解也很深。他的很多学生以及次子张崿都是中共党员；红四方面军入川建立根据地时，张澜还发动群众欢迎。

张澜和毛泽东两位领导人的这次握手，即将开启民盟和中共全面深入合作的新篇章。

一会特园话民主

毛泽东到重庆后，立即忙于谈判会、约谈会及宴会，但他心底一直记着在机场与张澜"改日长谈"的约定。

8月30日上午，周恩来造访特园，说毛泽东上午和蒋介石会晤后，下午将来特园拜访。张澜、鲜英均表示竭诚欢迎。周恩来还特意提出，为安全起见，到时候就在张澜卧室谈话。

下午3点时分，载着毛泽东和周恩来的汽车在特园门口停下。随着门铃响起，张澜和鲜英疾步到大门，将贵客迎入特园。

四人边走边谈，不觉来到二门口，毛泽东忽然站定，仰首观看门额上一块匾。只见上书"民主之家"四个大字，落款为冯玉祥，他说道："民主之家，好！这里确是一个民主之家啊！"又笑对张澜道："冯将军行伍出身，能写得这样一笔好字，不简单啊！既武既文，亦俗亦雅，不虚儒将风范。此公现在是我们的朋友了。"

张澜笑道："是啊，冯将军也是我们民盟的知己。"

鲜英接着介绍道："因为表老住在这里，民盟总部亦设在这里，各界人士共商国是、聚会、宴请也常在这里，贵党董必武先生乃赠此徽号。冯将军听到这名称

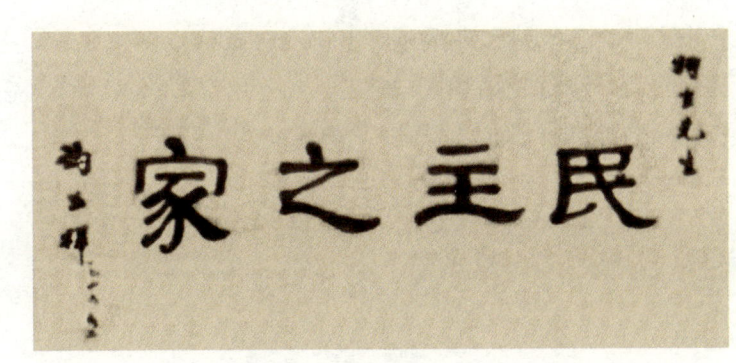

冯玉祥为特园题赠的「民主之家」墨迹

后，欣然命笔写了这块匾。这两旁的楹联是表老撰写的。"

毛泽东笑道："这董老的题名，冯将军的题字，加上表老的楹联，也堪称三绝了。"

大家边走边谈，到了张澜卧室，大家坐下来促膝畅谈。不一会儿，周恩来有事提前离开了。

毛泽东首先向张澜转达了朱德对老师和吴玉章对好友的问候。张澜在回问两人的近况后，对毛泽东说："毛先生为了中华民族的统一和富强，不顾个人安危飞抵重庆，奔走和平，实为澜敬佩。只不知此次谈判前途究竟将如何？"

毛泽东没有直接回答张澜的话，他说："一周前，中共中央通过了《对目前时局的宣言》，决定今后要致力于和平、民主、团结，现在蒋介石邀请我来，我自然是要力促其成，果能如此，我毛润之也就不虚此行了！"接着，他详细解释了《对目前时局的宣言》的六项紧急措施：承认解放区政权和抗日军队、划定中共军队接受日军投降的地区、承认各党派合法地位、召开各党派和无党派代表人士的会议商讨各项重大问题等。

"很公道，很公道！"张澜听完，连声表示赞同："抗战八年，你们解放了大片土地和人口，不给几个受降区，是不公平的！"

鲜英也在一旁频频颔首。接着，毛泽东又简单介绍了解放区的政权建设、社会面貌、生产、教育以及人民福利等情况。张澜兴奋地说："上个月初，黄炎培、章伯钧他们从延安回来，在特园也介绍了延安的一些情况，感觉真是'归来向人说，疑是武陵源'啊！"

言谈中，张澜和鲜英还为毛泽东的安危而担忧，但毛泽东神情坦荡，谈笑自如。

这次会面时间不长。据当时在场的特园工作人员回忆，此次造访，毛泽东还带来了两张黄色毛毯，说是延安土产，一张送张澜，一张送鲜英。另据张澜家人后来回忆，毛泽东还在特园与雇工一一握手问好，令张澜大为感慨，一向谨言慎行的他，对在场的人说：得天下者毛泽东。

当天晚上，毛泽东在桂园举行餐会，张澜、黄炎培、冷遹、沈钧儒、章伯钧、张申府等民盟领导人参加了这次餐会。

再会特园盼光明

9月2日中午，张澜以中国民主同盟的名义在特园宴请毛泽东、周恩来和王若飞。

上午11时左右，毛泽东偕同周恩来、王若飞再度来到特园。张澜、鲜英等人一起出迎。毛泽东一进特园，就兴冲冲道："这里是'民主之家'，我也回到家里了！"众人闻言大笑。

大家将三位贵宾迎入大客厅坐定，畅谈关于和平统一、民主建国的意见。座谈间，黄炎培和夫人姚维钧有事先离开。不一会儿，丰盛酒席准备就绪。张澜、鲜英等起身请客人进入饭厅。毛泽东被邀，推让不过，只得坐了首位。他请张澜坐在他右边。鲜英是宅主，陪在左侧。沈钧儒、张申府、左舜生、罗隆基等随意落座。

特园主人鲜英手执大酒壶，先给毛泽东、张澜各满斟一杯，然后逐个满了，笑道："这是家酿的枣子酒，请毛先生一尝。"

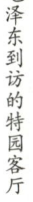

毛泽东到访的特园客厅

周恩来知道毛泽东不胜酒力，马上补充一句："这枣子酒浓度不高，味道香而醇厚，我在特园宴请客人常用此酒。"

"特生先生献家宝喽！我虽不胜此物，但今天定要领这个情，非一醉方休不可！"毛泽东的话引来满堂欢笑。

张澜站起，举着酒杯，向三位客人敬酒说："今天承蒙三位不弃，辱驾特园，我代表民盟表示热烈欢迎和谢忱，干杯！"

大家起立，酒杯碰撞出清脆悦耳的声响。在浓郁的氛围里，张澜越感"酒逢知己千杯少"，他替毛泽东再斟满一杯，自己的也满上，然后举杯，用李白的诗邀请："会须一饮三百杯！"

"且共欢此饮！"毛泽东马上举起杯来，引陶渊明的诗作答。

毛泽东不善饮酒，几杯酒下肚，不敢再喝，主人也不再劝敬。

席间，毛泽东反复强调"和为贵"，恳切表达了对和谈的冀望。

"谈判会不会破裂？"沈钧儒依然疑虑重重。

"我看要成功。国共谈判像两个人谈恋爱，先不说国民党，我们共产党是一心一意的，这不就有一半成功的希望了嘛！"毛泽东风趣的话令在场的人备受鼓舞。

宴会结束时，鲜英七女儿继根捧着大姐继桢的纪念册，请毛泽东题词。毛泽东沉吟片刻，用钢笔在册子上写下"光明在望"四个字，并署上自己的名字。然后，他环视大家，说："前途是光明的，道路是曲折的。"

时间飞驰，不觉已近午后3时。毛泽东另有约在身，起身告辞。众人送客出来，直至大门口。毛泽东与张澜等一一握手道别，并对大家说："今天，我们聚会在'民主之家'；今后，我们共同努力，生活在'民主之国'。"

三会特园谈合作

与毛泽东的几次晤谈，使张澜对和谈充满了希望。9月4日，民盟在特园召开庆祝抗战胜利大会，他在会上号召大家"利用大好形势建设新国家"。当得知阎锡山的军队进攻上党地区后，14日下午，张澜在特园约请国共谈判代表，了解和谈近况，希望国民党不要再发动内战。

9月15日下午，毛泽东第三次到特园拜访张澜，在张澜的卧室里密谈达3个小时之久。

时值国共谈判关键期，张澜开门见山，急切想知道和谈进展。毛泽东介绍了军队、政府、解放区等一系列重大问题的谈判结果，认为症结仍为解放区政权和人民军队问题。

当得知国民党同意召开政治协商会议时，张澜十分欣喜："我们从年初就开始喊召开党派会议，蒋介石却说这是'分赃会议'，斗到现在，总算有了结果，不容易啊！"

他还对共产党在谈判中同意让出南方八个解放区表示赞赏，同时推心置腹地说："在'五四'以后，为了摆脱北洋军阀的统治，使人民能够过问政事，我曾经同吴玉老（即吴玉章）在川北推行过地方自治，深知政权、军权对于人民的重要性。国民党丧尽民心，全国人民把希望寄托给你们。你们当坚持的，一定要坚持，好为国中保存一些净土！"

张澜与蒋介石打过多年交道，深知其为人。他还建议："现在你们同国民党双方关起门来谈判，已经谈拢了的，就应该把它公开出来，让大家都知道，免得蒋介石今后不认账。"

毛泽东欣然道："您看用什么方法、方式比较好？"

"这样，你们如有不便，就以我的名义给国共双方写一封公开信，把这些问

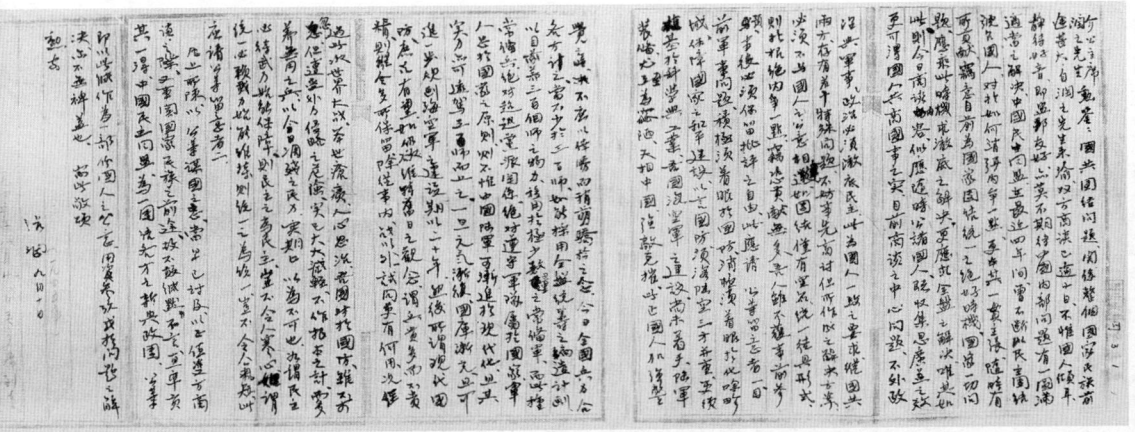

张澜于 1945 年 9 月 10 日草拟的公开信手迹

题摊开在国人面前，好受到全国百姓的监督推动。"其实，这封信，他在五天前就写好了，这里提出来，是想事先征求毛泽东的意见。

毛泽东爽朗地笑道："好，好，表老真是老成谋国啊！"

会谈中，毛泽东还与张澜商讨了西南大后方建设、政治协商会议、联合政府等问题。当问及内战一旦爆发，四川怎么办时，毛泽东希望他以其威望影响地方实力派与中共通力合作，并希望他协助地下党发展地下武装。张澜表示完全同意。

临别前，毛泽东握住张澜的手，提出一个建议："表老，恩来和我都有一个想法，我们希望今后在重大政治问题上，民盟能与中共事先交换意见，共同商讨后，采取一致行动，未知尊意如何？"

"甚好，先前我亦早有此想。"张澜剀切地回答："我们双方必须建立此种密切合作关系！"

三天后，张澜在重庆《新民报》和成都《华西晚报》上发表《致国共两党领袖的公开信》，认为"目前为国家团结统一之绝好时机，国家一切问题应乘此时机求彻底之解决，更应求全盘之解决"，"今日商谈内容，似应随时公诸国人，既能收集思广益之效，更可得国人共商国是之实"。

统战佳话代代传

毛泽东三赴特园会张澜，增进了双方的了解，加深了中共和民盟的合作，对重庆谈判也产生了积极的影响。

10月10日，国共双方签署《政府与中共代表会谈纪要》。11日上午，张澜到机场为毛泽东送行。12日，民盟临时全国代表大会闭幕，大会《宣言》对国共和谈给予高度评价，并对形势表示出积极乐观的态度。11月19日，民盟代表邓初民与中共代表王若飞、徐冰会谈，商定交换情报及资料办法。其后，中共再与民盟作进一步谈判，并正式签订加强合作的"君子"协定。

在特园与毛泽东第三次晤谈后不久，张澜把毛泽东的希望转达给秘密盟员潘文华，潘表示将加强地方实力派的团结，加强与中共的联系。1949年12月，经过中共争取、民盟及各方推动，刘文辉、邓锡侯、潘文华在彭县通电起义。

重庆谈判期间，毛泽东在"民主之家"特园会晤张澜等民主人士，留下了一段流传千古的统战佳话。特园作为民盟的诞生地，作为统战工作的重要阵地，也因此备受关注。2005 年，全国首个"中国统一战线传统教育基地"在重庆挂牌。2008 年，国内首个以中国民主党派历史为主题的公益性陈列馆——特园·中国民主党派历史陈列馆正式对外开放。

如今，在新扩建的陈列馆大厅正中央，坐落着以"1945·毛泽东在重庆"为主题的雕塑：在众多民主人士的簇拥下，毛泽东正和对面的张澜畅谈国是……

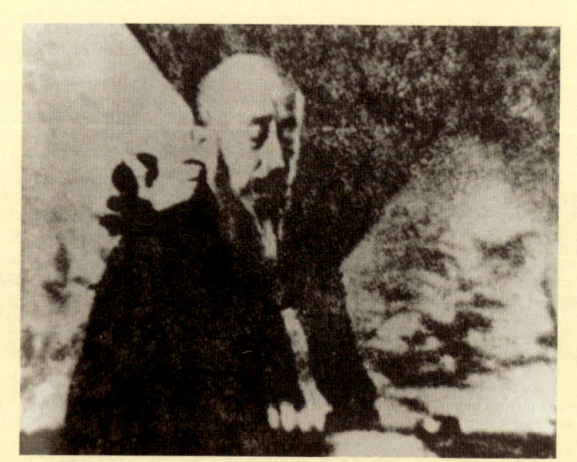

中国共产党与民盟的一次"君子协定"

——1946年旧政协会议前后中共与民盟的共同奋斗

1945年元旦，蒋介石发表广播讲话，宣称"最后胜利更有把握的时候，就要及时召开国民大会"。为了抵制社会各方瞩望的"建立联合政府"的主张，这样空头支票挡箭牌的话，他已经说过很多次了。

不出所料，蒋介石的元旦致辞，再次遭到中共、民盟与各方面的猛烈抨击。中共的声明、民盟的宣言，都严正提出结束一党专政、建立联合政府、召集党派会议，双方人士也频繁见面商谈。对此，蒋介石与国民党当局疑窦顿生：中共与

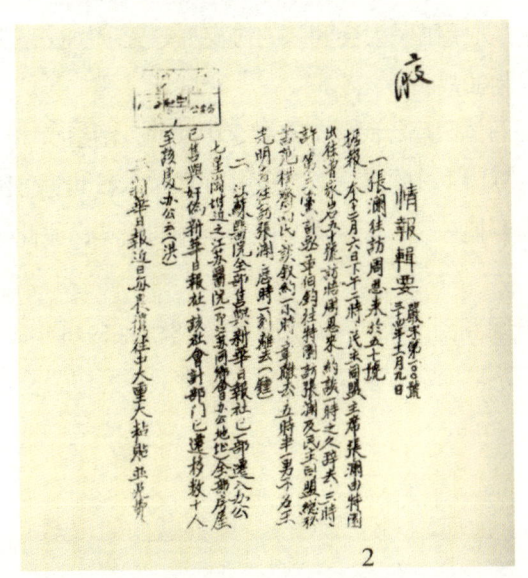

1945 年 2 月 16 日《情况辑要》

民盟是结成同盟了？

于是，2 月 16 日，当局收到一份《情况辑要》，上报该情况的特务说："奸伪与民主同盟成立协定——以联盟形式与本党周旋。"并言之凿凿地称该协定 1944 年 11 月就在重庆成立，第一条就是"双方为推翻国民党一党专政，实现民主政治之新中国，得共同携手奋斗"，且约定"双方在奋斗过程中，随时交换意见，以划一步调增强力量"。特务的逻辑是，正是在成立协定后，1 月 15 日民盟"类似拥护奸伪政纲之宣言发表"。

其实民盟自 1941 年成立以来，就一直与中国共产党密切合作，为国家的独立和富强、民族的崛起和复兴而不懈努力奋斗。但明确说到中共与民盟之间何时有"协定"的，国民党这份材料指向的时间倒算得上是最早的了。不过，一般被大众所熟知的中共与民盟的一次"君子协定"，则是指 1945 年底到 1946 年初，由国民党、共产党、民盟、青年党和社会贤达代表参加的政治协商会议（俗称"旧政协"）前后，中共与民盟的政治合作——双方不仅为了实现此次政治协商会议的召开同气相求，交换意见，共同推动；而且在会上采取一致步调，互相支持，共同斗争。

正是在中共和民盟的充分协商和默契配合下，最后促成会议通过《关于政府组织问题的协议》《关于国民大会问题的协议》等五项协议，实质上否定了国民党的内战政策和专制独裁。

此时，在蒋介石的眼里，民盟简直就是中共的外围组织。旧政协会议召开期间，他在 1946 年 1 月 14 日的日记中愤慨地写道："本日共党外围所谓民主同盟者对我政府之攻讦与要挟……"而中共与民盟合作的默契，彼此间高度的信任，由此可见一斑。

让我们把目光回溯到 1945 年 10 月重庆谈判后到 1946 年 1 月 31 日旧政协会议结束的那段时间，坐标定位重庆，回顾这次中共与民盟紧密合作、互助共赢的生动实践。

会前：大公无私——中共鼎力助民盟

1945 年抗战胜利后，在中国共产党的坚决斗争、国内外社会舆论的压力，包括民盟的一再呼吁之下，蒋介石被迫做出"和平"姿态，电邀毛泽东到重庆谈判。10 月 10 日，国共双方签署了《政府与中共代表会谈纪要》（即《双十协定》），确定召开政治协商会议。

谈判期间，毛泽东曾三访特园，与张澜等民盟领导人就国共谈判、民盟与中共配合等问题交换意见，毛泽东称赞张澜是"老成谋国"，张澜深感"得天下者毛泽东"。在特园的第三次会晤深谈中，毛泽东提议，今后在重大政治问题上事先交换意见，共同商讨后采取一致行动。张澜毫不犹豫地回答："甚好，先前我亦早有此想。"这段故事，便是"君子协定"的最初由来。

重庆谈判结束 9 天后，民盟代表邓初民就秘密与中共代表王若飞、徐冰会谈，商定了双方交换情报及资料的办法：民盟今后收得各地政治军事情报及有关文化、教育、农民、工运等资料，一律另行抄送一份至《新华日报》；《新华日报》资料室每周亦开送国际国内问题等资料给民盟《民主》周刊社。此外还商定民盟之特殊文件及重要宣传品，亦由新华印刷所义务承印。

双方的合作越来越紧密。1946 年 1 月政治协商会议正式召开之前，周恩来与张澜晤面，再次确认了此前毛泽东与张澜约定的"君子协定"，并就催促国民党召开政治协商会议、共同争取出席会议名额等，进行了多次磋商，充分交流意见，形成联合行动。

出席这次政治协商会议的单位及名额,《双十协定》规定由国共双方商定。最初商定的名额是:国民党9人,共产党9人,民盟9人,社会贤达9人,共36人。

因为社会贤达的代表名额也是由国共双方共同商定,能自主推定名额的民盟就显得尤为重要起来。国民党为掌握多数,便琢磨着对民盟实行分化瓦解之策,以此来孤立共产党。当时民盟内部政治情况的复杂,也正好给了蒋介石可乘之机。

当时的民盟,还是一个联合了"三党三派"的政治党派,里面有中国青年党、国家社会党(后改称民主社会党)、中华民族解放行动委员会(后改称中国农工民主党)和中华职业教育社、中国乡村建设协会、全国各界救国联合会(后改称中国人民救国会)。内部党派多,有时候意见很难统一。国民党判断:"民盟组织极其脆弱,且在分化之中。"他们决定对民盟采取"加速其分化过程,孤立其对外关系,并加强本党对其之压力,扩大其矛盾"的策略,并认为这样一来,"则民盟组织而将整个瓦解之"。

于是,国民党决定拉拢扶持中国青年党,让其强硬要求在民盟的9个名额中独占5个,以达到分裂民盟的目的。有着"三党三派",并还有着为数众多无党无派人士的民盟,当然断然拒绝了青年党的无理要求。

但在国民党支持下,青年党悍然表态:"一定要5席,这不是讨价还价的问题,如若民盟不同意,青年党就要作为独立的单位参加政协会议。"国民党这时马上跳出来,公开表示支持青年党脱离民盟,拥有5席,民盟减少2席的要求。民盟数次向国民党申诉,欲保持9席,国民党置之不理。一面是名额被瓜分出去,一面是名额如何分配,民盟面临着极大的难题。

中共方面坚决支持民盟的9个代表名额不能减少。为此,周恩来、王若飞等多次到特园,和张澜等商讨名额问题,表明中共这边鲜明的态度,也希望民盟坚持斗争。紧接着,周恩来代表中国共产党向国民党提议,青年党可以独立单位参加政协,其5个代表名额由中共让出2名,国民党让出1名,另外将代表总额再增加2名;民盟原定的9个名额不动。共产党这一顾全大局、主动让步的做法,让国民党始料未及,不得不接受这个分配方案。最后商定的名额是:国民党8名,共产党7名,民盟9名,青年党5名,社会贤达9名,共38名。

民盟在中共的帮助下解决了难题,也更加深刻地感受到中共患难与共、真诚相助的战友情谊。对中共这种以国事为重的大气魄,民盟中央主席张澜说:"共产党真是大公无私，为国为民！"自此，青年党分裂出去后的民盟，内部更为团结，也更为坚定地站在共产党这边。

据多份资料记载，会前几个月，中共与民盟还通过多次的交流沟通，共同向国民党呼吁迅速召开政治协商会议，并交换了对会议的意见。

会上：亲密战友——结盟达成诸协议

1946 年 1 月 10 日，由各党派和无党派代表人士参加的政治协商会议正式召开。会议分成改组政府组、军事组、施政纲领组、国民大会组和宪法草案组。

中共和民盟还共同邀请了 34 位国内有声望的学者名流，组成顾问团，为双方代表出谋划策。作为顾问团成员之一的邓初民，当时经常讲的一句话就是"一定要对蒋介石保持高度的警惕！"

会议期间，不论大会还是小组会，中共代表团和民盟代表团按照会前达成的"君子协定"全面合作，结成亲密同盟。会上双方有重大的行动和主张，或是遇到重大事项，彼此都先接头交换一下意见，采取一致步调，互相支持配合。中共和民盟的代表们非常忙，李维汉曾说，"往往是白天开会，晚上再到特园碰头，互相交换情况和意见"。

比如在国民政府委员和国大代表名额分配两大问题上，当时国民党一党独

中国民主同盟参会代表			分组名单		
张 澜	罗隆基	张君劢	改组政府组	沈钧儒	罗隆基
张东荪	沈钧儒	张申府	军 事 组	张东荪	梁漱溟
黄炎培	梁漱溟	章伯钧	施政纲领组	张申府	黄炎培
			国民大会组	章伯钧	梁漱溟
			宪法草案组	罗隆基	章伯钧

民盟出席旧政协会议的代表及分组名单

周恩来、罗隆基步出会场时接受记者采访

大，其他党派分配所剩不多的名额，青年党还在其中捣乱，极可能出现国民党及其联合的小党派所获名额，在国民政府和国民大会中取得实际操控权的情况。为此，周恩来与张澜多次协商，周恩来提出中共与民盟联合，共有名额，以确保取得否决权的方案，并表示在共有名额的内部分配上完全考虑民盟的需要。

在一次双方协商国民政府委员名额分配的时候，周恩来爽朗地向张澜说："怎样分配，那是我们共产党同民盟双方自己内部的问题，民盟是个许多单位合组而成的集体政团，你们数量少了不好分配，将会影响团结，在目前的政治斗争中，民盟的团结要紧。""你们要几个都可以商量。你们要6席，共产党就8席；你们要7席，我们双方就各半；你们要8席，我们就6席。你们大胆提出来，丝毫不要客气，我们共产党没问题。总之，民盟团结要紧。"张澜和其他民盟的同志都深受感动。

在双方的共同努力下，会议通过的国民政府委员会的表决法规定"国民政府所讨论之议案，其性质涉及施政纲领之变更者，须有出席委员2/3始得通过"，国大表决法规定："讨论的提案，须经出席代表3/4的同意，才能形成决议"，而中共与民盟共同拥有的名额，刚好超过国府委员的1/3和国大代表的1/4，取得了否决权。这种共同拥有名额的方式，充分表现出中共与民盟在政治上的高度互信。

在讨论和平建国纲领问题时，国民党和青年党的代表主张以《抗战建国纲领》作为制定施政纲领的蓝本，中共代表则根据《双十协定》的精神提出了一个详细的《和平建国纲领（草案）》，民盟代表章伯钧发言支持中共方案，他说："纲领应定名为《和平建国纲领》……同时也要把中共及其他政党的政纲及各地各界人士的意见都拿来参考。"

争论最激烈的是"军队国家化"问题。国民党坚持首先"军队国家化"，然后才能"政治民主化"，妄图吃掉人民军队；共产党则针锋相对，提出首先"国家民主化"，即政治民主化，然后才能军队国家化，并建议双方军队同时交民主联合政府及其统帅部。民盟支持中共提案，表示裁军方案应由"政治协商会议审核通过后，交改组后的政府执行"，也就是说，先改组政府，后整编军队，先政治民主化，后军队国家化。经过激烈争论，勉强达成《关于军事问题的协议》，通过了"军队属于国家""军党分立""军民分治""以政治军"等原则规定。

1月31日，政治协商会议闭幕，通过了《关于政府组织问题的协议》《和平建国纲领》《关于国民大会问题的协议》《关于宪法草案问题的协议》《关于军事问题的协议》五项协议。旧政协会议的召开和决议的达成，是中共与民盟和其他民主人士共同斗争的结果。

会后：共克时艰——肝胆相照同风雨

此间的患难与共、共同斗争，使中共和民盟进一步加深了肝胆相照的战斗友谊，取得了政治共识和合作经验。尤其是民盟，更加坚定了与中国共产党同舟共济的决心。

亲历过这段历史，后担任过民盟中央副主席的叶笃义曾这样教育后辈："当时的共产党不但为非执政党，且是被压制的在野党，民主党派所以逐步拥护共产党，完全是出于对当时共产党的正确政策和行动，以及共产党员的伟大献身精神所感染和折服。这点将有助于那些仅仅熟悉建国后的民主党派的青年同志，正确理解共产党和民主党派在共同斗争中形成的亲密关系的历史背景。"

旧政协会议闭幕后的一幕幕历史充分证明了这段话：

1946 年 6 月，国民党公开撕毁旧政协协议，发动全面内战，遭到中共与民盟更猛烈的抨击和抗议；

7 月，民盟中央委员李公朴、闻一多先后在昆明被暗杀身亡，中共与民盟同声声讨；

11 月，国民党违反旧政协决议，单方面在南京召开所谓"国民大会"，中共与民盟共同抵制，拒绝参加；

1947 年 2 月，国民党强迫中共驻南京、上海和重庆等地代表和工作人员全部撤离，中共代表撤返延安前，将三处的房屋、财产等全部委托民盟代管。

10 月底，国民党宣布民盟为"非法团体"，要"严加取缔"。在国民党高压之下，11 月 6 日，民盟总部被迫解散。甚至中共交托民盟代管的位于南京的房屋财产，也被国民党南京市政府劫收。

在国民党制造的血雨腥风之中，在与中国共产党共克时艰之时，民盟最终得出了"只有共产党才能救中国"的结论。1948 年 1 月，民盟一届三中全会在香港召开，决定恢复民盟总部，公开宣布与中国共产党携手合作，为实现民主、和平、独立、统一的新中国而奋斗。

对于旧政协会议召开前后的这段历史，胡愈之曾深切回忆道："1946 年中国政治协商会议召开前后，为了和平、民主、统一的共同目标，民盟与中共团结战

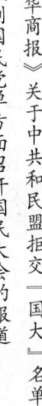

《华商报》关于中共和民盟拒交『国大』名单，共同抵制国民党单方面召开国民大会的报道

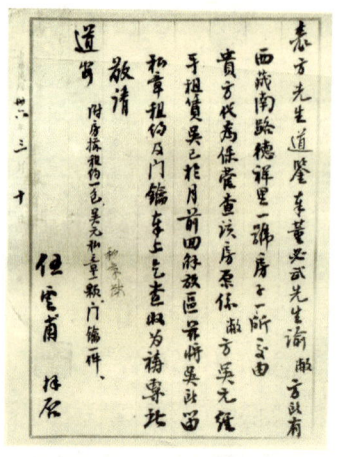

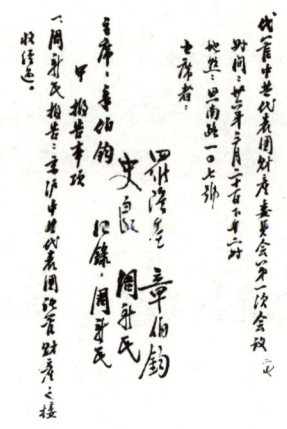

1947 年 3 月 10 日，中共代表伍云甫委托民盟
代管一处房产致张澜的信件

民盟代管中共代表团财务委员会会议记录

斗在一起，粉碎了蒋介石企图通过政协会议孤立中共的阴谋，双方建立起真挚的情谊，谱写出一篇风雨同舟、肝胆相照的光辉篇章。后来由于蒋介石集团撕毁政协决议，通过旧政治协商会议和平建国的企图，完全失败了。"他就此得出结论："这充分说明，没有中国共产党的领导，中国要变成真正独立自由富强的大国，只是一种梦想。"

1949 年 9 月，伴随着解放战争即将胜利的隆隆炮声，中国人民政治协商会议第一届全体会议在北平隆重开幕，中国共产党与民盟的合作翻开了崭新的一页。

代表民盟参加 1949 年 9 月中国人民政治协商会议第一届全体会议的 18 名盟员合影。前排左起：李相符、费孝通、刘王立明、张澜、沈钧儒、丘哲、史良；中后排左起：胡愈之、罗子为、辛志超、叶笃义、章伯钧、周新民、张东荪、楚图南、李文宜、周鲸文、罗隆基。其中叶笃义、罗子为为候补代表

民盟的传统，就是"李闻精神"

——记"李闻血案"始末

2016 年 7 月 5 日，云南昆明。来自民盟中央和 30 个省级组织的盟员代表们汇集到云南大学至公堂，在这个曾经悼念过李公朴先生，聆听过闻一多先生最后讲演的地方，召开"纪念李公朴、闻一多殉难 70 周年大会"。随后，大家来到云南师范大学"一二·一"运动纪念馆前广场，庄重举行李公朴、闻一多殉难 70 周年祭奠仪式。在庄严的《中华人民共和国国歌》声中，大家向烈士默哀，献上崇高的敬意。

2016年7月5日，来自民盟中央和30个省级组织的盟员代表们在云南师范大学『一二·一』运动纪念馆前举行李闻殉难70周年祭奠仪式

12日，公朴先生家乡，江苏常州，中共常州市委宣传部、统战部和民盟常州市委会举行了一系列纪念活动：纪念座谈会、电视传记片《风雨同心李公朴》央视首播仪式、纪念李公朴殉难70周年书画艺术展、常州大学李公朴社会教育学院揭牌、李公朴生平事迹展览馆开馆……

15日，一多先生家乡，湖北黄冈，盟员们在闻一多纪念馆庄重凭吊先生，召开纪念座谈会；书画展及诗歌朗诵会在闻一多中学举行，盟员和师生深情朗诵，现场爆发出雷鸣般的掌声……

北京、上海、安徽、重庆……各地盟员，都在用各种各样的方式表达着对李公朴、闻一多两位先生的崇敬和怀念。

70年过去了，全盟一直怀念、敬仰两位先生，学习和传承他们的精神。正如民盟中央原主席费孝通曾说："民盟的传统，就是李闻精神。"两位先生坚定地与中国共产党站在一起，为国家和民族的进步发展上下求索、无私奉献，这才是中国知识分子应有的风骨、气节和精神。

黑云压城志愈坚

1944年，抗日战争尚未结束，国民党当局就策划发动内战，中共与民盟对此坚决抵制，国统区掀起了反内战、反独裁的浪潮。

1938年到1939年，李公朴在延安

闻一多在阅读《新华日报》，这一时期他还阅读了《共产党宣言》《新民主主义论》等书籍

李公朴、闻一多坚定地站在中国共产党这边，为和平民主、为建立新中国而奋斗。早在1938年到1939年，李公朴在考察延安、华北等根据地后，就写出《华北敌后——晋察冀》一文，精辟地论断"这是今天民主的模范抗日根据地，也是将来新中国的雏形"。而走出象牙塔的闻一多，读罢毛泽东《新民主主义论》一书后，高兴地和朋友说："对中国的前途渐渐有信心了。"

1944年10月，民盟云南省支部在中共地下党的支持下举行辛亥革命33年纪念会，李公朴任总指挥，闻一多宣读大会宣言，拥护中共提出的建立联合政府的主张。此外，这一年的昆明，还举行了七七抗战、护国起义等一系列纪念会。昆明的民主运动成为国统区民主运动中的一面旗帜，西南联大赢得了"民主堡垒"的称号，闻一多也留下了"狮子"的美名。

眼见民主运动如火如荼，国民党当局决定不惜一切手段予以镇压。1945年12月1日，国民党特务袭击西南联大和云南大学，制造了"一二·一"惨案。不仅昆明一地，国民党在整个国统区制造的腥风血雨甚嚣尘上：1946年2月，重庆，"较场口血案"，李公朴被殴致重伤；3月，西安，民盟西北总支部机关报遭破坏；6月，南京"下关惨案"；仅1946年6月间，国民党就逮捕了1.3万余名反内战的工人、学生和市民。

1946年五六月的昆明，山雨欲来风满楼，黑云压城城欲摧。人们围在市中心的近日楼前议论纷纷。因为墙上贴满标语和大字报，宣称"李公朴奉中共之命携巨款来昆密谋暴动"。这是国民党特务的造谣污蔑，说民盟企图勾结地方势力在云南组织暴动，夺取政权，并将矛头对准了李公朴和闻一多。他们还荒谬地将民盟负责人的名字篡改为"闻一多夫"、"罗隆斯基"、"吴晗诺夫"，污蔑他们组织暗杀公司，公司董事长是"闻一多夫"。

时局险恶，然民盟云南省支部和李公朴、闻一多等进步知识分子却迎难而上，更加坚定地站在中国共产党这边，更加激愤地投入到民主运动中去。李公朴讥讽国民党特务"低能到只会造谣来敷衍塞责，胡说八道，诚属可笑之至耳"；有标语扬言要用40万买闻一多的人头，闻一多冷笑着说："我的头那么值钱吗？"在一次清华教授会上，某人问："有人说，你们民盟是共产党的尾巴，为什么要当尾巴？"闻一多坦率地说："我们就是共产党的尾巴。"他又继续说："共产党做的对，有头就有尾，当尾巴有什么不好？"6月26日至28日，由李公朴、闻一多、楚图南、潘光旦等人主持，民盟云南省支部连续举行了3天的对外招待会，向社会各界公开阐明民盟的政治主张和对时局的态度。李公朴在会上大声疾呼："大家反内战的声音应该喊得更大些……"闻一多说，我们过去那种严守中立的超然态度是自欺欺人，再不能做袖手旁观或装聋作哑的消极中立者，要站出来"明是非，辨真伪"，要和平，要民主，反对内战。会后，民盟在昆明开展了呼吁和平的"万人签名运动"。

与此同时，朋友们对两位先生的安危非常担心，劝他们尽早离开昆明。据闻一多之孙闻黎明考证，1946 年 3 月，蒋介石在向西南联大三青团训话中，就给闻一多等人戴上了"不法教师，污辱党国，甘为共匪奴属"的帽子，要手下"加以还击"。5 月间，时任云南省警备总司令霍揆彰召集手下拟定了一个包括李公朴、闻一多、张奚若、潘光旦、罗隆基、楚图南、费孝通等十多人在内的暗杀名单。

面对好意劝说，李公朴的回应是："像我们搞民主运动的人，前脚跨出门，后脚就不准备跨回来！"闻一多的回答则是："形势愈紧张，我们愈应该把责任担当起来。民不畏死，奈何以死惧之！"李公朴的女婿王健在回忆文章中曾为此事慨叹："他们将生死置之度外。"

满腔热血荐轩辕

1946 年 7 月到来了，特务们更加无所顾忌。

李公朴的女儿张国男回忆说："这些日子里，父亲书店对面多了一个修鞋匠，整天贼眉鼠眼地监视书店；一个装疯卖傻的女特务经常出现在书店门口和闻伯伯的宿舍门外，胡言乱语指名咒骂。"李公朴家中甚至收到包着子弹的恐吓信。但两位先生再次拒绝了朋友们的劝告，坚决留在昆明，照常奔走，照常工作，宁可倒下，也不屈服。

7 月 11 日，李公朴和夫人张曼筠为朋友托办的事跨出了家门。晚 9 时许，他们走到昆明青云街口至学院坡的岔路上，当时正逢雨天，路灯暗淡，视线不清。李公朴夫妇刚要上坡，身后轻轻传来"啪"的一声，李公朴应声倒地。夫人当时还以为他是滑倒了，赶快去扶他，说："怎么又跌了呢？"李公朴费力地说："我中枪了！"张曼筠这才看到李公朴腰上血流如注。她赶紧大声呼救，几位学生跑来帮忙，将李公朴送到云南大学医院抢救。医院手术时才发现公朴先生肠胃穿了四孔。王健回忆说："入夜李先生时昏时醒，醒时喃喃自语'卑鄙！卑鄙！'口吐鲜血艰难地说'为了民主，为了民主！'凌晨五点二十分，公朴先生停止了呼吸。"

半个小时后，闻一多和楚图南赶到了医院，闻一多痛哭失声，捶胸顿足："公朴没有死，公朴没有死！"又强忍悲痛安慰李夫人。张国男后来这样描述道："母亲劝他们说：'外面风声很紧，你们还出来，千万要当心啊！'闻伯伯坚定地说：'公朴为民主牺牲，我们还活着，我们不出来，何以对死者？''为了民主死有什么可怕！'"

7月12日，民盟发表声明，向反动政府提出严重抗议，闻一多主张毫不含糊地在声明中指出这是国民党所为，并冒着生命危险组织李公朴治丧委员会。

7月15日，治丧委员会在云南大学至公堂举行李公朴殉难经过报告会。为了安全，本没有安排闻一多发言。特务们趁李夫人悲愤哽咽时起哄捣乱，闻一多忍无可忍，遂拍案而起，即席作了著名的最后一次讲演。他说："杀死了人，又不敢承认，还要污蔑人，说什么'桃色案件'，说什么共产党杀共产党，无耻啊！无耻啊！""你们杀死一个李公朴，会有千万个李公朴站起来！你们将失去千万的人民！""我们有牺牲的精神，我们随时像李先生一样，前脚跨出大门，后脚就不准备再跨进大门！"

追悼会后，闻一多出席了民盟在《民主周刊》社为李公朴被暗杀事件举行的记者招待会。闻一多的大儿子闻立鹤担心他的安危，紧紧跟随保护。

下午5点，当两人走到西仓坡的家门口时，暗藏的数名国民党特务开枪射击，闻一多头中三枪，胸部、左腕也被击中，当场牺牲；闻立鹤扑到父亲身上保护，中了五枪，经抢救活了下来。听到枪声赶到现场的庄任秋在日记里记载了当时的惨况："我第一眼看见伯父脑袋已经穿了一个大洞，脑髓迸散一地，眼镜摔碎在一边，面色死黄……"

李公朴、闻一多被杀害的消息传出后，立即激起了国内外强烈的反应，声援的唁电如雪片般发来，对国民党的声讨从全国各地席卷而起，烈士的鲜血激发了更多的人去继承他们的遗志。

中国共产党第一时间表达了对"李闻血案"的愤怒和哀悼。7月13日，毛泽东和朱德自延安联名向李公朴夫人张曼筠发去唁电：

"惊悉公朴先生为反动派狙击逝世，无任悲愤，先生尽瘁救国事业与进步文化事业，威武不屈，富贵不淫，今为和平民主而遭反动派毒手，是为全国人民之损失，抑亦为先生不朽之光荣，全国人心将以先生之死为警钟，奋起救国，即以自救。肃电致唁。"7月17日，毛泽东和朱德联名致电西南联大请转闻一多家属，深表哀悼：

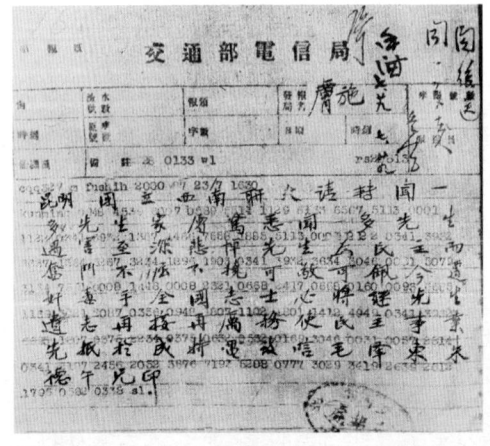

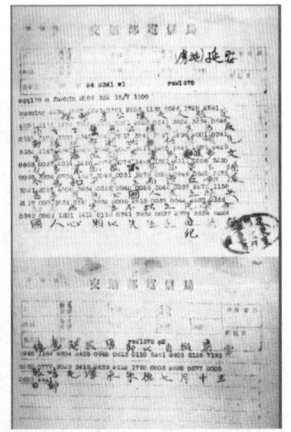

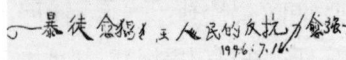

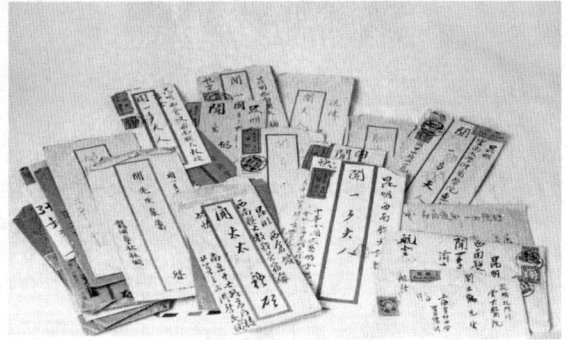

上左：毛泽东和朱德联名致电西南联大转闻一多家属的唁电

上右：毛泽东和朱德自延安联名向李公朴夫人张曼筠发去的唁电

下左：西南联大学生为公朴先生谱写的挽歌

下右：悼念闻一多的唁函唁电

"惊悉一多先生遇害，至深哀悼，先生为民主而奋斗，不屈不挠，可敬可佩。今遭奸人毒手，全国志士必将继先生遗志，再接再厉，务使民主事业克底于成，特电致唁。"

换得人间终伏虎

"李闻血案"影响深远，大家更清楚地看到了国民党当局的反动面目，更坚定地站到了中国共产党这一边。

民盟当然是表示强烈愤慨的。7月18日，张澜致电蒋介石，严厉谴责国民党特务杀害"倡导民主，主张和平"的李公朴、闻一多，"是反民主和平有计划之阴谋"，并要求"对全国特务机关及制度，应予彻底废除；严令负责机关，必获主凶，依法惩治"。同时，民盟总部发表书面谈话，表示民盟绝不因这类暴行事件而有所恐怖与退缩，"只有更积极更勇敢地向前猛进，争取中国的和平民主，亦只有如此始足以慰李、闻两先生地下之灵"。8月3日，梁漱溟、周新民受民盟总部委托赴昆明调查，9月30日发表《李闻案调查报告书》，用铁的事实揭露国民党的罪行。

中国共产党给予了民盟最大的支持。除了毛泽东、朱德第一时间发来唁电外，当时正在参加国共和谈的中共代表团周恩来、董必武、邓颖超、李维汉、廖承志等也联名向两位先生的夫人发去唁电，电文中说代表团将"誓为后援"，坚信"中国人民将踏着李公朴、闻一多诸烈士的血迹前进"。

为了追究凶手，中共与民盟同心协力，奋力呼吁。中共和民盟政协代表团共同向国民党政府递交抗议书，要求限拿凶手，交法院问罪。就连国民党内部，也有人呼吁查究真凶，彻底严惩。

人民大众用实际的行动表达了对两位先生的感情。张国男回忆说："那几天，几乎每夜都有人从书店的门缝里塞进信来，这些都是匿名信，有的是对凶手的愤恨，有的是对父亲的吊唁和对我们的慰问，还有的附上5元10元作为经济上的支援。我们看了都很感动。"

各界人士以及国外知名人士反应强烈。20多年没写新诗的朱自清，写下《挽一多先生》，"你是一团火，照见了魔鬼，烧毁了自己，遗烬里爆出个新中国！"34位西南联大教授质问国民政府："国家法纪何在！"

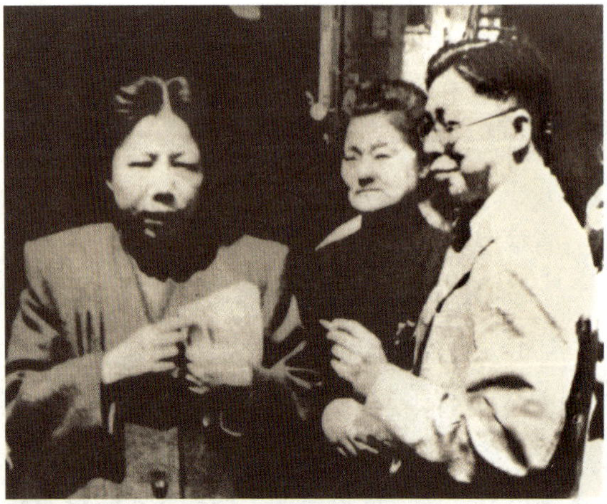

中共代表邓颖超（左）、民盟代表史良（中）、上海市长吴国桢（右）参加公祭大会

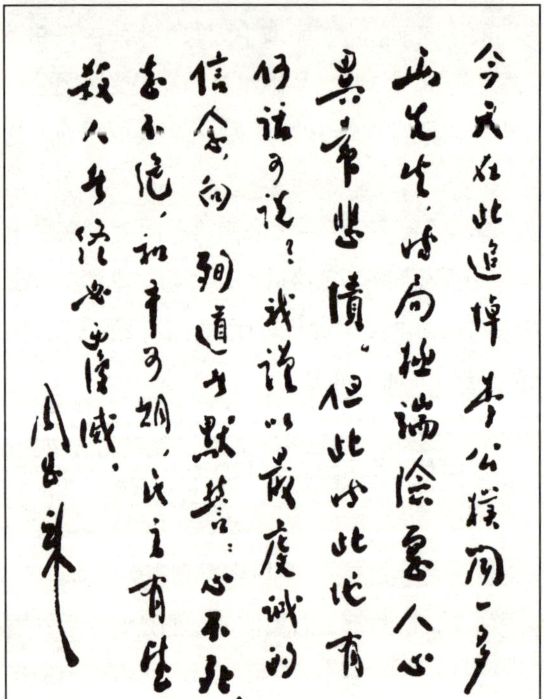

今天在此追悼李公朴闻一多两先生，时局极端险恶，人心异常悲愤。但此时此地有何话可说？我谨以最虔诚的信念，向殉道者默誓：心不死，志不绝，和平可期，民主有望，杀人者终必覆灭。
周恩来

周恩来亲笔悼词

悼念、控诉、奋力向前，种种情绪，在 10 月 4 日达到了高潮。中共、民盟、各党派团体、各界人士、普通民众共 5000 余人，在上海举行了公祭大会。

当邓颖超代表周恩来宣读他亲笔写下的悼词时，全场沸腾，报以经久不息如雷鸣一般的掌声。"时局极端险恶，人心异常悲愤。但此时此地，有何话可说？我谨以最虔诚的信念向殉道者默誓：心不死，志不绝，和平可期，民主有望，杀人者终必覆灭！"至今读来，仍觉字字千钧。

"李闻血案"令国民党狼狈不堪。蒋介石在 8 月 19 日的日记中自认"近年以来无论外交内政如何困苦，未有如本案处理之拮据也"。但实际上，国民党当局仍然百般推诿抵赖，敷衍了事。梁漱溟在回忆录《我生有涯愿无尽》一书中以"吞吞吐吐"四个字形容了"李闻血案"最后的处理：李案"未捉获凶手"，只拿出闻案"公审"，是李案"吞"而闻案"吐"；以昆明警备司令部两个中下级军官为凶手处以死刑，这是"吐"，但认定凶手乃因"个人气愤"，由是"吞"去了暗杀的主谋。更有甚者，在 8 月 18 日成都各界追悼李闻会上，张澜被特务用装满毒汁的玻璃瓶迎面猛掷头部，伤及三处，血流如注，周围宪警却放任凶犯从容走脱。

逆潮流者必将覆灭。"李闻血案"后，李公朴、闻一多的遗志被更多的人所传承，中共和民盟在患难中建立了更加坚固深厚的友谊。1949 年 10 月中华人民共和国的诞生，是对先烈们在天之灵最大的慰藉。

如今，在李公朴的家乡常州，以他的名字创建的"民盟常州李公朴支部"，继承了先生的遗志。2015 年起，盟员们擎着公朴支部的大旗，一路循着公朴先生的足迹，踏上了精神的追寻之旅……

2016 年 7 月 15 日，闻一多殉难 70 周年之际，在闻一多家乡黄冈，民盟黄冈闻一多支部成立，并与李公朴支部结为友好支部，立志传承和发扬李闻精神……

电视人物传纪片《李公朴》、微电影《闻一多·诗情故乡》《最后一次演讲》、闻一多殉难处建成的"闻一多先生红烛文学艺术走廊"……都在以多种形式，向后来人重现着他们的光辉形象，也让更多后来人了解李公朴、闻一多，进而将他们的精神传承并发扬光大。

两位先生精神不死，浩气长存。

民盟一届三中全会会址——香港湾仔告士打道 50 号

从"中间路线"到"一边倒"的历史转折

——记民盟一届三中全会

　　1947 年 11 月 26 日夜晚，上海太古码头，一位名叫"潘豫"的乘客走下汽车。他身材矮小，年龄 70 有余，穿着黑呢大衣，头戴黑呢帽，戴着大口罩，胡子也藏在大衣领里，登上了一艘开往香港的美国总统轮船公司"戈登将军号"轮船。一个多月后，发生了一件让蒋介石气得拍桌子的事情——中国民主同盟一届三中全会在香港召开了！而这位潜行赴港的老人就是会议的主持人沈钧儒。

　　时任沈钧儒秘书的方学武回忆说："组织上要我护送沈老去香港……最危险的

是从码头到船上，从轮船启航到吴淞口这段时间，估计有两小时，因为在这段时间里，国民党反动派的特工可能会追踪和检查。"方学武用化名为沈钧儒办理了去港的入境牛痘免疫证，购买了船票。沈钧儒从乘车离家到抵达码头一路顺利，登上轮船后进入预定的房舱面朝里侧卧而睡。轮船在夜色中悄然驶离上海远赴香港。

1947年下半年，国统区物价飞涨，经济濒临破产，罢工罢课此起彼伏。国民党变本加厉地摧残迫害民主力量，作为在旧政协斗争中同中国共产党协调行动、拒绝参加伪国大的中国民主同盟首当其冲。1947年6月1日，国民党当局在国统区各大城市对民盟等民主党派和进步人士进行大逮捕，民盟盟员被捕百余人；7月又有百余盟员被捕。10月，国民党当局对民盟的压迫达到了高潮。国民党反动派继1946年7月在云南昆明暗杀了李公朴、闻一多之后，10月又公然枪杀了民盟西北总支主任委员杜斌丞。国民党政府先是称民盟为"中国共产党之附庸"，"民盟分子破坏总动员，参加叛乱，反对政府"，随后又宣布民盟为"非法团体"，按照《后方共产党处置办法》严加取缔"。

张澜女儿张茂延回忆说："1947年7月4日，蒋介石发布'戡乱总动员令'，

1947年10月28日，国民党中央社发表《政府宣布民盟非法》的声明

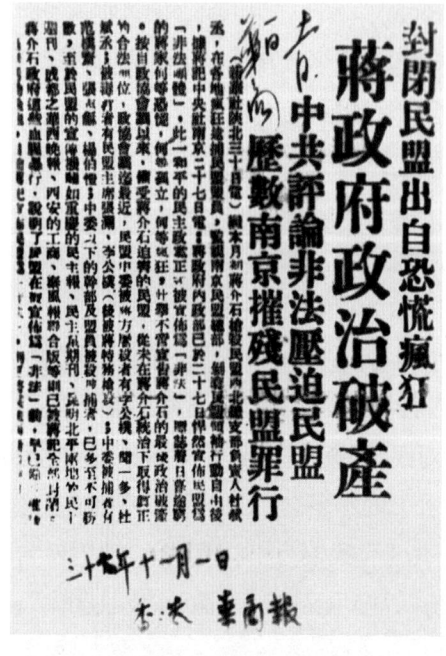

1947 年 11 月 1 日，《华商报》登载中共评论蒋介石政府非法压迫民盟的文章

1947 年 11 月 6 日，香港《星岛日报》关于民盟被迫解散的报道

发表'剿匪建国'演说，一时大有乌云压城城欲摧之势。民盟为了维护民主正义事业，仍然坚持原有主张。7 月 9 日，我父亲代表民盟发表讲话，严斥'总动员令'，这就使国民党同民盟之间的矛盾达到水火不容的地步。"

1947 年 10 月，民盟在南京、上海的办事处，上海永嘉路集益里 8 号张澜寓所均被国民党警察围困，人员活动受到监视。

在南京独自同国民党交涉的罗隆基更是受到特务的跟踪盯视，他一连给张澜打了好几个电话告急，并请示办法。10月26日，张澜在寓所召开了一个由沈钧儒、黄炎培、章伯钧、史良和叶笃义参加的紧急会议商讨对策，最后决定推举黄炎培和叶笃义去南京，会同罗隆基去同国民党交涉。

叶笃义回忆说："黄（炎培）到达南京后，立即同我到邵力子家中。邵先生平日待人接物一向是和颜悦色的，这次却表现得非常严肃，直截了当地对我们说，事情发展到现在这步田地，一切都已无能为力了，'民盟不成仁，便成义'。"接着，黄炎培、叶笃义会同罗隆基去找司徒雷登出面协调。司徒雷登先是说"不方便干涉中国内政"，接着却劝民盟"光荣解散"。后来，三人又去找了张群，张群说同民盟交涉的责任蒋介石已经交给陈立夫了，而陈立夫只见黄炎培一人。黄炎培与陈立夫交涉的结果最后搞成一个书面文件，就是民盟在国统区各报纸发表解散公告。

11月5日凌晨，黄炎培等三人回到上海，立即赶到张澜寓所召开紧急会议。这时的集益里8号已经被荷枪实弹的国民党军警特务包围了，楼下的屋子里挤满了特务和新闻记者，门外小弄堂停放着数辆警车。黄炎培将陈立夫事先拟好的"民盟总部解散公告"交给在场的张澜、沈钧儒、史良等在沪民盟中央常委"讨论"。事实上，哪里还有"讨论"的余地呢——陈立夫告诉黄炎培，解散民盟是"蒋主席直接交办的"，"公告"里的内容"一个字也不许改"，否则作废。"如果政府下令解散，就要逮捕民盟全体中央委员，并勒令全国盟员自首。"张群威胁说：

1947年11月7日，《时代日报》刊登张澜以个人名义发表的声明

"民盟总部如不解散，各地干部将有 700 余人被捕，罗隆基等有生命危险。"楼下全副武装的国民党军警特务虎视眈眈，摆出时刻准备要民盟"不成仁、便成义"的架势。从上午 9 点到下午 3 点，特务几次三番地催促，大家虽有不同意见，但也拿不出更好的办法，最终一致决定民盟总部解散，解散文件以张澜主席名义发布。

张茂延回忆说："那天父亲在房内走来走去，始终一言不发，通宵不眠。第二天一早，毅然以他个人名义写了一个《呼吁》：'余迫不得已，忍痛于十一月六日通告全体民主同盟盟员，停止政治活动，并宣布民盟总部解散，但我个人对国家之和平民主统一团结之信念，及为此而努力之决心，决不变更。'"

叶笃义回忆说："张澜沉痛地对我说：'杀头我是不怕的，我之所以这么做完全是为了照顾到全体盟员的安全。至于我的一切早已置之度外了。'"民盟自动解散，盟员就可以免于登记，也就相对安全些。

在民盟总部解散前，张澜和沈钧儒就密商去香港成立民盟临时总部，领导全

沈钧儒潜赴香港前与同仁合影。左起：张茂延、叶笃义、张澜、陈新桂、罗隆基、陈叔通、沈钧儒

沈钧儒在香港

盟继续斗争。由于张澜目标太大，特务监视严密，且身体有病，行动不便，罗隆基、黄炎培等也受到特务监视，不得脱身，便决定由沈钧儒、章伯钧等人赴港，筹备民盟临时总部。

经过两天的航行，沈钧儒乘船抵达香港，激动兴奋的心情溢于言表。还在船上的时候，他就和周围的人畅谈政局，受到热烈欢迎和尊敬。萨空了来迎接沈钧儒，以为他为躲避国民党特务耳目，会割须化装前来香港，没想到沈钧儒从容不迫笑吟吟地走下船来，并告诉萨空了说，"来香港不是逃难的"。萨空了为沈钧儒在歌顿道 7 号前楼安排了住处，李公朴遗孀张曼筠及其子女就住在后楼。

虽然留沪的张澜向龙云、刘文辉等秘密盟员筹集了一笔钱，由叶笃义、黄炎培等人通过和成银行汇到了香港，沈钧儒、萨空了等人也积极向海外华商筹款，但在港民盟的活动经费依然拮据，以致无力雇佣工作人员，很多工作都靠在港中央委员亲自去做。萨空了不仅担任口头和文字翻译，连打字和送信都得自己干，沈钧儒则靠卖字维持生活。

20 世纪 40 年代香港的港英政府在国共之间保持中立，国内各派政治力量均可在港活动，香港成为各派政治力量纵横捭阖的中心，国民党在香港公开建立了港澳总支部，共产党则于 1947 年 5 月 7 日成立香港分局，直接归中共中央领导，民盟早在 1946 年 3 月就成立了南方总支部，而被国民党迫害的民主人士也纷纷赴港活动。

　　沈钧儒、章伯钧等人到港后，与原来在港的民盟中央委员邓初民、沈志远、李伯球等人会合，多次举行在港中央委员谈话会，决定以在港中央（执行）委员会名义开展组织活动，并推选沈钧儒、章伯钧为召集人，同时成立筹备组，下设盟务组、政策组、总务组，分别由沈钧儒、章伯钧、周新民负责，着手准备召开民盟一届三中全会。在港中央执委会先后召开八次会议。第一次至第三次会议，主要是为恢复民盟总部和召开一届三中全会作了一些酝酿和设想，决定恢复组织、宣传、外交等工作，总部名义暂不公开。第四次会议确定了全会召开的时间。第五次至第八次会议决定成立全会筹备机构，并讨论了准备向三中全会提交的有关报告和决议。

　　1948年1月5日至19日，中国民主同盟一届三中全会在香港告士打道50号和成银行宿舍三楼召开。

　　沈钧儒、章伯钧、朱蕴山、周鲸文、周新民、柳亚子、邓初民、何公敢、刘王立明、李文宜、杨子恒、李伯球、沈志远、李相符、冯素陶、罗子为、陈此

民盟一届三中全会通过的文件和在港相关会议记录

香港报纸报道会议并登载《民盟三中全会宣言》

生、罗涵先等出席会议，无法出席的史良、吴晗、楚图南、李章达、郭则沉、邱哲、韩兆鹗、黄艮庸、范朴斋、张云川、辛志超分别由沙千里、千家驹、周新民、萨空了、杨伯恺、云应霖、郭翘然、罗子为、周鲸文、王深林、王却尘代表。民盟南方总支部、西北总支部，上海、重庆、云南、福建支部和港九、马来亚支部的 12 名代表列席。沈钧儒和章伯钧主持了这次会议。大会主席台上悬挂着李公朴、闻一多、陶行知、杜斌丞四烈士遗像。沈钧儒在开幕词中指出，烈士们为革命献出了生命，血的教训使我们懂得，"要从反动派的魔掌下取得民主和平，是不能够以和平的公开合法的方法使国民党反动派放下屠刀的"，三中全会将"对当前的形势重新估计，尔后确定应当走的政治路线和新的工作方针，来加强本身力量，完成政治任务"。会议的第一天就展开了激烈的辩论，与会者争先恐后发表意见，柳亚子起立发言 9 次，提交了 13 篇书面发言。邓初民形容大会争论就像"原子弹爆炸一样"，代表们都认为南京总部在国民党压力下被迫解散，不应予以承认。

全会通过《三中全会紧急声明》，强调不接受国民党非法解散民盟总部的无理而又狂妄的举动，不接受民盟总部在国民党压迫下发布的解散声明，庄严宣告恢复民盟领导机构。全会对民盟中央的领导机构作了调整和充实，由沈钧儒、章伯钧以民盟中常委的名义领导全盟工作。全会通过的《民盟三中全会宣言》指出，必须推翻国民党的反动统治才能建立和平民主的新政权。必须消灭国民党

香港《华商报》关于各民主党派和无党派人士通电响应"五一口号"的报道

反动统治赖以生存的经济基础和阶级基础，消灭封建土地所有关系，实行土地改革，实现耕者有其田。必须坚决反对国民党的后台即美国政府危害中国主权的行为。要与中国共产党和各民主党派结成民主的统一战线，携手合作，共同奋斗。全会通过了章伯钧所作的《三中全会政治报告》，严肃批判了中间路线思想，强调民盟的立场是人民的立场、民主的立场、革命的立场，认为民盟应该积极地支持以人民的武装去反抗反人民的反动的武装。同时也要寻找革命的友军，不仅是中国共产党和其他民主党派，还有其他一切为民主革命而奋斗的人民团体，继续为巩固和扩大民主革命统一战线而奋斗。主要的工作方向是向下层去巩固，向群众去扩大。全会通过的《今后组织工作计划》要求加强民盟的战斗性和纪律性，严格实行民主集中制的组织原则，少数服从多数，全体服从组织，对内必须尊重集体意见，对外必须服从组织，不允许个人自由主义言行。各级地方组织要建立高度的组织纪律，严格吸收盟员，每个盟员必须具备坚定性和战斗性，严防特务分子混入，清洗动摇投机分子。

1948年4月30日，中国共产党发布"五一口号"，号召各民主党派、人民团体及社会贤达，召开政治协商会议，成立民主联合政府。

民盟发表《致全国各民主党派各人民团体各报馆暨全国同胞书》，予以热烈响应。毛泽东亲自致信在香港的沈钧儒、李济深，就召开政协的若干设想征询他俩的意见。1949年1月22日，沈钧儒、李济深、郭沫若等55名各民主党派负责人和民主人士，在联合发表的《我们对时局的意见》中明确地表示："愿在中共领导下，献其绵薄，贯彻始终，以冀中国人民民主革命之迅速成功，独立、自由、和平、幸福的新中国之早日实现。"

民盟一届三中全会是民盟历史上具有决定意义的会议，它确定了一条人民的、民主的、革命的总政治路线。一届三中全会总结了民盟的经验和教训，民盟的主张也从之前的坚持走"中间路线"、建立"十足地道的民主共和国"转变为同国民党政府及美国的公开决裂，实行"一边倒"政策，即接受中国共产党新民主主义革命纲领，接受中国共产党的领导，同中国共产党密切合作。全会确立了民盟在新时期革命性、群众性的组织路线与组织原则，民盟的地方组织得到整顿、恢复和发展，战斗力得到增强。一届三中全会也为民盟参加新政协、参与新政权奠定了思想和组织基础。正如周恩来在 1949 年 12 月 6 日《对出席民盟四中全会扩大会议人员的讲话》中说："民盟三中全会在香港召开，成立总部，一直到现在。沈钧儒、章伯钧二位先生重新树立民盟旗帜，领导工作，大家一同努力奋斗。这个时期用一句话说，就是'一面倒'，倒在新民主主义方面。"

费孝通与民盟"十二字"方针

　　费孝通是我国著名的社会学家、人类学家和社会活动家，也是民盟的卓越领导人。在很多盟员的眼里，费孝通的形象，并不是那个 28 岁就写出《江村经济》的青年才俊，而是一个满头银发、精神矍铄、圆圆的弥勒佛一样的、奔走在中国大江南北的老先生。盟员们都由衷地敬爱他，不断学习他，从他的精神中汲取着力量。

　　就是这样的一个老先生，为改革开放后民盟如何履行参政党职能树立了光辉典范，作出了重要贡献。1987 年至 1996 年，他担任民盟中央主席期间，正值我国进入以经济建设为中心的新的历史时期。民盟如何更好地发挥作用？该做什

1993年7月，费孝通在洛阳拖拉机厂参观

么？怎么做？经过多年的实践和思考，费孝通提出了"出主意、想办法，做好事、做实事"的主张，这也就是大家所熟知的民盟"十二字"方针。民盟中央原主席丁石孙在2010年纪念费孝通百年诞辰时曾有这样一段精辟的感言："这12个字逐渐被全盟接受，作为一个时期以来指导民盟工作的方针，不是偶然的，与它非常适合中国的现实和民盟的状况是分不开的。过去的二十几年，我们按照费老这12个字的精神开展工作，为国家的建设和发展作出了力所能及的贡献。今天回过头去看，更加佩服费老看问题是很深的。"这一方针一直在指导、激励着全盟各级组织和广大盟员为中国特色社会主义事业献计出力，不仅是费孝通身体力行奔走国是的忠实写照，也成为民盟全力投身履行参政党职责的生动写照。

行行重行行

　　1910年出生在传统知识分子家庭的费孝通，早年即立志认识和改造中国社会。1930年，他从东吴大学转学到燕京大学，弃医转攻社会学。他自己曾回忆说："人们的病痛不仅来自身体，来自社会的病痛更加重要。所以我决心不去学医为一个一个人治病，而要学社会科学去治疗社会的疾病。"而在学社会学的过程中，他又更深刻地认识到课堂和书本之外，更需要到真实的社会生活中去观察、分析、思考。从1935年携新婚妻子王同惠深入广西大瑶山写出《花蓝瑶社会组

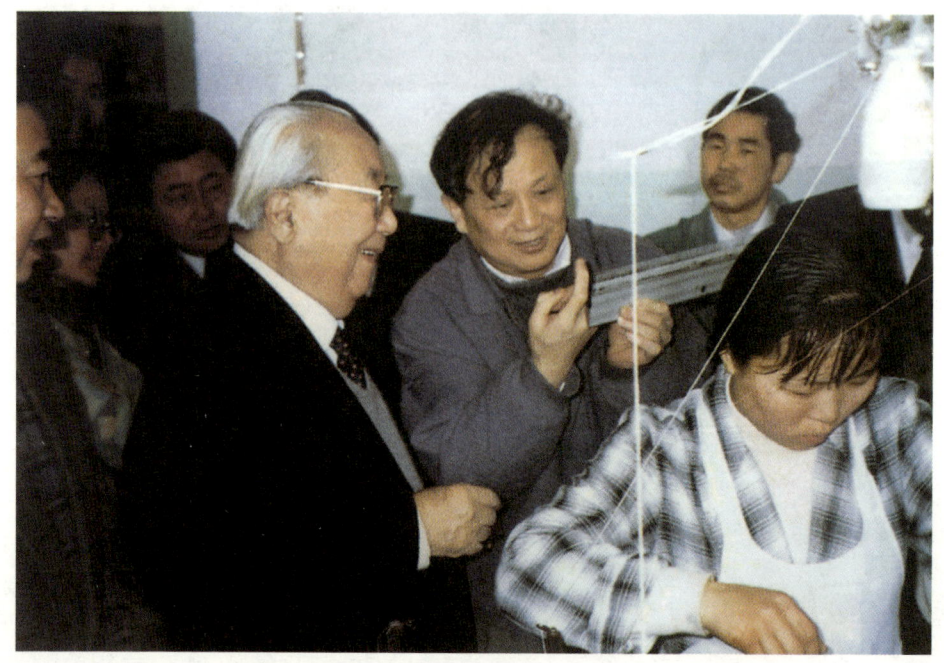

1996年，费孝通第19次察访江苏吴江开弦弓村（即江村）农民的家庭工厂

织》，到2003年第七次调研甘肃定西；从1938年写出《江村经济》关注中国农村和农民问题，到改革开放后他就乡镇企业、小商品经济、小城镇建设、城乡协调发展、区域经济发展、社区建设等建言献策；无论是做学问，还是做民盟的工作，他一直实践着自己写下的"脚踏实地，胸怀全局，志在富民，皓首不移"的座右铭。

提到费老，不少老盟员都记得一个"10元钱"的故事。改革开放之初，费孝通迎来"第二次学术生命"，70岁的他对女儿费宗惠说："我口袋里只有10块钱了，不能随意用来买花生吃，要集中起来买一件心爱的东西。"费孝通的意思是，他估计还有10年的工作时光，要迫切地投入工作，为中国老百姓能富起来做点事情。从此，他每年要用1/3以上的时间，投入到"行行重行行"的实地调研中去。后来他85岁了，虽感力不从心，却仍坚持调研、思考，提出新办法、新主张。他说，希望上帝开恩给个"红包"，再多活几年，还有好多事情要去做做。诙谐的话语中蕴含着他时不我待、只争朝夕的心情。

1991年，费孝通在广宗大东村农民家了解竹帘生产情况

　　行行重行行的实地调查，对于费孝通确实是辛苦的，毕竟是年岁不饶人，年老体胖，诸多不便。1991年，费孝通去河北广宗实地考察前，让侄子费皖先去打个前站，收集点资料。费皖走之前问他："听说县里面接待条件比较差，您有什么要求？"他笑着说："只有一条，看看马桶是蹲式的还是坐式的。"

　　年岁和身体，是费孝通"行行重行行"中最大的困难，可他却始终坚持着，甚至为了克服这一困难，快80岁了还琢磨着减肥。1987年，费孝通一家和钱伟长一家同在烟台度假。钱伟长的孙女钱泽红第一次见到费孝通，老人家好似弥勒佛一般的肚子给她留下了深刻的印象，而当时费孝通实施了几天却宣告失败的减肥计划，更是让她记忆犹深：老人家觉得节食见效太慢，情急之下不吃饭了，结果冒着虚汗无力地坐在沙发上，自言自语地生自己的气："可恶！吃酱油汤都长胖！"最后，钱伟长夫人劝他："不吃饭身体垮了，怎么工作，怎么写文章呢？"于是，一场轰轰烈烈的减肥以失败而告终。几年后，两家人住到了一个院子里，钱泽红仍然惦记着费爷爷为什么要辛苦减肥的问题，这次，她得到了回答。费爷爷对他说："有这个肚子，坐车子上下不方便，走路也不方便，我四面走，真是辛苦啊！"钱泽红后来接触社会学，读到费孝通的著作，去过穷乡僻壤，才真正理解了费孝通千方百计克服困难，为实现富民理想而不辞辛苦、殚精竭虑。

　　行行重行行的辛苦，在看到自己的"学人话语"发挥出经世致用的成效时，费孝通觉得一切都是值得的。他对辛苦甘之如饴："我在这 15 年中到各地农村去调查，然后'想办法、出主意'，帮助各地的农民脱贫致富。我觉得高兴的是想的办法、出的主意由于顺着改革开放的总形势有些已取得了成效。这也使我对自己所走的学术道路有了信心，使我深深地感到生逢盛世的兴会。"苏南模式、温州模式、珠江模式，小城镇建设、乡镇企业发展、区域经济发展、城乡协调发展，现代中国与文化、文化自觉……费孝通的学术道路，就是把学术做成食粮而不是装饰品，就是用学术为社会做事情，为建设中国特色社会主义贡献力量。

费孝通也把自己的这种思考、体会和作风带到了民盟。费孝通强调指出："民盟的责任就是要协助共产党把中国的事情做好。"他倡导和带动各级盟组织和盟员充分发挥才智，"情系祖国，志在富民"，围绕国家各项建设开展工作，"8 万多盟员，都来想点办法，做实事，做好事"。费孝通的侄子费皖曾经给我们讲过这样一个故事。有一次去地方调研，费孝通和盟员们座谈时，有位盟员发牢骚："我们这儿的党委对民盟不重视，也不太听取我们的意见！"费孝通说着一口吴侬软语，乐呵呵、软绵绵地从他自己是如何调研、提意见谈起，然后总结说："要人家重视你，首先要把自己的本职工作做好。第二，要看你提的意见有没有道理，不能每次开会就发牢骚、挑毛病，说人家这也不对那也不对，而是要提出事情应该怎样办才能做好的意见。你提的意见有道理，办法好，有帮助，人家自然会重视，会主动来征求你的意见了。"一番话说得盟员们似醍醐灌顶，豁然开朗。

"出主意、想办法，做好事、做实事"，是费孝通从自己做学术研究和盟务工作"行行重行行"的实践中提炼而来的，他一直这样去做，也引领盟员们这样去做。在 1994 年 10 月 26 日民盟省级组织负责人座谈会上，费孝通语重心长地讲了这样一番话："我们的知识、本领都是国家和社会给予的，要有个交代才行，要找个安身立命之处，取之于社会，用之于社会，到头来也好问心无愧。"值得高兴的是，这种扎根中国土壤、联系中国实际、坚持调查研究、服务社会和人民的精神，一直被一代又一代民盟人传承着。

2017 年 3 月 22 日，民盟中央主席张宝文一行来到江苏吴江费孝通江村纪念馆，缅怀费老功绩，追寻费老足迹。在记录费孝通 1984 年第一次去定西，对石家岔小流域治理情况进行实地考察的照片前，张宝文久久驻足，他感慨地说："费老

7 次调研定西，最后一次是在 2003 年他 93 岁的时候。我们要把这样的精神一直传承下去，才是对费老最好的纪念。"

1984 年，费孝通对甘肃定西石家岔小流域治理情况进行实地考察

盟务实践定方针

中共十一届三中全会后，我国进入了以经济建设为中心新的历史时期。各民主党派迎来新发展，面临新任务，履职尽责的热情和干劲高涨。

民盟中央机关一直口口相传着这样一个温暖的故事：1980 年的一天，费孝通

1980 年 7 月，民盟中央在山东青岛召开教育座谈会。这是 1957 年后民盟中央第一次召开讨论教育问题的会议

正在机关和盟内的同志们谈话，突然通知来了一位不速之客，一位中共中央领导同志到访。见了面才知道原来是时任中共中央总书记胡耀邦。胡耀邦说他是一时兴起，来看望大家。在这次会见时，胡耀邦说："民盟是个党外知识分子的政党。这些知识分子第一是爱国的，第二是学有专长的，第三是为人正派的。"他接着说："我们就希望能发挥这些知识分子的作用，同我们合作，成为复兴中国的一个力量。"话音刚落，大家就热烈地议论开来，认为这一番话激励民盟在新的历史条件下，积极探索如何利用民盟人才荟萃、智力密集的特点和优势，更好地发挥作用。

1980 年 7 月，民盟中央成立"教育计划和教育体制研究小组"，在全盟开展调研后提出《关于我国教育工作的几点建议》，受到中共中央重视和好评。

1983 年，民盟呼吁增加教育投入和实行义务教育制。1986 年通过的《中华人民共和国义务教育法》中，民盟的建议得到了体现。1985 年 1 月，民盟部分省市在福建漳州举行基础教育研讨会。1989 年 3 月，在七届二次全国政协会议上，钱伟长第一次以民盟中央的名义作题为《振兴教育　刻不容缓》的大会发言。也是在这年这月，中共中央领导人在批复民盟建议时，指示相关部门：今后在研究有关教育方面的问题时，一定要有民盟的同志参加。教育领域成为民盟近 40 年来参政议政的一贯优势和重点……

1983 年 6 月，民盟组织一批盟内著名专家学者，面向社会开办了第一期"多

20 世纪 80 年代，费孝通、钱伟长率民盟中央智力支边小组在内蒙古呼和浩特调研

1988 年 7 月，民盟在甘肃兰州召开「黄河上游多民族经济开发区建设研讨会」

学科学术讲座"。从 1983 年到 1988 年，4 期讲座听课人员达上万人次，在社会上产生深远影响。1983 年，民盟还与内蒙古、甘肃、新疆、云南、贵州、吉林、宁夏、黑龙江、辽宁等 9 个省、自治区达成 39 项"智力支边"协议。截至 1988 年 9 月的不完全统计，为支援老、少、边、穷、山地区，民盟各级组织共派出 4000 多人次，完成项目近 2500 项。

1984 年 9 月，费孝通第一次到甘肃定西考察；1986 年春，民盟专家、教授来到四川遂宁开展智力帮扶；1989 年，钱伟长作为首任支援贵州毕节试验区专家顾问组组长，率各民主党派专家教授赴毕节，民盟社会服务工作开辟出一条新路……

1987 年 7 月，民盟中央在北戴河举办"区域规划与咨询研究班"，带领地方民盟组织积极开展参与国家与地方区域发展规划工作的参政议政新实践。1988 年 6 月，民盟中央成立区域发展研究委员会，开展区域性发展战略研究工作。经调研甘肃、青海、宁夏等地区后，民盟中央向中共中央提交《关于建立黄河上游多民族经济开发区的建议》，受到高度重视。

……

这些有着开拓性的实践，既让民盟取得了丰硕的成果，也让当时担任民盟中央主席的费孝通更加明晰：民盟工作，要力求务实，切忌空谈。不要从抽象的概念去讲政党该做什么，更不能用别国的政党做样本来套用于我们自己的政治体制，为社会主义祖国出力就是我们的政治纲领。民盟的作用，就是推动全体盟员在社会主义现代化建设中发挥出最大的作用。

1989年11月8日，民盟区域规划和咨询工作经验交流会在徐州召开，已80高龄的费孝通继3月份提及盟员要做实事、做好事之后，又在此次会上首次明确提出，民盟的工作是要为经济建设多做实事、多做好事。这一主张很快在各级盟组织和全体盟员中得到广泛响应。

对于这一主张也曾有过争议。有的同志充满疑惑："民盟应该要讲政治，只讲为经济建设服务，是不是有点不务正业了？"费孝通十分明确地表示："我们是处在一个新的历史时期，当前经济建设就是最大的政治。我们为经济建设服务，就是为政治服务，怎么能说是不务正业呢？"他进一步指出，我主张的"做实事、做好事"，是指为社会主义现代化建设、为祖国统一、振兴中华，脚踏实地、勤勤恳恳地做好各项工作。

关于"出主意、想办法"的提出时间，最早应该是在1991年3月19日纪念民盟成立50周年大会上，费孝通提出民盟要"出主意、想办法，做实事、做好事，努力作出新的贡献"，这大概是费老"十二字"主张完整提出的最早时间了。

在费孝通的倡导下，民盟围绕改革开放和经济建设，努力出主意、想办法，做实事、做好事：1990年《关于建立长江三角洲经济开发区的初步设想》、1991年《关于建立攀西开发区重建南方丝绸之路开发大西南的设想》均受到中共中央

1996年5月，费孝通、钱伟长、丁石孙在京九铁路沿线区域经济发展考察途中交流

高度重视；1992 年到 1996 年，民盟中央连续提出《关于加快黄河三角洲开发的建议》《关于加快发展环渤海地区的若干建议》《关于促进中原、淮海地区经济发展的建议》《关于加快长江三角洲经济区域发展的设想和建议》等，区域发展成为 20 世纪 90 年代民盟参政议政的闪亮品牌。

1991 年民盟开始帮扶河北广宗；1992 年 1 月，民盟中央在北京召开全国智力扶贫工作经验交流会；1994 年 6 月，又召开"东西互助联手扶贫会议"……从中央到地方组织，大家都在积极贯彻着、行动着。

在实践中，在思考中，"十二字"方针逐步成为全盟的共识：1991 年 12 月，"为改革开放和经济建设出主意、想办法，做实事、做好事"写入民盟六届四中全会工作报告和决议；1992 年召开的民盟第七次全国代表大会上，代表们高度肯定费孝通"十二字"主张是民盟第六届中央委员会盟务工作的一大特色；1994 年召开的民盟七届三中全会上，委员们一致认为，"出主意、想办法，做实事、做好事"已成为民盟从中央到地方开展工作的指导方针。

颇有意思的是，直到 2002 年 12 月民盟第九次全国代表大会之前，后 6 个字的顺序一直是"做实事、做好事"。我们现在熟知的"做好事、做实事"，在民盟九大工作报告中才首次出现。

二十多年过去了，民盟各级组织和广大盟员一直在实践着、坚持着、丰富着"十二字"方针。2003 年 6 月，在民盟九届三次中常会上，丁石孙在"做好事、做实事"的基础上，号召各级盟组织和广大盟员"把好事做实，把实事做好"。2009 年 12 月，在民盟十届三中全会上，蒋树声提出参政议政要"建睿智之言，献务实之策"。2015 年的民盟参政议政会上，张宝文强调"不调研，不发言"。这些要求，正是民盟在多年实践的基础上，对费孝通提出的"十二字"方针的有益补充和完善。

费孝通曾说过这样一段话："要认识我们现在处在几千年来没有过的大好机遇里面，要相信我们中华民族是有本领的。我们要有天下为公的理想和气魄，为国家的发展出力。"我们坚信，民盟将更加紧密地团结在以习近平同志为核心的中共中央周围，继承和发扬民盟优良传统，不忘合作初心，继续携手前进，以优异成绩迎接中共十九大和民盟十二大的召开，为实现中华民族伟大复兴的中国梦贡献力量，为中国政党制度向世界提供有益借鉴和创新实践。参政党的履职尽责，永远在路上。

情系川中红土地　筑梦路上携手行

——"盟遂合作"31 年纪实

民盟，一个秉承"奔走国是、关注民生"优良传统的民主党派；遂宁，一个川中丘陵地带的新兴城市；蒲春秀，一位遂宁市蓬溪县回水乡慧林村的普通村民。6 年前，蒲春秀告诉民盟中央调研组："现在家里生活条件都好了，民盟中央又大力支持我们库区建设风景区，农闲时我做做刺绣，坐在家里都能挣钱，每年都有不错的收入。"而之前，因为当地十年九旱的天气，她们家连种粮都发愁。蒲春秀一家生活的改善，得益于民盟助推遂宁黑龙凼水库的复建。而这只是民盟服务遂宁经济发展、人民群众脱贫致富、绿色生态加速崛起的一个缩影。

民盟与遂宁的合作（以下简称"盟遂合作"）始于31年前。民盟中央原名誉主席钱伟长曾对双方的合作作出预判："我们这种真诚的合作，路子会越走越宽，我们的成绩和经验，会不断地为中国共产党领导的多党合作和政治协商制度丰富内容、增光添彩。"

如今，"盟遂合作"由最初的科技兴农拓展到科技兴工、职业教育和能源水利建设，由经济领域的合作拓展到全方位的战略合作，由中共遂宁市委、市政府与民盟四川省委的合作上升到与民盟中央及全盟的合作，取得了显著的政治、经济和社会效益，生动诠释了中国共产党领导的多党合作和政治协商制度的优越性，被中共中央统战部授予"各民主党派、工商联、无党派人士为全面建设小康社会作贡献社会服务优秀成果"奖。

携手合作见初心

1985年，经国务院批准，四川省将遂宁等三个农业县，从绵阳地区划分出来，建立省属遂宁市。"那个时候的遂宁，就是两条简陋的小街道。"在民盟四川省委会主委赵振铣的记忆中，三十多年前的遂宁就是两个字——"穷"和"破"。建市之初，遂宁人多地少，农业占比过大，337万人口中有80%在农村，近二十亿的工农业总产值中有一半多来自农业。遂宁的这种情况正是四川丘陵地区人口密度大、经济相对落后的缩影。为此，中共四川省委、省政府赋予遂宁探索"川中丘陵地区经济发展、人民致富路子"的光荣任务。

1985年，在中共遂宁市一届一次党代会上，中共遂宁市委、市政府明确提出要重视民主党派的作用，发挥民主党派的智力优势，通过他们去联系一批知识分子为遂宁经济建设服务。1986年，时任中共遂宁市委副书记、市长席义方找到民盟四川省委会寻求长期合作，希望借助民盟在科技上智力密集、人才众多的优势，改变当时遂宁农村的落后现状。席义方提出："遂宁真正需要的是一种长期稳定的关系和专业领先、技术精湛、综合性强的专家团队。"

社会服务工作是民主党派参政议政的延伸和拓展。改革开放以来，民盟四川省委会高度重视社会服务工作，紧紧围绕中共四川省委、省政府的中心工作和阶段重点，积极探索依托民盟智力资源服务地方经济社会发展的有益做法，着力为推进全省经济社会发展贡献力量。从 20 世纪 80 年代开始，针对四川丘陵地区人口密度大、经济相对落后的实际情况，民盟四川省委会开始考虑在全省丘陵地区中选择一个市作为合作对象，在智力扶贫等方面进行长期合作。作为丘陵地区大市的遂宁进入到了民盟四川省委会的视野。

共同需求下，双方一拍即合。"盟遂合作"的序幕就此拉开。

智力帮扶拓新路

1987 年 12 月 19 日，民盟四川省委会经过深入研讨和论证，与中共遂宁市委、市人民政府正式签订《协议书》：聘请来自川农大、西南财大等大专院校和科研院所的 300 多位盟员专家，组成"遂宁市经济顾问联组"，高层次、多学科，帮助遂宁科技兴农。

首批到遂宁的民盟专家，经过认真考察和科学论证后，建议遂宁"科技投入领先，种植业起步，养殖业脱贫，发展乡镇企业和社会主义商品经济致富，开展职业技术教育奠基础"。

当时已八十多岁的叶谦吉教授来了，为实现遂宁生态农业的良性循环，他跋山涉水，呕心沥血。他说："我要在有生之年，把自己的学识贡献给遂宁，让那里的农民尽快富起来。"

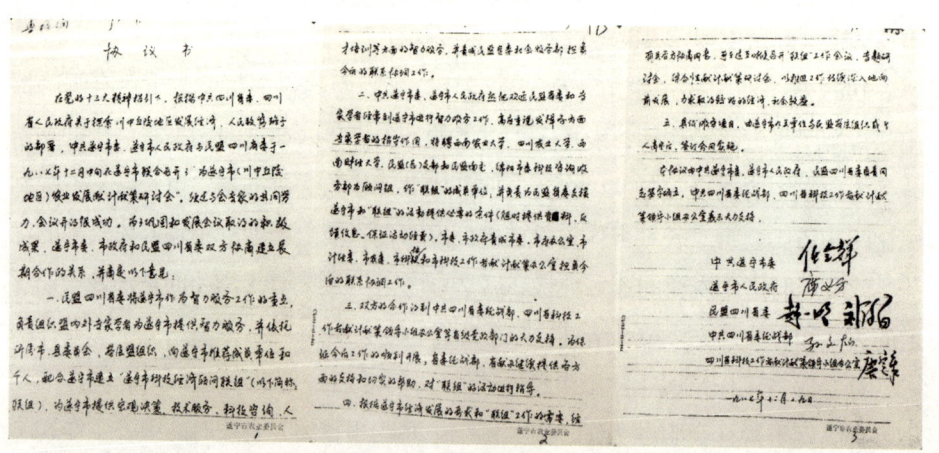

1987 年 12 月 19 日《协议书》原件

20 世纪 80 年代，民盟四川省委会开展科技兴农活动

　　已经退休的盟员专家雷万方来了，他在遂宁近郊建设蔬菜育苗中心，一天十几个小时扑在塑料大棚里，从上百个蔬菜品种中，筛选出 30 余种适合遂宁种植的优良品种，并迅速繁育出六十多万株优质菜苗予以推广。仅用两年时间，他就帮遂宁解决了长期以来淡季缺菜的问题，也为当地农民致富找到了一条新路。他在遂宁一住就是 8 年，就连女儿出嫁，也只有一封家信表达祝福。

　　在一批批民盟专家的智力帮扶下，遂宁科技兴农取得重大突破：1989 年至 1992 年遂宁粮食总产连续 3 年创历史最高纪录，解决了遂宁人民的温饱问题。目前，遂宁已成功构建以优质粮油、优质水果、绿色蔬菜、高产林业、绿色生猪等八大特色产业为重点的现代农业产业体系，在四川省率先获得了"农产品产地无公害化市"命名，同时建成了五大现代农业示范园区，以及 41 个现代农业万亩示范区。

　　科技兴农的成功，让盟遂双方从中看到了进一步合作的空间和前景，他们很快就将目光从农业转到工业。

　　1991 年 3 月 5 日，民盟上海市委会和中共遂宁市委、市政府签订了《科技兴工合作协议书》：由民盟上海市委会向遂宁提供科技兴工智力服务，内容涵盖科技咨询、技术服务、产品开发、人才培训、技术转让、信息传送、引进资金、商品流通等各个方面，共计 123 个具体项目。

　　1996 年，民盟四川省委会再次组织专家对遂宁市工业企业进行考察调研，确定与当地 6 家工业企业开展合作，推动遂宁市从农业大市向工业强市转变。

　　实施科技兴工，让遂宁工业实现了蜕变：2015 年，全市 GDP 增长 13.2%、增速居全省第一位，经济总量是 1985 年的 78 倍。如今遂宁有国家级高新技术企业 49 家，国家级、省级创新型企业 79 家，已成为国家知识产权试点城市。

　　随着科技兴农、科技兴工成果的不断显现，"盟遂合作"双方都意识到，遂宁跨越式发展不能只靠智力帮扶，还需要实现本土人才的提升。为此，他们又把目光投向了遂宁的职业教育，2004 年 2 月，在四川省政协九届二次会议上，民盟四川省委会与来自遂宁的省政协委员一道，递交了《在遂宁建立中国西部农村职业技术技能培训基地的建议》。同年 3 月 31 日，民盟四川省委会领导和专家对遂宁建立西部职教基地的基础条件进行考察调研，双方决定把该项目作为盟遂合作项目。截至目前，西部职教基地核心区重点工程累计完成投资 6.5 亿元，中等职业学校占地面积达 1500 多亩。

　　31 年来，从中央到基层，盟内专家学者发扬高尚的风格和情操，始终秉承着"立盟为公、参政为民"的初心，实践着民盟中央原主席费孝通提出的"出主意、想办法，做好事、做实事"的工作方针，在遂宁这片热土上撒播下自己的智慧和汗水：费孝通将《遂宁——丘陵战略研究》收入他编辑的《中国区域经济规划丛书》；钱伟长撰写《重视发挥民主党派在地方经济建设中的作用》一文，在《求是》

1990 年，钱伟长视察『盟遂合作』项目

杂志发表；叶谦吉、刘佩瑛、杨凤、雷万方、黎汉云、雷起荃、张美年、袁代斌等600多位盟员专家参与智力援遂，提出有价值建议 300 多项，培训农业科技和经营管理人员 3 万余人次。由农业、工业再到教育，"盟遂合作"之路越拓越宽广。

重大项目惠民生

民盟中央原主席丁石孙曾指出："'盟遂合作'是全盟的事情。"从 2003 年开始，"盟遂合作"由中共遂宁市委、市政府与民盟四川省委会的合作正式拓展到与民盟中央及全盟的定点合作。也正是在这一年，"盟遂合作"的又一精彩之笔——黑龙凼水库复建工程开工了！

早在 1981 年，黑龙凼水库在一次洪水中溃坝，十年九旱的恶劣天气，让复建黑龙凼水库成为当地老百姓的最大期盼。但县市两级财力根本无力支持，"单靠蓬溪的财力怕再拖 20 年都不一定能够建成！"一位当地政府的干部说："转机还是2003 年民盟中央把该项目列为'盟遂合作'重点工程。"

2002 年 7 月，刚刚担任民盟四川省委会主委的吴正德带队到遂宁调研，了解到库区老百姓缺水的疾苦后，当即表示，一定要利用"盟遂合作"特殊的政治优

2006 年 9 月，"盟遂合作"20 年庆典暨黑龙凼水库大坝落成剪彩仪式

势，努力争取国家有关部委对工程给予立项支持，并决定把黑龙凼水库复建工程作为"盟遂合作"的重要项目，务求取得实效。随后，他带着民盟遂宁基层组织的调查报告几上北京。

时任民盟中央主席的丁石孙详细了解情况后，在报告上作出明确批示，并出面与国家计委、水利部等有关部委沟通。经过民盟中央、民盟四川省委会和中共遂宁市委、市政府各方的不懈努力，终于使该项目在国家立项。

2003 年 12 月 28 日，黑龙凼水库复建工程开工。一大早，十里八乡的库区百姓，扶老携幼，自发向工地聚拢。时任民盟中央常务副主席张梅颖铲起第一锹土，用蓬溪话宣布"黑龙凼水库建设开工"，整个工地顿时沸腾起来。

当地人民所立的《黑龙凼水库重建碑记》如是记载："盟遂合作传佳音，重建喜讯如甘霖，库区人民得水利，一方山水呈祥瑞……"当地百姓说："是党的富民政策让我们解决了温饱，是民盟向党的建议为我们奔小康解决了用水的难题。"黑龙凼水库这座"盟遂合作"的丰碑工程不仅切实解决了灌区农村 10 余万人季节性缺水问题，而且在它的润泽下，附近的村民们住进了小洋楼，用上了沼气，建起了果园，生活发生了翻天覆地的变化。2013 年，蓬溪县回水乡九龙寨村村民邓华英，将表达库区人民心声的书法作品——《盟遂合作兴水利，旱区人民谢民盟》送给了在遂宁参加盟遂合作陈列馆建成仪式的民盟中央主席张宝文，以感谢民盟对库区人民的深情厚谊。

不只黑龙凼水库复建工程，近年来，在民盟中央的深入调研、支持协调下，

2016 年 6 月，蓬溪船山灌区工程开工仪式

一批重大项目工程在遂宁落地，如占地 2300 亩的江淮汽车产业园区、总投资 38 亿元的"武引二期"蓬船灌区项目、总投资 2 亿元的安居区萝卜园水库项目等，这些从遂宁白芷、秸秆利用、沼气建设、水库修建等农业基础项目的推进，到西部物流港、金桥新区、江淮汽车产业园等现代产业的深度合作，"盟遂合作"围绕重大项目帮扶，多领域合作，全方位共建，结出了累累硕果。

绿色发展谱新篇

2008 年 5 月，时任民盟中央主席蒋树声视察遂宁农村职教基地及新农村建设，提出了"生态文明化"的发展新方向。由此，"盟遂合作"在经历了科技兴农、科技兴工、能源水利建设、创建西部农村职教基地后，紧随时代步伐，拓展到了转变经济发展方式、推动遂宁绿色发展这一崭新领域。

2010 年 3 月 20 日，在民盟中央、民盟四川省委会的大力支持下，由中共遂

2008 年 5 月，蒋树声在蓬溪县回水乡慧林村夏群玉家中调研

宁市委、遂宁市人民政府组织的"遂宁市绿色经济指标体系研究评审会"在民盟中央举行。专家组一致通过《遂宁市区域绿色经济指标体系研究》成果，并建议不断以遂宁和相关对照城市为例，利用可采集的数据对遂宁等市绿色经济水平进行跟踪对比测度，在应用中不断完善本指标体系，为遂宁绿色经济进一步发展提供坚实而科学的依据，同时也为其他地区大力发展绿色经济、加快推进经济发展方式转变提供理论参考和实践借鉴。

据不完全统计，先后有百余位盟内外专家、学者为"绿色发展"献计出力，推动出台了《遂宁市绿色经济发展规划》等 17 个绿色经济发展的总规划和专项规划，形成了从宏观到微观的绿色发展规划体系，推动遂宁逐步走出了一条以生态、循环、低碳、高效为特征的绿色经济发展路子。

2014 年 11 月，由全国政协人口资源环境委员会、民盟中央、四川省政协、民盟四川省委会和遂宁市等共同举办的绿色经济遂宁会议召开。民盟中央主席张宝文在会上表示，遂宁绿色发展取得新的进展和成效，走出了一条以生态、循环、低碳、高效为特征的绿色发展新路子，具有一定的示范意义、辐射意义。"盟遂合作"进入到转变经济发展方式、推动遂宁绿色发展的新时期。

"盟遂合作"始终与时俱进，在遂宁发展的不同阶段，恰如其分地增加新的内涵，让遂宁获得了长足的发展。四川省副省长、中共遂宁市委原书记杨洪波曾说："一大批实用科技成果在遂宁迅速推广，促进了丘区农业、工业的技术创新和加快发展。推动了遂宁经济社会快速发展。特别是中共十八大以来，遂宁市 GDP 都是以两位数的速度增长，改善了人民群众的生活。"

2016 年是"盟遂合作"30 周年。在 2016 年 8 月召开的"盟遂合作"30 周年座谈会上，民盟中央常务副主席陈晓光回顾了 30 年来合作发展的历程，认为"盟遂合作"作为民主党派服务地方经济社会发展的具体实践，用扎实的工作和优异的成绩，对中国共产党领导的多党合作和政治协商制度的优越性作出了生动的诠释。在展望"盟遂合作"及多党合作的美好前景时，陈晓光号召全盟坚持初心不改，坚决打赢扶贫攻坚战；坚持绿色发展，按照五大发展理念建设好美丽遂宁；坚持多措并举，把遂宁打造成为多党合作的创新区和民主党派服务地方经济社会建设的示范区，为丰富和发展中国共产党领导的多党合作和政治协商制度贡献力量。

也是在 2016 年，中共四川省委书记王东明看了民盟四川省委会向中共四川

2016 年 8 月，"盟遂合作" 30 周年座谈会

省委报送的《"盟遂合作"三十年创造多党合作宝贵经验》后，在批示中充满感情地说："感谢民盟中央对我省各项工作的大力支持和民盟省委卓有成效的工作。'盟遂合作'意义重大，30 年来成效显著，提升了党委政府决策的科学化、民主化水平，助推了地方各项事业发展，也促进了民盟自身的发展。希望认真总结经验，不断丰富完善，为进一步推动新时期中国共产党领导下的多党合作、发展协商民主、促进地方经济社会发展作出新的更大贡献。"

多党合作的真意即在于此，多党合作的前景也必将更为恢宏。

仅靠办实业救不了中国，只有共产党才能救中国

——胡厥文追忆当年创办民建经过

中国民主建国会成立于抗战胜利后的重庆，已经走过七十多年的历程。胡厥文是民建发起人之一，他晚年曾忆及创建民建的经过，当中一些细节，至今听来仍十分鲜活和生动。

《胡厥文同志生平》稿有这样一段话，述及民建成立的背景："1945年抗战胜利后，美国货充斥国内市场，而国民党政府却下令取消政府同民营工厂的一切合同，使民族工业陷于绝境。严酷的社会现实使胡厥文同志和其他进步工商界人士认识到，单单办实业是不能救国的，民族工业家必须有自己的政治团体。就在这些日子里，他们在重庆先后接触到周恩来、董必武、王若飞、邓颖超和毛泽东等中共领导同志。经过多次酝酿，他与黄炎培、章乃器等人发起成立了民主建国会，团结爱国民族工商业家及有联系的知识界人士，积极投身到民主革命的火热斗争中。"

这是一段概括性的记述，胡厥文晚年，对这段经历有过更为细致和具体的回忆。

胡厥文年轻时，曾以实业救国为志向。他在二十来岁时就抱定这样的人生宗旨：一不当官，二不为教，终身以实业救国为己任。1918年，他从北京高等专门工业学校毕业后，进入汉阳铁工厂，主动放弃助理工程师的职位，从工人干起，当过钳工、化铁工等。1921年，26岁的胡厥文断然决定变卖祖传土地等家产，筹资创办新民机器厂，从此开始了实业救国的人生实践。此后，他又相继创办合作五金厂、黄渡电灯公司、长城机器砖瓦公司、石城窑厂等企业，并于1927年后，连续十年担任上海机器业同业工会主任委员。抗战初期，又担任上海迁川工厂联合会理事长。胡厥文办实业的志向、贡献及所起的"龙头"作用，于此可见一斑。

那么，在抗战胜利之际，胡厥文为什么又转变人生角色，投身到政治活动当中去了呢？对此，参与创办民建的孙起孟曾有一段"专题"式的回忆：厥老几次对我讲起他投身政治活动的认识经过。他说，抗战时期，民族工业家前赴后继，为支援抗战付出巨大牺牲，而民族工商业不但得不到支持，反而受当局的种种限制。抗战胜利，本以为"天亮了"，我们面对的却是一片黑暗。这使我感到，没有民主开明的政治，就无法实现实业救国的理想。我在湖南祁阳办新民机器厂湘厂时，在住宅的甬道上用石子嵌了八个字："抗战必胜"、"建国在政"。这个"政"就是要民主。抗战胜利了，当局为了弄权营私，竟然取消了政府同民营工厂的一切合同，陷民族工业于绝境，迫使我不得不下决心要在政治上斗一斗。厥老还说过，马克思主义我不懂，但共产党主张民主，立党为公，不谋私利，吸引了我。我原以为共产党同民族资产阶级总是势不两立的，但后来了解到中国共产党不但不怕资本主义，反而在中国的具体条件下提倡它的发展，理由也说得坦诚而简单。以资本主义的某种发展去代替帝国主义和封建主义的压迫，不但有利于资产阶级，而且可以说有利于无产阶级。共产党的公和诚以及符合我国情况的政策，

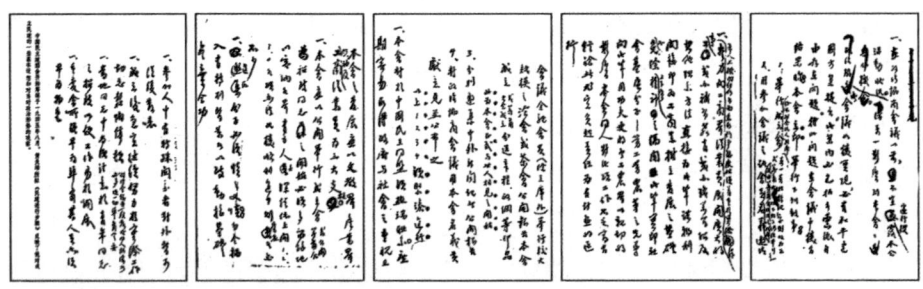

黄培炎手书的"民建进行步骤"

使我这个本来对政治没有多大兴趣的人进入政治舞台，参与发起民主建国会，并且积极参加新民主主义革命。

这个"认识经过"，便是胡厥文年届半百时还要去"从政"的缘由，至于一些具体过程，胡厥文晚年也屡有忆及。

1945年8月21日卜午，胡厥文在重庆六厂联合办事处接待了到访的黄炎培和杨卫玉。谈及胜利后的国家前途，三人一致认为，在建设中，重工业是首要问题。民族工业界不能只埋首搞实业，还必须有一个自己的政党，取得应有的地位，并商定以迁川工厂联合会和中华职业教育社为基础，发起组织一个新的政团。胡厥文还提了一个建议，他认为工商界人士大多不关心也不擅长政治活动，要成立自己的政治团体，还"必须联合社会上对政治研究有素的高明人士共同参与，才能相得益彰"。他们当即议决邀请章乃器、施复亮、孙起孟三人参与组织的筹备工作。

隔了几天，8月26日下午，黄炎培到机场迎接毛泽东抵达重庆后，当晚即兴冲冲地来到胡家，加上章乃器和杨卫玉，几个人再一次商讨组建政团问题。黄炎培还拿出毛泽东当天在机场的书面谈话，其中说到："现在抗日战争已经胜利结束，中国即将进入和平建国时期，当前时机极为重要。目前最迫切者，为保证国内和平，实现民主政治，巩固国内团结。"大家就此展开热议，也更增加了组织政团的紧迫感。

9月17日，毛泽东在曾家岩张治中住宅举行茶会，招待一些工商界人士，胡厥文应邀出席。随后，胡与李烛尘、颜耀秋、吴蕴初、胡西园、吴羹梅等共同宴请了毛泽东、周恩来等中共领导人。胡厥文称这是一次令他"终生难忘"的会见，这次会见和稍后的另一次会见，对于民建的成立，甚至可以说是一针催生剂。胡厥文后来回忆说：在会见时，毛主席以无可争辩的事实，向我说明了八路军、新四军等人民抗日武装力量在抗日作战中发展壮大，为取得抗战胜利创造了条件。如果抗战胜利了反而要取消人民军队和陕甘宁边区政府，显然是不公平、也不合理的。更重要的是没有共产党和共产党所领导的军队，要想在抗战后和平民主建设新中国是不可能的，各民主党派和产业界人士要想有争取和平民主的发言权也是很困难的。毛泽东主席的这一席话使我茅塞顿开……不久，毛泽东、周恩来、王若飞等又在中共代表团办事处接见了重庆工商界各团体的负责人。这次，毛主席向我们谈到了国内外的革命大好形势、和平建国的基本方针、共产党对民族工商界的政策、中国民族工商业者的发展道路，以及民族资本家对工人阶级和共产党应抱的态度，使在座的多数人加深了对中国共产党的了解，对蒋介石坚持独裁和内战的阴谋也有所警惕。随着形势的发展，我们加快了筹备自己政治团体的步伐。我们只用了一个月的时间，就起草了纲领，商定了组织名称，讨论了政治主张、组织原则，制定了章程草案。

20 世纪二三十年代，上海、北平等大城市流行一种所谓"星期聚餐"，每周择一日以饭局的形式清谈，如"星五聚餐会""星六聚餐会"等等，人数不限，大体以职业分圈。上海工商实业界的"星五聚餐会"发端于 20 世纪 20 年代末，由一些民族资本家发起。抗战爆发后大批企业西迁，"星五聚餐会"由上海而香港，而重庆，一直延续至抗战胜利后。昆明、贵阳、成都、武汉等城市也举办过类似的"星五聚餐会"。在重庆操持"星五聚餐会"的主要是西南实业协会，胡厥文后来回忆："当时重庆有个'星五聚餐会'，是由西南实业协会发起组织的，参加的人多数是重庆迁川工厂联合会员厂家的负责人和四川的实业家、银行家。我也参加了这一活动"。"星五聚餐会"顾名思义，每周五聚餐一次，话题广泛而随意，国家大事、经济形势、生意状况、国货境遇、外交内政等无所不谈。从1941 年到 1948 年，"星五聚餐会"共举办了 300 多次，后来逐渐成为工商实业界关于经济问题的论坛活动，经常请各方面知名人士就实业界关心的问题作报告并进行讨论，演讲也随之成为"星五聚餐会"的一项主要内容。演讲内容包括经济信息、经济理论、经济政策、实业生产、国际形势等等。1945 年 10 月 19 日，周恩来应西南实业协会的邀请，在"星五聚餐会"上向实业界发表了题为"当前经

1945 年 12 月 16 日，民建在重庆举行成立大会，图为大会通过的成立宣言、政纲及章程

济大势"的演讲。据胡厥文回忆，当时许多实业界人士正处在停工歇业、借贷无门的当口，对未来甚感茫然，很想听听共产党人的看法，因而那天听者空前踊跃，连门外都站满了人。周恩来说，为了战后工业建设，首先就要有一个安定的政治环境，而安定的政治环境取决于和平和民主两件事。关于民主，不但政治上要民主，经济上也同样要民主。中国今天的情况却是管制得太多，统制得太死，弄得市场紊乱，工商凋敝，今后一定要有一段自由发展的时期，来扫除封建性的经济，才能使中国走上富强之路。周恩来还明确指出，我们主张国家资本、私人资本、合作资本应在节制资本的原则下互相配合，坚决反对官僚资本、垄断资本和侵略资本。周恩来的这番话，"对民主建国会确定自己的政治主张也有很大的帮助"。

经过数月的酝酿筹备，12 月 16 日下午，民主建国会成立大会在重庆白象街西南实业大厦举行，发起签名共 134 人。会议推举胡厥文、黄炎培、黄墨涵为主席团成员。胡厥文首先致开幕词，黄炎培报告民建的筹备经过，章乃器等数位会员致辞发言。大会还选举产生了理事会和监事会，通过了组织名称、组织原则、章程、政纲和成立宣言。至此，一个与中国共产党有着密切合作关系的政治团体

诞生了。

民建的成立，标志着中国工商业界和与之有联系的一部分上层知识分子的进一步团结和觉悟。他们纷纷从实业救国和教育救国的道路走上了民主救国的大道，在中国的政治舞台上开始了反内战、争民主的斗争。

胡厥文晚年在回顾自己的前半生时，道出了这样一段心路历程：我从立志实业救国，到投身抗战拯救民族危亡，从创立民主建国会，企图通过民主协商建设新中国，到响应中国共产党的"五一"号召，准备参加没有反动分子参加的新政协，在思想上经历了从实业救国到民主建国，从民主建国到相信只有共产党才能救中国的转变。我决心为争取实现和平、民主的新中国而奋斗。1947 年 10 月曾以"展望"为题赋诗一首：

> 工业摧残尽，何劳建设忙！
> 临风挥血泪，嚼雪耐寒霜。
> 且看春花发，乃知土力强。
> 河山增锦绣，黾勉莫彷徨！

1946年6月，上海各界组成上海人民赴（南）京和平请愿代表团。请愿团成员合影：左起：黄延芳（后加入民建）、胡子婴（民建）、盛丕华（民建）、张絅伯（民建）、阎宝航（民建）、雷洁琼、包达三（民建）、马叙伦

民建总会在上海的历史岁月

　　1945年8月15日，日本投降，百姓渴望和平与民主。陪都重庆，政治气氛空前活跃，12月16日，一个新的政党——民主建国会，在白象街西南实业大厦宣告成立。发起签名的134人中有中华职业教育社领导人黄炎培、迁川工厂联合会负责人胡厥文以及章乃器、施复亮、孙起孟等联系的工商界和知识界的有识之士。随着全国政治中心东移，1946年4月12日，成立不久的民建总会迁往上海，直至新中国成立。民建总会在沪期间，积极投身争取和平民主、反对内战独裁的爱国民主运动，确立了接受中国共产党领导的新民主主义革命的政治路线，为迎接解放和建立新中国作出了贡献。

下关请愿　反对内战独裁

面对蒋介石扩军备战，上海人民掀起了争取和平、反对内战的群众斗争浪潮。1946年5月5日，民建等53个人民团体组成上海人民团体联合会，并决定推派代表赴南京请愿。6月15日，民建举行第7次会员座谈会，认为"和平不能等待，要人民去争取"，正式通过推派代表晋京请愿的决定。21日，民建发表《为挽救国运　解决国是　奠定永久和平而呼吁》，指出"武力不能解决问题"，大声疾呼"奉协商为至高无上的准则"。

6月23日，马叙伦（团长）、雷洁琼、黄延芳、吴耀宗、陈震中、陈立复和民建会员盛丕华、张絅伯、包达三、阎宝航等10位代表组成"上海人民请愿团"，乘火车从上海北站出发，代表团秘书胡子婴、罗叔章，随行人员胡实声也都是民建会员。上海各界群众10万余人在北站广场集会欢送。

列车11时开动。这时，代表们受到了暗藏在列车上的国民党特务的监视。车经过苏州、常州、镇江时，不时有国民党特务和伪装成"苏北难民代表"的特务前来纠缠和阻挠。代表们识破了他们的阴谋，在全车旅客的共同努力下，摆脱了他们的阻拦。当晚7时，代表到达南京下关车站，一下车就遭到数百名伪装成苏北难民的暴徒特务包围。阎宝航挺身出来讲话，被特务强行拉住，要他下跪，阎宝航愤慨地说："我是东北人，在日本人的刀枪下也没有下跪过。要跪办不到，你们可以开枪打死我。我要为国家留下一些体面！"特务们恼羞成怒，拳打脚踢，殴辱足足半小时之久。马叙伦、陈震中、雷洁琼及两位记者也遭到殴打抢掠。陈震中、雷洁琼回忆当时的情景："（特务）一面打，一面把我拖出候车室，一直把我打倒在地上。""他们把我的东西都抢掉了，皮包抢掉了。"当时有宪警在场，但不加制止，稍后更不见踪影。经多方交涉、营救，直到凌晨2时，伤者才被送往南京中央医院，暴行持续达7小时之久，造成了震惊中外的"下关事件"。中共代表立即赶赴医院看望受伤代表，周恩来对代表们说："你们为和平奔走，你们的血是不会白流的。"

24日，民建闻讯即急电慰问，并派胡厥文赴赴南京。下午，部分代表出席国民参政会，报告组织请愿经过并发表声明。代表团公推黄延芳为负责人，要求见蒋介石。蒋介石在见面时谎称："我不要打，是共产党要打。""放心，和平是有希望的，即使他打过来，我也不打过去。"但就在两天后，他就发动了全面内战。

笺用团表代党产共国中　笺用团表代党产共国中　笺用团表代党产共国中

003　　002　　001

1946年6月29日，中国共产党代表团周恩来、董必武、滕代远、邓颖超、李维汉等联名写信慰问上海人民赴（南）京和平请愿代表团成员

25 日，民建对"下关事件"发表文告，要求国民党严惩凶手，立即停战，彻底履行"四项诺言"。29 日，中共代表周恩来等联名写信给盛丕华等，对上海赴京请愿团代表给予高度评价，同时还表明了中共的观点。7 月 5 日，毛泽东、朱德致电请愿代表："先生等代表上海人民奔走和平，竟遭法西斯暴徒包围殴打，可见好战分子不惜自绝于人民。中共一贯坚持和平方针，誓与全国人民一致为阻止内战、争取和平奋斗。谨电慰问，并希珍重！"

10 月 11 日，国民党政府宣布即将召开"国民大会"，蒋介石派人轮番动员黄炎培参加"国大"，遭到黄炎培的严词拒绝。11 月 10 日，民建举行上海分会成立大会，通过《民建上海分会成立宣言》，阐述了民建当时的政治主张、政治态度和"不右倾、不左袒"的立场。"中间派决不是中立派，在民主与反民主之间决不能中立。"

11 月 15 日，国民党单独召开所谓"国民大会"，通过了"一党宪法"。民建数次声明坚决反对，认为"一党宪法"是将"人民送上死路，国家送上绝道"，一针见血地指出："在内战中改组的政府，哪里说得到政协路线和扩大政府的群众基础。"

地下斗争　响应中共中央"五一口号"

在国民党统治区，和平民主运动遭到了血腥镇压。1946 年 7 月，特务在昆明暗杀了民盟的李公朴、闻一多两位爱国民主人士。1947 年，国民党血腥镇压青年职工和学生运动，造成"二九惨案"、"五二〇"大血案等惨案。5 月，国民党中央通讯社发文声称："民盟及其化身民建、民进、民联等党派，已为中共所控制，其行动均遵循中共旨意。"随后，国民党在上海等地逮捕和屠杀大批爱国人士。11 月，为积蓄力量，民建转入地下斗争，用青建、莫建、包建等为代号，以聚餐会为掩护在红棉酒家、上元公司及私人住宅聚餐的同时研讨时事、互通消息，或邀请一些著名人士交换意见，或邀请进步人士分析国内外形势，或介绍中共政策及解放区、解放战争情况。许多工商业者就因参加聚餐会活动，消除了疑虑，陆续参加了民建。

年底，毛泽东发表《目前形势和我们的任务》，阐述了中共对待民族资产阶级的政策，给民建和工商界以极大的鼓舞。1948 年 1 月，民建组织会员秘密学习《目前形势和我们的任务》。在一次核心层聚餐会上，商定早日派人与香港中共组织和各党派取得联系。随后，王纪华、盛康年等频繁往来于沪港之间，听取在港中共代表意见，并向上海同仁传达。

1948 年 4 月 30 日，中共中央发布纪念"五一"劳动节口号，号召"各民主党派、各人民团体及社会贤达，迅速召开政治协商会议，讨论并实现召集人民代表大会，成立民主联合政府"。很快得到各民主党派的积极响应。当时，黄炎培在上海获得消息后，曾与张澜等商谈响应中共号召事宜。5 月 14 日，盛康年带着沈钧儒给张澜、黄炎培的信，由香港回到上海，介绍了在港的各民主党派响应"五一口号"的行动和立场。随后，民建于 5 月 23 日夜秘密举行了常务理监事联席会议。出席会议的有黄炎培、胡厥文、施复亮、张絅伯、杨卫玉、盛丕华、俞寰澄、王纪华、陈巳生、盛康年、郑太朴等。经过讨论，一致通过了"赞成中共'五一'号召，筹开新政协，成立联合政府。并推章乃器、孙起孟为驻港代表，同中共驻港负责人及其他民主党派驻港负责人保持联系"的决议。

这个决议，实际上宣布民建放弃了最初成立时"不右倾、不左袒"的中间路线，选择接受中国共产党的领导、与中共团结合作的立场，这是民建作出的历史抉择，是民建前进道路上的一座里程碑。

随着形势的恶化，1948 年 11 月 15 日，民建成立上海临时干事会，通过设置秘密联络点继续进行地下斗争。之后，中共中央两次致电华南分局，邀请在上海和香港响应"五一口号"的民主党派和爱国民主人士进入解放区。民建总会接到邀请后，推派章乃器、施复亮、孙起孟到解放区参加新政协筹备工作。

至 3 月底，民建主要领导人在中共上海地下党的安排下，分批秘密离沪，辗转抵达北平。3 月 26 日，毛泽东邀请黄炎培单独晤谈，黄炎培成为北平香山双清别墅第一位客人。毛泽东希望新中国成立后，民主建国会可以牵头中国的实业家，向他们传递和解释中共的政策。

配合解放　迎接新中国的诞生

1949 年 4、5 月间，在北平，中共就解放和接管上海的问题接连邀请熟悉上海情况的民主人士一同探讨。盛丕华提出人民解放军进入上海时不入住民宅的建议被中共领导人所采纳。上海解放时，人民解放军不住民房，露宿马路，纪律严明，给上海人民留下了深刻的印象。

1949 年 5 月 27 日，民建在《商报》发表《欢迎人民解放军宣言》

4 月 21 日，毛泽东、朱德发布向全国进军的命令。24 日，黄炎培在北平通过电台广播，呼吁上海同胞一致团结起来，掀起和平运动，迎接上海解放，得到留沪民建会员一致响应。5 月 27 日，上海全境解放。《商报》刊登了民主建国会《欢迎人民解放军宣言》，号召在上海的工商业者"维持并恢复生产，协助人民解放的事业，并毫无迟疑地振奋起来，支援民主革命在全国的胜利"。

在迎接上海解放的日子里，在沪的民建会员利用自身社会地位和关系，协助解放军攻克上海。姚惠泉、陆勋利用与建造上海四郊碉堡的陆根记营造厂的关系，设法得到碉堡图纸，及时送交解放军部队。民建会员组织印刷中共的政策文件，用写信的方式向群众宣传中共政策、时事形势，分发宣传资料，组织消防队，保管工厂的账册、图纸、物资和机器设备等。

民建临时干事会常务干事黄竞武（黄炎培次子），利用中央银行稽核的身份团结争取金融界、工商界人士，参与金融界、新闻界揭露国民党政府偷运黄金、美钞去台湾的内幕；积极收集"四行二局"有关组织人事和业务资料等情报。黄大能（黄炎培四子）回忆，竞武那时常说："我们不能坐等解放军来，我们要做配合工作，不让那些官僚资本转移。我们要保存国家财产。如果解放的是一座空空的上海城，怎么养活600万人口？我们要团结工商界朋友，使他们组织起来，准备为新中国服务。"黄竞武经过同事介绍，联系上中共上海局策反工作委员会并成为党外工作人员，积极为策反到处活动，数次冒险去南京策反国民党中央税警团团长。许多同志劝他赶快离沪，但他坚持留在上海，他说："决不能因个人安危而使工作陷于停顿。越是紧要关头，越要坚守岗位。"当知悉爱国人士尚丁、陈仁炳已被特务写在黑名单上时，他立即放下手中工作，迅速通知他俩及时转移躲避。5月12日，黄竞武在中央银行办公室被埋伏的特务绑走，受尽毒刑逼供，但他始终严守秘密、坚贞不屈，被特务活埋遇害，时年47岁。上海分会理事姜化民在中纺十七厂的护厂斗争中，为掩护其他同志先行撤离，被捕牺牲。总会常务理事郑太朴应中共邀请去北平参加新政协会议，因积劳成疾，不幸在途中去世。上海解放后，黄竞武、姜化民、郑太朴三位同志被追认为革命烈士。

上海解放后，民建由地下转为公开。5月30日，民建上海临时会员大会发布《告会员书》号召会员协助接管，加紧生产，动员人民，支援前线。黄炎培等9位民建会员受聘为上海市政府顾问。

1949年9月21日，中国人民政治协商会议第一届全体会议在中南海怀仁堂举行。代表民建参加新政协会议的有12名正式代表和2名候补代表，黄炎培代表

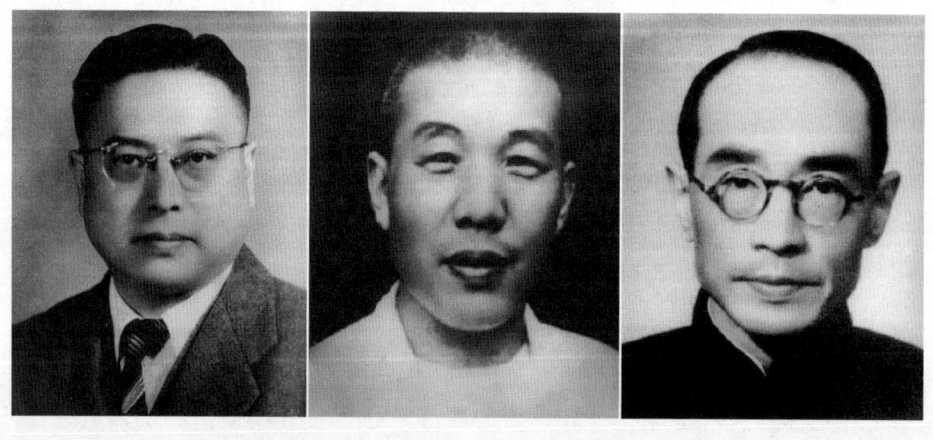

民建三位烈士黄竞武、姜化民、郑太朴（从左至右）

民建在大会上发言。22 日，民建总会向大会发出贺电："象征着全国人民大翻身大团结的中国人民政治协商会议已经在北平开幕，全国人民今后在毛泽东旗帜之下向独立民主和平统一富强的道路迈进，以达到最后的成功，这是中国历史上最辉煌的一页，是全国人民欢欣鼓舞的日子，我们为此敬向大会致最热烈的庆贺，并保证今后为彻底执行大会决议而努力。"大会一致通过《中国人民政治协商会议共同纲领》。黄炎培、李烛尘当选为中央人民政府委员。中国共产党和各民主党派在《共同纲领》基础上，建立起新的合作共事关系，开创了具有中国特色的新的政党格局，开启了中国共产党领导的多党合作的新纪元。9 月 27 日，大会决定首都定于北平并改名为北京。当日，民建召开理监事会议，决定总会由上海迁往北京。告别旧的岁月，民建也由此开始了一段新的发展历程。

小平会五老 "火锅"传佳话

　　1978 年 12 月，中国共产党召开了具有历史意义的十一届三中全会，作出了将全党工作的着重点转移到社会主义现代化建设上来的重大战略决策。它唤醒和释放了中国人民的激情和创造力，播种了走向幸福生活的新希望。它像一声惊蛰的春雷，把甘甜的雨露带到了多党合作事业当中。小平会五老的"火锅宴"就是其中传世流芳的一段佳话。

一只火锅　一台大戏

1979年1月17日，深冬的北京像往年一样寒风凛冽，不过对民建、工商联来说，这一天非同寻常。胡厥文、胡子昂、荣毅仁、周叔弢、古耕虞5位老同志应邀来到人民大会堂福建厅，与邓小平共同商讨改革开放的宏图伟业。

小平同志与五人一一握手，简短地互致问候，就坐了下来。小平同志开宗明义说："听说你们对搞好经济建设有很好的意见和建议，今天就谈谈这个问题。"

五人纷纷发表意见，小平同志频频点头表示赞同。对于利用外资、开展补偿贸易的偿还能力等，小平同志很重视。

荣毅仁根据接待外宾的实践反映情况："有的美国人很想来，但是现在美国大公司到中国来还有顾虑。外国朋友建议我们，是不是可以邀请大老板们来，面对面地谈，让他们回去讨论，使他们改变目前的态度和看法。""从国内讲，各部门、各地区对引进的积极性都很高，但是需要协调。一个西方大公司来，许多人都去找他，他的尾巴翘高了，要价也就高了。"

古耕虞说："中美建交以来，每年都接到不少在美国的亲友来信，想为家乡效力，想来投资。我认为，只要搞出条例、办法，这件事一定可以做好。"

荣毅仁还对生产管理谈了自己的看法："国家外汇有限，引进要快见成效就要搞好生产。搞好生产我觉得有两个问题要解决。一个是工资制度，十几年不加工资怎么能有积极性？我们过去办厂，每年都要增加一些工资的。有人说增加工资是否会引起通货膨胀，我认为，只要生产搞上去，通货膨胀一点还可以刺激经济发展。另一个是管理问题，没有民主就没有主人翁感，就不动脑筋，生产就不会搞好。现在有些机构，头头太多了。上海有家纱厂，在旧社会全厂只有30个职员，现在单政治处就有28人。人多了，画圈的人就多了，办事速度就慢了。"小平同志非常赞成荣的观点，他说："现在多的都是动嘴巴的，人浮于事。人不要那么多，如何处理多出的人，是个问题。"

小平同志说："要发挥原工商业者的作用，有真才实学的人应该使用起来，能干的人就当干部。"胡子昂说："工商界中，在技术、管理专长方面还大有潜力可挖，全国至少有上万的人可以发挥作用。"小平同志当即表示："请你们推荐有技术专长、有管理经验的人管理企业，特别是新兴的企业。不仅是国内的人，还有在国外的人，都可以用，条件起码是爱国的，事业心强的，有能力的。"

小平同志一再强调，应该把有本事的人找出来，用起来。

谈到发挥工商界的作用，自然就要讲到落实政策问题。五人都反映了原工商业者希望尽快摘掉资本家"帽子"的迫切愿望，并陈述了理由，古耕虞还递上了书面建议。

会见中，小平同志明确表态："要落实对原工商业者的政策，这也包括他们的子孙后辈。他们早已不拿定息了，只要没有继续剥削，资本家的帽子为什么不摘掉？"

时间在十分融洽、热烈的气氛中一分一秒地过去了，看到小平同志那么真诚地听取意见，五人也就不拘束、不避讳了。双方像拉家常一样，常常是一人话音未落，一人就接上了。不知不觉已到了中午时分，小平同志说："先到此为止好不好？请大家一起吃顿便饭——涮羊肉！"

于是，大厅的屏风后面摆上了两个长条桌，金灿灿的铜火锅端了上来。火锅周围放着几盘羊肉，还有几个简单的小菜。他们五人都多次在人民大会堂吃过饭，但这一餐饭，吃得格外有滋有味。

随着红色炭火的闪烁、白色水蒸气的升腾，再有那麻辣香甜的佐料拌着鲜嫩的羊肉下肚，大家的身上暖了，心里更暖了。

席间，古耕虞又递上关于改进外贸工作的长篇建议，用家乡话和小平同志细细摆谈起来。多年以后，他回忆起这餐午饭，诙谐地说："我们是一只火锅，一台大戏。"

会见五个月后，在全国政协五届二次会议开幕式上，小平同志代表中共中央正式宣布给资本家"摘帽"："我国的社会阶级状况发生了根本的变化"，"我国的资本家阶级原来占有的生产资料早已转到国家手中，定息也已停止13年之久。他们中有劳动能力的绝大多数人已经改造成为社会主义社会中的自食其力的劳动者。"

广大原工商业者及其亲属奔走相告，欢呼雀跃，庆贺党为他们"脱帽"（脱资产阶级之帽）、"加冕"（加劳动者之冕）。

老牛明知夕阳短　不用扬鞭自奋蹄

的确，"火锅宴"拉开了一场大戏的帷幕。会见结束回到家中后，五人的心情都很不平静。他们深切地感受到党和国家的殷殷厚望，感受到国家经济建设万马奔腾的可喜局面。他们庆幸，经过多年的企盼，终于在晚年迎来了大干一场的机会。

胡厥文说："现在是工商界为国家、为四化作贡献的千载难逢的黄金时代，我们要把吃奶的力气拿出来。"

胡子昂说："祖国前程似锦，我们人人有份；新长征任重道远，我们人人有责。"

荣毅仁说："浪费了十年光阴，一定要在今后的十年中追回来。"

周叔弢说："照这样同心协力、艰苦奋斗、脚踏实地地做下去，中华振兴，大有希望。"

古耕虞说："我不想对共产党说些门面话、好听话、空话，我要老老实实地既报喜，也报忧。"

五人经过认真思索，各自开始用立足于个人实际的工作，来回报小平同志的嘱托。

20 天后，胡厥老写出了《关于怎样调动工商界一切积极因素为社会主义现代化建设服务的意见》，准备即刻动身去上海发动、实施。恰在这时，医生检查出他的胃部长了恶性肿瘤。以他的高龄，是否施行手术？医生很有些犹豫。

胡厥老对开刀不开刀的利弊问得十分仔细，经研究决定先不开刀，用中医中药做保守治疗。但是，他连吃了三个月中药，肿瘤不仅未治好，还有所发展。于是再次住进医院，决定立即施行手术。结果，手术非常成功，但胃的四分之三被切除。

胡厥老的儿子胡世华回忆当时的情形说："我父亲在医院时总是说，再给我三年时间，我就完成任务了。而且先是不做手术，后来又坚决要做手术。当时我们都不解其意。后来帮父亲整理回忆录，才知道，原来他是计算着用三年时间就可以基本完成邓小平同志交给的任务了。"

医生的医术加上厥老的信念——不，应该说是厥老的信念加上医生的医术，使他赢得了不止三年，而是十年的时间！

胡子昂在会见后，立即奔忙于组织全国工商界为国家经济建设服务。在当年6 月举行的全国政协五届二次会议上，他联合 82 位工商界的委员，提出了关于广开就业门路、安置待业青年的提案，一方面为国家献策，另一方面发动各级民建、工商联为安置待业青年开展工作。

据不完全统计，在短短三年时间内，民建、工商联在自身组织尚未完全恢复

1979 年 11 月，胡厥文带队就落实对工商业者政策问题赴上海、南京调研，之后向中共中央提出了意见和建议。图为胡厥文（左）正在听取民建上海市委主委刘靖基（右）的汇报

　　的情况下，自办、合办、协办了 3300 多家集体企业，安置待业青年 9 万多名。

　　"二胡响，有戏唱"，这是当时党政部门和工商界对两位胡老发挥历史作用的亲切称赞。

　　小平同志的会见，使荣毅仁感到知遇的满足，更感到一股巨大的推动力。经过反复考虑，并与工商界的一些老朋友商议，最后，他决定创办在中国大陆还没有人办、甚至少有人听说的国际信托投资企业。

　　会见后一个月，他向党中央、国务院提出建立国际信托投资公司的建议。6 月 27 日，国务院正式批准成立中国国际信托投资公司。在中信公司第一届董事会上，荣老当选董事长兼总经理。小平同志对他说："人由你找，事由你管，由你负全责！"另一位中央领导人说："荣老板，英雄有了用武之地，大干一番吧！"

1983 年 10 月，胡厥文（左三）、荣毅仁（左二）在中共中央召开的党外人士座谈会上

　　荣毅仁要在旧中国民族资本首户的业绩上，再创造中国改革开放新时期堪称第一的自建公司的业绩，确实不是一件容易事。他和中信公司经历了姓"资"、姓"社"的困惑，经历了新旧体制冲撞的烦恼……但他们左突右冲，扎扎实实往前走，终于闯出了自己的路子，成为中国改革开放的一个窗口。

　　"火锅宴"后，古耕虞给自己的定位是：不能"唱"，只能"说"了。所谓"唱"，就是担任企业的实际领导职务，真刀真枪地干，真喊真叫地吆喝。虽然他有几十年经营外贸企业的经验，虽然改革开放的形势非常诱人，但他毕竟年纪大了，精力、体力均感不能胜任。所谓"说"，就是到处走一走，看一看，做调查研究，对发现的问题向党和政府提出建议。这对他来说，还比较得心应手。

　　1980 年，他就自己多年的老本行——猪鬃出口向有关部门进言：当时国际市场猪鬃年需求量为 40 万箱，而我国年出口量仅 16 万～17 万箱。怎样扩大出口，多创外汇呢？他认为问题首先出在国内的收购和加工上。宰一头猪，猪鬃的收益只有一角钱，因此，一半左右的猪鬃被农民丢弃了。他建议，提高收购价格，鼓励农民家庭和农村社队承揽猪鬃加工。

1981 年，他提出发展长江航运的建议：为缓解运力紧张的矛盾，可允许交通部门以外的其他部门自行组织船队；"开放长江"，准许外国和港澳轮船公司进入长江各口岸装货，并在沿江口岸开办代理处。

1984 年，针对民生轮船公司和沿江一批集体所有制船队的诞生，他又指出，要保证这些船队能够得到像供应国营船队那样低价的柴油；他们与船舶公司签订的造船合同，也应得到国家银行的低息贷款。

甚至到美国治病的两个月期间，他也尽其所能，了解在美华侨、华裔知识分子的情况，回来后给中央领导人写信，提出发挥这部分人作用的意见。

几年下来，这些报告、建议、函件的底稿累积了厚厚一大摞。有人戏称，古耕老可以出一本大部头的书，当作家了。

五人中，周叔弢是年龄最大的一位，他本不打算再担任企业的职务了，但天津工商界为贯彻小平同志指示精神，筹备成立国际信托投资公司时，他还是欣然同意担任了董事长。

他还不辞辛劳，躬身参加人大、政协组织的视察。新时期天津的一些大工程，如引滦入津、整修海河公园等，他都到第一线去看过，而且询问得非常仔细。

在最后一次病重住院治疗的前四天，他还挥毫为纪念毛泽东诞辰 90 周年书法展览书写条幅，在人们常说的"没有共产党就没有新中国"这句话的基础上，题为"没有中国共产党就不会有社会主义新中国"。

1982 年 10 月，他亲笔写下遗嘱，叮嘱身后不办丧事，不留骨灰。对于为数不算多的存款，他也决定全部上交国家，最后为经济建设出点力。遗嘱写好后，担心老伴会有异议，就没有让她知道，而是趁到北京开会的机会，跟在京的儿子念叨了一下，径交长子周一良保存。1984 年 2 月 14 日，周叔老与世长辞，遗嘱公诸报端：

> 我平生无他长，只是不说假话，临终之时定能心地坦然，无愧于中。我死之后，千万不要发赴（讣）告，千万不要开追悼会，千万不要留骨灰盒，

投之沧海，以饱鱼虾，毋为子孙累。存款五年定期一万元、国库券一万五仟元全数本息上交国家，在四化大海中添一滴水。

这是一位九旬老人临终之时对历史的最后交代，也可算是对小平同志嘱托的最后回答吧。

回首往事，建设中国特色社会主义的宏伟事业，不正是在全党、全国人民的共同实践中，在党与党外朋友的共同奋斗中不断向前发展的么。

历史不会忘记：民建推动了多党合作制度"入宪"

  1993年修宪时，在《宪法》序言中增加了"中国共产党领导的多党合作和政治协商制度将长期存在和发展"。说到这件事，中国民主建国会的成员都为曾经在多党合作制度"入宪"过程中做出过贡献而感到自豪。

首次列入基本政治制度

要说此次参与修宪，要从更早之前中共中央 14 号文件的制定和颁布说起。

民建中央原副主席冯克煦忆起当年仍然兴致很高：1989 年 12 月 30 日，中共中央颁发了《中共中央关于坚持和完善中国共产党领导的多党合作和政治协商制度的意见》（中发 [1989]14 号）（简称 "14 号文件"）。中国共产党领导的多党合作和政治协商制度是在中国革命和建设的长期实践中形成和发展起来的。对这一政治制度的性质、任务以中共中央文件的形式做出系统、明确规定，14 号文件是第一次。文件明确了中国共产党领导的多党合作和政治协商制度是我国一项基本政治制度、各民主党派是参政党等一系列重大理论方针政策，确定了多党合作的制度框架，其重要意义不言而喻。

"但是，这样一项基本政治制度的规定，如果不在国家根本大法宪法中加以明确，成为国家意志，则容易引起国内外对我国民主政治建设的片面理解和种种不必要的误解猜度。"冯克煦说。

1993 年，八届全国人大一次会议将对宪法部分内容作出修改，时任全国人大常委会副委员长、民建中央主席孙起孟得知了这一消息，力主抓住时机，动员民建上下一齐努力，希望能在修改宪法时把这一内容加进去。

抢出来的修宪机会

修改宪法是国家政治生活中的一件大事，也是全国人大及其常委会最重要的职能。冯克煦回忆说，民建中央开始着手准备材料时，已是 1993 年初了。那年 1 月，孙起孟邀请了一部分会内外法律工作者，就中国共产党领导的多党合作和政治协商制度写入宪法的问题举行座谈，随后民建中央开展了调查研究工作。

待到民建中央准备好修宪建议时，时间已至 2 月中旬。中共中央向第七届全国人大常委会提出了关于修改国家宪法的建议，其中提出了 8 条建议，没有涉及多党合作问题。"由于这份建议案已经向社会公布，会内有人便表示，中共中央总揽全局，这次没提出多党合作问题，肯定有所考虑，我们是不是暂时搁置，以后再提？孙起孟认为，只要我们的建议理由充分，符合邓小平理论，符

1993年初，民建中央就多党合作写入宪法问题召开座谈会。右二为孙起孟

合党中央关于此次修改宪法是要使邓小平理论在宪法中得到体现的总原则，我们就应当善于把握机遇，尽到民建的参政党职责。"民建中央原调研部部长熊大方回忆说。

　　受孙起孟的委托，2月22日，时任民建中央副主席、全国人大常委会委员李崇淮在七届全国人大常委会第30次会议上发言，建议"在宪法序言中增加中国共产党领导的多党合作和政治协商制度"，认为"我国这种共产党领导的多党合作和政治协商制度既不同于西方多党制的争权夺利，又不同于其他社会主义国家的一党制，在世界上独树一帜。把它列入宪法，可以凸显我国政党体制的特色、优越性和长期性，有利于推进我国的政治体制改革，有利于对内教育和对外宣传"。同时，他还建议在"把我国建设成为富强、民主、文明的社会主义国家"一句的"文明"之后，加上"法治"两字。据民建中央副主席辜胜阻回忆：李崇淮的建议得到时任全国人大常委会委员长万里的充分肯定，当即表示："李崇淮的建议很好，宪法上应该增加这个内容，可以把他的发言稿转给乔石同志（时任修改宪法小组组长）阅。"

此次全国人大常委会会议后，孙起孟主持召开了民建中央主席会议，决定正式向中共中央提交《民建中央关于在宪法中明确规定中国共产党领导的多党合作和政治协商制度的建议》。在 3 月 6 日江泽民同志主持的高层协商会上，孙起孟再次建议把中国共产党领导的多党合作和政治协商制度写进宪法。

民建的建议，得到了中共中央的采纳。3 月 14 日，中共中央向八届全国人大一次会议主席团提出了《关于修改宪法部分内容的补充建议案》，其中第一条就是在宪法序言第十自然段增加"中国共产党领导的多党合作和政治协商制度将长期存在和发展"。最终，第八届全国人民代表大会第一次会议审议通过，中国共产党领导的多党合作制度"入宪"，完成了执政党的主张转变为国家意志的全部法律程序。

意义深远而重大

在冯克煦看来，把中国共产党领导的多党合作和政治协商制度上升为国家意志，向世界昭示了中国共产党和各民主党派坚定不移地坚持这一制度的信念，要求各政党、各团体和所有公民必须认真遵从。

回顾参与修宪的前后经历，熊大方认为，这次参政议政实践称得上是我国执政党和参政党认真贯彻 14 号文件真诚合作的生动范例。"其意义之所以不同以往，不仅在于它对我国多党合作制度化建设产生了直接的政治推动作用，还在于它是民建贯彻建党目标的一次自觉的实践，并在实践中进一步提升了自身参政议政的勇气与胆识。"熊大方说。

正是通过这样生动的参政议政实践，中国共产党领导的多党合作和政治协商制度逐渐完善，在制度化、规范化等方面不断成熟。"在 14 号文件贯彻实施之初，中共与民主党派的事先协商制度还不太完备。事实上，民建事前并不知道中共提出的 8 条宪法修改建议的具体内容，之后才进行这样的补救措施。在此后的 10 多年里，我国的政党制度不断完善，中共中央把政治协商纳入决策程序，在决策前和决策执行中充分听取各民主党派以及党外各界人士的意见，每年都要召开多次党外人士协商会、通报会，我们这样的非常之举便再也没有发生。"熊大方说。

孙起孟总结民建这一重大参政议政实践时说："'长期存在和发展'明确规定这一基本政治制度决非权宜之计，将作为我国社会主义现代化建设事业的一大特色坚持执行。它与'发展是硬道理'一样，对于我国社会主义民主建设同样可称之为不磨之论。坚持贯彻'长期存在和发展'，必将使中国共产党领导的多党合作和政治协商制度，以其先进性和优越性大力推进我国的社会主义现代化建设。"

宪法的这一修改，为多党合作事业的健康发展提供了法律保障。宪法是国家的根本大法，体现国家的意志。中国共产党领导的多党合作和政治协商制度是我国的一项基本政治制度，是在中国革命和建设的过程中逐渐形成的，是中国人民智慧的结晶，将这一制度载入宪法，有力地推进多党合作走向制度化、规范化。在依法治国、建设社会主义法制国家的形势下，多党合作由宪法来保证，就奠定了一个根本性的法制基础。从此，中国各政党之间不仅有共同的奋斗目标，有了互相的理解和信任，还有了处理党际关系的法理依据，使这种政党关系更加稳固。

宪法的这一修改，为民主党派履行职能、发挥作用提供了法律依据。宪法肯定了民主党派在我国政党制度中的地位，有利于各民主党派进一步加强自身建设，更好地发挥其联系广泛的优势，集中各方面的人才和智慧，更好地履行职能。多党合作制度载入宪法也有利于广大人民群众对其重要性的理解和认同，为民主党派发挥作用创造更有利的空间。更重要的是，通过把这一制度载入宪法，为民主党派的存在和发展提供了强有力的宪法保证，在涉及这一制度的问题上，必须以宪法为依据去处理和对待，任何人不得以任何借口否定这一制度。这样，在宪法的保护下，民主党派就可以充分发挥自身优势，更好地履行职能。

宪法的这一修改，表明了中国坚持走中国特色政治发展道路的决心。随着经济全球化的发展，一些外国势力利用其经济方面的强势地位，通过多种手段宣扬西方政治制度，用西方"自由"、"民主"价值标准来攻击、否定我国的政党制度。将多党合作制度载入宪法，就是向全世界表明我们坚持走中国特色社会主义政治发展道路的坚定决心，对于坚持我们的政治制度不动摇，抵制西方多党制、议会制的影响具有深远的战略意义。

饮其流者怀其源

——"思源工程"的创办及发展

2017年7月6日，中华思源工程扶贫基金会十周年庆典在北京举行。现场气氛热烈、爱心涌动，2000面锦旗交叠悬挂，每一面都饱含受助地区和困难群众的深情厚谊，书写着奉献、传递着力量；劝募款物14亿元、帮扶1000多万人次、足迹遍布29个省（市、自治区）800多个贫困县，实实在在的数据印证了民建会员感恩党的政策、勇担社会责任的强烈心声。作为民建社会服务工作的金字招牌，"思源工程"的创办和发展，不仅体现了民建优良传统的继承和发扬，也是民建会员自觉投身中国特色社会主义事业的生动实践。

访贫问苦触动报国情怀

时间拨回到 13 年前，时任全国人大常委会副委员长、民建中央主席成思危带领部分企业家会员到贵州省毕节地区黔西县调研定点扶贫工作。一行人来到偏远的新仁苗族乡，当地贫困程度之深令人动容。一间茅草房，人畜混居，鸡猪都能上床，墙壁被柴火熏得漆黑，屋里什么值钱的东西都没有，几个小凳子，一床薄薄的破棉絮就是全部家当。家家户户都没有壮劳力，门口坐着孤单单的老人和光着脚的孩子。在调研途中，成思危主席看到一个小女孩背着一岁多的妹妹去上学，得知她家境贫困，父母外出打工，爷爷和奶奶无力照顾孩子时，成思危主席的心情十分沉重，他说："让一个五六岁的孩子去承担成年人的义务，这不是社会进步的表现，各级政府乃至全社会都有必要及时解决这样的问题。"成思危主席对边远贫困地区群众的淳厚感情让大家深受触动。一路边走边看，在捐款捐物、奉献爱心的同时，回报社会、情系山乡的种子在会员们心中深埋。2005 年 7 月，部分企业家会员随同时任全国政协副主席、民建中央常务副主席张榕明重走旧地，进一步产生了凝聚力量帮助更多困难群众脱贫致富的强烈愿望。

应该采取何种模式，帮助更多困难群众脱贫，在扶贫开发事业中发挥更大作用？考察期间，企业家们利用晚上的时间聚到一起，展开热烈讨论。大家一致认为，非公有制企业的发展得益于党的改革开放政策，得益于宽松的发展环境，得益于社会各界的支持，要致富不忘党恩，为缩小城乡差距，实现共同富裕作出贡献。首要的任务是搭建一个平台，把会员的力量整合到一起，帮助贫困群众改善民生、脱贫致富。

在 2005 年 10 月召开的中国（安徽）非公有制经济发展论坛上，李晓林、曾钫、高天乐、陈伟东、孙太利、叶青、王福亮、唐天林、安庭等 15 位民建企业家会员发出成立"思源工程"的倡议，呼吁民建的企业界会员"饮水思源、回报社会"，积极投身扶贫与公益慈善事业，为贫困地区人民群众脱贫致富贡献力量。倡议发出后，迅速在民建全会引起热烈反响，也得到了中央统战部的充分肯定和大力支持。2005 年 12 月，在民建 60 周年纪念大会上，"思源工程"正式启动。

"思源工程"启动后，广大会员怀揣光荣与责任，把自身企业的发展与国家的发展结合起来，把个人富裕与全体人民共同富裕结合起来，各展所长，满腔热情投入到"思源工程"活动中来。有的捐资助学，有的开展咨询培训，有的利用企业自身优势安置下岗职工、转移农村剩余劳动力，全会上下掀起了扶贫攻坚的热潮。民建地方组织也行动起来，省级组织和部分市级组织建立了自己的扶贫工作联系点，成立了"思源工程"办公室或相应机构，构建了全会的"思源工程"组织网络体系。

为了让"思源工程"更加规范、高效、可持续地运行，民建中央决定成立中华思源工程扶贫基金会。通过一年多的筹备，中华思源工程扶贫基金会在2007年7月正式揭牌，为"思源工程"的发展提供了良好的资源支持和平台保障。从此，爱心在这里汇集，希望从这里播撒，"思源工程"实现了快速发展，参与人数和资金募集总量屡创新高，仅2016年就有3亿多人次参与"思源工程"的捐赠，知名度和品牌效应不断增强。

<h2 style="text-align:center">主席的承诺</h2>

"只要时间允许，我就参加'思源工程'的扶贫和公益活动。"这是全国人大常委会副委员长、民建中央主席陈昌智对自己提出的要求。言出必行。自2009年以来，陈昌智主席参加"思源工程"活动百余次。2016年9月9日晚上10点，他还在芭莎明星慈善夜的现场表示，将当晚慈善拍卖和线上线下捐赠的6425.1288万元善款全部用于思源救护车的捐赠。

一辆救护车年均能开展1000次左右的医疗急救服务，但在边远贫困地区，救护车配置数量远未达标，欲派无车的情况时有发生，影响了危重症患者的及时救治。了解到贫困地区对救护车的热切需求，陈昌智决定于2013年全面启动"思源救护"项目，并定下了"在2020年以前，向全国592个国家级贫困县每县至少捐赠3辆救护车"的目标。捐赠1776辆救护车不是一个容易完成的任务，但是承诺就意味着担当和责任。此后，陈昌智在多个场合介绍"思源救护"项目的意义，多次参加思源救护车的捐赠和发车仪式。在他的引领下，民建会员纷纷行动，社会各界大力支持，救护车捐赠数量不断攀升，越来越多的贫困地区医院和患者从中受益。由于"思源救护"在医疗扶贫领域的贡献，2016年9月1日，《中华人民共和国慈善法》实施当天，"思源救护"被民政部授予了"中华慈善奖"。

2017年3月，随着300辆救护车奔赴云南、贵州、湖南等6个省的贫困县医院，陈昌智主席宣布了一个令人振奋的消息：原定在2020年完成的救护车捐赠目标，将于2017年提前完成。

"思源救护"短短 3 年多就捐赠了 1600 余辆救护车，覆盖受益人群超过 8000 余万人

圆深山孩子的求学梦

"携来百侣曾游，忆往昔峥嵘岁月稠。恰同学少年，风华正茂……"这朗朗的读书声来自重庆黔江冯家中学"思源教育移民班"。"如果没有进入'思源班'，我只能辍学在家或外出打工"，2013 级贫困生周云峰因为父母双亡，哥哥外出务工，和 80 多岁的奶奶一起生活，受助于"思源工程"，感恩无限。

教育和移民有什么关联？和普通的助学有什么区别？这是每一个初识"思源教育移民班"的人都有的疑问。第一个"思源教育移民班"开设在广西壮族自治区百色市西林县西林中学。由于长期处于封闭环境，受教育程度普遍偏低，当地很多困难群众不愿走出大山，宁愿守着贫瘠的土地过活。他们的孩子大多数小学毕业后就回到家中劳作，成为家里的主要劳动力，复制父辈的人生，没有能力帮助家庭摆脱贫困，离开大山。长此以往，贫困在这里延续。为了解决这个问题，"思源教育移民班"应运而生。2009 年 9 月，第一个"思源教育移民班"在西林中学试点，招收了西林偏远大石山区 6 个少数民族的 50 名学生，其中一些孩子从未到过县城。2012 年 9 月，在全国政协原副主席、民建中央原第一副主席张榕明的亲自关怀下，"思源教育移民计划"正式实施。民建中央、各省级组织、中华思源工程扶贫基金会通力协作，广大会员积极参与，12 个教育移民班在六盘山区、武陵山区、大别山区和原中央苏区同时开班，600 名优秀小学毕业生到县城中学就读。"思源教育移民班"的孩子对来之不易的机会倍加珍惜，各方面表现都十分优异，每个班的平均成绩都排在学校所在县同级班中的前列，中考排名基本上位于全校乃至全县前茅；有的孩子中考名列全市第一，有的孩子考入了全国著名的高中，小小树苗长成"参天大树"指日可待。全国政协副主席、民建中央第一副主席马培华说："'思源教育移民计划'把扶贫落实在'人'身上，既体现了'以人为本'的理念，也把握住了扶贫工作的精髓。"

　　这只是"思源工程"众多项目的一个缩影。"思源工程"蓬勃发展的背后是全体民建会员攥指成拳的共同奋斗。在骨干的示范和感召下，"思源工程"涌现出了"拔掉 13 颗牙去赈灾""连续三年陪伴灾区群众过新年""不畏艰险七上高原赈灾""宁愿没吃没喝也不动救灾物资"等事迹，感动了社会各界，带动了越来越多的会员投身"思源工程"。涓涓细流，汇成江海，形成了统一战线扶贫助困的重要力量。

目前，「思源教育移民班」已经开设了 188 个，9400 多个孩子实现了走出大山的梦想

从一纸倡议到硕果累累

数易春秋、初衷不改，一批批民建会员的持续奋斗，从白山黑水到琼崖海岛，从中部山村到西部戈壁，从雪域高原到西南边陲，都留下了"思源工程"的足迹。

在教育扶贫领域，"思源工程"一共援建思源学校近100所，为2600多所学校捐赠教学设备，援建"思源扬帆图书室"1189所，援建"零钱电影院"100所，开设"思源教育移民班"188个，资助或培训35000多名贫困教师；在医疗扶贫领域，"思源工程"捐赠2196辆救护车，覆盖受益人群超过1亿人，援建140个村卫生室，培训近1000名村医；围绕先天性心脏病、白血病、脊柱侧弯、听力障碍、烧烫伤等60多个病种的贫困患病儿童和群众，救助1万余名贫困患者；在救灾防灾领域，共参加19场重大自然灾害的救援赈灾或灾后重建工作，参与现场持续赈灾超过2万人次，仅赈灾发放物资就达16000余吨；在新农村建设领域，捐建思源沼气池、思源水窖近2万口，捐建太阳能光伏电站8座，造生态林、扶贫经济林和玫瑰谷4万亩，培训贫困农民、教师、退役军人和转移农村剩余劳动力4000余人次，改善了3个自然村面貌、扶持7个生态种植项目……数字简单枯燥，但数字背后都是拳拳报国之心和对困难群众的深厚感情。

"思源工程"的成果不仅体现在切实帮助贫困地区和困难群众做了好事，解决了困难，同时也是民建会员实现自我教育的生动实践。"思源工程"的帮扶对象大多在老少边穷地区，很多会员在第一次参加扶贫活动时都发出同样的感慨："来之前我真没想到，还有这么贫困的地方。"走进困难群众的生活，使他们更加深刻地认识到幸福生活来之不易，更加坚定了饮水思源、兴业报国、回馈社会的信念。

下关泣血志不渝　初心不改薪火传

　　下关事件，是民进会史上的重要篇章。抗日战争胜利后，为了制止内战、争取和平，在中国共产党的影响和支持下，民进与上海人民团体联合会等一起，成功地发起大规模的群众运动，民进前辈们慷慨赴命，在南京下关凛然直面暴行，在中国近现代史上留下了光辉的一页。回望历史，追忆往昔，溯源初心，缅怀民进先辈的求索和奋斗历程，下关事件是不可或缺的一课。

下关往事如昔

2012 年 3 月 25 日，南京市下关区龙江路 8 号。这一天起，南京西站停止客运业务，备建南京铁路文化博物馆。这座建于 1905 年的火车站，旧称江宁车站，因位于南京下关，也称下关车站。作为南京最早的火车站，它的每一块石板，每一寸墙壁，都沉淀着浓厚的历史印迹。正是这座车站，迎来过由上海到南京就任中华民国临时大总统的孙中山先生，也见证过民进前辈们下关泣血的慷慨与惨烈。时光荏苒，下关往事依然历历在目，昔日峥嵘，未曾淡去。

1946 年 6 月 23 日，上海和平请愿团代表赴南京请愿。晚上 7 时，代表们乘坐的列车到达南京下关车站。这时已有大批伪装成"群众"的国民党特务在这里"等候"，"另有部分宪兵则在车站各入口处布岗"。代表刚下车就被几名所谓"苏北流亡青年"纠缠住，代表一穿过站门时，"人丛中口笛一响，'打，打！'喊声四起"，数百人一拥而上。代表团被暴徒团团围住，在旁的军警"视若无睹，听之任之"。

暴徒的目标对准了代表团团长、年过花甲的马叙伦。他们把代表分割成两部分：将马叙伦及跟在后面保护他的雷洁琼、陈震中、陈立复和前来接站的民盟盟员叶笃义、《新民报》记者浦熙修、《大公报》记者高集等推进候车室，其他代表被堵在西餐厅。在推拉过程中，代表的手表、现金、钢笔、提包等被暴徒洗劫一空，衣服也被撕破。代表要求打电话，宪兵告知："电话线已被切断，不能打。"宪兵们守住候车室大门，不让代表出去，而让"难民"闯入对代表进行围攻。他们高喊"打倒共产党"，并无理提出：要么马叙伦等与他们一起去见周恩来向共产党"请愿"，要么立即回上海。阎宝航从西餐厅跑来与"难民"谈判，他们又乱叫"共产党放下武器"，不让阎宝航讲话，并要胁阎宝航"跪下"。阎宝航坚决拒绝。这时喊声四起，石子如雨点般飞来砸向马叙伦、阎宝航等人身上。

晚 11 时，代表被围攻已近五小时了。这时，忽有一位穿白衣者"高声发令"，特务暴徒穿破候车室的窗户，进入室内大打出手，顿时桌椅、汽水瓶、木棍一齐飞向代表。阎宝航和雷洁琼掩护马叙伦，拼力挡住暴徒，结果马叙伦还是被打成重伤。雷洁琼头部遭重击，胸部被重物击中，手中提包里有代表团各种文件，暴徒要抢，她死死抓住不放，结果手臂被抠伤。阎宝航遍体鳞伤，血迹斑斑。学生代表陈震中受伤最重，被打时曾有人扼其喉管，险些致死。叶笃义、浦熙修、高集也均被殴伤。

和平请愿代表团在下关车站被围攻殴打的详细经过，马叙伦在《嚼梅咀雪之庵日记》中有如下记载：……七时余抵下关。余料仍有事也。果有自称临大学生者来觅余。所言与镇江同。余请胡子婴应之。乃出月台，见军警及所谓难民者排立两行，数不过百。即有人将余与黄延芳等隔离，挤余入候车室，而劝延芳等至食堂。雷洁琼知余必被困，踵余行，即被殴，劫去眼镜、手表、皮包，里外衣皆破。《大公报》记者高集，《新民报》记者浦熙修，民主同盟盟员叶笃义，亦于此时被殴。上海学生代表陈震中、陈立复亦从余入候车室。而所谓难民代表者十许人，挤而入，一如镇江之所遇，其人亦衣履楚楚也。此辈欲余偕之往周恩来处，余语之如镇江者，且谓余等无偕彼往周恩来处之义务，而余等来京，理应先谒蒋主席。如此往返数次，后乃迫余还上海，又迫余出与其群众语，余皆不允，亦不复与言。相持两时许。阎玉衡自食堂来，与此辈谈，亦不得解决。此辈要玉衡出见彼众，玉衡遂往，即受呵斥，如此二三次。又要玉衡依其所呼口号呼之，复不满意，谓须写悔过书，并跪于众前，玉衡恁斥之。呼打之声骤其。此时众已当数百。候车室窗外立人数十，有裸上体者。时已十一时许。此辈乃至食堂劝说黄延芳等归上海，不听；又要抚慰其群，亦不听。意欲下台而无计，乃持玉衡足而提之，复加拳于面体，受重伤。而打声四作，候车室窗户皆为挤开。由窗飞跃而入者，先击浦熙修等，洁琼亦被持其发，痛殴，受伤极多而甚，余首被殴者四处，皆起大泡，眼鼻亦伤，腹受跌，遂以痛坐地，坚抱当余前者一人之足，以为凶人也，复觉乃士兵者流，此人亦曳余起，卫余入其办公室，室有床，属余卧。……时余闻一似官长谓其曹曰：这们闹得糟，闹了人命怎么办？既从旁室荷枪而出者数人。余知必往驱散所谓难民矣。果然，嚣声渐止，即有士兵来引余出就车。车上荷枪而立者数人。美法新闻记者自肇事后即来观，有上余辈车随而行者。时已十二时。

事情到此并没有结束。载着被暴徒严重殴伤的人民代表的卡车，并没有立即驶向医院，而是驶到了有荷枪实弹的军警站岗的南京警备司令部门口，想把马叙伦等作为犯人押进去。代表们严正抗议，拒绝下车。同行的外国记者这时也仗义执言，当局无奈，才勉强把受伤代表送到太平路的中央医院分院。这时已是 24 日凌晨两点。

下关事件的前前后后

1946 年的中华大地到底经历了什么？民进前辈们为什么赴南京请愿？国民党特务和暴徒又为何如此猖狂？回溯下关事件的前前后后，我们能够看清一些历史的真相。

1946 年 5 月，为了避免全面内战的爆发，中国共产党派出了以周恩来为团长的代表团，到南京与国民党当局举行和平谈判。南京国民政府假借和平谈判之名，一面谈停战，一面继续搞内战，激起了全国人民的极大愤慨。在此背景下，5 月 26 日，民进和上海人民团体联合会联合招待重庆来沪的民主人士，马叙伦、王绍鏊、严景耀等人出席会议，并讨论了如何发动群众力量以制止全面内战发生的问题，最终决定联合沪地爱国民主力量，组织举行上海人民反战运动大会，并推举马叙伦等 9 人负责筹备。

随着内战危机进一步加剧，在中国共产党的领导和支持下，民进、民建及上海人民团体联合会等组织一致决定，以上海人民反内战大会的名义，正式推派代表赴南京呼吁和平。6 月，经过各方充分协商，最后决定由马叙伦、黄延芳、盛丕华、雷洁琼、包达三、张纲伯、阎宝航、吴耀宗及胡厥文 9 人为和平请愿代表，他们和上海学生和平促进会选出的两位学生代表陈立复、陈震中共 11 人，组成上海人民团体代表团（又称和平请愿团），由马叙伦担任团长，另请胡子婴、罗叔章两人任代表团秘书。会议还决定组织群众集会欢送代表赴京，会后举行反内战大游行。

6 月 23 日，上海人民反内战暨欢送和平请愿团（又称上海人民团体代表团）赴京大会如期在上海北火车站举行。组织者原计划发动五万群众参加，但在中共上海地下党的动员和组织下，加之广大群众反对内战情绪激昂，许多团体组织和个人不邀自来，所以那天实际参加大会的有三百多个团体单位，10.7 万余群众，大大超过了原来的计划。

当日上午 8 时，北站广场已经人山人海。人群里有数不清的各色标语、旗帜、横幅，上面写着"反对内战，要求和平""一致行动，制止内战"等口号和标语。广场上锣鼓声、爆竹声、掌声、歌声、欢呼声、口号声此起彼落，响彻云霄。民进的王绍鏊、周建人、林汉达、许广平、严景耀、葛志成、曹鸿翥以及其他各界知名人士陶行知、叶圣陶、田汉、吴晗、沙千里等也都前来参加大会。

和平请愿团部分代表在上火车前合影：右起马叙伦、包达三、雷洁琼、阎宝航、张絅伯、盛丕华、胡子婴（代表团秘书）、黄延芳

　　王绍鏊、林汉达、陶行知三人担任大会执行主席。王绍鏊首先致词说，欢送人民代表赴京请愿，是争取和平运动的开始；假如这次请愿不成功，将来还要第二批第三批接着去京请愿，一直到和平实现为止。和平请愿代表黄延芳、雷洁琼、陈立夏、陈震中分别发言（马叙伦等其他代表因年事已高，先上火车了），林汉达也发表了演说，会场为之沸腾。大会最后通过了成立全国争取和平联合会等四项决议。

　　上午近 11 时，参加集会的群众簇拥着请愿团代表进入车站。代表乘坐的 611

号列车 21 节车厢的两侧都贴满了花花绿绿的标语和漫画，成为名副其实的"花车"。当火车徐徐驶出车站，乐队奏起了《欢送曲》，群众高呼口号祝代表们此行成功。

列车开出后，广场上十万群众立即开始了反内战大游行。浩浩荡荡的洪流，按照预定的路线，向市区进发。反内战大游行得到了上海市广大人民群众的热情支持，沿途不断有市民自动加入游行行列。队伍愈走愈壮大，士气愈来愈旺盛。这次"大革命以来上海的乃至全国的第一次声势浩大"的反内战群众运动，标志着上海四百万市民政治上的觉醒，也充分表达了他们反对蒋介石内战政策、争取和平的强烈愿望和坚强决心。

上海人民团体代表团晋京请愿和平的行动，使国民党当局极为惊慌。在请愿团组建后不久，国民党中统局就向国民党中央秘书长吴铁城汇报，吴指示："要设法阻止代表团来京"，据此中统局作出部署：第一、在上海车站扣发车头，或不发车；第二，在镇江组织人力，假借"苏北难民"的名义，拦截代表，使其返沪；第三，代表到南京，不准出站，进行围攻，逼使返回上海。上述三项"任务"均指定专人负责。在阻拦和平请愿代表乘坐的列车发车阴谋被揭破后，他们又卑劣地实施下一步计划，终于酿成了震惊中外的下关事件。

中国共产党对下关事件极为关注。当时在南京的中共代表团为营救代表积极奔走。当受伤代表被送到医院后不久，周恩来、董必武、滕代远、邓颖超、齐燕铭以及郭沫若等立即赶到医院，看望慰问受伤代表。周恩来神情严肃地说："你们的血不会白流的。"消息传至延安，毛泽东和朱德立即致电慰问并对国民党当局提出严重抗议。

事件发生后，国民党当局做贼心虚，下令南京所有报纸不得刊登请愿代表被殴消息。但是，纸包不住火，第二天南京几家进步报纸冲破禁令，醒目地报道了这一事件。美联社、法新社、合众社还向世界各地发了电讯，国民党妄想掩盖暴行的阴谋迅速破产了。

下关事件传出后，全国哗然。人民代表赴京请愿和平，竟然在宪警林立的国民党政府"首都"被殴，而且"演出"长达六七个小时，当局却不闻不问，这不

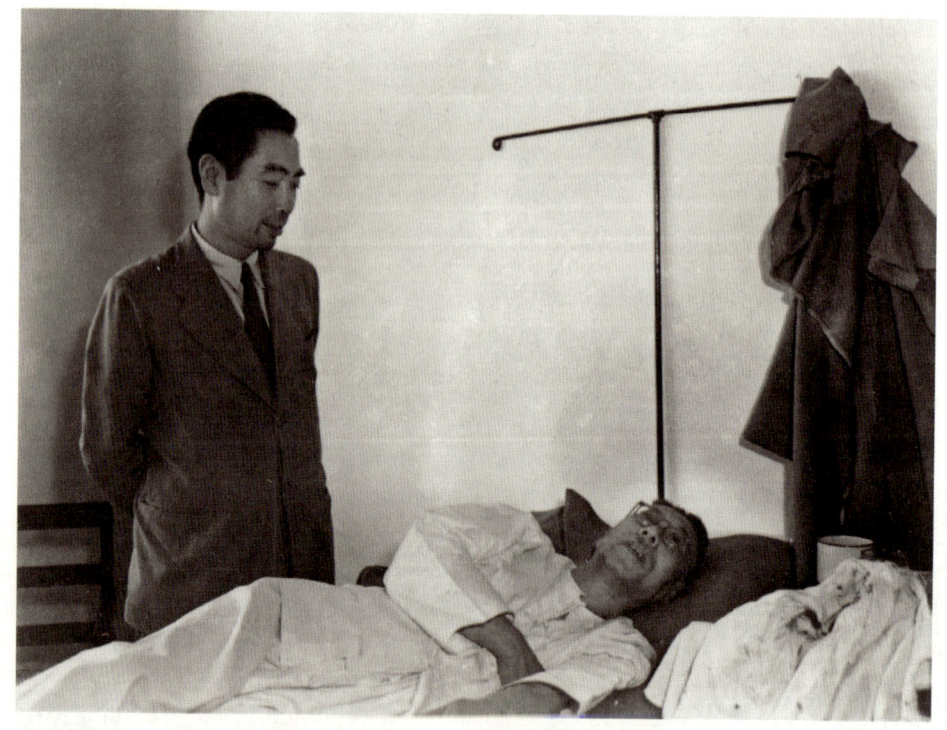

下关事件后，周恩来闻讯立即赶到医院，看望马叙伦等受伤代表

能不激起全国人民的极大愤慨。人们一面向受伤代表表示亲切慰问，一面纷纷向政府当局提出严重抗议。全国很快形成了一股声援上海人民代表、强烈谴责国民党当局罪行的浪潮。

下关薪火传遍华夏大地

下关事件教育了广大人民，使他们彻底丢掉了对国民党政府的幻想，认识到只有自己行动起来，投入到反对内战的人民运动中去，内战才有可能制止，从而推动了国民党统治区爱国民主运动的新高潮。下关事件也让民进组织和成员更清楚地认识到，只有中国共产党才能带领人民走向独立、民主和富强，更增强了大家反对蒋介石黑暗统治的决心，在中国两种命运的决战中更加坚定了自己的抉择方向。正如马叙伦对周恩来所说的那样："中国的希望只能寄托在你们身上。"雷洁琼也曾发出感慨："是下关事件擦亮了人们的眼睛，也使我更加坚定了跟共产党走、同国民党反动派斗争到底的决心。"在与国民党独裁统治的斗争中，在追求光明和进步的探索中，民进前辈选择了认同共产党的主张，接受共产党的指导，成为共产党的亲密战友，这种态度和立场伴随他们一生，无论顺境逆境从未改变。70 多年来民进薪火相传，形成了坚持接受中国共产党领导、坚持爱国民主团结求实、坚持立会为公的光荣传统。

在 2016 年民进中央纪念下关事件 70 周年座谈会上，民进中央主席严隽琪在讲话中指出：民进创始人多是自青年时期就立下救国救民的志向，以天下为己任，视富贵为浮云，如马叙老所说"遇风雨而厉鸣，誓微躯以护国，喜众志之成城"。希望新会员和所有年轻会员主动学习前辈事迹，继承民进精神，发扬优良传统，把爱国之情、强国之志、报国之行统一起来，将个体梦想融入实现中国梦的壮阔奋斗之中。

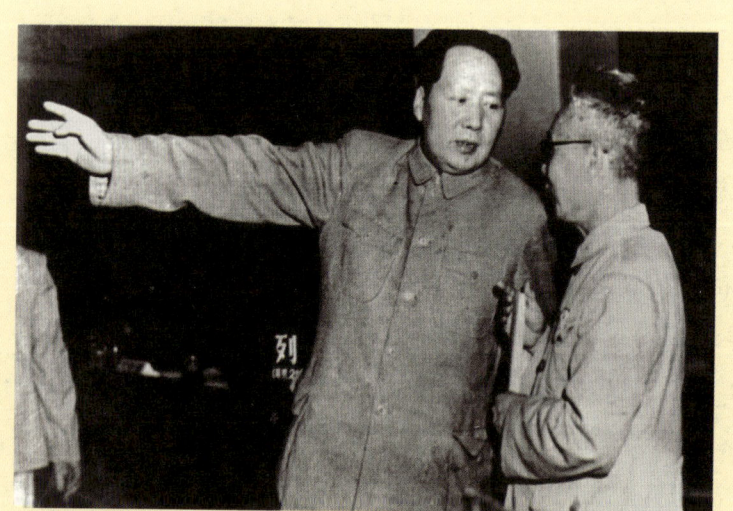

铁肩担道义　笔墨著厚谊

——马叙伦与毛泽东往来书信的故事

　　马叙伦先生是民进主要创始人和民进老一辈卓越的领导人，他的一生充分体现了中国近代和现代爱国知识分子从旧民主主义走到新民主主义，最终走到社会主义的光辉历程。

　　在长期的革命斗争中，马叙伦先生和毛泽东同志结下了深厚友谊，在革命年代同舟共济，在新中国建立后，为振兴祖国，虽职务有别，依然以文人间最传统的方式鸿雁传书，平等交流，或探讨工作，或传递问候，尺素寸心，字字真挚，传为佳话。

坦诚商讨"学文化"问题

马叙伦从事教育工作几十年，是资深教育家，曾任北洋政府教育部次长，虽然尽心竭力，却因时局动荡，育人理想终成镜花水月。

新中国建立伊始，党和国家高度重视人民教育事业的发展。作为新中国第一任教育部长，马叙伦深感责任重大，虽已年过六十，这位饱经风霜的老教育家，壮志待展，宏图在胸。

在新中国成立之初，整个国民的文化水平还都很低，文盲占有相当大的比重。马叙伦对此十分关注，决心扫除文盲，切实提高国民的文化水平。为此，他筹办了《学文化》半月刊，并在1951年1月致信毛泽东同志，希望毛泽东能为该刊物题写刊名，同时谈及注音问题。

毛泽东一向注重和提倡学习文化，也热切盼望广大劳动人民能提高文化水平，逐步实现知识化，因此，接到马叙伦的信，立刻挥笔写了"学文化"三个字，并随字幅附了一封信，写道："夷初先生：一月二十三日信收到。学文化三字照写，不知可用否？注音问题采取慎重考虑的态度是对的，我亦尚无成熟意见。顺致敬意"。

马叙伦接到毛泽东的回信和"学文化"的题词，感到毛泽东对中国文字改革和注音等问题上所取的态度都比较慎重，自己身为中国文字改革研究委员会主任，当然也应该慎重行事。他马上部署落实，并把毛泽东的题词作为《学文化》半月刊的刊名。

自从1952年10月中国文字改革研究委员会拼音方案组第六次会议通过汉语拼音字母表以后，在马叙伦主导下，文字改革研究委员会又举行了第三次全体委员会议。会上由林汉达根据胡乔木的叙述，传达了毛泽东对文字改革工作的一些意见。

毛泽东指出：文字改革工作关系到几万万人，不可操切从事，要继续深入研究，多方征求意见。去年拟出的拼音字母，在拼音的方法上虽然简单了，但笔画还是太繁，有些比注音字母更难写。拼音文字不必搞成复杂的方块形式，那样的体势不便于书写，尤其不便于速写。汉字就因为笔画方向乱，所以产生了草书，草字就是打破方块体势的。拼音文字无论如何要简单，要利用原有汉字的简单笔画和草体；笔势基本上要尽量向着一个方向（"一边倒"），不要复杂；方案要多多征求意见加以改进，必须真正做到简单容易，才能推行。过去拟出的700个简体字还不够简。作基本字要多利用草体，找出简化规律，作成基本形体，有规律地进行简化。汉字的数量也必须大大减缩。只有从形体上和数量上同时精简，才算得上简化。

马叙伦听取了毛泽东的这些意见，就在报道这次会议的新闻稿上，把毛泽东的这些意见都穿插了进去，然后交给负责新闻出版工作的胡乔木。胡乔木感到新闻内涉及毛泽东的一些意见，就转给了毛泽东，由他亲自审定。

毛泽东看了这篇新闻稿，认为他对文字改革的意见只是个人的看法，写进新闻稿内不妥，容易强加于人，不利于广开言路，于是就把稿上两处"毛主席认为"和"毛主席指出"的内容都删去了，只保留了"文字改革工作关系到几万万人"一句，并且也不以他个人的名义提出。删改完毕，毛泽东把稿件仍还给马叙伦，并郑重附了信，信云："马部长：此件由胡乔木同志从尊处转来，因给一些同志传阅，耽阁（搁）了很多时间，兹特奉还。如要在《中国语文》上发表，请照修改样式为荷！顺致敬意。"

马叙伦接到毛泽东的回信和修改稿，便分两次，刊载在《中国语文》1953 年 5 月号和 6 月号上。

高度关注师生健康问题

马叙伦先生在教育部长任上，十分重视学生健康问题。当他在工作调研中了解到学生学习负担过重、健康受到影响的情况后，1950 年 6 月，在参加全国政协一届二次会议期间，及时向毛泽东同志作了汇报。毛泽东同志高度重视，旋即手书"健康第一"。

1950 年 6 月 19 日，马叙伦得到毛泽东同志复函："马部长：另件奉还。此事宜速解决，要各校注意健康第一，学习第二。营养不足，宜酌增经费。学习和开会时间宜大减，病人应有特别待遇。全国一切学校都应如此。高教会已开过，中小两级宜各开一次。以上请考虑酌办。"

1951 年 1 月 15 日，毛泽东第二次就师生健康问题致信马叙伦："夷初先生：关于学生健康问题，前与先生谈过，此问题深值注意，提议采取行政步骤，具体地解决问题。中共华东局一月十一日电报一件附上请查阅，其中第三项即谈到此问题，提出健康第一，学习第二的方针，我以为是正确的。请与各副部长同志商

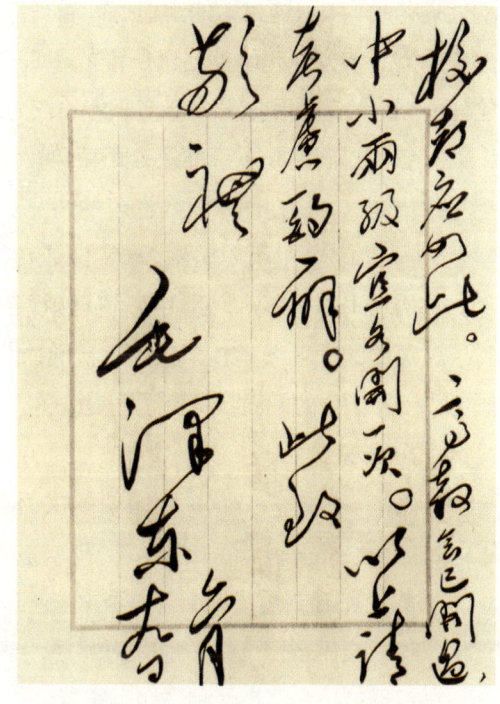

1950 年 6 月 19 日，毛泽东致马叙伦书信

1951 年 1 月 15 日，毛泽东就师生健康问题致马叙伦的信

酌处理为盼！"从这封信的字里行间看得出来，毛泽东作为最高领导人，对担任部长的党外人士，正像他自己所说的"看成和自己的干部一样"，给予了充分的信任、充分的尊重和充分的行使职能的权力。

马叙伦得到毛泽东手书后，即领导教育部积极贯彻，立即组织调查研究，提出具体措施。一面在国家财政许可的情况下，尽力提高教育经费和学生的人民助学金；一面拟定和采取办法，减轻课业负担、改善师生伙食、积极发展文体活动。在周恩来的关怀下，还将这一问题提到了政务院第九十三次政务会议上，通过了《关于改善各级学校学生健康状况的决定》。在教育部和全国各级学校的共同努力下，学生的健康状况有了明显改善。

诚挚的关怀与问候

马叙伦在五四运动时曾遭军警的棍打，1946 年在下关事件中又被特务打成重伤，加上连年辛苦工作，他疾病缠身，身体虚弱。在身体状况尚能支持的情况下，马叙伦总是为理想而顽强地工作着。

1949 年 10 月 5 日，新政协一届一次会议开幕之际，马叙伦因连日操劳，旧疾复发，致信毛泽东："主席：叙伦于昨晨复发贫血症，头目昏眩，未能起床。特此请假四日，藉便休养。至祈核许。此致。敬礼。中央人民政府委员会委员马叙伦，一九四九年十月五日。"

毛泽东收阅此信，即在信的左边用毛笔批示："请林老（林伯渠，时任中央人民政府委员会秘书长）去看马先生一次，要他静养。会议暂不要邀他。毛泽东，十月五日。"当日，毛泽东又专门致信马叙伦，信中写道："夷初先生：闻病甚念。务请安心休养，不限时日，病愈再工作。有何需要，请随时示知。敬祝早日恢复健康！"

马叙伦为新中国的发展日以继夜、废寝忘食地工作，身体每况愈下而无暇顾及。毛泽东时时牵挂着这位老朋友，虽因工作繁忙不能抽身看望，仍不断通过书信致以诚挚的问候。

1954 年 4 月中旬，马叙伦因患脑疾，在医生的一再建议下，请假治疗和静养。毛泽东收信后，即复信问候："马部长：四月十七日函读悉，休养甚好，时间可不限于一月，以病愈为度。此复。顺颂康吉。毛泽东，四月十九日。"短短的书信饱含了伟人厚谊，是中共的领袖与民主人士之间亲密无间的真情和友情，也是毛泽东对马叙伦奋斗生涯的认可与尊重。马叙伦仅休养了一个月，即带病坚持回高教部主持工作。

自 1957 年以后，马叙伦因身体原因一直卧病在床。毛泽东、周恩来都多次指示要想尽一切办法进行治疗和精心护理，并前往医院看望。无微不至的关怀，使马叙伦更加坚定了永远跟党走的决心。正是带着这种信念，1958 年 6 月 5 日，他勉力书就了毕生奋斗的深切体会："我们只有跟着共产党走，才是正道，才有良好的结果，否则根本上就错了。"这是马叙伦最后的遗训，也是他一生追求真理、向往光明的真实写照。

民进与国歌和国庆日的由来

　　众所周知，10月1日是我国的国庆日，《义勇军进行曲》是我国的国歌。不论何时何地，每当五星红旗高高飘扬、雄壮国歌在空中回荡，让人不由得感念那些为了建立新中国而浴血奋斗、矢志不渝的前辈们。国歌的由来和国庆日的确立，倾注了民进前辈们的心血和努力。追忆那段历史，在那些历史性的时刻面前驻足和瞻仰，民进前辈们的业绩历历在目，崇敬之情油然而生。

国歌的确定

1949 年 6 月 15 日，中国人民政治协商会议筹备会议在北平中南海勤政殿隆重举行。马叙伦被选为筹备会常务委员会委员，会后，民进负责人参加到筹备会各小组的工作中去。以马叙伦为组长、叶剑英为副组长（不久又增加沈雁冰任副组长）的筹备会议第六小组负责拟定新中国的国旗、国徽、国歌方案，组员有张奚若、田汉、马寅初、郭沫若、郑振铎等著名人士。

1949 年 7 月 4 日，叶剑英在中南海勤政殿第一会议室主持召开了第六小组第一次会议，推选成立国歌词谱初选委员会。7 月 10 日，第六小组以新政协筹备会的名义发出了由周恩来签发的《征求国旗国徽图案及国歌辞谱启事》，分送《人民日报》《天津日报》《光明日报》等各大报纸连续刊登八天。国内各报和香港及海外华侨报纸也纷纷转载。征稿启事发出后，在中华大地和海外华夏儿女中引起广泛关注，应征稿件如雪片一样纷至沓来。

启事在报纸上发表后，社会反响强烈。截止到 8 月 24 日，收到各种应征稿 2000 多件，其中国歌歌词 350 余件。马叙伦和沈雁冰向筹备会报告，提出："经本组慎重研讨，认为国歌征集之稿，足以应选者尚少，必须再行有计划征集一次，将选取者制曲试演。向群众中广求反应后再行提请决定，非最近时期可以完成。"

1949 年 9 月 21 日，中国人民政治协商会议第一届全体会议在北平召开，22 日，会议设立由 55 人组成的国旗、国徽、国都、纪年方案审查委员会，马叙伦为召集人。原第六小组改为审查委员会，但名称中没有"国歌"字样，说明国歌问题当时难以审查制定。中华人民共和国即将诞生，中央人民政府即将成立，因而国歌未定成为一个大问题。

9 月 25 日晚，毛泽东、周恩来在中南海丰泽园召开座谈会，听取关于国旗、国徽、国歌、纪年和国都问题的意见。座谈会上，马叙伦提议"我们政府就要成立，而国歌根据目前情况一下子是制作不出来的，是否我们可暂时用义勇军进行曲暂代国歌"。许多委员表示赞成，一部分委员提出需要修改歌词。周恩来表示就用原来的歌词，最后毛泽东拍板，歌词不改。与会者一致赞同，在中华人民共和国的国歌未正式制定前，以《义勇军进行曲》为代国歌。

关于国歌的座谈会，生动地反映了中国共产党和民主党派以及政协各界民主人士共商国是、共筹大计的真实场景，展现了毛泽东、周恩来在建国大计上采众

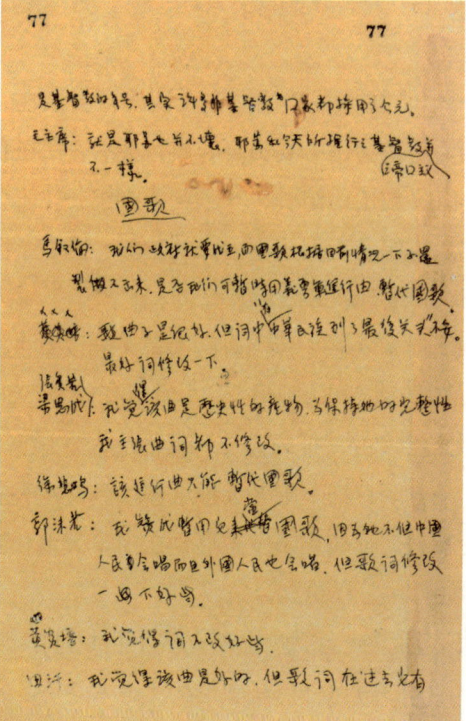

马叙伦提议以《义勇军进行曲》为代国歌，图为会议记录

议、纳嘉言的民主作风和宽广胸怀，民主党派人士精诚建言的责任担当。

　　1949 年 9 月 27 日，中国人民政治协商会议第一届全体会议通过了关于中华人民共和国国都、纪年、国歌、国旗四个议案：一、中华人民共和国的国都定于北平，自即日起改名北平为北京；二、中华人民共和国的纪年采用公元，今年为 1949 年；三、中华人民共和国的国歌未正式制定前，以《义勇军进行曲》为国歌；四、中华人民共和国的国旗为五星红旗，象征中国革命人民大团结。

　　1949 年 10 月 1 日，中华人民共和国中央人民政府在北京成立。下午 3 时，在北京天安门广场举行"庆祝中华人民共和国中央人民政府成立典礼"。毛泽东主席宣读了中华人民共和国中央人民政府公告，用洪亮的声音向全中国、全世界庄严宣告："中华人民共和国中央人民政府今天成立了！"接着，毛主席按动电钮，在《义勇军进行曲》的雄壮旋律中，五星红旗冉冉升起。

　　《义勇军进行曲》诞生于 1935 年，由田汉作词、聂耳作曲，在中华民族生死存亡之际，在祖国的大地上传唱开来，像一支战斗的号角，鼓舞了中华儿女。1949 年 11 月 15 日《人民日报》刊登的关于国旗、国歌和年号的"新华社信箱"中，对将《义勇军进行曲》采用为国歌作了如下解释："《义勇军进行曲》是十余年来在中国广大人民的革命斗争中最流行的歌曲，已经具有历史意义。采用《义勇军进行曲》为中华人民共和国现时的国歌而不加修改，是为了唤起人民回想祖国创造过程中的艰难忧患，鼓舞人民发扬反抗帝国主义侵略的爱国热情，把革命进行到底。这与苏联人民曾长期以国际歌为国歌，法国人民今天仍以《马赛曲》为国歌的作用是一样的。"

1949 年后，国歌和歌词经历修改、恢复，2003 年 4 月和 8 月，中共中央两次向全国各省、自治区、直辖市党委及中央和国家机关各部委、人民团体党组发出通知，征求对修改宪法部分内容的意见。安徽、山东、海南、江苏、陕西等省市及解放军总政治部的同志都提出国歌是国家的象征，建议在宪法中作出明确规定。中共中央采纳了将国歌写进宪法的建议，在 2003 年 10 月举行的党的十六届三中全会上通过的《中共中央关于修改宪法部分内容的建议》中，把中华人民共和国国歌是《义勇军进行曲》写进宪法，作为一条修改建议提交全国人大常委会讨论。最终于 2004 年 3 月 14 日，中华人民共和国第十届全国人民代表大会第二次会议通过，正式将《义勇军进行曲》作为国歌写入《中华人民共和国宪法》。

国庆日的由来

"国庆日"是庆祝国家诞生和新政府就职的纪念日，古已有之。关于新中国具体成立于哪一天，在建国之初，曾有不同意见。第一种意见：1949 年 9 月 21 日。这一天，是中国人民政治协商会议第一届全体会议开幕的日子，《人民日报》发表题为《旧中国灭亡了，新中国诞生了》的社论，指出新政协第一届全体会议宣告了新中国的伟大诞生。第二种意见：1949 年 9 月 30 日。支持这种观点的人较多。当日通过的新政协第一届全体会议宣言中指出，中国的历史，从此开辟了新的时代，新中国现已宣告成立。第三种意见：1949 年 10 月 1 日。当日，中央人民政府宣告成立，开国盛典同日举行，举国欢庆。当天，《中华人民共和国中央人民政府公告》中宣告了中华人民共和国和中央人民政府的成立。

關於中華人民共和國國慶日的決議

（一九四九年十二月二日中央人民政府委員會第四次會議通過）

中國人民政治協商會議第一屆全國委員會在一九四九年十月九日的第一次會議中，通過請政府明定十月一日為中華人民共和國國慶日，以代替十月十日的舊國慶日的建議案，還請中央人民政府採擇施行。

中央人民政府委員會認為中國人民政治協商會議第一屆全國委員會的這個建議是符合歷史實際和代表人民意志的，決定加以採納。

中央人民政府委員會茲宣告：自一九五零年起，即以每年的十月一日，即中華人民共和國宣告成立的偉大日子，為中華人民共和國的國慶日。

《1949 年 12 月 2 日，中央人民政府第四次会议通过《关于中华人民共和国国庆日的决议》

应该指出，在新中国和中央人民政府成立之际，新中国的领袖们还没有来得及考虑"国庆"事宜。最早提出"国庆日"设想和提议的是马叙伦。

1949 年 10 月 9 日下午 3 时，在中国人民政治协商会议第一届全国委员会第一次会议上，许广平发言说："马叙伦委员请假不能来，他托我来说，中华人民共和国的成立，应有国庆日，所以希望本会决定把 10 月 1 日定为国庆日。"林伯渠委员也发言附议，认为 10 月 10 日（辛亥革命纪念日、中华民国国庆日）已经不能作为中华人民共和国的国庆日，应当有新的国庆日，要求会议正式讨论决定。毛泽东说："我们应作一提议，向政府建议，由政府决定。"当天会议一致决议，通过"以 10 月 1 日为中华人民共和国开国的国庆纪念日"的建议案，送请中央人民政府采纳施行。

10 月 1 日不仅是中华人民共和国和中央人民政府成立盛典的重要日期，更是金秋季节的月初之日，寓意全新的开始。1949 年 12 月 2 日，中央人民政府委员会举行第四次会议，认为中国人民政治协商会议第一届全国委员会的这个建议符合历史实际和代表人民意志，决定加以采纳。中央人民政府委员会宣告："自1950年起，即以每年的10月1日，即中华人民共和国宣告成立的伟大日子，为中华人民共和国的国庆日。"此后，1949年10月1日中央人民政府成立庆典被称为"开国大典"，并以这一天为中华人民共和国成立的纪念日。

从此，我国人民在中国共产党的领导下，逐步实现从新民主主义到社会主义的转变，人民民主统一战线不断巩固和壮大，民进的任务和工作也随之进入了一个崭新的阶段！

玉壶冰心尊师道　浓墨丹心铸师魂

——民进为恢复设立教师节奋力建言

　　2016 年 9 月 9 日教师节前夕，习近平总书记来到自己的母校——北京市八一学校，看望慰问师生，与全国广大教师和教育工作者共庆节日。习近平总书记强调，要始终坚持把教育放在优先发展的战略地位，大力营造尊师重教的社会氛围，研究制定更加切实可行的政策措施，吸引更多优秀人才当教师，努力让教师成为社会上最受尊敬、最令人向往的职业。

　　民进大多数成员是从事教育和文化出版工作的知识分子，他们肩负着培养下一代和传播社会主义核心价值观的重任，从广义上说，都是人类灵魂工程师。多年来，广大民进会员为发展国家的教育事业，为社会主义精神文明建设做了大量工作，付出了艰辛的劳动。20世纪80年代初，民进率先在国家政治舞台上发出了设立教师节的呼声，为教师节的恢复作出了历史性的贡献，这也成为民进人的共同回忆。

民进与教育的不解之缘

尊师重教、传播文明，是民进一以贯之的传统。教育是民进参政议政的"老阵地"，从老一辈创始人开始，民进与中国教育就结下了不解之缘。

新中国成立初期，马叙伦就担任了中华人民共和国的第一任教育部部长和高等教育部部长，主持改造了旧教育，直接领导和参与了收回教育主权、改革学制、高等学校院系调整等一系列重大教育改革工作，为新中国的教育发展作出了重要贡献。后来，民进中央主席、著名教育家叶圣陶也担任过教育部副部长，直接参与了国家教育决策与教育管理工作。

"文化大革命"结束，民进组织恢复活动后，积极参与到国家的政治生活中，特别是就教育领域的工作谏诤言、献良策，为我国教育体制改革作出了积极贡献。1980年4月，为响应中共中央提议制定适合国民经济发展需要的教育计划和教育体制的决定，民进中央在全会发起为制定教育计划和教育体制献计献策的活动。在四个月时间里，全会提出建议2100多条，书面材料340余份。之后，经过整理，民进中央正式提出了两份建议和报告，报送中共中央书记处，均得到了中共中央的高度认可。

在积极参与国家政治生活、发挥政治协商作用的同时，民进在民主监督方面也加强了工作。周建人、叶圣陶、冰心等民进老一辈领导人多次撰写文章、发表谈话，呼吁和倡导在全社会树立尊师重教的良好风气。1981年10月，时任民进中央副主席叶圣陶针对当时社会上片面追求升学率的错误倾向，发表了《我呼吁》的文章，这引起了党和政府的重视，当年的政府工作报告中肯定了叶圣陶的意见，要求有关方面切实加以改正。

民进的同志们意识到，要真正提高教师的社会地位，应该重新设立教师节，让教师受到全社会的尊敬，享有崇高的社会、政治地位，倡导社会形成尊师重教的氛围。从 1981 年到 1985 年，民进二十多位全国政协委员两次提出提案，并多次建言，为恢复设立教师节尽心竭力。

从一份提案说起

2014 年的教师节前夕，民进中央研究室曾专访了参与呼吁恢复设立教师节的方明先生，与方老一起回忆教师节设立的前前后后。

谈起教师节的由来，方老说："事情最早要从一份提案说起……"

在 1981 年 11 月中国人民政治协商会议第五届全国委员会第四次会议上，民进的 17 位全国政协委员联名提交了一份提案，该提案被全国政协编为第 170 号。

这份提案名称为《建议确定全国教师节日期及活动内容案》。提案人分别为徐伯昕、吴贻芳、史念海、李霁野、张明养、叶至善、徐楚波、郑效洵、马力可、霍懋征、葛志成、方明、巫宝三、张景宁、叶圣陶、雷洁琼和柯灵。提案中说：尊师重教远没有形成一种社会风气，殴打教师的事件时有所闻，广大教育工作者真正树立以教书育人为终身职业的思想也达不普遍……教师担负着培养"四

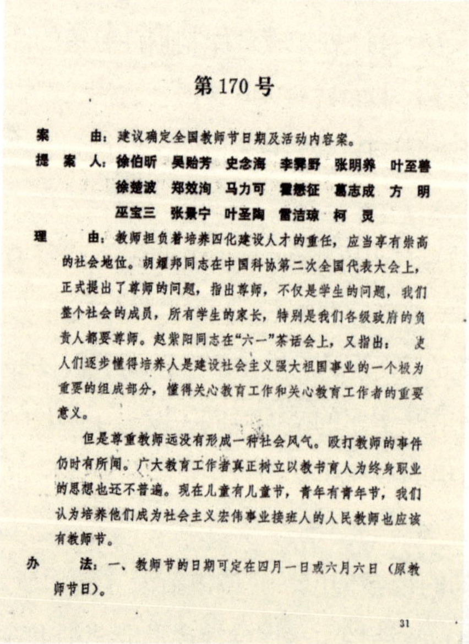

1981 年民进建议设立教师节的第 170 号提案

化"建设人才的重任，应当享有崇高的社会地位，现在儿童有儿童节，青年有青年节，我们认为培养他们成为社会主义宏伟事业接班人的人民教师也应该有教师节……

其实，早在 1932 年，我国就有了教师节，但并未起到尊师重教的作用。中华人民共和国成立之后，规定五一劳动节同时也是教师节，但劳动节和教师节混在一起，没有特点。"文革"中，教师社会地位极其低下。中共十一届三中全会后拨乱反正，教师又重新开始被人们尊重，社会地位得以提高。然而要扭转十年动乱给教师造成的伤害绝不是一蹴而就的。如 1981 年初，某地就发生了殴打小学教师的事件，影响恶劣。民进获悉后，致函相关部门，积极呼吁有关方面严惩凶手。

第 170 号提案的主要发起人及撰稿人正是方明。方明当时担任全国教育工会主席，他是 1949 年加入民进的老会员。方明在回忆时说起，就教师节的具体日期，他曾征求过谢冰心、叶圣陶等民进老前辈的意见。冰心先生建议定在每年春暖花开的时候；叶圣陶先生建议定在每年秋季学生入学的日子，让学生在新学年的开始就记住教师的辛勤和光荣。

全国政协高度重视这份提案，及时给出了审查意见，建议国务院交教育部研究办理。同年 12 月，时任中共中央书记处书记习仲勋接见参加全国中小学工会思想政治工作会议的代表时，方明和教育部党组书记、副部长张承先一起向习仲勋提出设立教师节的事，习仲勋十分重视，立即建议教育部和全国教育工会联合起来写报告请示中共中央。

1982 年 4 月，教育部党组和全国教育工会分党组联合，由张承先和方明共同签发的《关于恢复"教师节"的请示报告》呈送中共中央书记处。

1981 年全国政协第 170 号提案，是民进呼吁恢复设立教师节迈出的坚实的第一步，由此开始，教师节的恢复设立逐步提上了政府的议事日程。

第二份提案

1982 年 9 月，中共十二大召开，进一步向全党全国人民发出了全面开创社会主义现代化建设的新局面的号召。民进组织和广大会员为之振奋和鼓舞，以更加饱满的热情和强烈的责任感投入到国家建设事业中去。

1983 年 3 月，在四川省重庆市长寿县发生了一起毒打侮辱女教师的"刘中月事件"。周建人主席、叶圣陶副主席联名写信给中共中央办公厅，要求严肃处理。周建人同时致函《光明日报》，呼吁全社会尊重教师合法权益。事件引起了广泛关注，中共中央高度重视，中共中央书记处电话指示中共四川省委和重庆市委，尽快处理长寿县侮辱毒打女教师的事件。"刘中月事件"最后终于得到圆满处理，教师的人身安全和正当权益得到全社会空前广泛关注。

民进进一步就有关教师、有关教育的议题展开调研，同时呼吁要从根本上提高教师的地位。健康持续发展教育事业，必须在法律上有所体现。因此，在同年 6 月全国政协六届一次会议上，方明等 19 位民进界别的全国政协委员再次联名提交《为提高教师的社会地位，造成尊师重教的社会风尚，建议恢复教师节案》，该提案被全国政协编为第 656 号。

提案中肯地指出，在建设社会主义两个文明的战略任务中，教师肩负着培养一代新人的重大责任。在这种情况下，提出恢复教师节，将进一步激发教师的光荣感和责任感，对调动他们建设社会主义的积极性有着深远的意义。

1983 年全国政协第 656 号提案得到了党和政府的高度重视。在全国政协建议由中共中央宣传部会同教育部研究办理后，9 月，中宣部办公厅致函教育部办公厅：经研究政协一次会议方明等同志的提案，同意恢复教师节。12 月，由教育部何东昌部长和方明共同签发的教育部党组和全国教育工会分党组"关于恢复'教师节'的请示"送中宣部。1984 年 10 月，万里、习仲勋、胡启立等中共中央领导同志对教育部党组和全国教育工会分党组的请示分别圈阅。12 月，教育部党组和全国教育工会分党组《关于建立"教师节"的报告》送中共中央书记处。报告建议由国务院提请全国人民代表大会常务委员会批准颁布。

最终，1985 年 1 月，全国人大常委会通过了建立教师节的议案，确定每年的 9 月 10 日为教师节。从此以后，教师们便有了自己的节日。

庆祝第一个教师节

1985 年 9 月 10 日，国家教委在人民大会堂隆重举行大会，庆祝中华人民共和国第一个教师节。时任国家主席李先念给全国教师写信祝贺。万里同志在会上发表讲话，代表中共中央和国务院向全国教师和教育工作者热烈祝贺节日。

为庆祝首届教师节，民进中央宣传部组织拍摄了歌颂教师的电视剧《托着太阳升起的人》，由中央电视台于 1985 年 9 月 10 日晚向全国播放；民进中央文化出版委员会等在中国美术馆联合举办"庆祝教师节书画义捐展"，胡耀邦同志特地写信表示支持："你们在教师节举办书画义捐展很好，祝成功。"全国各地也都开展了庆祝活动。

民进中央专门举办了庆祝教师节茶话会，100 多位劳绩卓著的教师会员出席。雷洁琼在会上讲话。她说："我们民进是团结和联系广大人民教师的政党，我们过去为尊师重教做了不少工作。……我们要发挥实干精神，力求通过扎扎实实的工作，为尊重知识、尊重人才、尊重教师做出新的成绩，以这样的实际行动来庆祝第一个教师节的到来。"

1986 年 3 月，在全国政协六届四次会议上，方明和民进组的 20 位全国政协委员又联名提出《尽早制定〈教师法〉案》。1993 年 10 月 31 日，《中华人民共和国教师法》颁布，尊师重教终于纳入依法办事的轨道，并逐步深入人心。

新中国成立近 70 年来，民进不仅见证了中国教育的发展，也直接参与了整个国家教育的建设和改革。今天，为恢复设立教师节奋力建言的叶圣陶、徐伯昕、吴贻芳、葛志成、柯灵、方明以及提案人中的多位民进老前辈，他们已离开了我们，但民进老一辈的光荣业绩，将永远激励民进组织和广大会员为坚持和发展中国共产党领导的多党合作和政治协商制度努力奋斗，开拓创新！

挚友情谊　历久弥坚

—— 忆彭泽民同中国共产党人的交往故事

农工党中央常务副主席　刘晓峰

　　1956 年 10 月下旬的北京，秋意渐浓。毗邻天安门的中山公园内人群络绎不绝，他们特地赶来吊唁一位世纪老人。中山堂已被布置成灵堂，逝者安详地躺在灵床上，旁边摆放着毛泽东、朱德、刘少奇、周恩来、宋庆龄等党和国家领导人送的花圈，灵堂四壁挂满了挽联和唁词。

刘少奇、周恩来、林伯渠、李济深、沈钧儒、彭真、陈云、邓小平、李先念、习仲勋、董必武、何香凝等多位人士亲视入殓。

两天后的公祭仪式上，周恩来总理站在致哀人群第一排中间，李维汉副委员长致悼词。参加公祭的干部和群众，从中山堂内排到了堂外。公祭后起灵，周恩来总理在队伍的最前面执绋而行。他的身后，表情肃穆的人们排成一条长龙。

是谁的葬礼这么隆重？不仅有众多党和国家领导人亲往致哀，还由共和国总理亲手执绋！

他就是著名的爱国主义战士和政治活动家、中国共产党的挚友、爱国华侨的楷模、中国农工民主党的创始人之一——彭泽民。

彭老辞世已有 60 多年了。农工党人永远铭记他光荣的革命的人生历程，而其中最为深刻的，是他同中国共产党人历久而弥坚的挚友情谊。

1956 年 10 月 22 日，党和国家领导人在北京中山公园中山堂彭泽民公祭仪式上默哀，前排右起：陈叔通、郭沫若、李济深、周恩来、章伯钧、沈钧儒、黄炎培、彭真、李维汉

反对汪精卫"清党"　连夜通知中共党员转移

1927 年，在蒋介石发动四一二反革命政变之后，在武汉的汪精卫也蠢蠢欲动。国民党左派人士、时任国民党中央海外部部长的彭泽民找到汪精卫，向他指陈利害，劝他坚持孙中山的新三民主义，改变立场，放弃分共。汪精卫暴跳如雷，大骂彭泽民"叛党投共"。

7 月 14 日晚，汪精卫在武汉主持召开国民党中央主席团"分共"秘密会议，兼有国民党党籍的共产党员均被排斥在外。会上，汪精卫极力主张"分共"，陈友仁代宋庆龄发言极力反对。彭泽民愤怒地指出："联俄、联共、扶助农工三大政策，是孙总理遗留给我们的。总理新亡，你们便变更他的政策，我不同意！"何香凝等也激烈反对。但终因势单力薄，汪精卫一伙强行通过"清党方案"。会议结束已是深夜 12 时，彭泽民悲愤地离开会场。他清醒地意识到，天一亮国民党反动派就要行动了，因此他没有回家，不顾个人安危直接去找吴玉章、林伯渠等共产党人，通报汪精卫主持的"分共"会议情况，要他们尽快采取应对措施。然后他又通过海外部秘书长、共产党人许甦魂，连夜召集海外部的 30 多名共产党员和一批爱国华侨青年，告知他们汪精卫已背叛革命，即刻就要实施"清党"行动的消息，并用海外部的现款发给每人 100 大洋作路费，让他们赶快疏散。海外部的共产党员没有一人在这次"清党"中被逮捕被杀害。彭泽民自己也秘密离开武汉，奔赴南昌，参加了彪炳史册的南昌起义。

自身流亡困顿　不忘接济革命同志

南昌起义之后，彭泽民跟随部队南下广东。他所在的军叶挺任军长，所在的营是陶铸任营长，所在的连是萧克任连长。部队到宜黄后，总指挥部召开会议，连以上军官都参加。会上，主持人请彭泽民讲话，彭泽民痛斥蒋介石汪精卫一伙背叛孙中山先生三大政策的罪行。尤其在讲到汪精卫主持召开秘密会议强行通过"清党方案"，要清除共产党的时候，他愤激地说："清党！清党！清他们的狐朋狗党！"这铿锵有力的话语给起义将士增添了力量。若干年后，已是中国人民解放军上将的萧克将军对当年的场景记忆犹新，在《怀彭泽民先生》一文中感叹："彭老的声音，当时给我这个青年人多大的振奋啊！"

部队南下后遭到数倍敌军包围，前委书记周恩来在广东揭阳的流沙镇召开会议，决定分散转移。考虑到彭老年纪较大，周恩来特别安排叶挺陪同彭泽民坐上一艘渔船到香港隐蔽。

反动派通缉彭泽民，查抄了他在广东的家，他回国参加革命时从南洋带回的财产荡然无存。流亡到香港后，一家人的生计仅靠夫人翁会巧在胶鞋厂做工维持，十分拮据。尽管生活很艰难，但彭泽民仍然接济了许多到香港避难的革命友人。如"广州起义"失败后，叶剑英经香港转移，彭泽民让夫人翁会巧典当了唯一一件长皮袄，用换来的钱请叶剑英吃了顿饭，将剩余钱款赠作旅费，并亲自护送叶剑英安全离港。参加南昌起义并任革命委员会秘书厅秘书的许甦魂，起义失败后撤到香港隐蔽，就住在彭泽民家里，半年后转到广西，后来参加了百色起义。

彭泽民到香港后曾遭港英当局逮捕，幸由当时香港很有影响的名医陈伯坛出面担保才获释。陈伯坛很欣赏彭泽民，不仅多加照顾，而且让彭泽民在他开设的中医学校免费学习。6 年学成毕业后，陈伯坛又帮助彭泽民开医馆，并介绍很多重要客人给他。通过行医，彭泽民结识了一批爱国企业家，他们大都成为支持革命的力量。彭泽民对生活困难的工人、普通警员或他们的家属，均免费看病。他们都很感激彭泽民，彭泽民也能经常从他们那里获得一些重要消息，比如哪位革命同志被逮捕了，关押在哪里，他很快就能知道，并尽快设法营救。彭泽民仁心仁术赢得的良好社会声望，成为革命活动的最好掩护。凡因反动派迫害流亡到香港的革命同志，只要找到彭泽民，他都尽力接待资助。"国医彭泽民寓"的招牌，成了革命同志寻找彭泽民的标识。

大义凛然不惧日寇 与共产党人共赴国难

1937 年 7 月 10 日，卢沟桥事变后第三天，彭泽民与章伯钧联名致电蒋介石和国民党中央，提出抗日救国的"八项政治主张"。同年冬，彭泽民满怀抗日救国热情，冒着蒋、汪对他"通缉归案严办"的风险，由香港到汉口，住在八路军办事处。他积极联络冯玉祥、李烈钧、李公朴、王造时等，谋求实现民主改革，发展抗日力量，但遭到国民党当局的迫害，不久被迫返回香港。

抗日民族统一战线建立后，国共双方达成一致，中国共产党领导的南方各省红军游击队从 1937 年 10 月起改编为新编第四军，由叶挺担任军长。叶挺从欧洲回

1937年，彭泽民（右）与叶挺在香港合影

国就任，途经香港时秘密探访了彭泽民。战友重逢，实属不易。彭泽民热情地接待了叶挺，对他国难当头及时回国参加抗战表示赞赏，对新四军参加抗战充满希望和必胜信心。临别时，叶挺拿出随身携带的相机与彭泽民合影，然后在夜幕中匆匆离去。在后来的日子里，彭泽民四处奔走，发动华侨和港澳同胞捐款捐物，为新四军购买药品、衣物等军需物资，通过特殊渠道送到前线，支援抗战。

1938年10月，彭泽民领导成立了"大鹏人民自卫总队"，在广九铁路东、大鹏湾、大亚湾一带打击日寇，配合中国共产党的敌后抗日斗争。

1941年1月"皖南事变"发生后，宋庆龄、何香凝、柳亚子等国民党元老对国民党顽固派破坏抗战团结的行为义愤填膺，决定发表宣言，斥责蒋介石的罪恶行径。柳亚子与彭泽民商议联名发表宣言之事。彭泽民说："我们都是孙中山先生的忠实信徒，责无旁贷，我完全赞同。现在谁敢讲？只有我们出来讲话了！"于是四人联名在香港发表了《关于皖南事变致蒋介石及国民党中委书》，严厉谴责国民党顽固派发动内战、袭击抗日有功部队的卑劣行径。这封正气凛然、言辞犀利的公开信，给国民党顽固派以沉重打击。

香港被日寇占领后，彭泽民的处境十分险恶，但他同日本侵略者的斗争一刻没有停止过。由于他积极支持抗日救亡，与中国共产党领导的抗日武装——广东东江纵队联系密切，很快就被日本特务盯上了。

一天，彭泽民带女儿出诊，路上突然被抓到日本宪兵司令部。日本宪兵拿出一张照片问彭泽民："你认识不认识这个人？老实交代！"彭泽民知道照片上的人是东江纵队的中共党员沈寿桢，但他沉着机智地反问道："这不是教堂的牧师吗？"宪兵又问彭泽民的女儿："你知不知道这是谁？"彭泽民的女儿才12岁，当时正饥肠辘辘。日本宪兵拿出好多点心水果，引诱她说出这个人是谁。彭泽民的女儿明白父亲的意思，很聪明地回答道："这是牧师，教堂的牧师，他还送给我十字架呢！"说着拿出身上带的十字架。其实彭泽民早就有所准备，交代了家人如何应对日本人的盘问，所以日本宪兵什么也没问到，不得不暂时释放彭泽民父女。后来彭泽民又一次被捕，在赤柱监狱受尽酷刑，奄奄一息。幸被农工党的同志设法救出，才死里逃生。

牢记周公重托　大声疾呼反内战

抗战胜利，举国欢庆。人民渴望和平安定，休养生息，重建家园。国民党统治集团则企图依靠美国政府的支持，在中国继续实行一党独裁。中国面临两种命运、两个前途的历史选择。

1946年5月，国民政府由重庆还都南京。为促成国共两党和谈，周恩来率领中共代表团于5月23日从重庆抵南京梅园新村。到达当天，周恩来就致信彭泽民："……全国内战危机严重已极，人民权利自由到处遭受极大之剥夺……时局如此，至望先生……大声疾呼，号召社会人士共同反对内战力挽狂澜，无任企盼……"

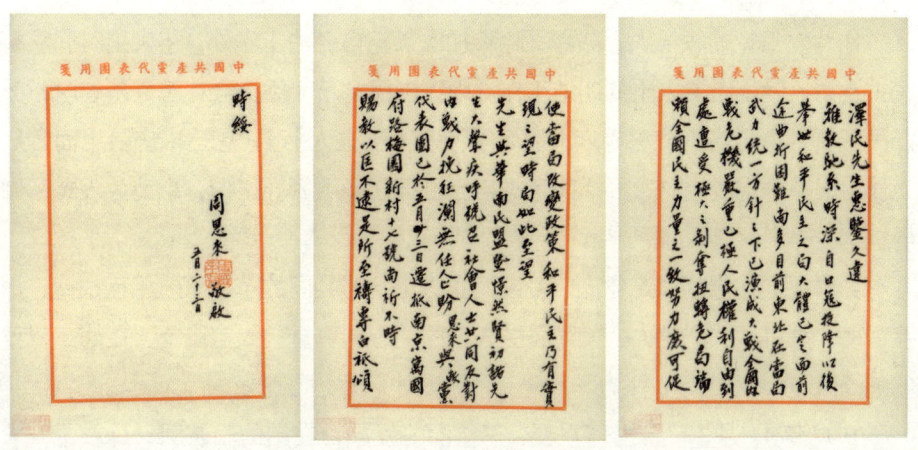

1946年5月23日，周恩来抵达南京梅园新村当天写给彭泽民的信

　　彭泽民深知，这既是周恩来之重托，也是中国共产党之重托。面对中共的高度信任，他深感自己责任重大。当时，彭泽民任农工党中央执委、反内战大同盟常委，不久又担任民盟南方总支部的主任委员，是南方爱国民主运动的领袖之一。他不负重托，立即行动，和农工党的同志、在港的各民主党派领导人团结一致响应中国共产党的反内战号召。据不完全统计，1946 年到 1947 年仅香港《华商报》刊登彭泽民的专论、声明、文章和记者访谈等就有 40 多篇、电文 14 封。彭泽民不啻打了一场反内战的大舆论战，给国民党统治集团施加了不小压力。

艰苦环境中与共产党人和爱国民主人士相互扶持

　　在长期的革命斗争中，彭泽民与在香港的中共地下党负责人方方、连贯、谭天度、章汉夫等，还有东江纵队的政委尹林平等，都结下了深厚的革命情谊。共产党人对彭泽民也非常信任和尊重。

　　如新中国成立后曾任外交部副部长的章汉夫，当年在香港时曾被特务跟踪。当时正刮台风，为了摆脱跟踪，章汉夫冒着狂风暴雨在小巷中穿行，被阳台上掉下来的大竹竿打伤了头部。他忍痛来到彭泽民家里。彭泽民为他悉心治疗，并专门安排稳妥之人上门换药，直到伤愈。又如连贯的夫人怀孕生产时，没钱住院。彭泽民和夫人翁会巧就托在英国医院当护士的远亲帮忙安排入院。连贯的夫人在医院平安生下孩子后，翁会巧又去亲自接她出院。爱国民主人士陈其瑗、黄药眠等，在香港时也都得到过彭泽民的帮助，或安排生活，或诊治疾病等。

　　作为农工党的领导人，彭泽民除参加农工党自身的工作外，还挤出时间从事民主党派、爱国民主人士的团结工作。中国国民党革命委员会在香港筹建时，彭泽民襄赞其事，与李济深等六人联名写了《上孙夫人书》，恳请宋庆龄出面领导工作。民革正式成立时，彭泽民考虑自己已担任多项领导工作，恳请免入民革领导机构，得到大家体谅。

　　彭泽民同在港的共产党人、爱国民主人士，为共同的革命事业相互扶持、相互帮助，赢得了共产党人、爱国民主人士的关心和尊重。大家商定，在德高望重的彭泽民 70 大寿之际，举办一场隆重的活动，以表达心意。

　　1947 年 11 月 3 日，由何香凝、李济深等发起，在港的李济深、马叙伦、朱蕴山、陈其瑗、郭沫若等 71 位爱国民主人士，共同为彭泽民庆祝 70 寿诞。在港的中共地下党领导人方方、章汉夫、连贯、许涤新、尹林平、刘宁一、乔冠华等到会祝贺。方方、连贯等 14 位中共党员用大红绸布联名题写了长达 400 多字的祝词："五岭之南有彭老，品地真纯气节高。少具热心从革命，誓驱鞑虏真英豪。……声应气求岂等闲，志同道合倍相关。一瓣虔心欣祝愿，愿公高寿似南山。"

当天，大家共聚一堂，宾主尽欢，其乐融融。

同毛主席讨论振兴中医 推动成立中医研究院

1954 年 9 月，彭泽民出席中华人民共和国第一届全国人民代表大会，当选为主席团成员。会议期间，毛泽东主席亲切接见彭泽民，同他讨论了如何振兴中医的问题。

毛泽东主席说："中医是我们的国宝，但也不能搞一条腿，要搞两条腿，中西结合。"并请彭泽民注意中西医学交流工作。彭泽民阐述了自己的观点："中医是我国人民几千年来与疾病作斗争的经验积累，有着丰富的内容，如果用科学方法加以研究和整理，一定可以发挥更大的作用。今天中国医药人才还很缺乏，团结广大中医的问题更显得重要。"毛泽东主席十分赞同这一见解，并希望他为弘扬祖国医药事业带头发挥作用。这份嘱托让彭泽民感到巨大鼓舞。

在彭泽民、萧龙友、孔伯华、施今墨等一批名医的推动下，1955 年，中央批准成立卫生部中医研究院（中国中医科学院前身）。成立国家级的中医研究机构是历史创举，掀开了中医发展的新篇章。中医研究院成立时，中央本拟安排彭泽民担任首任院长，但后来考虑到他已经承担了繁重的政务、党务工作，于是请他担任名誉院长。周恩来总理亲自签发了委任书。彭泽民很重视中医研究院的工作，时常到院视察，关注建设情况，帮助解决实际困难。

对共产党的领导无比信赖 为农工党的发展鞠躬尽瘁

1956 年 10 月 15 日，彭泽民因劳累过度，心脏病再次发作，第二次住进了北京医院。作为著名中医，他对自己的身体状况了然于心，感觉归去之日不远，时常倚枕兴思，夜不安寐。此时，他割舍不下的是他与邓演达、章伯钧、黄琪翔、

1956年10月中旬，彭泽民在病中写给毛泽东主席的一封辍笔信。信未终笔，故未发出

季方等同志共同创建的农工党。

　　住院期间，他让夫人翁会巧将他扶起，提笔给毛泽东主席写信。信中道："毛主席：弟在武汉逃归，匿居香港，久违大教，鲜通音问……然而心有所系，尚欲为主席言者，吾党自邓演达同志遇害，同志者多遭蒋介石迫害，辗转流离……同志中有矢志不渝、艰苦奋斗如……等犹自固守党旨，纠合旧侣，重新组织，虽历经挫折，犹复不避艰险，力争团结，反对独裁……"

　　因身体不支，信未能终笔，因而也未寄出。据夫人翁会巧回忆，彭泽民想在信中对毛泽东主席说：邓演达创建的农工党，历经挫折，来之不易，希望在他去世后千万不要迷失方向，拜托毛主席多加关照和指导。这封委以后事的书信，表达了彭泽民对毛泽东主席的无比信赖，表达了彭泽民对中国共产党领导的多党合作事业的满心牵挂。

　　临终前，彭泽民对中国共产党的信任坚定不移，对祖国未来充满信心。在病床上，他颤抖着写下遗诗一首："大局方兴，忍言归去，生机活泼，何用悲为！"1956年10月18日，彭泽民与世长辞。

　　1987年11月7日，在彭泽民诞辰110周年纪念座谈会上，时任中共中央政治局委员、书记处书记习仲勋同志对彭泽民的一生给予了高度评价："彭泽民先生的一生，是光荣的革命的一生，是坚持民族独立、反帝爱国、追求真理、艰苦

2014年10月22日，全国政协副主席、农工党中央常务副主席刘晓峰（右三）在广东省四会市出席农工党党史教育基地彭泽民故居揭幕仪式

奋斗的一生。他所走过的道路，反映了一个坚定的爱国主义者的战斗历程。他崇高的爱国精神，同中国共产党合作的坚定立场，向黑暗势力坚决斗争和为人民的事业鞠躬尽瘁的高尚品德，是中国知识分子和爱国华侨的楷模。我们要永远学习他，纪念他。"

百折不挠　终成正果

——我所认识的农工党不平凡的奋斗历程

农工党中央原副主席　宋金升

新中国成立初期，我在交通部工作时，参加了农工党，有机会反复阅读了农工党历史的大量原始资料，给我留下深刻印象的是：农工党革命历史悠久并具有爱国革命的优良传统。在长期的革命斗争中，农工党的老一代领导人同共产党领导人个人之间交往甚密，结下深厚友谊；其间，共产党人所表现出的博大胸怀、高超的领导艺术，特别是为国家独立富强为人民幸福不怕牺牲、矢志奋斗的精神风范，令农工党老一代领导人敬佩不已。在这一过程中，农工党从同情和靠拢共产党转向自觉接受中国共产党的领导，走过了不平凡的道路。

建党初期的路走得艰苦曲折

农工党的前身"中国国民党临时行动委员会"（简称临委会），是在 1927 年大革命失败后，由著名的国民党左派领导人邓演达于 1930 年 8 月创立的。之所以取名为"中国国民党临时行动委员会"，主要是考虑到既要与当时蒋、汪窃取的国民党相区别，又要保留孙中山创立的国民党的名称，以便争取和团结国民党内部的革命力量，继续孙中山未竟的革命事业。临委会的《政治主张》核心内容是反对帝国主义，肃清封建势力，推翻南京反动政权，以复兴中国革命，建立以农工为重心的平民政权，通过国家资本主义进入社会主义。这个纲领，按邓演达的高度概括，就是"解放中国民族，建立平民政权，实现社会主义"，这是邓演达民主革命思想的集中体现。

当时，邓演达很愿意同中国共产党合作，他于 1930 年回国后曾找共产党谈合作，共同反对蒋介石。他把共产党作为友党、同盟者，以便建立反蒋联合战线，争取革命的胜利。当然，在革命领导权问题上，是"以我为主"的。他不赞成当时的红军游击战争和共产党领导的苏维埃政权。他认为只有新成立的政党——中国国民党临时行动委员会才能承担起领导中国民主革命的责任。

曾是邓演达的至交好友、农工党创始人之一、后任农工党中央主席的季方同志，在《回忆邓演达氏的一生》一文中，说过一段精辟、中肯的话："邓演达氏的许多革命主张和实践，在当时的历史条件下是非常难能可贵的，他对中国革命的性质、任务和前途的分析都是正确的。但是，他对中国革命的领导权问题，没有也不可能得到很好的解决。他是一个伟大的爱国主义者和民主主义者，而不是一个马克思主义者。"

周恩来总理曾这样介绍邓演达："这人的人格很高尚，对蒋介石始终不低头。"

邓演达牺牲后，临委会的同志们化悲痛为力量，高举烈士的火炬，在革命的道路上继续前进。1933 年，临委会主要负责人黄琪翔等联合被蒋介石派往福建与红军作战的第十九路军将领，以及国民党内的反蒋势力发动了震惊中外的"福建

1933年11月20日，"中国全国人民临时代表大会"在福州南校场（今五一广场）召开，临委会领导人黄琪翔（图中标③者）担任会议主席团主席

事变"，于11月在福州成立了"中华共和国人民政府"，提出"打倒日本帝国主义"，"打倒蒋介石和卖国残民的南京政府"等口号。"福建人民政府"成立不到两个月，在蒋介石的优势兵力进攻下宣告失败。"福建事变"失败后，临委会再次受到严重挫折。为保存革命实力，临委会的负责人暂时分散隐蔽到国内外各地，以待时机，继续革命。

"二干会议"，迈出同共产党合作的重要一步

1935年，日本想把华北变成第二个东北，加紧对我国华北的侵略，发动了华北事变。农工党真正同共产党风雨同舟、密切合作的优良传统，就是从这一年开始的。

从邓演达殉难到"福建事变"失败，临委会在反蒋抗日斗争中，一直坚持邓演达的政治主张，在摸索中前进，但屡起屡仆，屡战屡败。而中国共产党人却战胜千难万险，奇迹般地取得了两万五千里长征的胜利。这一鲜明的对比，促使临委会领导人，开始从实际出发，总结失败的教训，反思走过的道路。

这一年又逢中国共产党调整了政策，批判了党内存在的"左"倾关门主义错

误，确立了建立统一战线的战略方针。不久，中国共产党又发表了《为抗日救国告全国同胞书》(即《八一宣言》)，呼吁停止内战，一致抗日。得知这些鼓舞人心的消息后，散居在国内外的临委会领导人皆认为时机已到，便相互通报情况，决定重振组织。黄琪翔特筹措 3000 元汇至香港，作为开展有关工作的经费。临委会骨干成员，迅速聚集在香港，准备召开第二次全国干部会议（简称"二干会议"）。

这里还发生过一件不平凡的小故事。在第二次全国干部会议召开前，临委会曾就党章修改征求过中共意见。当时，临委会领导人彭泽民与中共香港组织负责人廖承志来往密切，两人经常在一起探讨革命形势，交流思想。时任中共太平洋交通网总联络人的蔡福就在廖承志家里结识了彭泽民。一天晚上，蔡福就到彭泽民家中拜访，当他走进客厅时，见客厅坐满了客人，彭泽民正在与客人交谈，像是在开会的样子。蔡福就意欲改天再来拜访，彭泽民立即叫住他："不要走，不要走，坐下来听听，都是自己人。"蔡福就见彭老说得非常恳切，就在客厅的角落坐了下来，倾听客人们的谈话。其实，这是农工党第二次全国干部会议前，在彭泽民家中秘密召开的一次重要会议，主要讨论新的党纲问题。会议快结束时，彭老诚恳地对蔡福就说："蔡先生，大家的意见你都听见了，你是老朋友，请你对我们的修改方案提些意见，帮忙改一改。"蔡福就愣了一下，赶紧推辞。彭泽民诚恳地说："你们成，经验多。"当蔡福就听到"你们"两个字时，心里突然明白了，这不是叫他个人改，而是请中共提意见，是对中国共产党的信任和尊重。于是蔡福就回去后迅速向廖承志作了详细汇报，并将党纲修改稿交给了他。几天后，彭泽民收到了廖承志仔细修改过的党纲。

当时，临委会的领导人一致认为，"从斗争的实际看，共产党是斗争的主力，要革命就必须同红军取得联系，必须同共产党合作"。临委会首先响应中国共产党的《八一宣言》，在"二干会议"上作出多项重要决定：（一）在过去"反蒋抗日"主张的基础上，明确提出"抗日、联共、反蒋"作为农工党的总方针，加强同中国共产党的联合。（二）修改党的名称，"去掉了中国国民党的帽子，以示同蒋介石的国民党决裂"，又要反映以民族解放为己任，同意将"中国国民党临时行动委员会"改为"中华民族解放行动委员会"（简称解委会）。（三）将原《政治主张》中的"建立平民政权"修改为"建立抗日民主政权"。（四）鉴于过去的教训，决定"以马列主义来解释中国革命问题，以马列主义作为党的思想武器"。

会议还选举了中央领导机构，推举黄琪翔为总书记。黄琪翔是农工党建党领导人之一，也是国民党的著名将领。他深受周恩来同志革命思想的影响，在第二次国共合作中，坚持拥护中国共产党提出的团结抗战的主张。抗战胜利后，黄琪翔以现役军人的身份公开声明："从此退役，绝不参加内战。"解放战争胜利前夕，他又被蒋介石派去台湾"养病"。黄琪翔几经辗转，回到香港，后来受到中共邀请参加了新中国的建设工作。黄琪翔的夫人郭秀仪曾经深情地说过："黄琪翔同周恩来等共产党人的真挚、高尚的革命情谊永志不忘。"

"二干会议"上还通过了《临时行动纲领》和《告同志书》。《纲领》中承认苏维埃是中国共产党现有区域的政权形式，提出恢复1925年至1927年大革命时期的联俄政策等。

"二干会议"达成的共识和形成的决议，与"一干会议"的《政治主张》和邓演达思想相比较，都大大前进了，特别是在对中国共产党的认识和态度问题上有了突破性进展。这为农工党后来同中国共产党进一步团结合作，直至接受中国共产党的领导，打下了坚实的思想政治基础。

整顿组织，集结力量，进一步向中国共产党靠拢

1940年前后，对解委会来说，又是一个不平常的时期。这一时期的特点是：敌我斗争复杂而残酷，解委会向共产党进一步靠拢，两党领导人交往频繁，在斗争中互相帮助，互相支持，共同对敌。

1938年春，由CC系、复兴系领头，在国民党统治区发动了一场鼓吹"一个主义，一个领袖，一个党"的宣传活动，宣扬"今天国民党外的一切党派，都没有独立存在的理由"谬论。与这种不利于团结抗战的宣传口径相配合，国民党顽固派在行动上，不仅将斗争的矛头对准了共产党，也把解委会等小党派视为斗争的对象。蒋介石派人找章伯钧谈话，要求取消组织，将成员并入三民主义青年团，遭到拒绝。后来又让陈立夫以"国民政府部长"职位，前后三次妄图收买章伯钧，结果都碰了钉子。最后请青年党的曾琦出面劝章伯钧说："我们党派应该自立，不能老看共产党的态度。"章伯钧回答："你这样说会造成一种印象，就是大家起来对付共产党，这会失去了我们的立场，对国共合作很不利。"在这些斗争中，解委会领导人表现出了与中国共产党合作的坚定态度。

此后，解委会还做了两件重要工作：一是整顿党的组织；二是推动中间力量的大联合。

关于整顿组织。1940 年，为了争取时局的好转，中共中央制定了"发展进步势力，争取中间势力，孤立顽固势力"的策略方针。解委会领导人从参加斗争的经验教训中，深刻认识到这一方针的正确性，认为只有在政治上同中共保持一致，在斗争中同中共密切合作，才能为本党的存在和发展争取空间。但由于国内政治斗争的复杂化，解委会的个别负责人，慑于国民党当局的压力，提出本党应"在国共两党之间采取超然态度，持绝对中立"。此主张一提出，就遭到大多数负责人的反对，认为"政治上没有什么绝对中立，总是要偏向某一方面的。我们是代表农工平民的政党，应当偏向共产党"。为了统一党内思想，健全组织，1940 年秋，解委会开展了整顿组织的活动。规定成员都须重新填写入党申请书，并宣誓："为完成民族解放，实现民主政治，争取社会主义三大目标而奋斗到底。"那些主张绝对中立者不愿填表、宣誓，就离开了组织。与此同时，解委会还吸取了一批进步骨干参加组织。这些新生力量同老一辈负责人精诚团结，使解委会继续坚持与中共合作，将民族民主革命进行到底的政治路线。周恩来在写给中共中央的报告中说，解委会"近因当局之压迫，日渐左倾，现正整顿其组织，与我们建立了密切合作"。

关于推动中间力量的大联合。1941 年"皖南事变"发生后，解委会及其他主张抗日的政党、社会团体、社会贤达，对国民党顽固派破坏国共合作、消除异己的行为极为不满，一致认为"非民主团结，大局无出路，非加强中间派组织，无由争取民主团结"。在中国共产党帮助支持下，经过反复讨论，决定在"统一建国同志会"的基础上组建"中国民主政团同盟"（即现在的"中国民主同盟"）。1941 年 3 月 19 日，中国民主政团同盟成立大会暨第一次中央执行委员会议在重庆秘密召开，解委会、青年党、国社党、职教社、乡村建设协会及社会贤达代表出席。解委会的章伯钧被推选为中央常务委员和组织部长，丘哲为中央执行委员。中共中央对民盟的成立给予热情支持，认为"这是抗战期间我国民主运动中的一个新推动"。民盟的成立是当时政治上的重大事件，它标志着中间党派的进一步联合，有利于民主运动的扩大、共产党信誉的提高和国民党顽固派的孤立，为革命力量增加了可靠的同盟军，开创了中国共产党同民主党派团结合作的新篇章。此后一个相当长的时期，中国共产党同民主党派的团结，就以中国民主政团同盟为中心开展起来了。

民盟成立后，内部多党多派，情况复杂。解委会一直与盟内的进步力量团结在一起，坚持了正确的立场。在反对蒋介石的分裂活动中，在实施宪政的民主运动中，在调处国共两党关系中，在 1946 年政协会议的斗争中，都为民盟同中共密切合作、互相配合，发挥了积极作用。

"接受中国共产党的领导，团结在毛泽东的旗帜下"

1947 年 2 月，解委会更名为中国农工党，章伯钧被推选为主席。同年 10 月，国民党当局宣布民盟为非法组织，农工党的活动被迫转入地下，坚持斗争。

1948 年 4 月 30 日，在蒋介石当选"总统"的"行宪国大"闭幕前一日，中共中央发布了《纪念"五一"劳动节口号》，号召"各民主党派、各人民团体、各社会贤达迅速召开政治协商会议，讨论并实现召集人民代表大会，成立民主联合政府"，当即得到各民主党派的热烈拥护和积极响应。彭泽民代表农工党同其

1948 年 5 月 5 日，彭泽民代表农工党，章伯钧以民盟领导人身份，同各民主党派暨爱国民主人士，联名致电中共中央主席毛泽东，积极响应『五一口号』。图为 6 日《华商报》上刊登的电文

他各民主党派联合致电毛泽东主席，表示中共"五一"号召"密合人民时势之要求，尤符同仁等之本旨，曷胜钦企"，愿为结束国民党派反动之统治，为迅速召开政治协商会议，成立民主联合政府，建言献策。

新中国成立后，在中央人民政府、各大区以及省市行政机构中，都有农工党成员担任实职领导职务。至此，农工党在国家中的地位发生了根本性变化，再也不是一个被压迫、受抑制的地下党派，而是与各民主党派一道，在中国共产党的领导下，担负起建设新中国的历史责任。

1949 年 11 月，农工党在北京召开了第五次全国干部会议。时任政务院总理的周恩来应邀到会讲话。他说："农工党是一个有革命传统的党，大革命失败后，不少人动摇了，一部分人牺牲了。正如毛主席说的，多少同志倒下去了，留下的同志擦干身上的血，继续斗争。农工党也是一样，邓先生倒下去了，几个人撑下来。这就是不惧不屈的革命传统，农工党如果没有这种精神，也许早就不存在了，更不要说参加今天的胜利的革命行列。"周总理的讲话让与会代表们受到一次深刻教育。会议期间，毛泽东主席亲切接见了全体代表。他勉励民主党派要过好战争关、土改关和社会主义关，代表们备受鼓舞。

"五干会议"作出了《政治决议》，明确指出："中国共产党是工人阶级的先锋队，是人民民主革命战线上的坚强领导者。"大会决议的重点是："接受中国共产党的领导，团结在毛泽东的旗帜下"，"必须以马列主义、毛泽东思想和无产阶级国际主义教育全党同志"，"以《共同纲领》为本党行动纲领"。大会号召："今后在中国共产党的领导下，努力于巩固人民民主专政，努力于新民主主义建设，为彻底实现人民政协《共同纲领》而奋斗。"

纵观农工党的历史发展道路，可以清晰地看出：从实际出发，与时俱进，是农工党不断进步的根本指导思想。这是农工党从成立初期的挫折中总结出来的宝贵经验。在对待中国革命的领导权这一首要问题上，农工党也经历了建党初期的不正确认识到正确认识的根本性转变，形成了接受中国共产党的领导，同中国共产党风雨同舟、密切合作的优良传统。

新中国成立以后，农工党同中国共产党一道并肩前进，一道栉风沐雨，一道经受考验，一道发展壮大，为中华民族的伟大复兴作出了积极贡献。

潮起海天阔　扬帆正当时

农工党中央副主席　陈述涛

　　我在黑龙江学习、生活和工作了近 40 年。从 2002 年起，连续三届担任农工党黑龙江省委会主委。黑龙江这块充满红色记忆的土地，承载着民主党派与中国共产党真诚合作、风雨同舟的光荣历史。1948 年 4 月 30 日，中共中央发布了具有历史意义的《纪念"五一"劳动节口号》，得到了各民主党派和无党派民主人士的热烈响应。在中国共产党的邀请和周密安排下，各民主党派负责人和无党派民主人士纷纷北上前往解放区，参加新政协筹备活动。1948 年 10 月至 11 月间，中共东北局负责人同在哈尔滨的民主党派负责人及无党派民主人士，就《关于召开新的政治协商会议诸问题》（草案）举行了三次座谈会。民主党派负责人和无党派民主人士首次明确提出"愿在中国共产党领导下，献其绵薄"的《对时局的意见》，就是在哈尔滨发表的，最早刊登在1949年1月25日的《哈尔滨日报》上。黑龙江和哈尔滨也由此见证了各民主党派和无党派民主人士为推进中国革命胜利、建立新中国所发挥的重大作用和作出的重要贡献。

进入改革开放的新阶段，我国经济社会快速发展，民主政治日趋完善。1989年，中共中央14号文件（《关于坚持和完善中国共产党领导的多党合作和政治协商制度的意见》）明确了民主党派的参政党地位；2005年，中共中央5号文件（《关于进一步加强中国共产党领导的多党合作和政治协商制度建设的意见》）提出"发展是各民主党派参政议政的第一要务"；特别是2015年,《中国共产党统一战线工作条例（试行）》首次以党内法规的形式，明确了民主党派是中国特色社会主义参政党，确立了民主党派的基本职能，这些都为民主党派更好地发挥作用提供了重要保障。各民主党派通过履行参政议政、民主监督、参加中国共产党领导的政治协商职能，积极投身国家现代化建设事业。我们发挥作用的途径有很多，可以通过"直通车"直接提出意见建议，还可以通过提案、专报、社情民意信息、参加政协大会发言、参加有关座谈会等议政建言，渠道畅通。

我国正处于经济社会快速转型的重要阶段，需要推动解决的问题很多。民主党派作为中国共产党的亲密友党和参谋助手，怎样才能更好地发挥参政议政的作用呢？我感觉，把握时机、找准方向、科学选题至关重要。一方面，要坚持围绕中心、服务大局，符合国家重大战略部署；另一方面，要坚持量力而行、尽力而为，做民主党派发挥所长、力所能及的事，这样才容易产生比较好的效果。近十多年来，农工党黑龙江省委会在这样一个思路的指导下，始终坚持以服务黑龙江经济社会发展为己任，立足省情，选好时机、找准角度，重点选择了一些具有宏观性、前瞻性、综合性的问题进行深入调研，为推动黑龙江经济社会发展作出了重要贡献，在参政议政工作中形成了"地方画龙、中央点睛"、上下联动、多方参与的生动局面。令我记忆深刻的有以下三个案例。

2004年，农工党黑龙江省委会开始聚焦资源型城市转型这一课题。随着资源的逐渐减少以至枯竭，黑龙江省资源型城市的发展面临很多困难和问题。中共黑龙江省委、省政府一直在探索资源型城市的经济转型问题。中共十六大也明确作出"支持东北地区等老工业基地加快调整和改造，支持以资源开采为主的城市和地区发展接续产业"的战略决策。为此，省发改委等部门连续多年向国家有关部委争取政策支持黑龙江的资源型城市转型发展，并建立"哈大齐工业走廊"。作为一名民主党派成员，我也一直在思考，如何从实际出发，贡献农工党黑龙江省委会的智慧和力量，助力东北振兴、产业转型。2004年初，正好农工党中央下发通知，征集年度重点考察活动的调研课题。我们经过几番掂酌，最终结合中共中央、农工党中央、中共黑龙江省委关注的热点、难点、焦点问题，选定了"资源型城市现状及经济转型对策研究"这个课题。为积极争取农工党中央的支持，我们专程到北京向蒋正华主席作了详细汇报。最终，该课题被农工党中央确定为年度重点考察调研课题，黑龙江被选为考察省份。不久，蒋正华主席就率领农工党中央考察团就资源型城市现状及转型对策到黑龙江调研，先后到伊春、鹤岗、大庆等资源型城市考察，我全程陪同参加，并要求省委会和有关市级组织协力做好考察调研的保障工作。在从哈尔滨到大庆的途中，蒋正华主席望着一望无际的盐

2004年6月16日，农工党中央主席蒋正华（左五）率领农工党中央考察团在黑龙江省大庆市就"资源型城市现状及转型对策研究"进行考察调研，农工党中央副主席阎洪臣（左四）、陈宗兴（左三）和陈述涛（左二）等人参加调研

碱地说："现在正处在城市化的第四个阶段，就是要发展成为城市的集团。从它的地域、功能以及产业结构上，形成一个三维的城市结构。从城市化发展的规律来说，黑龙江省的哈尔滨和大庆两个城市 GDP 之和占全省的 60% 左右，已经具备相应条件，未来应该以这两个城市为核心，发展成一个城市带。"大调研结束后，农工党中央向中共中央、国务院报送了《关于我国资源型城市转型的对策建议》。2004 年 11 月，蒋正华主席在中共中央召开的党外人士座谈会上，向胡锦涛、温家宝等中共中央领导同志汇报了有关黑龙江资源型城市的调研情况，并提出了促进资源型城市转型发展的意见和建议，受到了高度重视。

通过多渠道推动，最终大庆被批准为国家石油城市经济转型试点，伊春被批准为国家林业城市经济转型试点，"哈大经济带"在国家立项时扩大为"哈大齐工业走廊"。2005 年 10 月，黑龙江省政府发布实施《哈大齐工业走廊建设区规划》。时任省政协副主席、省委统战部部长王涛志同志曾说："哈大齐经济带的设想已经提出 10 年了，大庆、伊春的试点问题也反映多次了。这回，经农工党中央和蒋正华主席的争取，全部落实了。"作为这一设想得以落地的见证人，我既为农工党黑龙江省委会为此付出的不懈努力感到欣慰，也为多党合作制度切实发挥优越性的生动实践而自豪不已。

2008 年，在黑龙江省政协十届一次会议农工组委员分组讨论中，委员们就"协调粮食增产和粮食流通关系"问题展开热议。大家提出，我国原有的农业管理体制和生产模式不符合可持续发展要求，而作为我国最大粮食主产区的黑龙江的农业如不谋求转型发展，则可能影响国家粮食安全。农工党省委会对这一问题高度重视，我们认为，有必要向农工党中央报告。为此，我们提出了"在黑龙江省建设我国粮食生产和储备基地，推进建立国家级现代农业综合试验区，确保国家粮食安全"这个调研课题，建议农工党中央来黑龙江考察调研。经过协调和努力，时任全国政协副主席、农工党中央常务副主席陈宗兴带队到黑龙江省考察。考察结束后，形成了《关于建立黑龙江现代农业综合改革试验区，探索中国特色现代农业发展道路的建议》，《建议》认为：黑龙江省具备发展现代农业的基础条件，应该从国家粮食安全的战略高度出发，实施"千亿斤粮食产能工程"，建设国家级粮食生产和储备基地。《建议》报送中共中央、国务院后，贾庆林、李长春等中央领导同志作了重要批示，有关部门高度重视并积极落实。2013 年 4 月，《黑龙江"两大平原"现代农业综合配套改革试验总体方案》正式获得批准。此后，黑龙江粮食产量大幅增加，2014年粮食产量占全国近九分之一，增量占全国增量的一半。

时间来到2009年，我们着手做推进黑龙江省哈牡绥东对俄贸易加工区建设的课题。当时，哈牡绥东对俄贸易加工区建设是中共黑龙江省委、省政府提出的实施"八大经济区"建设战略之一，是落实中共十七大确定的提升沿边开发开放水平方针的具体举措。黑龙江省委省政府希望发挥沿边区位优势，紧紧抓住东北亚经济一体化战略机遇，但遇到了资源能源合作方面的制约等难题，又逢2008年全球性金融危机，中俄贸易急剧下降，影响了加工区的发展。我们敏锐地感到，这是一个重大课题，可以通过发挥民主党派的议政建言作用，向国家争取有关政策。为了充分了解情况，我们提前组织力量赴牡丹江市就"沿边开放先导区建设情况"进行调研，收集了黑龙江省对俄贸易情况的大量数据资料，并针对问题形成意见、建议，为农工党中央相关大考察做了比较充分的准备。2009年8月，以我们所做的前期工作为基础，时任全国政协副主席、农工党中央常务副主席陈宗兴率调研组赴黑龙江考察调研，形成了《关于立足国家资源战略需求　推进对俄贸易战略升级的建议》，报送中共中央、国务院。时任国务院总理温家宝、全国政协主席贾庆林、国务院副总理王岐山分别作了重要批示，商务部会同外交部、国家发改委等十多个部委对调研报告进行了会商答复。2013年，黑龙江和内蒙古东北部地区沿边开放规划上升为国家战略。同年，《关于黑龙江发展现代农业和对俄贸易区建设等重大问题的建议》荣获"十一五"期间全国各民主党派工商联无党派人士为全面建设小康社会作贡献建言献策优秀成果奖。

这些参政议政的工作案例，在我们酝酿之初，都曾有人认为，一个民主党派的省委会做不成这些事。结果我们办到了，不仅令地方中共党委、政府刮目相看，还极大地鼓舞了农工党成员的士气。这些年来，农工党在黑龙江的影响力不断扩大，组织凝聚力不断增强。记得曾有两位全国人大代表主动找到我们，表示要加入农工党，希望能在组织中发挥作用，贡献力量。他们后来也的确做到了，加入农工党后热情很高，积极奉献智慧和力量。我们平时召开会议、组织活动，党员参与率很高，大家始终保持着昂扬积极的精神面貌。除以上三个案例之外，农工党黑龙江省委会还围绕黑龙江经济社会发展提出了很多建议，得到采纳并有效落实，在中共黑龙江省委、省政府提出的"五大规划"发展战略中，几乎都有农工党的贡献。农工党中央主席陈竺评价道："（黑龙江省委会）这些成绩的取得，已经成为了新时期多党合作、凝心聚力、同心同德、共谋发展的成功典范。"

十多年来的参政议政履职经历,我形成了三点体会:

第一,如果说农工党黑龙江省委会在推动本省经济社会发展方面取得了一点成绩的话,那么首先得感谢我们所处的这个伟大的时代。我们赶上了多党合作事业蓬勃发展的好时代,民主党派履行职能、发挥作用的舞台日益广阔。

第二,民主党派作为参政党,没有所谓的部门利益,因而议政建言是报国为民、一心为公,能从大局出发、从全局考虑,我们提出的意见建议反而能产生意想不到的效果。

第三,民主党派充分发挥作用与加强自身建设是相辅相成、相互促进的。一方面,我们积极履行参政党职能,为当地经济社会发展作出了重要贡献,得到了当地中共党委、政府的高度认可;另一方面,在履职过程中,我们锻炼了队伍、提高了能力、提振了信心、鼓舞了士气,吸引了更多的优秀人才加入到农工党中发挥作用,也为广大知识分子报国为民提供了更广的舞台,形成了良性循环。

我坚信,我国的多党合作事业会越来越好,前景会无限光明。正所谓:潮起海天阔,扬帆正当时。农工党的同志们,让我们把握大好时机,续写辉煌篇章,一起努力吧!

致公党重大历史转折的珍贵记忆

致公党中央原副主席　王宋大

致公党中央原秘书长　邱国义

　　2017 年是致公党"三大"召开 70 周年。时光荏苒，岁月变迁。重温 70 年前那次让致公党浴火重生的历史转折，那些弥足珍贵的历史记忆和可歌可泣的动人事迹依然深深地打动着我们，给予我们"不忘合作初心"的信念与力量。

抉择中找到民主复兴之路

致公党由爱国华侨社团美洲洪门致公总堂发起，于 1925 年 10 月在美国旧金山成立。致公党建党初期，中央总部设在香港。1941 年太平洋战争爆发，香港被日寇占领，致公党总部被迫停止活动，而各国各地区的致公党（堂）组织仍然和所在国及地区的人民一道共同抗击日本侵略者。

抗战胜利后，国民党蒋介石政府违背全国人民的愿望，悍然发动内战，妄图消灭中国共产党和一切民主力量，实行国民党一党独裁专政。中国共产党领导的解放区军民和国民党统治区人民，开展了反卖国、反内战、反独裁的民主运动，中国正面临何处去的抉择。

同时，包括致公党等在内的民主力量，在反法西斯战争胜利后世界民主潮流的推动下，普遍觉悟到必须结束一党专政，还政于民，强烈要求实现国家民主化，要求让人民参政，行使国家主人的权力。他们积极开展各种政治活动，希望通过和平道路实现中国的政治改革，把中国逐步建成为一个民主政治国家。广大人民群众和一切爱国力量，包括海外侨胞，寄希望于中国共产党。毛泽东的《两个中国之命运》和《论联合政府》两部论著，使致公党人对争取国家民主复兴的道路更加明确，他们深深地感到，曙光就在前面。

在中共帮助下恢复致公党组织

抗日战争后期及胜利后，正是由于中国共产党统一战线方针的指引和中共中央南方局、中共华南分局同志的引导、支持和帮助，使致公党人认清了形势，明确了方向，决心恢复致公党组织，加入中国共产党领导的人民民主统一战线。亲身经历了这一过程的致公党老一辈领导人黄鼎臣（致公党第七、八届中央主席）、伍觉天（致公党第七、八、九届中央副主席）都曾写下回忆文章，他们生动的叙述再次将我们带回到那一段振奋人心的历史之中。

1940 年底，黄鼎臣被重庆《新华日报》聘为医药卫生顾问。在渝期间，他曾与司徒美堂、陈其尤等致公党上层人士有过接触，并配合帮助他们了解情况。中共华南分局许涤新同志当时从事联系民主人士的工作，由周恩来同志直接领导。许涤新征求黄鼎臣意见，希望他为联系致公党做些工作。黄鼎臣欣然同意，接受了这个光荣而艰巨的历史使命。

1942 年秋，伍觉天从澳门回到重庆。在一次聚会中，他与许涤新相遇。相谈间，许涤新直言道："国民党阴谋制造'皖南事变'后，蒋介石的反动面目更加明显了，几位从国外不避艰险回国来参加国民党的所谓'参政会'的正直侨领，莫不愤恨万分。他们越来越体会到只有中国共产党才能救中国。因此，重新恢复致公党中央总部活动，对联系海外华侨，参加中国的革命斗争是具有重大意义的。"许涤新还强调："当然，恢复致公党中央组织的工作，不会一点问题也没有，在具体工作中，中共方面将义不容辞地给予帮助。"这次谈话使伍觉天深刻认识到华侨和祖国革命事业息息相关，恢复致公党中央总部工作是祖国革命事业的一部分。多年后伍觉天在《忆与许涤新同志的一次长谈》一文中回忆起这段往事："祖国在召唤，我决定把参加这项工作作为踏上祖国革命斗争道路的坚实一步。"

1945 年年底，陈其尤回到香港，着手恢复致公党的组织活动。1946 年 4 月底黄鼎臣应陈其尤邀请，前往香港参加致公党中央干事会会议。陈其尤将国民党企图拉拢致公党，但遭到了陈其尤、陈演生等人断然拒绝的情况对黄鼎臣坦诚相告，并真诚希望他参与帮助重建致公党。会议上，黄鼎臣深入分析了国共两党关系和抗战胜利后的时局，指出在革命与反革命的搏斗中，中间党派没有中立余地，致公党应该参加中共领导的民主革命。这一主张得到了其他与会成员的赞同。会后，黄鼎臣经陈其尤介绍加入中国致公党，开始正式参与致公党重建工作。

从 1946 年年中到 1947 年 4 月间，陈其尤、陈演生、黄鼎臣、伍觉天等在香港和广州两地为恢复致公党组织进行了大量工作。当时，华南分局的方方、许涤新、连贯、饶章凤等都对致公党的重建工作给予了许多帮助和指导，还介绍了一些民主进步人士加入致公党。

黄鼎臣记录下了这段历史。在《党的爱国统一战线永放光芒》一书中，我们看到这样的描述："正是由于得到中共华南分局连贯、许涤新同志的正确指导，我们积极争取致公党的上层人士，推动致公党召开'三大'，进行改组，发表声明反对美蒋互相勾结发动内战，支持中共的正确主张，接受中国共产党的政治领导，使致公党成为爱国民主统一战线中的一个民主党派。"

为争取国内和平民主而斗争

陈其尤先后得到中共中央南方局、中共华南分局同志的引导，思想上产生了飞跃，积极主张恢复致公党，并且加入到中国共产党领导的人民民主统一战线。他思想上的进步影响并带动了致公党总部其他成员的思想转变。他和陈演生、黄鼎臣、伍觉天等在香港带领在港同志积极进行恢复致公党组织的工作，同时在中共华南分局的指导下，与中共密切合作，旗帜鲜明地开展了一系列争取国内和平民主的斗争。

1946年11月2日，《中国致公党对时局意见》发表，意见提出：应该按照"政协"（即"旧政协"）决议，由改组后的民主联合政府召开国民大会；谴责国民党不顾"政协"决议，单独宣布11月12日召开国民大会，指出此种举措可能引起全国分裂的危险；要求美国政府改变其对华的错误政策，立即撤出驻华美军，停止助长中国内战之一切物资援助，并声明致公党愿与为和平民主建设新中国而奋斗的任何党派携手合作。

1947年2月27日，《中国致公党对时局宣言》发表。宣言要求国民党立即取消"钦定"的伪宪法，立即实施关于保证言论、出版、集会、结社等自由的四项诺言；立即释放除汉奸以外的一切政治犯，由国共双方协商全面停战，实现和平；扩大党派协商会议，遵循"政协"的路线及精神，解决国是争端。宣言还谴责国民党政府未能采取有效的护侨政策，为广大海外华侨的利益奔走呼号。

通过发表一系列声明，致公党严厉谴责美帝国主义援助蒋介石政府发动内战的政策是中国社会不安、民族危机的总根源。这一时期，致公党的组织活动逐渐恢复并且成为民主运动中的一支重要力量，对中国共产党领导的中国革命形成有力支持，同时也扩大了致公党在国内外的影响，从而为召开致公党的第三次代表大会作了政治上、组织上和干部上的准备。

致公党历史的重大转折

1947年4月29日至5月1日，致公党在香港举行了第三次代表大会。大会讨论修改了《中国致公党政纲》和《中国致公党章程》，发表了《中国致公党第三次代表大会宣言》和《中国致公党第三次代表大会告海外侨胞书》。

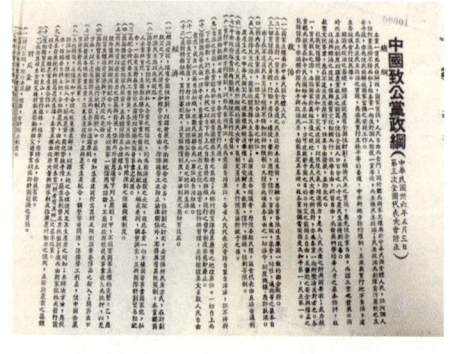

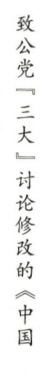

致公党政纲》

致公党「三大」讨论修改的《中国

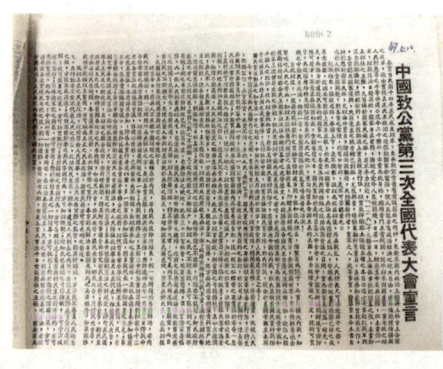

《中国致公党第三次代表大会宣言》

　　政纲的总纲中，针对国内形势提出了政治主张："反对个人独裁一党专政，而主张民主政治""抗战既获胜利，国家必须和平""武力统一，实为战乱之源，是为人民大众之所反对，亦为本党一向所坚决反对""只有在和平民主团结中求统一，方可建设新中国之目的"。大会宣言是对中国共产党的国内、国际重大方针政策的有力呼应，并鲜明地提出了反对帝国主义、封建主义和官僚资本主义，表明致公党在观察和处理中国革命问题上，已上升到新民主主义的高度。这时致公党的性质已发生重大变化，从资产阶级民主主义（即旧民主主义）政党转变为新民主主义政党。这是致公党历史的重大转折。

　　中共中央华南分局的同志对致公党"三大"的召开给予了既严谨又细心的指导和帮助，令黄鼎臣、伍觉天等十分感动。致公党"三大"会议期间，连贯等同志每天下午都和致公党同志见面，了解情况，听取意见，提出建议。他说："致公党是第一个在香港公开活动的民主政党，一举一动都具有一定的影响，因此，一

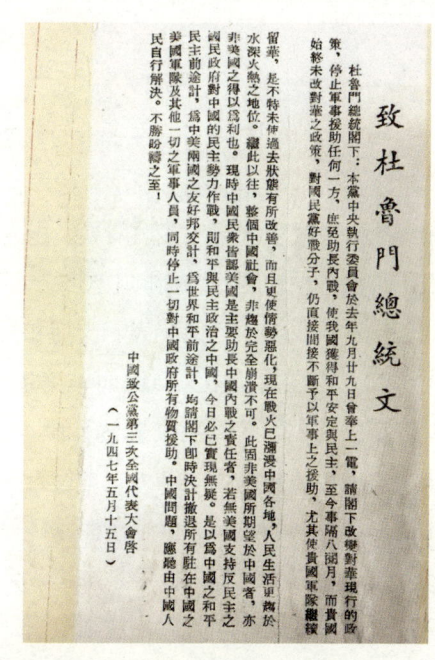

左：致公党第三次全国代表大会文件及"三大"以后发表的重要文件和文章
右：致公党"三大"发表的《致杜鲁门总统文》

切公开的文件都要慎重，不然就会受到损失。"在《中国致公党章程（草稿）》中曾有这样一句话"没收地主土地分给农民"。连贯同志看后，建议改成"耕者有其田"。因为，抗战胜利后，许多华侨用侨汇到国内购买了一些土地，但没有以剥削农民所得作为生活来源，对待这些华侨地主与对待其他地主应该有所区别，具体做法当另作规定。"耕者有其田"的提法既照顾华侨、侨眷的感情，更体现出致公党作为"侨党"的特点，从而避免引起华侨的误会，更有利于团结海外侨胞。

致公党"三大"还发表了《致杜鲁门电文》，抗议美国援助蒋介石进行内战。这是致公党恢复组织活动后第一个对外文件。这其中还有一个小插曲，当时致公党内虽然有英文水平较高的人，但缺乏用英文写此类政治文件的经验。连贯同志介绍了《华商报》的萨空了先生，问题最终得到了解决。此后，致公党起草其他重要的公开发表的文件，也得到了《华商报》的帮助。

没有共产党就没有今天的致公党

1948年10月18日，在香港的致公党领导人陈其尤等为即将启程返美的司徒美堂举行饯别会。已是古稀之年的司徒美堂亲身体会到中国致公党在加入共产党领导的人民民主统一战线后所焕发出的革命活力与斗志，颇为感慨。在其随后发表于香港各报的题为《拥护中国共产党"召开新政治协商会议"的声明》中，司徒美堂对致公党"三大"表示支持和赞扬："陈其尤同志等所继续组织之致公党，民国二十年在港组中央党部时，美堂已亲自出席，加以签字赞同。今能彻底整顿，奋发前进，揭民主政治之大旗，为新政治协商，人民民主联合政府之主张，坚决奋斗，美堂以洪门老人之地位，深表同情，并竭力赞助"，"中国致公党的民主工作，乃洪门兄弟之良好楷模，必须团结并进，以争取中国革命之彻底成功。"实际上，在陈其尤等积极筹划重建致公党的同时，司徒美堂也在为重建致公党而努力，但未能成功。因此，这则声明是司徒美堂在经历实践挫折、重新思考后发出的一番肺腑之言。

早在1945年初，在司徒美堂等洪门致公堂领导人的倡议下，美洲洪门致公堂在纽约市召开"美洲洪门恳亲大会"，美国、加拿大、古巴、墨西哥、巴拿马、巴西、牙买加等国致公党（堂）组织派代表出席会议。会议决定成立"中国洪门致公党"，司徒美堂被选为该党美洲总部主席。美洲各地的致公党（堂）纷纷改名为中国洪门致公党分部或支部。大会通过了党纲和对时局宣言，表示要"以华侨资本和人力参加复兴中国的建设"。洪门人士主持的报纸和其他几家华侨报纸，联合发出《十报宣言》，要求"结束国民党的一党专政，还政于民，召开国民会议，成立民主政府。"这次重建致公党的主张是正确的，但不能算组党成功：一是其政纲内容几乎与致公党"二大"的政纲完全一致，不能适应国内形势的发展；二是局限于美洲范围；三是实质上仍"党堂不分"。

1946年初，司徒美堂率中国洪门致公党代表团回国，一是参加政治协商会议（即"旧政协"，代表团到达国内时，政治协商会议已经结束，故未能开展有关活动）；二是在上海召开"五洲洪门恳亲大会"，进一步组织一个五洲范围的中国洪门致公党，以便代表海外华侨参与国是。代表团回国前，司徒美堂分别致电中共、民盟和国民党蒋介石政府，中共和民盟当即表示欢迎，惟蒋介石不予答复。6月初，司徒美堂赴南京面见蒋介石，提出海外洪门到国内立案组党要求，蒋介石不便当面拒绝，命吴铁城与司徒美堂详细商谈，实际上只是敷衍，并设法加以控制。6月17日，司徒美堂就洪门组党一事对记者发表谈话，提出："方今最要之图，即各党各派，真诚合作，务须停止内战早日求和平实现，为民族福利，俾新中国得早建设。"蒋介石在得悉司徒美堂反对内战的立场后，立即指使吴铁城断然拒绝司徒美堂组建中国洪门致公党的要求。

当时，司徒美堂面对复杂的形势，又缺乏政治经验，对蒋介石还抱有一丝幻想，很快陷入国民党势力的重围之中。在国民党CC系陈立夫、陈果夫的操纵之下，制造了一个"中国洪门民治党"，司徒美堂任中央执行委员会主席，党内事务完全由CC系分子把持。中国洪门民治党成立不久，司徒美堂很快看出CC系分子实际控制了洪门民治党，自己是有职无权。1947年7月，失望的司徒美堂在上海各报发表"脱离民治党声明"。声明大意是：本人对民治党所作所为，不表赞同，自即日起，脱离民治党一切职务。随后转赴香港，重返美国，重新考虑今后的去向。司徒美堂重组五洲统一的华侨政党的活动就此告败，但他在斗争的实践中，吸取了重要的经验教训，认清了形势和国民党的反动本质，思想政治上不断进步，开始了他一生的重大转变。致公党"三大"的召开，也让他深刻感受到致公党与中国共产党之间"荣辱与共、肝胆相照"的深厚情谊。

时光飞逝，如白驹过隙。致公党"三大"距今已走过70个年头，但"三大"精神永远是中国致公党发展史上值得珍视的政治财产和宝贵的精神财富。70年来，致公党与中国共产党携手同心，肝胆相照；与共和国同经风雨，共铸辉煌。70年的风雨沧桑告诉我们，致公党自身的发展并不是一帆风顺的，是在中国共产党的领导和帮助下，才选择了一条符合自身实际的发展道路，成为中国特色社会主义参政党。正如黄鼎臣这位致公党历史重大转折的亲历者、见证者所感悟的："没有中国共产党就没有今天的致公党。"

第一份党派提案诞生前后

　　党派提案是民主党派履行参政党职能的重要方式。在每年的全国政协会议上，各民主党派都以高度的政治热情和历史使命感，围绕国家工作重点和群众普遍关注的热点问题，提出大量有针对性的提案。这些提案可以说在各个不同的时期，为我国的建设和发展发挥了积极作用。那么在这些提案中，第一届全国政协会议上的第一份党派提案是什么内容，又是由哪个民主党派提出的呢？

　　通过翻阅相关历史资料和档案，在《中国致公党简史》一书中，看到相关记载："在这次会议（指1949年9月召开的中国人民政治协商会议第一次全体会

参加中国人民政治协商会议第一届全体会议的代表合影。自左至右：雷荣珂、黄鼎臣、陈其尤、官文森、严希纯（陈演生留守香港）

议）上，致公党以党派名义递交了一份关于维护海外华侨权益的提案，开创了民主党派团体提案的先河。"此外，两位年愈八旬的致公党老领导说，多年前他们在全国政协提案委员会办公室编辑的《政协提案工作资料汇编》中看到了这份提案。怀着对致公党前辈的敬意，进一步查阅了相关的史料，访问了一些致公党老党员和当年亲历者的后代。翻看这些珍贵的历史资料、聆听前辈讲述动人的历史故事，我仿佛推开了沧桑厚重的历史大门，追寻着致公党先贤的脚步，回到了那段激情燃烧的岁月，亲临了新中国成立前夕那次各民主党派与中国共产党共商国是、团结奋进的大会，见证了那辉煌而庄严的历史时刻……

"护侨声明"政协史上的第一份党派提案

1949 年 9 月 21 日下午 7 时，中国人民政治协商会议第一次全体会议在北平

中南海怀仁堂隆重开幕，会场内主席台上金光闪闪的会徽两边，并列着孙中山、毛泽东的巨幅画像。参加这次会议的有党派代表、团体代表、军队代表、区域代表共 45 个单位，其中正式代表 510 人，候补代表 77 人，特邀代表 75 人。这是中国历史上空前团结的人民盛会。

在这次会议上，各民主党派以主人翁姿态共商国是。其中，致公党选派出陈其尤、陈演生、黄鼎臣、官文森、雷荣珂、严希纯参加会议，陈其尤为首席代表。陈演生因留守香港致公党总部，未能出席会议。后来伍觉天接到通知北上参加会议，但他也因香港总部工作繁重，决定留守香港，未能成行。司徒美堂作为华侨界的代表出席了会议。

9 月 24 日，陈其尤代表致公党在全体会议上发言，表示"本党因为历史关系，党员多为华侨，今后，我们愿尽最大的努力推动侨胞各尽所能为新民主主义祖国的建设而共同奋斗"。司徒美堂作为美洲华侨代表在大会上发言，他说，协助政府建设好祖国，是华侨义不容辞的责任，相信"侨胞在新政府切实保障华侨正当权益的号召下，一定会踊跃投资，返到祖国来"。

出席中国人民政治协商会议第一届全体会议的
致公党代表签名簿

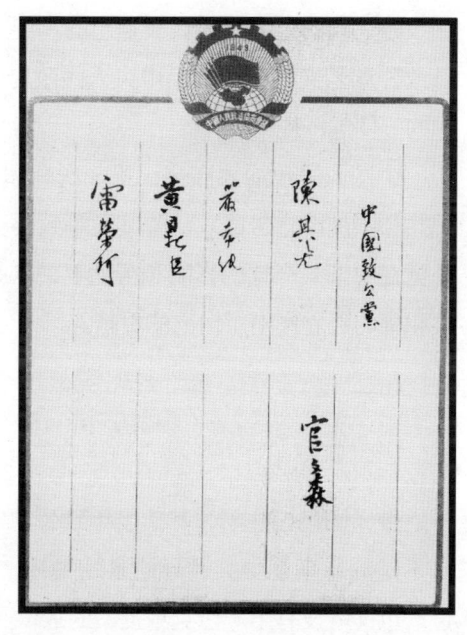

在这次会议上，致公党以党派名义递交了一份《由中央人民政府研究和实行护侨政策案》，提案内容如下："近年来国外各地政府排华，华侨生命财产和自由备受蹂躏，拟请大会提出严正护侨声明，并由中央人民政府研究和实行护侨政策案。"提案文字不长，但这件提案对维护华侨的正当权益，保护华侨的生命财产和人身自由，起到了积极的作用。这是人民政协历史上第一份党派提案，开创了民主党派团体提案的先河，也是反映致公党"侨""海"特色、为侨服务的第一份提案。

这份提案内容全文收录在 1988 年 10 月由中国文史出版社出版的《政协提案工作资料汇编》中。另据 1949 年 9 月 29 日中国人民政治协商会议第一届全体会议通过的主席团常务委员会关于提案的审查报告显示，政协第一届全体会议共收到提案 14 件，除第四案业已解决外，余 13 件分三类。其中致公党提案列第三类第十案。据现居上海的致公党老党员陈昌福回忆，多年前他在上海市政协曾亲眼见到过这些书籍和文件。当时他对这 14 件提案逐一研读，发现这些提案中既有李济深、沈钧儒、黄炎培、马叙伦等民主党派领导人联名提出的提案，也有当时参加政协大会的全体妇女代表提出的"要求以大会名义慰劳人民解放军"提案。而以致公党名义提出的"由中央人民政府研究和实行护侨政策案",则是这其中唯一的一件党派提案。

中国人民政治协商会议第一次全体会议闭幕后,1949 年 10 月 1 日,中华人民共和国庄严宣告成立。陈其尤等致公党的代表在天安门城楼参加开国大典。致公党在中国共产党的影响和帮助下,从此走上了新民主主义的道路,为中华人民共和国的建立作出了自己的贡献。

中共支持　致公党参加新政协

今天回忆起往事,其实当年致公党参加新政协会议的过程并非那么顺利,如果不是周恩来等中共领导的亲切关怀,致公党也许就和第一届政协会议擦肩而过,也许就没有第一份党派提案的故事了。

1949 年 6 月 15 日至 19 日,新政治协商会议筹备会第一次全体会议在北平中南海勤政殿举行。致公党代表陈其尤、黄鼎臣、官文森、雷荣珂、严希纯出席了筹备会。

据陈其尤的长孙陈天明回忆,当时开筹备会时,曾有代表认为,致公党没有资格参加筹备会,让陈其尤以个人名义参加新政协。陈其尤非常生气,表示致公党从洪门致公堂开始,在辛亥革命、抗日战争、解放战争各个时期,都在出钱、出力、出命,从未退缩和犹豫,为什么就没资格参加新中国的建设呢?早在辛亥革命成功前,孙中山策划领导历次武装起义,很多经费都是由海外华侨华人捐助,主要是通过洪门致公堂筹措的。特别是黄花岗起义,许多侨胞在海外变卖了财产,携款回来参加武装起义,这其中就有许多是洪门的兄弟。七七事变后,海外侨胞团结抗战情绪空前高涨,每年通过致公党筹措的抗日捐款就达 2 亿美元,占蒋介石每年抗战军费的一半。致公党正是这样一个代表了广大海外华人华侨利益的政党,是一个热爱祖国、追求民主、追求共和的进步政党!为此,陈其尤表示,我个人离开了致公党,一文不值!

当时新政协筹备工作由周恩来亲自领导,他经常到驻地看望各界民主人士,并召开座谈会,其超凡的工作能力和人格魅力给大家留下了深刻的印象。当年作为致公党代表参加新政协筹备的黄鼎臣曾在他的回忆文章《回首当年话挚友》中写道："在筹备会议开始前，有人不了解致公党的情况，不赞成致公党参加新政协。周恩来认为致公党在抗日战争时期就为动员侨胞支援抗战做过有益的事，解放战争中又发表声明拥护中国共产党的主张，反对美蒋反动统治，参加了人民爱国民主统一战线的行列，是有资格参加人民政协的。周恩来的意见为绝大多数同志所接受。致公党能够走向革命，成为爱国民主统一战线中八个民主党派之一，是与周恩来的支持帮助分不开的。"

后来，周恩来还派人请陈其尤到他那里商谈，把人事安排的情况向陈其尤做了详尽的说明，并耐心听取他的意见。周恩来"待人以宽，与人为善的胸怀"给当时也在座的黄鼎臣留下了深刻的印象。他由衷地赞叹："周恩来同志是中国共产党人的杰出代表，也是爱国民主人士和海外侨胞真挚的朋友。他为建立和发展中华民族的爱国统一战线作出了卓越的贡献。"

其实早在重庆时，周恩来那善于听取各种意见，善于理解各界人士心声，尊重人、体谅人的崇高品质，就令陈其尤深为敬佩。陈天明清楚地记得，陈其尤跟他讲过，过去他去跟蒋介石揭发孔家父子贪污华侨的抗日捐款，发国难财，没想到蒋介石没见到，反而把他关进监狱。但是陈其尤向共产党进言，他们把他当成座上宾。陈其尤经常对家人说，我有什么话，就愿意向总理说，也敢向总理说，因为总理愿意听，能听进去。"有这样能够广纳百川的人在领导共产党，不是恰恰反映出中国共产党的伟大吗？"

为了表达对中国共产党的敬意，表达对新中国的热爱，陈其尤特意给长孙起名"天明"。谈起这段往事，陈其尤的儿媳曹志先娓娓道来，"当时家公（陈其尤）说，老大是和新中国同时诞生的，你十月怀胎这段时间，我到北京参加了筹备政协会议，参与起草共同纲领和两个组织法，选举第一届中央人民政府，制定国旗、国歌、国徽、国都，举行了开国大典，这个时间同样是我们新中国诞生的孕育过程，我们的国家和民族从此告别了旧时代，翻开了新的一页，犹如一轮朝阳开始升起在东方了，我看就叫天明吧！"

为侨服务　致公党永远不变的宗旨

往事如烟，经年一瞬。作为一个诞生于海外、与国内外侨界有着密切联系的参政党，致公党始终关心海外侨胞的生存发展，努力维护海外侨胞和归侨侨眷的正当合法权益。从第一份党派提案开始，致公党就开始了以参政党身份，在致力于为维护侨益鼓与呼的道路上的不断探索与实践。

进入新世纪，面对海内外侨情的发展变化，致公党秉持以侨为本、为侨服务的宗旨，不断与时俱进，努力开拓涉侨工作新局面，在反映归侨侨眷和留学人员的意见和建议、维护他们的合法权益和正当利益方面做了大量工作。特别是在解决华侨农场归（难）侨和侨眷的生活困难问题、促进留学人员创业园的健康发展、解决来华创业的高层次人才长期居留权问题、加强海外侨务工作促进海外侨务资源可持续发展、弘扬中华传统文化增进港澳台同胞和海外侨胞对祖国的认同感等方面，致公党中央开展了一次又一次调研，组织了一场又一场研讨会，提交了一份又一份提案和建议。

"致公党萌芽于华人华侨的爱国情怀，产生于近代广大海外华人华侨的报国革命，发展于在中国共产党领导下自觉投入革命建设发展的兴国实践。致公党有责任、有义务最大限度地把广大归侨、侨眷、留学人员和海外侨胞团结起来，最大限度地把他们的积极性调动起来，最大限度地把他们促进改革开放和现代化建设的独特优势发挥出来。"致公党中央主席万钢时常用这样的话语表达致公党的责任与担当，激发全体党员履职实践、"侨海报国"的热情与自信。

回顾致公党中央近年的提案工作，坚持发挥侨海特色、倾力实现"侨海报国"无疑是一个最大的亮点。全国政协十一届一次会议上，万钢主席代表致公党中央作了题为《吸引海外人才回国创业　共建人力资源强国》的大会发言，表示要"用事业吸引人才、用亲情凝聚人才、用政策发展人才，吸引更多的海外高层次人才回国创业和为国服务，为建设人力资源强国做出更大贡献"。每年的全国"两会"上，致公党中央提交的内容涉及"侨""海"的提案都会占有相当的比例：关于《进一步推动海外高层次人才引进工作》《完善自主创新法治环境支持留学回国人员创新创业》《把华侨农林场贫困归侨侨眷列入精准扶贫工作对象》《做好新归侨服务工作》《建立台胞台属遗嘱库》等涉侨提案，凝聚着致公党为侨服务的智慧和心血，饱含着致公党爱侨护侨的真诚与热情，彰显着致公党"侨海报国"的责任与实践！

与侨界的天然联系，是致公党特有的优势；为侨服务，是致公党永远不变的宗旨。2012年12月，习近平总书记在走访致公党中央机关时，殷切希望致公党在新时期注重发挥自身优势，切实做好"侨""海"这篇大文章。在继承中发展，在发展中创新，在创新中前进，站在新的历史起点上，致公党将不忘合作初心，继续发扬"致力为公"的优良传统，勇担"侨海报国"的时代使命，以凝聚侨心、发挥侨力、反映侨声、维护侨益为己任，与侨界携手，共同为实现中华民族伟大复兴的中国梦而努力奋斗！

司徒美堂先生

致公党创始人之一司徒美堂的爱国人生

　　在致公党中央机关院内，摆放着唯一的一座雕像，便是致公党的创始人之一司徒美堂。从反清复明到支持辛亥革命，从参与创建致公党到拥护中国共产党的领导，司徒美堂终其一生追求光明、进步，赢得"爱国旗帜、华侨楷模"之美誉。司徒美堂不仅是孙中山毕生倚重的爱国侨领，更是深受海内外人士敬仰的辛亥功臣。

一拳打出"安良堂"

1868 年 4 月，司徒美堂出生于广东开平。1880 年 3 月，年仅 12 岁的司徒美堂，从母亲手中接过告贷来的 50 块龙洋，从广东开平步行至香港，搭乘大火轮"加力"号，漂洋过海来到美国。经乡人介绍，司徒美堂在唐人街一家餐馆做杂工。当时，美国人经常欺负华侨，吃"霸王餐"不说还找茬儿讹钱。一日，几个美国地痞又来滋事，从小学过武术，一身好武艺的司徒美堂义愤填膺，以一对十，还一拳将一个美国人当场打死。第二天，司徒美堂便被警察带走，法官宣判司徒美堂死刑，这个消息震惊了整个美国。司徒美堂教训了美国人，这让总受欺负的华侨们大快人心，无不拍手叫好。为了保全司徒美堂性命，洪门致公堂发动华侨华工募捐凑钱为司徒美堂请了一个律师，他就是当时刚刚法律系毕业，后来成为美国总统的富兰克林·罗斯福。罗斯福据理辩护，广大侨团也与美国人斗智斗勇，最终司徒美堂在被囚禁 10 个月后得以获释。从此，司徒美堂以"侠名"蜚声旅美侨界，和罗斯福也结下了不解之缘。1885 年，17 岁的司徒美堂拜堂盟誓，加入了宗旨为"反清复明"的洪门致公堂。26 岁时，司徒美堂在波士顿成立"安良堂"，自任总理，打出"锄强扶弱，除暴安良"的旗号，很快就成为洪门致公堂旗下的重要团体，遍布全美 31 个城市。司徒美堂本人也被尊为"大佬"。"忠诚救国，义气团结，侠义锄奸"的信条在司徒美堂身上得到充分体现。他说："我是一个地地道道的中国人，因此只知爱中国。"

19 世纪 80 年代后，美国曾多次颁布"排华法"，广大华侨社团纷纷向美国政府写信极力要求废除，但均杳无音讯。对于"排华法"，司徒美堂感同身受，应广大华侨的要求，司徒美堂亲自给罗斯福总统写信，要求美国予以废除。1940 年 10 月，罗斯福总统咨文国会请废"排华法"，但未果。1943 年，司徒美堂再次给罗斯福总统写信要求废除。罗斯福在当年 10 月 11 日向国会提请的"许可中国人移居我国，并允许这里的中国居民成为美国公民"法案终于在美国国会获得通过，实行了五十余年的不平等"排华法"得以废除。

一直支持国内革命

海外洪门素有爱国爱乡的民族情结，对国内的变革十分关注。1903 年冬天，赴美洲宣传革命思想的孙中山在檀香山加入致公堂，被封为"洪棍"（主管纪律的高级职务）。美国旧金山华侨中，虽有 90% 的人参加洪门致公堂，但各分堂主张不一。为积累群众基础，凝聚革命力量，孙中山建议举行洪门总注册并重订致公堂新章程。1904 年 5 月，受致公堂的委托，孙中山在檀香山为美洲致公堂起草了《重订致公堂新章要义》和新章程 80 条，把"驱除鞑虏、恢复中华、创立民国、平均地权"作为致公堂的纲领。新纲领的提出迈出了致公堂自我改造的关键性一步，逐渐走上了救国救民的正确道路。

"1904 年（光绪三十年）我在波士顿致公堂会见孙中山先生。他使我在政治上顿开茅塞，初步懂得要在中国进行'民有、民治、民享'的革命道理。"1904 年 10 月，致公堂领袖司徒美堂在波士顿热情接待"革命大哥"孙中山，并以贵宾之礼将孙中山接到波士顿自己家中居住，一方面表达敬仰之情，另一方面也是为孙中山的个人安全考虑（孙中山当时是清廷"钦犯"）。

为进一步支持孙中山领导的国内革命斗争，司徒美堂力促致公堂联合同盟会成立"洪门筹饷局"，开展大规模的筹款活动，在短短三个月内就筹得美金 14.4 万元。自武昌首义到南京临时政府时期，仅旧金山洪门筹饷局一处就提供了 20 余万美金的资金。1911 年春，广州起义失败后，为支持国内革命，在司徒美堂的倡议下，海外洪门毅然将加拿大三地的致公堂大楼典押筹款。据 1954 年 5 月发表在香港《大公报》上的司徒美堂口述记录："国内的同志曾向孙先生致电急需 15 万美金。孙先生手足无措、寝食难安。当时我想五块十块的叫洪门兄弟捐，必索革命同志于枯鱼之肆，缓不济急，于是就提议将在加拿大的多伦多、温哥华、维多利亚三地的四座致公堂大楼典押出去。大家一致赞成，立即把款项筹足了……华侨是渴望祖国富强独立的，也实在帮助了辛亥革命，所以，后来孙先生说：'华侨是革命之母'，这是句真话。"

辛亥革命领导人之一谭人凤在《社团改进会意见书》中写道："革命（辛亥革命）之成，实种于二百年前之洪门会党。""在运动之初，惟洪门兄弟能守秘密。发动之后，亦惟洪门兄弟能听指挥。""人无论远近，事无论险夷，人人奋勇，个个当先，卒有武昌起义，各省响应，不数月而共和告成，军队之功，实亦洪门兄弟之功。"孙中山就任南京临时政府总统后，司徒美堂以美洲致公堂总理的身份，发动各地致公堂与孙中山通电 300 多封表示拥护。孙中山还致电司徒美堂，力邀其回国出任总统府临印官，司徒美堂婉辞且在回电中直抒胸臆："吾乃不求做官，只图革命成功，建立民国，中华振兴。"

民国初建，国内政治风起云涌，各派政治势力纷纷成立政党。不少洪门致公堂的有识之士也在积极进行组党的努力。

1920年，司徒美堂便提出建立华侨政党的主张。1921年他从美国到香港联络当地洪门进行组党活动，虽然没有成功，但回美后仍继续酝酿组党。对政党的名称，当时有两种意见：一种认为称"民治党"为宜，意即要求"民主政治"；另一种认为称"致公党"更符合洪门会党"致和欲事，公义同谋"的初衷和传统。司徒美堂当时竭力主张后一种意见。1925年10月10日，五洲洪门第四次恳亲大会在旧金山举行并通过改堂为党的决议，组织华侨政党——中国致公党并推举陈炯明、唐继尧为正、副总理。这次会议后来被追认为中国致公党第一次代表大会。致公党"一大"的召开，标志着华侨政治力量的新崛起。中国致公党正式成立后，司徒美堂被推举主持致公党美洲总支部的工作。

一心主张坚决"抗日"

"九一八"事变后，司徒美堂要求洪门兄弟"为民族独立，为国家争生存，输财出力，精诚团结，一德一心，共赴国难"。"一·二八"上海淞沪抗战打响，司徒美堂立即通电全美致公堂成员以实际行动支持抗战，并将捐款直接汇给蔡廷锴本人。"七七事变"爆发，司徒美堂立即发起成立"纽约华侨抗日救国筹饷总会"。19名执委中虽然他年龄最大，但仍积极奔走于美洲国家，宣传抗日救国。在美洲致公党爱国精神的感召下，檀香山、菲律宾、马来西亚的洪门分会纷纷提出"团结合作，贡献抗战"。1942年，为使侨资直接迅速用于抗战，司徒美堂在重庆创立华侨兴业银行，自任董事长，开办侨汇业务，为抗战吸纳了大量资金，为抗战取得胜利起到了重要作用。司徒美堂本人也成为捐献最多的17名华侨之一。《新华日报》对此有切实的评价："旅美侨胞，洪门兄弟，在司徒美堂先生等侨领领导之下，数十年来，对民族解放事业素具热忱帮助，抗战以来呼吁团结，输财输力更不遗余力，老成谋国、劳绩昭著，吾人实深敬佩。"

1941年，司徒美堂被国民政府遴选为参政会的华侨参政员。虽然年过七旬，但司徒美堂仍坚持回国，准备途经香港赴重庆参加国民参政会议。因太平洋战争爆发，日寇侵占香港，驻港日军和汉奸将司徒美堂劫持到日军司令部。日军驻港司令官矢崎趁机拉拢司徒美堂负责组织香港帮会，出任香港地方维持会会长。遭到司徒美堂严词拒绝后，日寇准备暗中除掉司徒美堂。紧要关头，周恩来联络宋庆龄、廖承志及洪门人士展开了营救，最后使其顺利到达重庆。得知因日军占领，南洋130多万华侨难民归国后缺衣少食，只能靠政府救助后，司徒美堂提出了"以侨救侨"的系列建议，呈报国民政府农林部。在国民参政会上，他针对战时侨汇中断、侨眷生活困难的问题作了提案。他还亲往广东韶关了解救侨工作，与广东省主席李汉魂商议救侨办法，并到加拿大募集难民生产自救的资金。当时的《华商报》对司徒美堂给予高度评价：司徒美堂是"九一八"事变以来"主张抗日最坚决的一人"，全力以赴"提高侨胞的民族意识，督促并协助政府抗战""其目光的远大与爱国的忠诚，可以概见"。当年，司徒美堂被推举为联合国成立大会中国代表团的华侨顾问。

　　1947年5月1日，致公党"三大"在香港举行，并宣布加入中国共产党领导的人民民主统一战线，开创了致公党参加新民主主义革命的新纪元。1948年4月30日，中共中央发布纪念"五一"劳动节口号。各民主党派、无党派民主人士纷纷公开发表声明自觉地接受中国共产党的领导。避居香港期间，由于司徒美堂身份特殊，成为国民党特务的重点监视对象，"五一口号"发布两个多月后内容才传达给司徒美堂。返美前夕，中共华南分局连贯同志为之设宴饯行，司徒美堂即席亲书"上毛主席致敬书"，表示衷心接受中国共产党领导，并郑重表示："新政协何时开幕，接到电召，当即回国参加。"返美后，司徒美堂在香港报纸刊登《拥护中国共产党召开新政治协商会议的声明》："今中共及民主党派所号召以四大家族除外之新政治协商会议，进行组织人民民主联合政府之主张，余认为乃解决国内政治问题唯一良好之方法，表示热诚拥护，并愿以八十有二之老年，为中国解放而努力。"因交通受阻，投递费时，司徒美堂向"毛主席致敬书"的信直到1949年1月20日才由毛主席作复，"中国人民解放斗争日益接近全国胜利，召开新的政治协商会议，建立民主联合政府，团结全国人民及海外侨胞的力量，完全实现中国人民的独立解放事业，实为当务之急"，并热诚邀请司徒美堂"摒挡公务早日回国，莅临解放区参加会议"。

一扫"弱国"之闷气

1949 年 9 月，80 多岁高龄的司徒美堂冲破孔祥熙等人的阻挠，不顾诽谤，毅然以美洲华侨代表的身份顺利抵达北平出席中国人民政治协商会议第一次全体会议，成为与会者中年龄最大的代表。司徒美堂当选为全国政协第一届委员会委员，并出任第一届中央人民政府委员兼华侨委员会委员。

新政协筹备会上，一些代表考虑到以往的传统，提出应在"中华人民共和国"全称后面加注"简称中华民国"的字样。司徒美堂站起来发言说："我是参加辛亥革命的人，我尊重孙中山先生，但对于中华民国这四个字则绝无好感。理由是中华民国与'民'无涉，最近 22 年来更给蒋介石 CC 派弄得天怒人怨，真是痛心疾首。我们试问，共产党领导的这次革命是不是跟辛亥革命不同？如果大家都认为不同，那么我们的国号应该叫中华人民共和国，抛掉又臭又坏的中华民国的烂招牌。仍然叫中华民国，何以昭告天下百姓？我们好像偷偷摸摸似的，革命胜利了，连国号也不敢改。我坚决反对什么简称，我坚决主张光明正大地用中华人民共和国！"

新中国成立前夕，毛泽东住在北平西郊的香山双清别墅，在这里同许多党外人士共商建国大业。由于双清别墅地势较高，许多客人都乘吉普车上山。考虑到司徒美堂已年过八旬，身躯病弱，不能乘车上坡，毛泽东急中生智提议，用担架抬老人上山。工作人员便在一把藤躺椅两边绑上两根木棍，做成一副简易的"轿子"。当司徒美堂被抬到会客厅门口时，早已站在门前等候的毛泽东，立即走下台阶迎上前去，双手搀扶老人"下轿"。此事一时传为美谈。因为行走困难，周恩来还特别吩咐大会秘书处准备了一把大藤椅，把司徒美堂抬进了会场。老人高兴地说："这是特赐金銮殿乘舆啊！"

开国大典那一天，他和张澜、何香凝等辛亥革命时期的老前辈都是坐着"轿子"上天安门城楼的。司徒美堂晚年撰文说："我还能看见中华民族有昂首挺胸的这一天，使人吐了一口憋在心里几十年的'弱国之民'的闷气。"

司徒美堂满怀着自己毕生爱国、报国之心，并带着美洲华侨对祖国的一片赤子之情，作为中国人民政治协商会议第一届全体会议年龄最大的代表出席会议时发言说："用最热烈的心情，向大会致贺。"毛泽东热情评价司徒美堂的爱国行为："你过去对中国人民革命事业出过力，对人民作出过贡献，现在人民胜利了，我

1949 年 9 月 30 日，司徒美堂（前排左二）当选为第一届中央人民政府委员会委员，兼任中央华侨事务委员会委员

们绝不会忘记自己的朋友。"

　　开国大典后，司徒美堂萌发了"功成身退"思想，经周恩来总理极力挽留，才被说服留下。他从北京饭店搬到了北池子 83 号的一个四合院去，在那里一直工作生活了 6 年之久。

　　1955 年 5 月 8 日，司徒美堂因脑溢血在北京与世长辞，享年 89 岁。10 日，司徒美堂公祭大会在北京隆重举行。周恩来等国家领导人及首都各界人士七百多人出席。灵前摆着毛泽东、朱德、刘少奇、周恩来送的花圈。周恩来亲自主持公祭大会，司徒美堂遗体安葬在八宝山革命公墓。如此隆重的公祭仪式，新中国成立后罕见。廖承志代表中央政府致悼词，高度评价"司徒美堂一生所走的道路反映国外爱国侨胞自鸦片战争以来所走过的道路……司徒美堂先生所走的数十年如一日的爱国的道路，也是一千二百多万国外侨胞所走的历史道路"。这是对于这位"洪门元老，一生爱国"的华侨老人的最高褒扬。

致公党中央原主席　董寅初

"初"心不忘得始终　致力为公赤子情

　　董寅初，1915 年 9 月 20 日生于安徽合肥三河城的一个书香门第，5 岁时随父离乡去上海求学。1928 年秋，董寅初离开家乡，到苏州东吴大学附中读初中，与将介石的二公子·将纬国同班。他的哥哥董叔照读高中，兄弟俩都热爱体育运动，是学校著名的体育明星——田径 100 米、400 米冠军，兄弟俩都曾参加全国比赛。

学生领袖　抗日救国

上世纪 30 年代，风雨飘摇，民族危亡。在国家多难之秋，董寅初心系国家安危，投身抗日救国的洪流。

1931 年"九一八"事变爆发后，年仅 16 岁的董寅初积极投入抗日救国的行列。他和同学们一起拦火车从苏州奔赴南京，参加总统府前的抗日请愿，要求国民党政府抵御日寇。他们一到南京就被军警扣押，被关押 2 天后押回苏州。回到苏州后，董寅初和同学们并没有停止抗日行动，他们继续罢课，被校方开除。

这件事，在少年董寅初的心中烙下了深刻的伤痕，他立下誓言：做一名真正的中国人，为驱除日寇、振兴中国贡献自己的一份力量。爱国主义情怀成为贯穿他一生的光辉品格。无论是祖国山河破碎之际，还是国家百废待兴之时，董寅初同志始终以"天下兴亡、匹夫有责"的自觉担当，为救国兴国而奔走，呕心沥血、义无反顾。

1934 年夏，董寅初考入上海交通大学实业管理系学习。1935 年，"一·二九"学生运动时，董寅初联合进步学生发起成立了交大救国会，并被推选为救国会执行主席，成为学生领袖，全权处理"关于爱国运动对内对外一切事件"，他以"最大决心，在读书不忘救国的口号下，从事爱国运动"。

交大救国会成立后的第一件事情，便是联合上海的各大学向国民党上海市长吴铁城请愿抗日，声援北平的学生运动。作为声援团的负责人，董寅初举着校旗走在队伍的最前面。声援团从徐家汇步行到江湾，声势浩大。为了这次声援活动，董寅初作了精心策划。为避开军警的拦截，他们午夜行动，于清晨到达江湾国民党市政府，迫使吴铁城接见学生代表。董寅初作为交大学生代表与吴铁城面谈。经过大家努力抗争，吴铁城最终允诺将学生的抗日救国意向转达南京政府，此次爱国抗日游行示威运动取得了成功。

这次游行既防止了流血冲突，又达到了声援的目的，展现了董寅初的组织才能，他因而在学生中树立了威信。在抗日的风暴和政治斗争中，董寅初逐渐成熟起来。

笔伐南洋　报业救国

1937 年，抗日战争全面爆发，董寅初在上海继续未完成的学业。因喜爱写作，曾担任校刊的记者兼编辑。1938年，董寅初毕业后在上海《大美晚报》任翻译，后到香港邮政汇金局任职，并兼任香港《申报》的翻译和编辑，从事新闻报业工作。此时，他兄妹6人中，大哥早夭；二哥董晓存在老家主持家务，遭土匪洗劫，一病而亡；三哥董叔照在九江溺水而亡；妹妹随母亲逃难到四川江津，天各一方，音讯全无。青年董寅初把国难当头、家破人亡的痛苦，转化为极大的抗日热情。

董寅初利用自己媒体人的身份，以报纸为阵地，宣传抗日救国，口诛笔伐，揭露日军暴行，唤起民众抗日的斗志，并向海外侨胞报道国内抗战情况，争取援助。特别是在编国际新闻时，董寅初还同香港当局斗智斗勇，巧妙地躲过了一次次严格的审查。香港当局在检查新闻时有严格规定，不能用带有"敌""寇"等字样的文章。他大胆地与当局玩起了捉迷藏，或者用"日×"替代，或者以"××"蒙混，巧妙地躲过了一次次严格审查（英国当时宣称"中立"）。他撰写、编发大量抗日文章，产生很大影响，达到了宣传抗日的目的，受到南洋爱国华侨领袖陈嘉庚先生的赞誉。

1939年8月，董寅初从香港只身来到巴达维亚（今雅加达），应聘至印度尼西亚《天声日报》工作。随后创办《朝报》，自任经理兼总编辑。不久，他又联合陈嘉庚创办《南洋商报》等报刊，在华侨中开展抗日救国宣传，成为东南亚闻名的爱国报人。在此期间，他也收获了爱情，和湖南湘潭著名人士杨度的女儿结为夫妻。

1941年12月8日，太平洋战争爆发。翌年3月1日，日军在爪哇岛登陆，董寅初于3月3日离开巴达维亚，躲到茂场乡下。日军占据巴达维亚后开始大肆搜捕抗日人士。他的报馆有7名员工遭到逮捕。为躲避逮捕，董寅初一路向东逃亡，在芝巴德附近与避难的张国基、李春鸣等抗日人士相遇，他们一起以保护侨民安全的名义，组织武装守夜队，准备配合盟军反攻登陆。不久，他们与中国政府派驻爪哇的秘密情报小组取得联系，董寅初利用记者身份帮助他们搜集日军情报，为盟军取得太平洋战争胜利作出贡献。

1942年10月的一个夜晚，两名年轻人在运送无线电发报机途中，被日军发觉，日军随即在爪哇进行大搜捕。董寅初又逃往泗水乡间隐藏，但不幸于12月23日被日军宪兵逮捕。在审讯中，面对凶残的敌人，他保持了崇高的民族气节，始终没有透露半点抗日组织的信息，坚持说组织守夜队是为了保护华侨安全。

"尽管受到拷打审问，但我作为一名真正的中国人，并没有屈服，相反更坚定了我抗日的决心。"董寅初回忆说。最后，日军给他定了3项罪名：办报发表抗日言论、逃避逮捕、组织抗日武装，判他7年牢狱。在狱中，董寅初仍用各种方式宣传抗日。同囚室的一位荷兰人难友很钦佩他，为他画了一张素描像赠给他。这幅画，董寅初一直珍藏在家中。

1945年8月中旬，日本宣布投降，但爪哇日军封锁消息。通过秘密渠道获知消息后，董寅初与原巴达维亚市市长（荷兰人）以及印尼人校罗玛一起代表难友与日军谈判，据理力争，日方不得不答应将关押的抗日人士分批放出。8月底，坐了日军3年半黑牢的董寅初出狱，受到当地华侨热烈欢迎。出狱后，他成为南洋华侨中闻名的抗日英雄和华侨领袖，被推选为中华侨团总会总干事兼华侨治安总会主任。

四海归心　实业报国

印尼"糖王"、建源公司老板黄仲涌之子黄宗诒是和董寅初一起坐牢的难友，出狱后便慕名邀请董寅初加盟建源公司，董寅初由此投身实业界。

在海外生活多年、有众多海外关系的董寅初，从未忘记自己的报国理想。美国政府曾希望他加入美国籍，他一口回绝，郑重地讲："我是中国人，对我来说这是最重要的事。"1947年，他抱着实业救国的梦想，回到阔别10年的上海，担任建源公司上海分公司经理。

建源公司，由福建人黄季信创办，时为印尼最大企业，在广东、上海也办有糖厂、橡胶厂、酒精厂。在抗日战争中，工厂受到严重破坏，机器设备被日军拆卸运回日本。董寅初到任后，便着手恢复建源公司的产业，发展民族工业，在浦东陆家嘴建成亚洲最大酒精厂。

然而，当时国民党政府又发动内战，市场物价飞涨，工厂恢复缓慢，经营十分困难，董寅初"振兴实业"的梦想无法实现。1949年，当上海解放的炮声响起的时候，很多人劝他出国。但董寅初毅然决定留下来，保护他辛苦恢复的工厂，不让国民党特务破坏。

上海解放不久，在人民政府的支持下，董寅初用了一年时间，重建了已停业18个月的亚洲最大的酒精厂"建源公司"，将酒精厂改为上海溶剂厂，恢复生产。

该厂为国家提供了急需的第一批高级化学溶剂。他利用在世界各地的分公司组织货源之机，冲破反华势力的封锁线，把大量日用品化整为零运进上海，解决了上海市场的燃眉之急，对巩固新生人民政权作出了重要贡献。

新中国成立后，董寅初耳闻目睹在中国共产党领导下，人民群众精神面貌焕然一新，社会各界鼓足干劲医治战争创伤，使国家社会生活的各个方面很快就呈现出欣欣向荣的新气象。1956 年，董寅初率先响应党和政府号召，上海溶剂厂和他创办的另两家企业第一批进入公私合营行列，他先后任合营总公司副经理，华建公司董事长、总经理等，为上海经济发展作出重要贡献。董寅初还多次慷慨捐出巨资，支持社会公益事业和社会主义建设，一片丹心赤忱可见。

在中国共产党身上，董寅初找到了实现救国强国的力量。董寅初曾讲，他对中国共产党最直接的认识，是从上海解放时，亲眼目睹解放军战士露宿马路边开始的。1956 年，董寅初第一次见到毛泽东同志，聆听其殷殷教诲，他认为这是自己一生中最幸福的时刻。

董寅初始终坚信："没有共产党就没有新中国，这是集中国现代史以来的历史事实而得出的千真万确的结论。与日月同辉，使四海归心，中国共产党无愧为我国社会主义事业的领导核心。"

爱侨爱党　参政兴国

1956 年，董寅初被选为新成立的上海市侨联副主席，后任主席，从此献身侨务工作。他捐出自己的全部积蓄 40 多万元，创建华侨大厦，使之成为联系海外华侨和归侨侨眷中心。华侨大厦几经改建，至今已成为几十层高的摩天大楼，巍然矗立在延安中路 129 号。踏上高高的台阶，进入大厅，迎面金光闪闪的"华侨之家"四个大字，便是董寅初先生亲笔题写的。中共十一届三中全会后，他以更大的热情向海外朋友宣传国内的政治、经济形势，宣传党和政府的方针、政策，号召"三胞"回祖国投资，主动做好外引内联工作。

1980 年，董寅初加入致公党，并受致公党中央领导的委托，开始着手在上海筹建地方组织的工作。他先后担任致公党上海市支部委员会主任委员、第一届致公党上海市委员会主任委员，为致公党上海地方组织的建设做了大量的基础性工作。

致公党在上海建立组织时间不久，尽管急需发展党员、扩大组织，但董寅初提出，一定要以对致公党事业负责的态度，严格根据有关章程规定，把紧发展质量关，确保党员具有较高素质，不能为单纯完成指标发展党员。当时发展党员的审批工作都是在主委会议上进行的。董老对这项工作十分重视，要求组织部门的同志一定要对申请对象的情况反复了解、充分核实，不仅要去他们所在的单位或者街道，还要去各级侨联，多方听取意见，只有条件成熟，才能发展进党。他把多党合作的理念贯穿在实际行动中。在党员发展过程中，他叮嘱组织部门一定要把工作做细，争取被发展对象所在单位的中共党组织的支持。遇到有发展对象同时被其他兄弟民主党派相中的情况，他也不会去"抢人"，而是充分尊重发展对象自己的意见。他真心诚意地指出："发展致公党员是为了更好地与中共和其他兄弟民主党派合作，为实现共同理想而奋斗。"

黄鼎臣（右一）和董寅初在致公党八届三中全会小组讨论会上参加讨论

1988年12月，在中国致公党九届一中全会上，董寅初（中）当选为中央委员会主席

在董寅初的领导下，致公党组织在上海从无到有，逐渐成长壮大起来。董寅初也被上海的致公党员们亲切地称为组织"当之无愧的缔造者"。1983年，董寅初任上海市政协副主席，并担任致公党中央副主席。1988年12月和1992年12月，董寅初当选为第九、十届致公党中央主席。1993年3月当选为中国人民政治协商会议全国委员会副主席。

从北京德胜门桥北望中国致公党中央机关办公楼，最耀眼的是顶层四个大字——"致力为公"。这四个字已经成为致公党的宗旨。最先叫响"致力为公"的，便是董寅初先生。在担任致公党中央主席期间，他带领致公党各级组织和广大党员积极参政议政，为国是建言、为发展献策，并且一直在思考致公党是什么样的政党？致公党的宗旨是什么？经过深思熟虑，他理直气壮地提出："致公、致公，致力为公"，"致公党就是'致力为公'"。从此，"致力为公"成为一个顺应时代潮流的响亮称谓，得到了广大致公党党员的认同和拥护，成为致公党凝聚全党力量、开拓奋进的响亮号角。

1990 年，董寅初（右三）率中国致公党代表团出访菲律宾

　　在任致公党中央主席期间，董寅初坚持以"侨"搭桥，10 年间协助引进港币 7.8 亿元、美元 14.1 亿元，为国家经济建设和扩大对外交流作出了积极的贡献。特别是上海浦东的开发，更倾注了他的大量心血。他和交大老同学、著名美籍华人、建筑学家林同琰一起，提出开发浦东、修建浦东大桥等重要建议，并多次陪同邓小平、江泽民、吴邦国等党和国家领导人及各界专家学者考察浦东。他的很多重要意见，受到党和国家领导人以及专家们的肯定。他还关心海外华人华侨的发展、变迁，并与港澳台同胞广泛联系，与台湾的高层人士接触，发展两岸关系，促进祖国统一。他还撰写大量文章，其中《关于美国华侨华人演变和现状的探讨》《关于加强海外华侨工作的探讨》等，从纵横两个方面对侨务工作加以研究、探索，为政府招商引资、制定政策，提出了建设性的意见，充分显示了他为国家富强、民族振兴、人民幸福不懈奋斗的理想追求和崇高风范。2000 年，在纪念中国致公党成立 75 周年之际，华文出版社把他的文章结集为《董寅初文集》出版。

　　董寅初经常说，"致公党是侨党，'侨'既是我们的历史传统，也是我们的特色"。他利用自己在侨界的声望和致公党的特色优势，积极开展海外联谊工作，协助政府贯彻落实侨务政策。他时刻关注海外侨情的新变化，深入了解华侨华人的生活和工作状况，为国家有关部门进一步完善侨务政策提供了重要参考。

　　1989 年底，董寅初代表致公党出席了美国洪门致公总堂新春团拜会，发表了热情洋溢的讲话；1990 年 6 月，他带领中国致公党代表团出访菲律宾，参加菲律宾洪门进步党成立 80 周年纪念大会，在海外引起了积极反响。1993 年，致公党邀请澳大利亚洪门民治党、大溪地致公总堂和中华会馆访华，1994 年又邀请秘鲁洪门民治党总支部、澳大利亚悉尼致公总堂访华。特别是 1995 年 10 月，致公党成立 70 周年之际，邀请了美国、加拿大、英国、澳大利亚、牙买加、墨西哥和菲律宾等 7 个国家 15 个华侨华人社团来京参加纪念活动。在董寅初的领导下，致公党的海外联谊遍及南北美洲、欧洲、澳洲和东南亚各国。

董寅初手绩

在中国共产党的领导下，我国经济社会发展欣欣向荣，董寅初深信：这是人民的党，是带领中国走向文明、进步、繁荣的党。无论在任何时候，他始终坚定地跟着共产党走社会主义道路。即使"文革"期间历经磨难，也不改初心。有人为他的遭遇打抱不平，他回答："当时我回到内地是为了参加国家社会主义建设，不后悔！"有人劝他躲一躲，他断然拒绝。跟着共产党、坚持走社会主义道路，是董寅初坚定不移的政治选择。

董寅初总结自己一辈子，最愿意做的就是一门心思想国家大事，最愿意看到的是国家发展。他的一首诗，最能表达他对中国共产党的坚信和深情：

肝胆相照暖胸怀，

荣辱与共春又来。

白发童颜竞献策，

振兴中华喜颜开。

高山流水　炽情永载

——回忆许德珩与中国共产党创始人的交往与革命情谊

在追求国家独立、民族解放和社会主义建设道路上，九三学社创始人许德珩与中国共产党创始人陈独秀、李大钊、毛泽东、周恩来等建立了深厚的友谊。他们风雨同舟、和衷共济、亲密交往的历史，就是各民主党派与中国共产党团结合作历史的缩影。我们回忆许德珩先生的几段往事，以旌先贤，以勉后人。

受李大钊启蒙　成长为五四先锋

1915 年初，许德珩考入北京大学后，结识了李大钊、毛泽东等人。经李大钊介绍，许德珩参加了少年中国学会，并和邓中夏等人组织北京大学平民教育讲演团，向人民群众进行宣传，以扩大新文化运动和爱国民主运动的影响。1918 年，许德珩与北京大学进步同学发起组织学生救国会，并南下各大城市，与各地的学生运动代表人物张太雷、恽代英、张闻天、沈泽民等建立了联系，还到孙中山住所求见并受到鼓励。

李大钊身着洗得褪了色的布料长袍，诚朴谦和、热情地回答大家提问的形象，永远铭刻在许德珩的心里。那时，许德珩阅读了李大钊发表的很多文章，直到晚年，他仍能背诵《青春》一文中的很多警句，如"冲决历史之桎梏，荡涤历史之积秽，新造民族之生命，挽回民族之青春"。许德珩说，每次背诵，都为大钊同志气势磅礴、一往无前的革命气概所鼓舞。

《国民》杂志社、《新潮》杂志社和《国故》月刊社是当时北京大学的三个主要社团，各自团结着一部分思想接近的同学。国民社以宣传爱国、反帝、反封建、反军阀为主要目的，李大钊是国民社的导师。李大钊不仅在思想方面引导青年走正确的道路，还以反对日本侵略中国这一国耻，把不同思想倾向的社团团结起来，凝聚成为一股强大的反帝、反封建爱国力量，这可以说是五四运动的组织基础、思想源泉。

李大钊还发起成立少年中国学会，以"本科学的精神，为社会活动，以创造少年中国"为宗旨，以"奋斗、实践、坚忍、俭朴"为信条。许德珩与毛泽东、张闻天、恽代英等都是该会的会员，他们在李大钊的指导下，把"创造少年中国""再造神州"作为理想。许德珩的爱国思想、民主意识就是在这一氛围中孕育产生的。

因为受到李大钊等人进步思想的影响，所以许德珩在国家面临紧要关头，能够冲锋陷阵、誓死赴国难。

1919 年五四运动中，许德珩是著名的学生领袖之一。他受北京学生联合会的委托，起草了《北京学生界宣言》。"火烧赵家楼"事件后，许德珩是被捕的 32人之一。6 月 5 日，上海实现了工人罢工、学生罢课、商人罢市。当天下午，上海各界召开联席会议，成立了商、学、工各界联合会。许德珩作为北京学生代表应邀出席此会，并介绍了北京学生斗争的经验和决心。这场艰苦卓绝的群众运动以学生运动为先导，而后全国工、商、农各界团结起来赢得了最终胜利。许德珩是学生运动主要领导者之一，斗争在最前沿。

1919 年 10 月，国民社举行集会欢送许德珩等赴法勤工俭学，陈独秀与李大钊莅临并发表讲话。陈独秀在讲话中对于五四运动给予了高度评价。李大钊鼓励大家说："鄙意以为此番运动仅认为爱国运动，尚非恰当，实人类解放运动之一部分也。诸君本次进行，将来对于世界造福不浅。"

1927 年初，许德珩结束了七年留法勤工俭学之旅，回到祖国。不久后，传来了李大钊在北京被军阀杀害的噩耗，许德珩悲痛万分。他出席武汉各界群众追悼李大钊同志大会并在会上致悼词。

许德珩回忆说，李大钊是北京大学，也是中国第一位接受和传播马克思主义者。十月革命后，李大钊成为了我国思想界的领袖，团结在李大钊周围的青年，是具有初步共产主义思想的知识分子，我荣幸就是其中一位。

惺惺相惜　心系延安

许德珩的夫人劳君展，同毛泽东有着深厚的友谊。劳君展早年在湖南周南女校读书时，即参加了毛泽东、蔡和森于 1918 年 4 月在长沙组织的"新民学会"，积极参加驱逐湖南军阀张敬尧运动和五四运动。五四运动后，赴法国勤工俭学。行前，毛泽东曾在上海半淞园为她送行。1921 年中国共产党成立后，毛泽东还写信给在法国的"新民学会"会员劳君展等通报情况。在法国留学期间，许德珩、劳君展因共同的革命理想结为夫妇，因为各自与毛泽东的共事经历，他们和毛泽东的感情更加亲切紧密了。虽然相隔遥远，但是为民请命的爱国初心，让他们相互惦念，惺惺相惜！

1936 年秋末冬初，许德珩、劳君展夫妇都在北平教书。一天，徐冰、张晓梅夫妇来探望许德珩，说到红军长征初到延安，由于国民党军队的封锁，物资供应困难，日用品和食品都很缺乏，没有布鞋穿，大家都穿草鞋，也没有怀表，而战争很是需要。许德珩和劳君展听到这些情况，当即决定买些日用品和食品送给毛泽东。徐冰说，现在有一辆卡车要去陕北，要买东西最好赶快去办。于是劳君展和张晓梅立即到东安市场买了一些火腿和布鞋，还有怀表，由张晓梅带到延安。

毛泽东 1936 年 11 月 2 日为此事写信说："各位教授先生们：收到惠赠各物（火腿、时表等），衷心感谢，不胜荣幸！我们与你们之间，精神上完全是一致的……"（1983 年，中共中央文献研究室在整理编辑《毛泽东书信选集》时，发现了此信。）

抗战胜利后，国家的前途道路面临抉择。1945 年 8 月 28 日，毛泽东和周恩来、王若飞等在张治中将军陪同下，从延安飞抵重庆与国民党进行和平谈判。住在重庆枣子岚"雅园"的许德珩、劳君展夫妇既兴奋又担心的心情难以平静，百感交集，夜不成寐。因为国民党当局在美帝国主义的支持下，一方面玩弄和谈阴谋，欺骗人民；一方面极力抢夺抗战胜利果实，准备发动大规模的内战。毛泽东在重庆的安危为亿万人民所关注，何况许德珩劳君展夫妇呢！许德珩有感于此，作诗曰：

> 群魔乱舞闹中华，
> 五子登科哪管它。
> 极目中原无净土，
> 延安可望在天涯。

许德珩夫妇与毛泽东已阔别 20 余年。他们通过邢西萍（徐冰）求见毛泽东。不久，即得到通知，毛泽东约请他们去红岩嘴八路军办事处吃午饭。

　　9 月的一天，许德珩和劳君展来到红岩嘴。毛泽东一见面就急步向前，一手拉着许德珩，一手拉着劳君展说："真想不到，我们在这里见面了！"畅叙阔别之情，回忆在北大讨论国家前途，回忆在湖南创办进步期刊。毛泽东关切地询问他们在法国和归国后的工作生活情况，二十余年的惺惺相惜，许德珩和劳君展沉浸在幸福喜悦当中。

　　谈话间，劳君展提到给毛泽东送怀表、布鞋和火腿的事，毛泽东表示感谢。许德珩说，战时的重庆，物价飞涨，文教人员的生活极其困苦。感谢毛主席委托蔡畅从延安给他带来了一卷延安自产的手工制呢，这一卷呢子衣料，做了全家人的冬衣，解决了大问题。毛泽东动情地笑着说："一切都会好的，将来会好的。"

　　毛泽东询问许德珩在重庆的工作生活情况。许德珩谈了抗日战争期间，他根据周恩来的建议，回原籍江西任江西抗敌后援会主任委员，动员抗战。担任国民参政会参政员后，于 1938 年来到重庆，利用国民参政会这一合法的讲坛，公开反对国民党的倒行逆施和独裁统治等情况。特别谈到他在国民参政会活动中，与中共代表周恩来、董必武、吴玉章、林伯渠、邓颖超过往密切，配合默契，每次国民参政会开会，总是搭乘中共代表的车了往返。毛泽东听了很欣慰，他爽朗地笑着说："我也是个合法的参政员哩！"从"国民参政会"又谈到武装斗争的问题，许德珩、劳群展对毛泽东卓绝的军事战略才华、革命豪情和领导风范深表钦佩！为共产党领导人民军队一步步走向胜利的革命形势深感振奋鼓舞！

　　谈到在重庆发起"民主科学座谈会"的情况。毛泽东听了汇报很高兴，很支持。他勉励许德珩，要把座谈会搞大，搞成一个永久性的政治组织。许德珩担心人数太少。毛泽东说："人数不少，即使少也不要紧，你们都是些科学文教界有影响的代表人物，经常在报上发表意见和看法，不是也起到很大的宣传作用吗？"许德珩在回忆录中记述："在毛主席的关怀鼓励下，我们决心把民主科学座谈会改组成一个永久性的组织，就是后来的九三学社。"

　　毛泽东和许德珩夫妇共进午餐，席间还有周恩来、华岗、熊子容等，气氛十分亲切融洽。这是革命胜利前的一次难忘的团聚！

　　由于重庆政治环境险恶，许德珩夫妇深为毛泽东的安全担心，临别前，劳君展频频相劝：此地不可久留，宜早作归计。

　　10 月 11 日，在张治中等人的陪同下，毛泽东平安返回延安，许德珩夫妇如释重负，得以安心。

1965 年 4 月，许德珩终于来到向往已久的延安。在杨家岭毛主席当年居住过的窑洞里，许德珩久久注视着案头那盏普通的煤油灯，他感慨地说："这盏灯曾伴着毛主席熬过不眠的夜晚，很多著名文章就是在这盏灯下酝酿出来的，很多胜仗就是在这盏灯下运筹帷幄的。这盏普通的油灯，一经毛主席使用就产生了巨大的效用，为中国革命作出了不平凡的贡献！"许德珩目不转睛地注视着油灯，久久不愿离开，其实在那艰苦的岁月里，他的内心也有一盏明灯，那就是与延安与毛泽东与共产党人肝胆相照、惺惺相惜！

江水泱泱　人民总理永难忘

许德珩与周恩来相识于五四运动时期。那时，许德珩与周恩来分别是北京和天津的学生运动活跃分子。后来，在留法勤工俭学期间，许德珩与周恩来、徐特立等共同发起成立了旅法各团体联合会，讨论时局和国家的前途，成为知己。

在抗日战争的艰苦岁月里，许德珩作为国民参政会参政员在陪都重庆与八路军办事处的周恩来、林伯渠、董必武、吴玉章和邓颖超等同志保持着密切的联系。他与中共参政员一起利用参政会的讲台宣传抗日、反对独裁、反对内战。在发起民主科学座谈会后，周恩来对此很重视，为了扩大组织成员领域，让座谈会视野更开阔，周恩来介绍安排部分自然科学座谈会的成员加入民主科学座谈会，如梁希、金善宝、茅以升等人，都是知名的科学家，这为以后九三学社的成立和发展奠定了组织基础，决定了九三学社将发展成为以科学技术界优秀人士为主体的民主党派。

1949 年 3 月，周恩来与中共中央的其他领导人来到北平。许德珩与各界人士一道前往西郊机场迎接。见面后，周恩来握着许德珩的手说："楚生兄，辛苦了。一别两年多，你做的事情我们都知道。"这番真诚肯定的话，令许德珩十分感动并永远难忘，周恩来在日理万机的解放战争期间，还知道许德珩所做的工作。

"文化大革命"开始后，红卫兵到许德珩家里抄家。劳君展无奈，给总理办公室打电话报告此事。周恩来告诉说，转告红卫兵的头头，谁来抄许部长的家，就把谁抓起来。许德珩家因此幸免于难。

1975 年 1 月，第四届全国人民代表大会在北京召开，许德珩与周恩来同为天津市代表。在天津代表团的小组会上周恩来问许德珩说："楚生兄，你从法国回来后在哪里工作呀？"许德珩回答说："我在黄埔军校当政治教官，那时你已离开了，是熊雄负责。"总理说："噢，你还在黄埔工作过，那要记你一笔。"许德珩看到总理清瘦的面容，联想到很多人私下关心总理患癌症的情况，动情地说："总理，你要保重身体呀。"总理回答说："我剩的时间不多了。"此刻，许德珩及周围的人都为之哽咽。此后不到一年，周恩来就去世了，许德珩听到噩耗，极度悲伤，整日流泪不止，遗憾这次周恩来关切他在黄浦军校授课经历的谈话，竟是两位肝胆相照 50 余年君子之交的永诀。

许德珩说，周恩来是民主党派成员最真诚的朋友、最杰出的模范。1981 年 1 月 8 日，许德珩在《人民日报》发表一首词——《意难忘》，为纪念周恩来同志逝世五周年并《周恩来选集》上卷出版献词：

百世流芳。恨别离五载，仪容永在，铭志众心房。情比泰山高，似海深，意难忘。人民好总理，永相望，云天远隔，江水泱泱。

欣逢选集出版，遗教万年长。勋劳业绩，字字好文章。处事亦寻常。无昼夜，尽繁忙。足迹海内外，备艰难，星月皎洁，北斗辉光。

和衷共济存肝胆　万里江山阅鬓华

1949 年 9 月，许德珩作为九三学社的代表出席了中国人民政治协商会议第一届全体会议，并当选为第一届全国政协委员。10 月 1 日，他在天安门城楼上参加了中华人民共和国的开国大典。

新中国成立以后，许德珩满怀豪情地参加中央人民政府工作。他曾先后担任政务院法制委员会副主任委员、水产部部长，第四届、五届、六届全国人大常委会副委员长，第四届、五届全国政协副主席。在长期的革命和国家建设过程中，许德珩同中国共产党的老一辈无产阶级革命家李大钊、毛泽东、周恩来等，建立了深厚的革命友谊，获得了党的高度信任。

和衷共济存肝胆，万里江山阅鬓华。青山有证，史册永载。许德珩把自己的一生奉献给了中国共产党的统一战线事业与中国革命和建设事业，在他 70 多年的奋斗历程中，始终与中国共产党惺惺相惜、肝胆相照、同舟共济、荣辱与共、

1956 年 5 月，在第一届全国人大常委会第四十次会议上，毛泽东主席任命许德珩（右二）为水产部部长

矢志不渝！许德珩的爱国情操、对共产党的忠诚，也得到中国共产党的信任和肯定。作为九三学社主要创始人和领导人的许德珩的一生，是共产党与民主党派亲密合作的缩影。许德珩，永远是九三学社的一面旗帜，九三人的楷模！

2016 年 1 月 20 日，方正大厦王选纪念陈列室「创新历程厅」揭幕仪式

知识分子的楷模　多党合作的典范

1937 年 2 月 5 日，上海衡山路 964 弄王家又添了一个男孩。这已经是家中的第五个孩子了，顺着兄长们的名字，父母也给他起了个带"走之旁"的名字：王选。

那时的中国，内忧外患，多灾多难，战火连绵不绝，倍受列强压迫，民族独立、国家富强成为每个华夏儿女梦寐以求的憧憬与渴望。当时，没有人能预料到一个崭新的共和国即将诞生，也没有人能预想到，这个名叫王选的男孩，将伴随着共和国的成长，艰苦卓绝，勇于创新，引领汉字印刷技术的第二次革命，并成长为我国民主党派和多党合作的一面旗帜。

自主创新　当代毕昇

王选出生在一个普通的知识分子家庭。他的父亲毕业于南洋大学（现上海交通大学），是一个正直、严谨的知识分子，有着爱国知识分子的铮铮铁骨。他的母亲出身于书香门第，是一个喜爱读书、追求进步的知识女性。王选兄姊五人，他排行第五。父母对大家既要求严格，又爱护有加，兄弟姐妹之间关心体贴，和谐亲密。在家庭环境的熏陶下，王选从小就养成了宽厚、真诚的性格，从小就把"国家"放在心中最重要的地方。

1954年，王选考上北京大学数学力学系。到了二年级下学期，开始分专业。当时数学力学系有数学、力学和计算数学三个专业。数学专业是一门古老而又成熟的学科，大多数成绩好的同学选择了数学专业。而计算数学专业则是北大刚成立的新兴学科，没有一套像样的教材，应用性强，乍一看不见得有多高深的学问，却包含大量非创造性的技术工作，许多人不愿问津。在抉择的当口，王选看到了1956年1月制定的国家《十二年科学发展远景规划》，周恩来总理讲了几个未来重点发展学科，其中就有计算技术。他深受鼓舞，下定决心选择了计算数学专业。王选的抉择并不是偶然的。一直以来，他喜欢阅读历史，发现一个人必须把自己的事业和前途同国家的前途命运紧密联系在一起，才可能创造出更加巨大的价值，才能更好地回报社会；选择计算数学专业，就是自觉回应祖国的召唤，主动满足社会的需求。

1975年春天，王选还只是北京大学一位38岁的助教，却已经经受了8年疾病的折磨。从这一年起，他着手研究汉字精密照排系统。王选大胆提出跳过正在攻关的第二代、第三代照排机，直接研制当时尚无商品的第四代激光照排系统。为了掌握国外照排领域的研究现状和发展动态，王选常常挤公交车到科技情报所查阅外文资料，当时车费是二角五分，为了省五分钱他就提前一站下车，走过去；他当时没有课题经费，每月工资只有40多元，还是多年的老病号，常常靠手抄资料来节省复印费。从1975年至1993年，在这18年里，王选没有节假日，没有礼拜天，没有元旦，也没有大年初一，基本上每天工作16个小时以上，终于带领团队成功研究了第四代激光照排系统。日后回顾，王选将这段岁月称为"逆潮流而上""九死一生"，不由感慨："献身科学就没有权利像普通人那样生活，失掉了常人所拥有的乐趣，但也得到了常人所享受不到的乐趣。这个乐趣就是工作过程本身。科学研究本身就是一种美，给人带来的愉快就是最大的报酬，是一种高级享受。"

汉字激光照排技术研究成功，使王选获得了很多荣誉。面对荣誉，王选经常反问自己："我们到底对国家是有功还是有过？我们得了这么多奖，如果将来市场都被外国产品占领了，那么功劳在哪儿呢？国家的投资到哪儿去了呢？"当时，外国公司正在大举抢占中国出版印刷市场。面对外国公司的挑战，王选决定正面交锋，在市场里一决高下。他作出了又一个抉择，那就是：创办高校新技术企业，走产学研相结合的道路，实现"顶天立地"模式。"顶天"就是不断追求技术上的新突破，追求一流原始创新的科研成果；"立地"就是科研成果商品化，并大量推广、应用。凭借卓越的性能和实惠的价格，到了20世纪90年代，国产激光照排系统占领了国内出版印刷行业99%的市场份额，占领了海外华文出版业90%的市场份额，并成功打入日本、韩国和欧美市场。正是王选和他的团队一连串的创新，促进了汉字激光照排产业的形成，实现了中国出版印刷行业"告别铅与火，迈入光与电"的技术革命，推动了我国报业和出版业的跨越式发展，大大提高了中国汉字、中华文化的传播速度，使占世界五分之一人口的中国人使用的文字进入了信息化的新时代，创造了巨大的经济效益和社会效益，被誉为"汉字印刷技术的第二次革命"。

老骥伏枥　甘为人梯

王选带领团队将中国出版印刷行业从"铅与火"的时代带入了"光与电"的世纪，但他并不满足，而是思索着新的转型与更大的突破。1993年春节期间，王选仍像往年一样闭门搞设计，年后与学生讨论问题时，没想到花了两个星期做的设计，被学生一句话给否定了。王选深受震撼，洞察到在计算机等新兴技术领域，年轻人有明显的优势。

这一年，王选56岁。他反躬自省，发觉自己两次创造高峰期都是出现在年轻时期，一次是26岁时钻研计算机软件和硬件，一次是38岁时从事激光照排项目，而当年轻的自己处于创造高峰时，却没有得到承认，是个不受重视的小人物；现在创造力减弱了，却忽然成了权威。"这是个很大的误会，"王选内心起伏着，自己如今是一匹"伏枥的老骥"，"老骥伏枥，志在千里；烈士暮年，壮心不已"，依然有很强的事业心，总想在晚年继续作出重要贡献，这种心态是好的，是可以理解的，但应该把这种雄心更多地落实到扶植新一代的年轻学术带头人上去；今后，要"俯首甘为孺子牛"，要用"扶植新秀，甘做人梯"的精神，来实现自己"志在千里"的雄心壮志。

这一年，王选决定退出科研第一线，他把"老骥伏枥，甘为人梯"作为自己的座右铭，决心全力扶持年轻人，为他们创造良好的氛围，使他们产生更多的新思想、新方案、新成果。为了培养更多的年轻骨干，王选对自己提出了新的要求，他经常强调：今后衡量我贡献大小的一个重要标志，就是发现培养了多少青年才俊，能不能做到爱才如命、人尽其才、才尽其用。

从那以后，方正研究院每招收一届员工，王选就让人事部门整理一本花名册，平时只要一有时间，他就到各部门去和大家聊天。他随手带着一个笔记本，上面密密麻麻记满了了解到的情况和问题。他的抽屉里有一本花名册，每个员工都附有照片，王选还把了解到的他们的在校成绩、得奖情况、个性特长、不足，甚至家庭背景写在旁边，如"某某很聪明、能力强、爱玩"，"某某住附近外婆家"，"某某40人中排前10名，直、倔、冲"等等。一些刚来单位的年轻人，因为岗位不合适来找他，他会立即找相关部门解决问题。遇到重要骨干要走，他还会亲自出面挽留。

王选注重"不拘一格降人才"，一旦发现谁有某一方面的突出素质，便牢记在心，想方设法创造条件，让他们的才能充分发挥出来。汤帜，研究生考试时有一门成绩不及格，但数学和计算机成绩非常优秀，王选发现他这个情况便破格录取了他。在接触中，王选又发现这个学生非常着迷于技术，一个问题想不出来，会一想再想，直到找到答案为止；还有，他编的软件，测试反映错误很少。王选便让他继续当自己的博士生。后来，汤帜成为日文出版系统和e-Book方向的技术带头人。

王选常常感叹，中国的知识分子"价廉物美"，但如果长期"价廉"，可能会不再"物美"，要在待遇上充分体现人才的价值，特别是要努力解决青年骨干的后顾之忧。王选深知，事业心强的优秀年轻人才在有了很好的住房和工作、生活条件后，便不大会无限制地追求物质待遇，而会投身于他们看得更重的事业上去。为此，他从技术转让费中拿出200多万元，集资购买了50多套住房分配给骨干，其中有的刚来单位不足两年，有的还没有成家。有一次，单位的一位技术骨干在回家结婚前向他提起，如果能把在外地工作的爱人调到北京来工作就好了。他立即按照当时北京市的政策，找到了要进人的单位。就在这对新人在家乡举办婚礼期间，意外收到了他的来信，说单位已帮助联系好了，一开学就可以来北京上班。还有一次，他从侧面了解到，他的一位博士研究生的爱人单位离家非常远，每天上下班需要3个多小时，便与学校多次沟通，将这位博士生的爱人调到了北大。而这一切他从来没有向他的博士生提起过，直到几年后，这位博士的爱人和同事聊天时才意外得知事情的原委。

在王选的支持和培养下，这批二三十岁的年轻人没有辜负王选的期望，他们在各自的领域取得了骄人的成绩，迅速成长为独当一面的科研带头人，带领着团队不断创新拼搏，勇攀科技高峰，开拓出了网络出版、数码印刷等新的领域，努力实现王选念念不忘的"超越王选，走向世界"的心愿。

王选是中国知识分子的楷模。他身上既铭刻着传统知识分子深刻的民族忧患意识和高度的社会责任感，又洋溢着新一代知识分子以创新求发展的时代精神与历史使命感；他既像一位慈祥和蔼的父亲，把每一个学生、每一位员工，当成自己的孩子，倾心呵护，精心培育，不求回报；又像一位亲密体贴的朋友，坦诚信

王选（左一）在指导青年科技工作者进行新技术开发

任，平等探讨，虚心接受质疑，时刻关心他人的冷暖。

桃李不言，下自成蹊。2006年2月13日，当王选逝世的消息传播开来时，悼念文章如雪片般纷至沓来，从党和国家领导人到普通百姓，从科技泰斗到莘莘学子，悼念热潮在中华大地涌动。短短的一两天时间，王选办公室接到了数百封唁函唁电，有国际友人，有国家领导人，有科学家、企业家，还有社会团体、机关企事业单位，有的没有署名，只是写着"学生"两个字。

鞠躬尽瘁　精诚合作

作为一名与共和国共同成长的知识分子，千秋家国梦，一直深深植根于王选心中。他从青年时期起，就胸怀"科技报国"的志向，立志成为一名为祖国、为人民奋斗终身的科学工作者，始终把自己的事业同国家的前途和命运紧密联系在一起。正因为心底奔涌着的爱国济民的初心，"苟利国家生死以，岂因祸福避趋之"，王选后来才水到渠成地成长为我国民主党派和多党合作的一面旗帜。

王选与九三学社有着很深的渊源。早在北大读书期间，王选就知道九三学社有许多值得学习和敬仰的知名科学家，如茅以升、严济慈、周培源、吴阶平、黄昆等人。加入九三学社后，王选在这个大家庭里获得了一种很深的归属感和认同感。当时九三学社中央有几位与王选年龄相仿、经历相近的副主席，王选发现，自己在"文革"中受到了批判，被列入另册，但"与九三中央洪绂曾、金开诚、谢丽娟、安振东、黄其兴等五位副主席所经历的磨难相比，是微不足道的，而这五位副主席在人生最艰难的时刻，仍抱着拳拳爱国之心，尽最大努力为国家作贡献。"这种经历与情怀深深打动了有着同样理想的王选，他想起了季羡林先生的一句话，"爱国没商量"。王选认为，在九三学社的光荣传统中，"爱国"和"民主与科学"同样重要，值得珍惜、呵护。

但最初，王选并没有拿定主意加入九三学社。1994年至1995年，时任九三学社中央主席的吴阶平及有关方面负责同志在看望王选的时候，做了争取他加入九三学社的工作。起初，王选有些顾虑，认为自己只是一名普通的科技工作者，毕生应献给所珍爱的科学事业。但是，当他认识到，这是他所挚爱的中国共产党领导和推进中国特色社会主义事业的需要，是统一战线和多党合作事业的需要，便很快就同意了，并由此开始了为多党合作事业殚精竭虑的新征程。

　　1995 年，王选当选为九三学社中央副主席。自 1997 年起，兼任九三学社科技委员会主任。王选充分利用自己多年从事科研与产业的心得和思考，先后撰写《自主技术产品出口的若干思考》《试谈科研成功的因素》《自主创新要有超过外国人的决心和信心》等文章，提出许多好的意见建议，对我国建设创新型国家具有重要意义。他还组织人才，主持完成了《加强创新人才建设　迎接知识经济挑战》《建立智力产权制度　推动高科技产业蓬勃发展》《关于在高科技企业中实行智力产权制度的建议》《关于加强科技立法工作的建议》等广受好评的提案。此外，他还通过参加高层协商会、直通车、政协提案等多种方式，积极为国家发展、民族振兴和科技事业建言献策。

　　王选在九三学社深受社员爱戴和拥护，本有可能担任更重要的职务。但是他后来罹患重病，就与吴老等极力推荐韩启德担任九三学社中央主席。刚开始时，韩启德心里没底，王选得知后多次勉励他说："你一定能做好。"有的会议王选没有参加，但他会将韩启德主席的讲话稿拿去看，很认真地阅读，加以鼓励、肯定。2003 年 3 月，王选担任了全国政协副主席，韩启德担任了全国人大常委会副委员长。有一天，两人在政协大会九三学社界别驻地开常委会。会前王选把韩启德拉到一旁，推心置腹地说："有一件事情我要跟你沟通一下，现在我们都担任了国家领导人的职务，据我所知，我们出去的时候，都要布置警力，包括交通，以后我们要遵守时间，如果我们晚一点，就会给人家整个系统造成很多麻烦，所以我们说好的时间就一定不要轻易改变。"细微处见精神，这些看似琐碎的小事，王选都考虑得非常周到，时时刻刻，他不是考虑自己，而是考虑别人，考虑九三学社的政党形象。

　　王选非常关心九三学社的基层组织和普通社员。他多次参加九三学社北京大学委员会举办的新春联谊活动，与大家一起包饺子、拉家常，并对基层委员会发展提出建设性意见。2005 年初，新一届北京大学委员会成立，很多年富力强的中青年教授被选进了委员会，为了支持他们开展工作，重病中的王选欣然题词给予鼓励，并与他们畅谈自己参加民主党派工作的感受，以及多党合作的重要意义。九三学社有位同志的爱人得了和他一样的病，王选和夫人陈堃銶不仅热情地鼓励患者与疾病作斗争，还用自己的钱从国外购买一种很贵的新药，每个月要 1 万多元。王选夫妇不仅记着什么时候药快吃完了，什么时候该把药送过去了，而且每次送药都要附上一封信，劝慰患者和家属不要在意费用，费用由他们承担。他们与患者连面都没有见过，只是因为患者是社员的家属，他就予以无私的关爱。

2000年10月，王选被确诊为肺癌。在与疾病抗争的五年多时间里，在生命的最后时刻，王选一刻也没有停止过对国家、对人民的奉献。从确诊到去世的1900多天里，他有794天在治疗和住院，在此期间，作为全国政协副主席和九三学社中央副主席，王选坚持参加了中共中央、国务院高层协商会议19次，参加全国人大、全国政协及有关方面的会议活动340余次，撰写文章11万字。

王选患病后，作为"国家中长期科学和技术发展规划总体战略顾问专家组"成员，他仍积极参加相关会议，为国家科技发展呼吁。在《制定与实施国家中长期科技发展规划的一些思考》中，他建议要把掌握核心技术作为高新技术发展的重中之重，加强对原创技术的支持力度，把人才培养和建设良好科研环境作为重要内容。2003年初，九三学社中央提出实施"人才强社"的战略，王选马上表示肯定，并身体力行积极推动。他把当年中青年科技人才列出了一个名单交给韩启德主席，作为发展对象，其中列在第一位的就是潘建伟。王选说，我可以断定，他是一位顶尖的科学家。他还抱病给潘建伟写信，祝贺并勉励他："院士和获奖不能成为科研的动力，你正处在创造的高峰，抓紧时间扎扎实实出更大的成绩无疑是头等大事。"这发自肺腑的关爱打动了潘建伟，他以感佩的心情表示，作为青年学者，在成长过程中能够受到深为敬佩的老一辈科学家的关心和鼓励，真是非常幸运。在王选的关心和当地社组织的努力下，潘建伟加入了九三学社。如今，潘建伟已是九三学社中央常委、安徽省委会主委，中科院院士、中国科技大学常务副校长、中科大上海研究院量子工程中心主任，他正带领团队一步步筑实梦想，让中国的量子科学稳步行进在世界最前沿。

2005年8月，王选正在接受一种免疫治疗，每次注射药物后，都要引起39度高烧，浑身疼痛，虚弱不堪。8月16日，病情稍有好转，王选就来到中南海参加中共中央就制定"十一五"规划召开的民主协商会，向中共中央提交了书面建议。他针对当前科技界弥漫的不良风气，一针见血地指出："真正对国民经济作出重大贡献的往往是少数科研团队，我国科研的投入产出比不能令人满意。一些单位千方百计争取项目、弄钱，因为评业绩时获得的经费数目也是一项指标，而且科研经费还可以个人提成，不少单位从未有过可应用的成果，但可以凭关系不断获得经费，'公关'能力往往比科研'攻关'能力更重要，这种现象对于真正能出大成果的团队是不公平的。"他热切期盼"建立科学、公平的科研经费分配机制，努力实现更好的投入产出比"，恳切呼吁"国家科研经费应重点投向充满活力和创新能力的科研团队"。

2005年10月，王选病情进一步恶化，人也异常消瘦，就这样，他仍然咬紧牙关撑起身子，写下了长达7000字的《给优秀人才提供良好的创新环境》的建议。他回顾了电子计算机诞生60年以来的重大发明，指出这些重大发明的提出者大多为三十多岁的年轻人，有的仅二十多岁，认为"我国并不缺乏优秀人才，关键是要把有限的资源集中投向那些最有创造力和活力、团结拼搏的优秀团队……制定国家中长期科技规划，确定主攻方向是绝对必要的，但有些成果是无法事先规划的，相对论和量子力学都不是规划出来的。有时选择人比选择项目更为重要，因为有了人会创造出事先想不到的重大方向"。这是王选为培养创新型人才向党和政府建言献策的最后一篇文章，是他最后一声疾呼；在他生命的最后时刻，他最挂怀的，仍是祖国的科技创新事业。

光辉人格　感召来者

究竟是什么强大的力量，在支撑着瘦弱的王选？是怎样的抱负，使得王选既是科技创新的弄潮儿，又是多党合作的典范？

王选说："我常想，一个人，一个好人，他活着，如果能够为社会的利益而奋斗，那么，他的一生才是有趣味的一生。爱因斯坦也曾说过这样的话：人只有为别人活着，那才是有价值的。我赞同他的话。但凡有成就的人，大多具备这种品质。他们为了社会的利益，为了活得有价值，始终不渝，狂热地去追求。"王选还时常提起心理学家荣格的一个公式，I+We=Fully I，意思是说，一个人只有把自己融入集体中，才能最大程度地实现个人价值，绽放出完美绚丽的人生。对于王选来说，只要是对国家、对人民有利的事，他都会不遗余力地去做，追求在忘我工作中实现真正的自我。

在王选被确诊为肺癌后的第三天，他立下了遗嘱。他说："人总有一死。这次患肺癌，即使有扩散，我将尽我最大努力，向当年攻克科研难关那样，顽强地与疾病斗争，争取恢复到轻度工作的水平，我还能为方正，尤其是为国家作一些力所能及的事情。……我对国家的前途充满信心，21世纪中叶中国必将成为世界强国，我能够在有生之年为此作出一点贡献，已死而无憾了。"半生苦累，一生心安，是的，王选应该走得心安，死而无憾，他已经贡献了自己的全部力量。高山仰止，景行行止。虽不能至，心向往之。王选一生所走过的学术历程和科学道路，他的自主创新精神和光辉人格，是我们一生都读不完的大书，是所有九三人的崇高榜样。他以自己不平凡的一生，印证了九三学社爱国、民主、科学的优良传统和光荣历史。

王选虽然走了，但王选精神永在。王选精神是一种爱国情操，对国家、对人民忠心耿耿，为中华民族的伟大复兴而殚精竭虑、鞠躬尽瘁；王选精神是一种思想风范，参政议政，始终同中国共产党肝胆相照，精诚合作；王选精神是一种创新品质，献身科学，敢为人先；王选精神是一种光辉人格，心怀天下，淡泊名利，甘为人梯，以提携后学为己任。王选精神既是时代的，也是永恒的。

当前，中国共产党正带领人民走在实现"两个一百年"奋斗目标、实现中华民族伟大复兴中国梦的新长征路上，王选孜孜以求并为之终身奋斗的伟大事业和美好理想正在一步步实现。作为中国特色社会主义参政党，作为一个以科技界为主的参政党，九三学社在国家实施创新驱动发展战略中，肩负着义不容辞的重大历史责任。今天，九三人还时时怀念王选，与其他各行各业的人一道，把王选奉为自己的导师，立志用自身的实际行动，来铸就九三学社未来的辉煌，实现知识分子的家国情怀，最终实现民族复兴的伟大梦想。

保护母亲河　九三学社在行动

　　"太一生水，水辅太一。"长江发源于"世界屋脊"青藏高原，是中华民族的母亲河，也是中华民族发展的重要支撑。2016 年元旦刚过，习近平总书记就视察重庆，调研现阶段推动长江经济带发展战略有关问题，听取有关省市和国务院有关部门对推动长江经济带发展的意见和建议。习近平总书记强调："长江拥有独特的生态系统，是我国重要的生态宝库。当前和今后相当长一个时期，要把修复长江生态环境摆在压倒性位置，共抓大保护，不搞大开发。"在发展与保护的终极命题上，习近平总书记给出了明确结论。多年来，九三学社一直围绕长江流域生态文明建设建言献策。习近平总书记的这一结论，不仅预示着母亲河永葆生机与活力将不再是梦想，而且也对九三学社的参政议政工作起到巨大鼓舞和鞭策作用。

结缘母亲河

九三学社与长江流域生态文明建设的结缘，可以追溯到上个世纪 80 年代的中后期。时任九三学社中央主席的周培源，十分关心三峡工程的论证情况。

田方，1983 年离休后为国家计委咨询小组成员，长期从事三峡工程论证研究。

1987 年 3 月，田方抱着试试看的心情给周培源去信，请求周培源为《论三峡工程的宏观决策》这本书写一篇序言，5 月即收到周培源亲笔写的长达 1400 多字的回信。周培源不仅表示赞成编写这本书，还提出了一些具体意见。更令田方感动不已的是，在 1992 年国庆节期间，周培源得知《论三峡工程的宏观决策》一书需要自费支付印刷费时，专门派人找到他送上 300 元钱，附便条表示支持。

在周培源的领导和支持下，九三学社中央和开发大西南战略研究协作中心的科研工作者，对开发长江上游资源和生态保护等问题，做了大量考察研究工作。

沉甸甸的六卷本《开发大西南》丛书很快得以问世，为各级决策机关提供了有益参考。

为进一步推动长江生态保护，九三学社中央联合开发大西南战略研究协作中心，于 1988 年 11 月召开"振兴大西南经济对策研讨会"。经过会上的认真研究和会后的调研论证，1989 年，九三学社中央把振兴大西南与长江上游生态保护紧密结合起来，形成了《关于建立长江上游生态保护和资源开发区的建议》，并报送中共中央、国务院。

《建议》指出，"开发保护区的一切建设事业都必须以有利于改善生态环境为前提，除国家适当增加生态保护投资外，应广泛争取国外援助，地方各级政府也应真正把开发保护区的生态建设纳入议事日程"。时任中共中央总书记江泽民在《建议》上作出重要批示。《建议》的一些内容被纳入国家"八五"计划，并拨专款立项实施。

保护母亲河，九三学社由此启航。

建言保护"中华水塔"

步入新世纪，三江源地区的生态治理成为九三学社中央领导人关注的重点课题。

2003年春天，在全国政协十届一次会议上的一次联组讨论中，十届全国政协委员、时任九三学社青海省委会副主委的何玉成在发言中指出："三江源生态环境的日趋恶化如果不下大力气予以治理，将给我国以及东南亚各国带来严重的生态灾难，三江源这个中华水塔，不仅属于青海，更属于中国，属于全世界！"他的发言引起参加会议的九三学社中央主席韩启德、副主席洪绂曾的高度重视。

三江源地区位于青海省西南部，地处青藏高原腹地，是长江、黄河、澜沧江三大河流的发源地，素有"中华水塔"的美誉。全国政协委员、青海省政协主席桑结加，这个在青海生活了一辈子的老青海人，这样描述上世纪六七十年代青海草原上的迷人画卷：蓝天白云、水丰草美、大小湖泊星罗棋布、野生动物频繁出没……

然而，新世纪以来，由于全球气候变暖等自然因素和一些人为因素，三江源地区生态状况日益恶化。祖辈生活于此的64岁老人桑杰一家六口，原来有2000亩草场、300多只羊、70多头牛，后来只剩下30多头牛，一只羊也没有了。曾经水草丰美的草场变成了大片大片的黑土滩，畜牧存栏一年比一年少。

九三学社中央研究后认为，三江源生态治理涉及千家万户利益，人民群众对此十分关注，决定将其作为2003年重点调研课题。

这一年7月，韩启德率九三学社中央调研组一行12人赴青海，专门就三江源生态环境保护和治理问题进行考察。调研组行程8000公里，深入青海湖畔、柴达木盆地、青藏铁路昆仑山口等地，走访牧民农户，一路看一路想，一路听一路议。

与此同时，参加完两会回到青海的何玉成，敏锐地意识到解决三江源问题的契机即将到来。他马上组织社内专家学者近20人，组成7个课题组，3次深入三江源地区进行实地考察和调研，完成7篇调研报告，形成10万余字的《三江源问题报告集》。

在九三学社青海省委会的研究基础上，九三学社中央结合自身调研，形成《关于加大三江源地区生态保护与建设力度的建议》。2003年8月14日，韩启德以"直通车"形式，致函时任中共中央总书记胡锦涛并报送了《建议》。《建议》受到中共中央和国务院领导的高度重视。胡锦涛同志作出批示，要求有关部门认真研究九三学社中央的建议，推进三江源地区生态环境保护和治理工作。时任国务院总理温家宝、副总理曾培炎随后也作出批示。

为落实中央领导同志指示精神，2003年9月，国家发改委召集国务院西部开发办、农业部、水利部、国家环保总局以及九三学社中央、青海省政府等有关部门，在北京召开三江源地区生态保护与综合治理总体规划协调会。2005年1月，

《青海省三江源自然保护区生态保护和建设总体规划》经国务院常务会议正式批准。一期工程于 2005 年至 2013 年实施，国家投资约 75 亿元人民币，历时 9 年，包括生态保护与建设项目、农牧民生产生活基础设施建设项目、支撑项目三大类，共 22 个子项目。

一场变革由此拉开序幕。

三江源不是终点

虽然三江源生态保护与建设得到国家重视和巨额资金投入，但这并没有成为九三学社关注长江流域生态文明建设的终点。如何确保投入资金发挥最大效用，如何在生态保护的同时确保农牧民生活水平的提高等问题，始终牵挂着九三学社领导和专家的心。此后的十几年里，九三学社调研考察的脚步，横贯大江东西。

经过大规模退牧还草、生态移民后，牧民来自畜牧业的收入逐年下降。几万名群众为了生态保护大业，放下牧鞭，进入城镇。"在牧区时，只要有牛羊，一家人的吃喝、烧火取暖就全解决了，花不了什么钱。"移民到市里的马登仁让表示，"以后的生活，就要全靠自己了，可需要花钱的地方太多了。"

"三江源地区老百姓的生活跟发达地区老百姓的生活差距会扩大还是缩小，当地老百姓的幸福感是否会不断增强，我们也不能随便下结论。"韩启德说。他认为不改善民生，不把农牧民从过度放牧的谋生方式中解放出来，生态保护就是一句空话。

2010 年 4 月，三江源核心区玉树发生 7.1 级地震。胡锦涛同志在玉树地震后提出两个希望："人民生活上大台阶，生态建设上大台阶。"

为解决生态保护与经济发展、民生改善之间的矛盾，在随后的全国政协十届四次和十一届一次会议上，九三学社中央继续围绕三江源建言献策，内容涉及经费管理、人才建设、生态补偿等重要课题。在报送中共中央、国务院的《三江源生态保护与建设调研报告》中，九三学社中央提出建立生态补偿长效机制，把解决民生问题放到更加重要的地位等建议。中央领导同志分别作出批示，要求有关部门结合"十二五"规划纲要编制，加大对三江源生态保护的支持力度。

2011 年 4 月，九三学社中央与中共青海省委在北京共同举办"三江源的新希望——三江源生态保护与平衡发展暨玉树灾后生态重建实践论坛"，议题扩展到三江源文化传承与生态保护、经济发展方式及实施路径……

国务院于 2013 年 12 月通过《青海三江源生态保护和建设二期工程规划》，将治理范围从 15.23 万平方公里扩大至 39.5 万平方公里，以保护和恢复植被为核心，通过生态系统的自然修复与生态工程建设的有机结合，实现三江源地区生态系统保护和建设的长远目标。

一份责任，一份坚持。通过一次次的调研，一条条的建议，九三学社积极推动着三江源地区的生态保护与建设，使之上升为国家行动。

共抓大保护

经过十几年坚持不懈的努力，三江源地区生态环境局部改善，但长江流域整体生态系统却出现一些不容忽视的负面变化：水量减少，水污染事件多发；中下游鱼类大幅度减少、很多珍稀鱼种濒危或灭绝……特别是随着长江经济带建设被明确为国家战略，如何统筹好长江流域经济社会发展与生态保护，这个问题引起了九三学社的高度关注和深入思考。

思想上能否破冰，直接决定行动上能否突围。韩启德主席认为，"应当把'长江经济带'作为九三学社参政议政长期课题，抓住不放、持续关注，深入进去、聚焦难点"。

"生态环境变化是全球面临的共同问题，水资源开发与保护的矛盾尤其突出，关系到 13 亿人的生存发展，不解决好会有大麻烦。"正是在这种责任感的驱使下，清华大学水利系教授、九三学社中央人资环专委会主任周建军十余年如一日默默地"守望"长江，潜心研究水利工程的影响。在他的推动下，九三学社中央将目光聚焦到"长江中上游水利水电工程对生态环境的影响"上，同时确定将其作为 2015 年重点调研课题。

2015 年 5 月，韩启德主席率队来到长江下游的安徽铜陵、安庆，实地调研长江经济带生态环境状况。两个月以后，九三学社中央副主席谢小军、赖明率队的调研组从汉口溯江而上，在鄂渝两地进行调研。此外，九三学社还部署沿江多个省级组织分别开展调研。

"大家白天调研走访，晚上讨论分析并整理核对调研数据，每天都忙到深夜。"随行参与调研的九三学社中央机关干部刘凤霞如是说。

同一时期，九三学社中央还以"长江中上游水利水电工程对全流域生态环境的影响"为主题，在合肥举办第十届九三论坛。100 多名专家在论坛上分享知识与经验，碰撞思想与智慧。

九三学社中央副主席印红在参加政协双周协商座谈会时指出："要确保《关于依托黄金水道推动长江经济带发展的指导意见》得到正确执行。严格把好环评关。在环评中加重湿地生态影响和湿地生物多样性影响评估的分量。"

在全国政协十二届四次会议上，九三学社中央常务副主席邵鸿建议从三个方面修复长江生态环境：彻底转变发展观念；强化流域综合管理；健全责任和利益分配机制。

在深入调研基础上，2015年9月，九三学社中央形成《关于长江上游水利水电工程对全流域生态环境影响的调研报告》，针对母亲河的病症开出药方：实施河流生态修复，降低水利水电工程不利影响；调整《长江流域综合规划》，优化生态保护；改革流域管理体制，科学合理利用和调配水资源；健全流域协调与工程利益分配机制；改革水利科研体制，加大研究力度。

这份报告受到中央领导同志高度重视。李克强总理作出重要批示；全国政协主席俞正声对九三学社中央深入调研，提出全面、科学、独到的意见建议给予充分肯定；张高丽副总理也作出批示。

2016年1月，习近平总书记在重庆发出了"共抓大保护、不搞大开发"的号令。这是对中华民族历史命运高度负责的英明抉择，为保护利用长江资源提供了根本遵循。

"为者常成，行者常至"。近三十年来，在保护和修复长江生态环境之路上，九三学社从未停下过自己的脚步。在这条路上，九三学社的每一步，都离不开中共中央、国务院及有关党政部门的重视和支持。也正是通过这条路，九三学社增强了参政党的使命感，丰富并创新了履职尽责的实效和内涵，提高了参政议政的能力和水平。韩启德主席曾颇有感触地说："为什么我们九三学社在青海有一定的影响？就是因为我们在推动三江源生态保护方面做了一些工作，得到了青海省各级领导的高度肯定。我们只是起了一点点的推动作用，但就是那么一点点推动作用，人家就认可你。"

建言与反馈的过程，看似简单，实则深刻。它是我国多党合作事业中执政党与参政党团结合作的生动实践，也是社会主义协商民主的生动体现，有力地彰显了中国特色社会主义制度的优越性。通过建言保护母亲河，九三学社更加坚信：多党合作事业前景广阔，民主党派工作大有可为。

谢丽娟：合作成事始于诚心

　　上海，历来是中国民主党派活跃的"重镇"。近代历史上，她历经风雨，见证了中国民主政治不断发展进步的光辉历程；改革开放后，她勇立潮头，引领了开放创新、转型发展的伟大变革。在上海经济社会快速发展的进程中，各民主党派一直致力于调动各种积极因素参与社会主义各项建设。九三学社中央原副主席谢丽娟自 1985 年起，先后担任上海市政府副市长和市政协副主席长达 22 年，期间有不少与中共市委、市政府主要领导同志合作共事的佳话，成为九三学社值得珍藏的历史记忆。

荣辱与共　抗击甲肝流行

中国有句古话，叫作"岁寒知松柏，患难见真情"。无论是在民族存亡之际，还是在重大灾难面前，各民主党派始终与中国共产党荣辱与共，并肩奋战。

现在提起"非典"，可能很多人还心有余悸。大疫加上恐慌，处置稍有不当，就会严重威胁社会安全稳定。30 年前，刚当选副市长不久的谢丽娟就遇到一个不亚于"非典"的严峻考验。1988 年初春，上海爆发突如其来的甲肝，持续 2 个月，感染者逾 35 万人。当时兄弟省市对上海都很忌讳，似乎看见上海人或上海物品，就好像看见甲肝病毒似的，唯恐避之不及。其实，医生出身又分管卫生防疫工作的副市长谢丽娟在甲肝爆发前两周就有了预见，并组织职能部门做了一系列准备工作。后来随着禁售毛蚶、病人隔离、粪便消毒，以及使用公筷、勤洗手等卫生防病知识的宣传普及，在 2 月 1 日疫情达到最高峰后，甲肝感染者人数开始迅速下降。到 3 月上旬，这场突如其来的甲肝疫情得以告终。事后她还组织专家对 31 例死亡病例作分析，发现患者原先都患有一些慢性病。从总体上看，全市 35 万甲肝病人中，兼有合并症的 31 人死亡，死亡率是很低的。

然而，谢丽娟承受的最大压力，不是来自疫情，而是民众的恐慌、怀疑和指责。为此，她一度因身心俱疲，压力过大，经常耳鸣，别人说话要很响才听得清。回想起当年的委屈，谢丽娟感触颇深。她说，其实当时想得最多的并非个人，而是因为自己是九三学社社员，甲肝防治工作完成得如何，会不会对我们的多党合作事业产生影响。当时上海 8 个民主党派以及党外知识分子对此事都非常关切，都担心她能否担得起这份责任，会不会"出事"。

就在危难时刻，是中共上海市党委和政府犹如泰山般的信任和支持让谢丽娟顶住了压力，战胜了困难。当时就在上海被扣上"瘟疫"帽子的情况下，邓小平同志还是决定到上海过春节，这对上海的干部群众起到很好的安抚作用，对谢丽娟分管的卫生防疫工作更是无形的信任和支持。在这场防治甲肝的战役中，中共上海市委、市政府自始至终给予她高度的信任和坚强的支持。谢丽娟回忆起时任市长江泽民对甲肝疫情十分关切，即便在北京开会也每天来电询问疫情，听她汇报并作指示。有一次，谢丽娟在通话中表示希望召开一个全市党政干部动员会，以便统一思想和行动。结果江泽民同志一回上海马上就筹备会议并作动员部署。此后，全市干部群众都发动起来了，对病灾的扑灭起到至关重要的作用。当时有一些人大代表、政协委员对谢丽娟的工作产生质疑。在舆论追究下，江泽民同志亲自到市政协做解释工作。他说："这是一场突发的病灾，上海凡有什么大事，要说责任，都是我这当市长的责任……"主要领导担责揽过，是给予下属最大的信任、理解和支持。后来临近市人大、市政府换届，选举前一天，时任市委书记江泽民又找谢丽娟谈心，非常温和而恳切地要她直面问题，并叮嘱她一定要相信党委会与她共同过好这个选举关。有了党委的支持，谢丽娟鼓足了勇气，在表态中对甲肝爆发造成严重后果承担起不可推卸的领导责任。选举结果，她仍高票当选。谢丽娟认为，这正是因为党委领导把握得好，所谓"精诚所至，金石为开。"危难关头，无论党员社员，同样要顾全大局，肩负起应有的责任。

　　时至今日，谢丽娟依然认为经过这场防治甲肝的战斗，不仅收获了卫生防疫方面的宝贵经验，还成就了上海党外人士接受中共领导、荣辱与共、合作成事的一例典范。

挚意为民　创建卫生城市

　　相信不少到过上海的人，都会为其美丽的城市风景而倾心，尤其是黄浦江畔，摩天高楼整洁亮丽，绿树花丛相映成趣，人们恐怕很难想象这个漂亮时尚的国际大都会在上世纪 80 年代环境卫生状况一时非常不堪。当时正值国家经济改革重心从农村转向城市，经济体制转轨处于关键时期。上海作为全国最大的工业城市，遇到的困难和考验尤为艰巨复杂。当时的上海，交通拥挤、住房紧张、环境污染等问题非常严重，市民怨言颇多。朱镕基同志甫任市长，就决定拿市容环境整治"开刀"，以提振信心、鼓舞士气。而这项艰巨任务的负责人就是时任副市长的谢丽娟。

　　当时市区政府各部门的环境卫生意识不强，工作推进难度很大。城市环境卫生的基础在街道，为了发动基层，谢丽娟采用插彩旗的激励方法，即根据检查情况，每月为各街道插上红色、黄色、灰色不同旗子，并登报公布，一时收效不错。但创建活动中各种意见很多，有人就抱怨，应一级管一级，市里不应该直接管街道。后来，这些话传到市长朱镕基耳里。有一次，他微笑着对谢丽娟说："我听说下面对你的意见很多呢。不过，我对你的工作还是支持的。"如今想起来，谢丽娟还是感到很欣慰，市长的话她是这样理解的：一方面反映了市长对干部群众意见所持的严肃扎度，把听到的意见当面直接告诉她，督促她反省和改进方式方法，把工作做得更周到扎实；另一方面也反映了市长对下属的明察公正，凡是认真工作的同志他都给予肯定、鼓励和支持。

朱镕基同志说的"支持"是实实在在的。当时，为提高各级领导干部的认识，克服畏难情绪，谢丽娟请市长亲自出面，带领市政府各委办局领导和区长们到基层突击检查环境卫生，并特意选择了条件最差的区域。那天一行人到了现场，看到里弄内污水遍地，居民进出要踩着砖头才能通行。正巧此时有位老太太从家里走出来，看到朱镕基同志便说："你是市长？你看看，我们每天就是生活在这样的环境里，小孩上学，有一次就摔倒在这种地方。"朱镕基同志满怀歉意地说："对不起呀！老人家，是我市长没当好，让你们进出这么困难。"走出弄堂，他便叮嘱区长马上整改，在场所有同志也都深受教育。这次现场会对全市各级领导干部震动很大，会后各方都以很强的责任心加大整治力度，市容卫生得到很大改善。在谢丽娟担任副市长期间，上海于1990年、1993年、1995年、1996年4次被评上"全国十佳卫生城市"，并且名列前茅，她自己也因此获得"全国十佳卫生城市市长奖"。

锐意创新　为少儿保驾护航

2012年，国家发展和改革委、卫生部、财政部、人社部、民政部、保险监督管理委员会等六部委联合印发《关于开展城乡居民大病保险工作的指导意见》，标志着我国城乡居民大病保险制度初步确立。大病保险是对基本医疗保障制度的拓展和延伸，是推动医保、医疗、医药互联互动，并促进政府主导与市场机制作用相结合，提高基本医疗保障水平和质量的有效途径，是减轻人民群众大病医疗费用负担，解决因病致贫、因病返贫问题，促进社会公平正义的重要举措。这项重大惠民制度的出台，一定程度上受到谢丽娟一手创建的"上海市少年儿童住院互助基金"的启发。

孩子生病，尤其是大病、重病，往往给家庭带来精神和经济上的沉重负担。1990年，在上海市新华医院儿科病房里，14位走投无路的白血病患儿家长，基于无奈，联名写信给时任市长朱镕基和时任副市长、市红十字会会长谢丽娟。

朱镕基同志非常重视，作出批示，要求谢丽娟牵头研究少儿治病问题。随后，谢丽娟邀请市卫生局、市红十字会等联合走访其中部分患儿家长。访问中家长们所承受的经济上、精神上乃至人财两空的压力令他们感慨不已，激发起一定要解决好这项民生难题的责任感。谢丽娟随即组织包括市卫生局、市红十字会以及保险公司等有关方面开展调查研究，共同寻找这一难题的解决办法。1991年，由市红十字会、市卫生局、市教育局联合上海市保险公司创立了非盈利性的"少儿住院医疗保险"。每个孩子的家长投保费为6元，若因病住院便可报销一定比例的诊疗费，费用越高报销比例越大。后因保险公司财务不公开，并发现其隐匿谋利等情况，便于1996年与保险公司终止合作，改称"上海市少年儿童住院互助基金"（以下简称"少儿住院互助基金"）。这是非政府性、非盈利性的社会互助基金，被孩子们称为"生命保护神"。后来随着"少儿住院互助基金"成效日益显现，全国多个省市领导率队来沪考察取经，部分城市相继成功试行。在谢丽娟和同事们的努力下，"少儿住院互助基金"还在不断完善和推广，最初只限于沪籍中小学生（包括职技校学生）、婴幼儿，后扩大到非沪籍子女，包括在上海就读的农民工子女以及外籍人士的子女都可以享受少儿住院互助基金的保障。

　　一项好制度的诞生绝非唾手可得，若没有坚定的信念和执行力，很容易在各种困难压力面前夭折。当年为实现"少儿住院互助基金"这一创举，谢丽娟和同事们一次又一次地解放思想，攻坚克难。比如，因由非政府组织牵头，观念比较超前，在起始阶段曾不被理解和信任，推行阻力较大。有的认为对少儿医疗建立保障制度超前了；也有人认为基金由孩子家长缴费"顶撞"了国家教委规定的"一费制"；甚至有人质疑建立此项基金扰乱了金融秩序。谢丽娟和她的同事们认为，政府部门和社会团体要顺应人民群众的呼声办实事，就要有开拓创新、知难而进的觉悟，就要有坚持不懈、直至做成的信心。2016年底，由复旦大学中国残疾问题研究中心作为独立第三方，对"少儿住院互助基金"成立20年来运行情况作出系统评估。评估报告显示，20年来，互助基金累计参保约4000万人次，为近160万人次患病少儿支付了16.6亿元医疗费用。20年中，互助基金真真切切地帮助了很多患病儿童，收获了无数感激和赞誉，向社会传播了"人道、博爱、奉献"的红十字精神，获得巨大的社会效益。

2007 年儿童节，谢丽娟（右一）为"肾病""脑瘫"帮困救治基金启动揭幕

　　谢丽娟自 1990 年起担任上海市红十字会会长，在近 20 年的时间里，始终以高度的社会责任感和对易受损害群体的真情关爱，带领同事们创造了许多新的业绩，使上海市红十字会工作在许多方面都处于全国领先地位，为中国红十字事业的发展作出了贡献。时任中国红十字会会长彭佩云在上海市红十字会第八次会员代表大会上的讲话中表示，要向谢丽娟会长表示衷心的感谢并致以崇高的敬意，号召大家学习她的好思想、好作风。2017 年 1 月 14 日，中国医药卫生行业最具权威科技奖项——中华医学科技奖（2016）颁奖大会在南京举行。谢丽娟凭着策划并推动依靠社会力量设立公益性的"上海市少年儿童住院互助基金"以及该基金的良好运行，为国家层面设计大病保障制度提供了宝贵经验和重要借鉴，荣获"2016 年中华医学科技奖卫生政策奖"。

惟以诚心　同心共济如一

作为一名优秀的副市长、民主党派中央副主席，谢丽娟在中国共产党的坚强领导下，办成了在很多人看来很难办的、开创先河的事。不少人向她求教民主党派成员与中国共产党合作共事的成功秘诀是什么？谢丽娟微笑着说，不过一"诚"字而已，所谓"诚者自成也"。

于人民诚，一心为公，夙兴夜寐。上世纪 80 年代婴儿潮造成小学入学高峰，当时上海市教育局采取扩大班级学额等一系列措施加以应对，但他们担心不一定能落实，便提出"争取维持全日制上学"。谢丽娟认为，为百姓办事绝不能打折扣、留余地。此事在市长办公会议审议时，分管教育工作的她要求把"争取"两字删去，表示将竭尽全力确保实行全日制，并建议将其列入市政府年度为民实事项目。建议得到时任市长江泽民的认可和支持。此后，在市政府各部门和区县政府的共同努力下，圆满完成了这一实事项目，并在年终市民对市政府 10 件实事项目的评议中获得最高分，受到社会各界好评。

于同志诚，肝胆相照，同频共振。谢丽娟在担任副市长期间，与共事的 4 位市长均留下了深情厚谊。至今，每当谢丽娟回想起朱镕基同志在上海工作时的凛然正色和明察公正，仍十分庆幸在他的领导下工作过。谢丽娟记得，朱镕基同志为人处事一向"严明"，有些同志甚至因为怕他的严厉，不敢自己提意见，他们看到市长对待谢丽娟似乎没那么"严厉"，有时就写条子给她，请她代为发言。其实，谢丽娟知道，市长对她不是"不严厉"，而是对她开诚布公、勤勉认真的做人态度表示肯定和支持。她相信，只要秉持公正，以诚待人，以心交心，相互支持，自然无愧无畏。

于自我诚，不忘初心，质朴率真。从政几十年，谢丽娟始终没有忘记自己的夙愿。她时常感慨，自己从小志愿做一名济世救人的医师，却在党的信任和培养下成长为领导干部，在更高更广阔的平台上为解决民生疾苦作出更大努力，也可谓更好地圆了自己的初心。即便成为高级干部，也丝毫没有改变谢丽娟的质朴率真。有一次女儿打算把一件旧的手工织的毛衣扔掉，她认为太可惜。于是，她把绒线拆洗好，重新编织一下，就又多了一件保暖的花式开衫。退休后，她和老伴经常乘坐地铁公交出行，多次被路人拍照传到网上，引发网友热议。谢丽娟却说，非常感谢大家点赞，但并未觉得自己的行为有多么高尚、多么了不起。她反而从中感受到人民群众对领导干部的期望和要求，如果各级领导干部都能以身作则，严以修身，相信一定会增进全社会的信任感，凝聚更多的人心。

每一段历史，都有各自的主题，每一个时代，都有各自的故事。当前，我们身处日新月异的大变革时代，面临全面深化改革的全新挑战，然而谢丽娟向我们讲述的往事今天读起来依然那么发人深省，耐人寻味。相信九三学社与中国共产党能够永葆赤诚之心，"同心共济，始终如一"，相信无论历史如何发展，无论时代怎样变迁，执政党与参政党的友谊必将历久弥坚，中国特色社会主义道路必将行稳致远。

台盟首任主席谢雪红的爱国爱乡情怀

　　台盟中央原主席张克辉曾说过："没有'二二八'就没有谢雪红，没有谢雪红就没有台盟。"谢雪红1947年在台湾领导了"二二八"起义，同年在香港发起成立台湾民主自治同盟。谢雪红一生的革命实践，见证了台湾与祖国的血脉亲情一刻也没有割断过。

早期革命经历

谢雪红，原名谢阿女，1901 年出生于台湾彰化一个贫苦家庭。她的父母在贫病中先后离世。13 岁那年，谢雪红卖身葬母，被迫做了童养媳，受尽了折磨。1917 年，谢雪红被送到台南帝国糖厂做女工。1919 年 4 月，谢雪红跟随张树敏（曾任台南帝国糖厂甘蔗委员，1919 年 1 月为身为童养媳的谢雪红赎身）来到青岛。这是她第一次踏上祖国大陆的土地，恰逢如火如荼的五四运动，使她的思想受到影响。青岛之行，唤起了谢雪红的民族意识和阶级斗争意识，以及对幸福社会的憧憬。返台后，她开办缝纫店"嫩叶屋"，成为台中最早的职业女性，并积极参加台湾文化协会的抗日活动。

1925 年 4 月，谢雪红来到杭州，化名谢飞英，经介绍住进国民党浙江省党部，得到国民党浙江省党部负责人黄中美的帮助。黄中美还有一个身份——中共党员。时值第一次国共合作时期，中共党员可以个人身份加入国民党，当时的国民党浙江省党部工作人员很多都是中共党员。谢雪红接触到《新青年》《先锋》《向导》等进步刊物，并积极参加反帝爱国运动。在孙中山逝世公祭仪式上，谢雪红第一次以"台湾青年一团"名义敬献挽联。"五卅运动"爆发后，浙江成立"浙江省工、农、商、学各工团联合会"，谢雪红任宣传干事，其主要工作是募款支援上海罢工工人。她多次参加示威游行。在游行中，她大声呼吁："同胞们，别忘了还有 400 万台湾同胞在日本帝国主义的铁蹄下呻吟。"她以谢飞英名义致信浙江某报，提出"收复台湾"的口号，该报以"不忘！不忘！"的大字标题作为回应。其后，当地的报刊、宣传单、壁报、游行标语都增加了"收复台湾"的口号。谢雪红等台湾青年的抗日爱国主张赢得了大陆人民的热烈响应。同年 7 月，谢雪红被调到上海，参加"五卅惨案"救援会救济和募捐工作。1925 年 8 月，经黄中美、宣中华介绍，谢雪红在上海加入了中国共产党。中共安排谢雪红进入上海大学，并送她赴莫斯科东方大学学习。同年 12 月，谢雪红抵达莫斯科。在东方大学，谢雪红和中共早期著名的妇女运动领导人向警予曾住同一宿舍，向警予常给她讲革命道理，探讨妇女运动经验。谢雪红与蔡和森、向警予等中共领导人的交往，使她的思想有很大进步。宋庆龄、冯玉祥先后赴苏联访问，谢雪红参加了莫斯科中山大学为他们举行的欢迎聚会。1927 年蒋介石发动"四一二政变"，消息传到莫斯科，激起中国留学生的愤慨，谢雪红参加东方大学和中山大学中国学生联合组织的宣传队，上街头、到工厂，向苏联民众揭露国民党破坏国共合作、镇压共产党的真相。

1928年4月，根据共产国际的指示，在中共的帮助指导下，谢雪红、林木顺、翁泽生等台湾籍中共党员在上海创立了台湾共产党，提出台湾要从日本殖民统治之下获得独立，回到祖国怀抱。中国共产党支持台湾人民抗日斗争，支持台湾同胞光复台湾的主张。作为台共的领导人，谢雪红重视在台湾农民组合和台湾文化协会开展党的革命工作，使台共的革命斗争植根于工农群众中，对台湾的抗日解放运动发挥了重要作用。

台湾光复初期的政治活动

1945年抗战胜利、台湾光复，谢雪红为台湾终于摆脱日本殖民统治、重回祖国怀抱而感到由衷的欣慰和兴奋。她组建台湾人民协会、台湾农民协会和台湾总工会筹备会等进步团体迎接台湾光复，接触奉周恩来指示赴台联络老台共的《大公报》记者李纯青，并参加了中共台湾省工作委员会（简称"台工委"）领导的革命活动。根据台工委委员兼武装部长张志忠的指示，谢雪红积极开展台湾中上层人士的统战工作。当时，谢雪红担任的社会职务包括台湾省妇女运动委员会委员、台湾省妇联理事、台中建国工业学校校长等。

1947年2月28日，因台北烟草专卖局缉私警殴打贩卖私烟的女烟贩激起民众愤慨，从而引发了全岛民众反对国民党当局专制统治、要求民主自治的反抗运动，史称"二二八"起义或"二二八"事件，其实质是一场台湾人民自发反抗国民党独裁统治的爱国民主运动。

中共对台湾"二二八"事件极其重视，坚决支持台湾人民要求民主和自治的政治诉求。1947年3月8日，中共中央透过在延安的新华广播电台发表声援台湾人民"二二八"起义的文告《台湾自治运动》强调，"你们的斗争就是我们的斗争"、"中国共产党人热烈赞扬台胞的英勇奋斗"。3月20日、3月22日，《解放日报》《人民日报》分别刊载《台湾自治运动》，继续重申中共中央支持台湾人民"二二八"起义的态度。

在"二二八"事件中，谢雪红有何表现？3月1日，谢雪红出席台中中上层人士举行的联席会议，会议决定支持台北市民反抗国民党当局的斗争。3月2日，台中召开市民大会，谢雪红被推选为大会主席。"谢雪红就任主席后，详述（台湾）收复以来陈仪暴虐政治的事实与目前台湾的形势，强调欲解放台湾人民的痛苦，人民必须团结起来，结束国民党一党专政，立即实行台湾人民的民主自治。所以必须响应这次台北市民的英勇起义，不怕牺牲，斗争到底，争取彻底的胜利。"

谢雪红领导台中人民包围警察局，进攻敌军据点，收缴了一批武器弹药，并挑选青壮年组成武装队伍。她向青年发表演讲，提出台湾实行民主自治的政治理念，并强调三条原则——不要杀伤外省人、不要毁坏物资房屋、一切武器尽握在人民手里，其主张得到青年们的一致赞成。谢雪红在台中组建并领导二七部队（"二二八"事件的导火索发生于27日，"二七部队"因此得名），与腐败的统治者进行武装斗争。二七部队主要由台中师范、台中一中、台中工艺学校、台中商业学校等校学生组成。此外，中共台工委委员兼武装部长张志忠组建了嘉南纵队，与国民党军队展开激烈战斗。

台湾人民争民主、求自治的爱国民主运动遭到国民党当局的残酷镇压后，谢雪红撤离台湾，赴香港参加中共领导的台湾工作。谢雪红离开台湾后的第一份政治声明《告同胞书》，载于1947年8月25日新加坡《南侨日报》。她强调，"二二八"起义"完全是和世界与全中国的反独裁争民主自治的路线相符合的"，并呼吁台湾同胞"和全国人民联合组织全民族的统一战线"，为建立"独立、和平、民主的新中国"共同奋斗。台湾人民"二二八"起义是当年中国人民反对国民党专制统治的爱国民主运动的一部分，"二二八"起义所反映的台湾人民反专制、争民主、求自治的意愿与整个中国人民反独裁、反内战、反饥饿的意愿是吻合的。日后，谢雪红为杨克煌的《回忆"二二八"起义》一书作序，反复强调台湾是中国的一部分，希望同胞从"二二八"的历史悲剧中汲取经验教训，为祖国统一而努力。在"二二八"纪念活动中，坚决反对"台独"一直是海峡两岸乃至全世界爱国同胞所表达的重要观点之一。

创立台湾民主自治同盟

1947年11月12日，孙中山先生诞辰纪念日，在中国共产党的帮助下，参加台湾人民"二二八"起义的台籍菁英谢雪红、杨克煌、苏新等人创立台湾民主自治同盟，并确定《台湾民主自治同盟纲领草案》，制定《台湾民主自治同盟规程草案》，发布《台湾民主自治同盟时局口号》《台湾民主自治同盟第一次代表会文告》等相关文件。1947 年 11 月 18 日，香港《华商报》对外公布台盟成立的消息。

《台湾民主自治同盟纲领草案》第一条规定"设立民主联合政府，建立独立、民主、富强与康乐的新中国"。同时考虑到台湾人民在"二二八"起义中提出"民主自治"的政治诉求，并根据 1946 年 1 月各民主党派参加的旧"政治协商会议"所通过的《和平建国纲领》中"积极推行地方自治"的规定，在《台湾民主自治同盟规程》第三条规定"本同盟以实现台湾省之民主政治，及地方自治为宗旨"，组织命名为"台湾民主自治同盟"。谢雪红对台盟提出的民主自治涵义作了如下阐释：

"自治"是台湾人民要求自己起来管理台湾的政治。这种政治思想是符合人民民主思想的，它的内容是革命的。这是"自治"的口号，是的确主张台湾的地方自治的，因此，反映着当时台湾人民的政治思想是肯定台湾为中国的一个行省的，而没有包含着企图实行从中国分离出去，实行"台湾独立"的意思。

台盟的政治活动，不仅得到中共的大力支持，还得到爱国民主人士的热情帮助。爱国民主人士李济深、何香凝、廖梦醒、庄希泉、章乃器等人对台盟的创建给予了热情帮助。台盟的成立和活动还得到了台湾的进步团体和许多台籍人士的支持和帮助。上海台湾同乡会会长李伟光和谢雪堂等部分理事，《大公报》的李纯青，北平台湾同乡会的曾明如，日本东京的台籍政治活动家杨春松和他领导的"留日华侨民主促进会"等都对台盟的建立和工作作出了贡献。

1948 年 4 月 30 日，中共中央发布纪念五一劳动节口号。其中第五条指出："召集各民主党派与人民团体、社会贤达，迅速召开政治协商会议，讨论并实现召开人民代表大会，成立民主联合政府。""五一口号"表达了包括台湾同胞在内的全国人民的共同呼声，得到了全国人民的拥护和支持。台盟于 5 月 7 日发表《告台湾同胞书》响应中共中央"五一口号"。谢雪红和她领导的台盟，正式接受中共的领导。

1949 年 1 月 17 日，台湾民主自治同盟发表声明："全国人民决不容许美帝国主义的侵略，并反对任何对中国的干涉。台湾人民呼吁全国人民，为建立一个独立富强的新中国，设若美帝以任何借口要控制中国国土的任何一个地方，尤其是台湾，中国人民必须不惜任何牺牲向它作战到底。"声明坚定地表达了谢雪红及台盟反对分裂国家的主张。

1949 年 3 月，台盟总部由香港迁至北平，谢雪红正式担任台盟主席。她以台盟名义提出《关于处理台湾问题的意见》等，充分体现了台盟"追求民主、追随革命"和"爱国爱乡、反对台独"的光荣传统。

　　1949 年 7 月前后，时任中共中央统战部部长李维汉就台盟的机构建设问题，与谢雪红进行过深入交谈，并向周恩来同志作了汇报。周恩来对台盟曾有这样的指示："你们公开号召以后，可能有不少台湾关系，台湾同乡会来找你们，你们应该重视，而且要放胆一些，来响应的人，可能成分很复杂，也可能有坏分子和特务分子，但在学习中可以发现的，即使在学习中没有暴露，在工作中可以发现的。这些坏分子与其放在外面，不如放在我们面前较好。"李维汉也曾语重心长地对谢雪红说："台盟要建立理事会，机构要搭起来。"作为台盟主席的谢雪红，根据周恩来同志指示和李维汉建议，着手筹备机构，发展台盟组织。在谢雪红的领导下，台盟华北总支部、台盟华东总支部、台盟旅大支部、台盟广州支部、台盟天津分支部相继组建起来，为台盟以后的建设和发展奠定了基础。

见证新中国的诞生

　　1949 年 9 月，谢雪红以台盟首席代表身份参加中国人民政治协商会议第一届全体会议。在大会上，谢雪红发言指出："这次召开的新政治协商会议以及由这个会议将要组织起来的中央人民政府，将要宣告成立的中华人民共和国，是完全根据中国人民的要求和利益而产生出来的。670 万台湾人民，三百多年来反对荷兰、西班牙、日本等国的侵略压迫和反对国民党反动派的封建买办统治，不断做流血牺牲的斗争，就是为了这个目的。"9 月 30 日，她作为台盟代表，同毛泽东主席

1949 年 9 月，谢雪红在中国人民政治协商会议上发言

一起执揪铲土，参加了人民英雄纪念碑奠基典礼。10月1日，她作为台盟代表，同其他代表一起登上天安门城楼，参加毛泽东主席主持的开国大典。

1949年9月23日，台盟首席代表谢雪红在全国政协一届一次会议上发言指出："将要成立的中华人民共和国，是完全根据中国人民的要求和利益而产生出来的。全台湾省人民完全拥护中国人民政治协商会议，完全支持中华人民共和国中央人民政府，并完全同意中国人民政治协商会议的共同纲领。"

新中国成立后，作为台盟首任主席的谢雪红，还担任政务院政法委员会委员、华东军政委员会委员等职。谢雪红曾多次通过媒体，表达反对外来势力侵略台湾、反对台湾独立的坚定立场。她强调：有史以来，台湾就是中国领土的一部分，台湾人民也是中华民族的一部分。收复台湾，曾是中国人民多年来反对日本帝国主义的斗争的重要目的之一。中国人民有权收回被侵占的领土，台湾重归祖国的版图是理所当然的。我们要警告妄想吞并台湾的帝国主义分子，谁想要用武力来侵略台湾，来奴役台湾人民，中国人民必将用对付日本侵略者的方法来对付他们。

在后来的政治运动中，谢雪红遭到了不公正的待遇。1957年她被错划"右派"，被撤销台盟主席等职务。虽然如此，1960年中国共产党建党39周年之际，

20世纪 50 年代台盟总部主席谢雪红（后排右四）与北京盟员、台胞的合影

谢雪红仍然赋诗《七一书感》，抒发对党的深厚情感。"文革"期间，谢雪红更是受到冲击。1970 年 11 月，谢雪红在北京病逝。她临终前，仍然表明自己拥护党、拥护社会主义的心境。她最后留下了三句话："一、我不是"右派"，是共产党员；二、我拥护共产党，拥护社会主义；三、我犯过错误。"1980 年，谢雪红被错划"右派"问题得到改正。

1986 年 9 月，在北京八宝山革命公墓举行的谢雪红骨灰移放仪式由台盟主席苏子蘅主持，邓颖超、习仲勋、彭冲、杨静仁等同志送了花圈。仪式上，时任中共中央统战部副部长武连元充分肯定了谢雪红为反抗外来侵略、争取国家统一所作出的贡献，他说："她（谢雪红）为反对外来侵略，实现祖国统一而斗争的精神，以及为此而作出的努力，是不可磨灭的。今天为谢雪红同志举行骨灰移放仪式，正是表达我们对她的纪念，也是表达我们对过去和现在一切为祖国统一事业作出贡献的台湾同胞的崇敬。"

谢雪红追随中国共产党，坚决反对外来势力侵略台湾，坚决反对分裂中国、台湾独立，至死不渝。历史这面镜子就是这样记录着人生的。只有回到历史的现场，我们才能读懂那一代台籍前辈的祖国情怀和故乡情愫。

1947 年 2 月 28 日，台北市民焚烧烟草专卖局

台盟与"二二八"

　　台湾民主自治同盟，简称台盟，是由居住在祖国大陆的台湾省籍人士组成的参政党。她的诞生，源自 70 年前台湾人民一场轰轰烈烈、席卷全岛的起义。这次起义虽然遭到残酷镇压，最终失败，但却点燃了台湾有志之士抗争的火把，照亮了他们"要台湾人幸福"的道路，他们怀抱着满溢于胸的爱国爱乡之情，在中国共产党的帮助和支持下，辗转来到香港，正式成立台湾民主自治同盟。

　　这次起义和台盟为什么有如此深的渊源？台盟全称中的"民主自治"四个字又是由何而来，是何涵义？时至今日，岛内绿营人士仍在围绕起义中提出的"民主自治"大做文章、蓄意曲解，而台盟的历史正是对这些谬论最有力的反击。今天我们就来详细说说台盟和"二二八"起义的故事。

"二二八"事件回顾

让我们把时钟拨回到 1947 年 2 月 28 日，因台北烟草专卖局缉私警察殴打贩卖私烟的女烟贩激起民众愤慨，从而引发全岛民众掀起反对国民党当局专制统治、要求民主自治的反抗运动，史称"二二八"起义或"二二八"事件，其实质是一场台湾人民反抗国民党独裁统治的爱国民主运动。

台湾《新生报》1947 年 3 月 3 日（号外）及 4 日如此报道："2 月 27 日晚 7 点半钟，太平町发生缉烟事件以后，民众在愤恨之余，拥到宪兵队和台北市警察局请愿严办凶手，一面打锣当众宣布事件的始末。28 日上午 9 点余钟，民众以案件未得解决，又沿街打锣通告罢市，全市商行，立即响应，相率关门闭户，民心愤慨，群情激昂，全市骚动，风声鹤唳。"一批怒不可遏的民众焚烧了台北市烟草专卖局，"各处民众，先后如山洪爆发般地由四面八方汹涌而至，冲进局里……一时火光冲天，迄至一日尚未全熄，所有门窗玻璃全毁，围观的民众不下二三千人"。

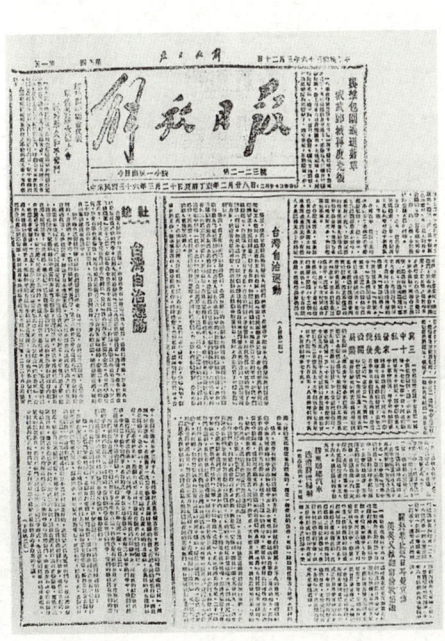

1947 年 3 月 20 日《解放日报》以社论形式发表中共中央声援「二二八」起义文章

1947 年 3 月 2 日，台北市民众成立"二二八"事件处理委员会，并随后在各地成立分会，代表民众就事件处理和台湾的政治改革与国民党当局交涉。3 月 8 日，委员会通过其宣传部长王添灯起草的"三十二条要求"，包括实行地方自治、保障人民基本权益、废除专卖制度等条款，反映了台湾民众要求民主和自治的合理愿望。

中国共产党和祖国大陆人民始终关心和支持台湾人民的民主斗争。起义发生后，1947 年 3 月 8 日，中共中央在延安发表文告，声援台湾人民的革命斗争，指出"台湾的自治运动完全是合理的，合法的，和平的。""你们的斗争就是我们的斗争，你们的胜利就是我们的胜利，解放区军民必定以自己的奋斗来声援你们，帮助你们。"与此同时，祖国大陆知名人士郭沫若、沈钧儒、李济深等也纷纷通过各种方式声援台湾同胞的爱国民主运动，给予了艰苦斗争中的台湾同胞极大的鼓舞。

台盟前辈奋勇投身"二二八"

台盟的许多前辈都是"二二八"事件的参与者、亲历者。武装战线上，谢雪红（台湾彰化人，后任台盟首任主席）组建并领导台中"二七部队"，林青山（后任台盟福建省委会主委）等领导二三百人的武装民众与国民党当局进行英勇斗争。非武装战线上，台盟前辈不仅率先将"二二八"事件公之于众，在舆论阵地发挥重要作用，还为"二二八"事件处理委员会积极撰文，表达台湾人民压抑已久的心声，他们也亲眼见证了"二二八"中本省人与外省人出生入死的兄弟情谊，见证了"二二八"中台湾人民反专制、争民主、求自治的意愿。当美国《华盛顿邮报》鼓吹将台湾交与联合国"托管"的奇谈怪论时，李纯青（台湾台北人，后任台盟总部副主席）立即一针见血地发表《提醒一个错误》。这些前辈的点滴回忆，正是我们了解那段烽烟往事的窗口。

第一篇关于"二二八"事件的详细报道，是《中外日报》的周青（又名周传枝，台湾台北人，台盟盟员）、吴克泰（又名詹致远、詹世平，后任台盟总部常务理事）合写的。

1947 年 2 月 27 日傍晚，周青像往日一样在台北市延平路三段天马茶室收集新闻线索，亲眼目睹了缉私警殴打女烟贩，民众抱打不平、群情激愤，以及警员乱枪打死无辜群众的整个经过。

吴克泰回忆道："当时，我是台北《中外日报》记者。我在回报馆编辑部的路上，遇上了追捕凶手的群众，即参加了进去。……我在那里遇上了同报记者周青，便同他商量写一篇报导赶发出去。周青从事件一开始就在场，由他写前半段，我写后半段，即群众包围警察局和宪兵队部分。报导写完后，采访主任、副社长兼总编不敢发。经过一番争执之后，印刷厂的工人出来说话了，他们说，如果这篇报导不发，就要把印刷厂烧了。这才把报导发了出去。第二天一早，报纸发到全台北市并发往全省各地，被抢购一空。"

2月28日上午，周青、吴克泰所撰写的现场报道见诸报端，发向台湾全省，民众哗然，全岛掀起了波澜壮阔的抗议活动。

据李韶东（台湾台中人，台盟盟员）回忆："谢雪红、杨克煌、李乔松、谢富商量后，决定3月2日在台中戏院召开市民大会，支持台北市民的斗争。此消息公布后，群众如潮水般地涌到台中戏院，戏院内外水泄不通，大会由杨克煌主持，推选谢雪红为大会主席，报告了台北所发生的情况，讨论如何支持台北市民的斗争。"

3月3日，谢雪红在台中市参议会组成"台中地区治安委员会作战本部"，组织"人民大队"，简称"民军"，挑选台中师范、台中一中、台中工艺学校、台中商业学校等校在校学生组成精良队伍，并配备武器，集中编成"二七部队"。因"二二八"事件的导火索发生于27日，故而谢雪红、杨克煌将这支队伍命名为"二七部队"。

与此同时，《自由报》同仁苏新（台湾台南人，老台共，后任台盟常务理事）、蔡子民（台湾彰化人，后任台盟主席）、潘钦信（老台共，台盟盟员）、萧来福（老台共，台盟盟员）等为社长王添灯当参谋，帮助他整理和草拟"二二八"事件处理委员会提案、广播稿等。据苏新回忆，当他们遇到重大问题或意见不一致时，则向中共台工委书记蔡孝乾请示。可见，在"二二八"事件处理委员会与当局进行的谈判斗争中，刚刚成立不久的中共台工委根据当时民意，因势利导扮演了一个特殊而重要的角色。

蔡子民在《忆"二二八"与王添灯》一文中指出，王添灯向处理委员会提出的"三十二条处理大纲"，是由潘钦信、萧来福、蔡子民等草拟的，并送蔡孝乾审。"三十二条"主要内容包括：反对贪污腐败，反对内战，反对滥用军权，反对对台籍公教人员的歧视和差别待遇，要求省政改革，实现政治民主和高度自治，保障人民生活和基本权利等，其核心就是要求台湾实行民主和自治。

另一方面，谢雪红、杨克煌起草了有关人民政权的宣言、政治纲领等文稿，"二七部队"也吸引了越来越多的志士加入斗争。杨克煌回忆道："3月6日上午，听说有许多青年学生从台北来到台中，他们是在台北得知台中武装斗争胜利了，大家商量结果，打算来台中武装自己，然后编队回去攻打台北。"

然而，国民党当局迅速调来军队镇压起义，形势急转直下。3月12日，谢雪红根据蔡孝乾的指示，率领"二七部队"退往南投埔里。李韶东回忆道："3月8日陈仪向蒋介石求援的援军登陆后，谣言四起，人心慌慌，各种群众战斗组织纷纷解散，唯有谢雪红领导的'二七部队'撤离台中市区，到山区埔里，准备抗击国民党部队。"

"二七部队"一方面作为本土的武装力量与国民党军英勇作战，一方面牵制住了开往台中市的大批国民党军增援部队，大大减少了台中在"二二八"事件中的无辜伤亡，他们对国民党军队的打击也使得台中地区成为"二二八"起义的中心。

3月15日，国民党军队大举围攻埔里。"二七部队"与敌人展开了惨烈的战斗，终因弹药无法补给，又两路受敌，寡不敌众，被迫于16日宣布自动解散，结束了中部地区的武装斗争。3月17日，谢雪红、杨克煌撤退到竹山。当时国民党广播：活捉谢雪红者赏金30万元，打死她者赏金25万元。而在竹山隐蔽的谢雪红依然日夜牵挂着台湾人民的安危，她以莫斯科留学时期的旧友身份，致信蒋经国，阐明台湾人民反抗国民党当局的缘由，要求蒋经国"不得追究台湾人民，不得镇压人民"。

"二二八"期间发生了许多感人肺腑的故事，比如台盟前辈曾重郎（台湾新竹人，台盟盟员）就曾亲身经历过一段生死之交。当时，曾重郎在新竹市任学生队指挥，率领学生积极参加到清算贪官污吏的行列中。新竹中学的校长辛志平是大陆籍，在群众暴动中也险些成为被攻击的对象。"当我们走进辛志平校长的会客室时，看到他脸色苍白，一个人呆坐在那里。他一改常态，脱掉中山装，改穿西服，领带系向一边歪斜着。他那惊恐狼狈的模样，令我同情。我告诉他，我们是清算贪官污吏的，你是教育家不必害怕，我们学生可以保护你。他知悉我们的来意，顿时感到放心，随即叫躲在天篷上面的夫人和七岁的儿子下来。"曾重郎在《我所亲历的台湾"二二八"起义》一文中回忆道。于是，曾重郎和几个同学轮流背着辛志平7岁的儿子，将辛校长一家三口安排到学生宿舍保护起来。

后来国民党军登陆基隆，镇压开始，形势突变。曾重郎被通缉，当时他毫无警觉，而辛校长十分担心他的安全，嘱他去辛家避难，"事件发生时你救了我全家，现在你有危险，我应该相助，我把你看作兄弟"。

在辛校长帮助下，曾重郎扮成小商贩逃离新竹，待形势趋于稳定后，他重返新竹想继续学业，不料随即遭传讯扣押，又是辛校长挺身而出，力保曾重郎，宪兵队才将其释放。

这段生死之交被曾重郎誉为"终生难忘的情谊"，从这件小事和其他许许多多的史实，我们都不难看出，"二二八"事件并非本省人和外省人之间的省籍矛盾所导致的冲突。"二二八"事件处理委员会发表的《告全省同胞书》也有明确声明："我们的目标是在肃清贪官污吏、争取本省的政治改革，不是要排斥外省同胞。"

1947年3月10日，李伟光（原名李应章，台湾台中人，台湾旅沪同乡会会长，后任台盟总部理事和台盟华东总支部主任委员）接受《中央日报》采访时说："关于此次台湾事件"，"台民所争取者，仅为地方自治"，"并不是民族的离心运动，更不是台民想脱离祖国。同时，台民更不是反对外省人，反之甚盼外省人给予帮助，甚盼能与外省人合作"。

"二二八"事件发生后，大陆台胞纷纷开展声援活动。身在上海的李伟光带领旅沪台湾同乡会等台湾旅京沪七团体组建"二二八惨案联合后援会"，组织代表团赴台了解情况，并印发《台湾大惨案报告书》。

当美国又一次借机抛出台湾"托管论"时，时任《大公报》记者的李纯青在上海报刊撰文《提醒一个错误》，针锋相对地指出："台湾给国际实际是给美国托治"，"他们和台湾有什么关系没有呢？没有关系会爱台湾，为台湾人的幸福想吗？我想是不会的，道德没有发展到这样高度，被托治是很丢脸的事"。他一针见血地揭露了美国鼓动台湾"托管"的本质，其微言大义令人彻悟。

"二二八"起义精英成立台盟

武装斗争失败后，谢雪红接到中共的指示撤离台湾，她和一批"二二八"事件中的革命志士辗转抵达香港。谢雪红按照中共上海局的指示，积极联系在港民主人士，拜访民革创始人李济深、何香凝、陈其瑗、蔡廷锴等，得到他们的热情支持。

1947 年 8 月，谢雪红发表《告台湾同胞书》，强调"二二八"起义"完全是和世界与全中国的反独裁争民主自治的路线相符合的"。台湾人民"二二八"起义是当时中国人民反对国民党专制统治的爱国民主运动的一部分，"二二八"起义所反映的台湾人民反专制、争民主、求自治的意愿与整个中国人民反独裁、反内战、反饥饿的意愿是吻合的。

1947 年 9 月，新台湾出版社正式成立，发行《新台湾丛刊》（简称《丛刊》），《丛刊》后来成为台盟最早的机关刊物。杨克煌、苏新任编辑和主笔，出版社社址选在香港西营盘正街 5 号 3 楼，《丛刊》得到爱国侨领陈嘉庚的帮助和支持，庄希泉、刘雪渔及周明等参加了丛刊工作。

为了实现长期以来不断追求的理想，在中共的热情帮助下，谢雪红、杨克煌、苏新、周明等来自台湾的志士同仁一起在香港组建了"台湾民主自治同盟"，"以实现台湾省之民主政治及地方自治为宗旨"，其中一个重要的口号就是"拥护开罗会议公报、波茨坦宣言，反对殖民地化的'托管'、'独立'"。

谢雪红说，台湾人民在"二二八"抗争中提出的"民主自治"口号，就是台湾民主自治同盟定名的依据。《新台湾丛刊》第三辑《明天的台湾》公布了《台湾民主自治同盟筹备会第一次会员代表会文告》，其落款时间为"中华民国三十六年国父诞辰日"。台盟的成立时间最终确立为 1947 年 11 月 12 日。台盟的领导机构在成立时没有公布，直到 1948 年 7 月 12 日，才在香港公布了台盟总部成立的消息和总部负责人名单，他们是谢雪红、杨克煌、苏新。

矢志不忘"二二八"精神

作为"二二八"起义之子，台盟自成立以来，始终与中国共产党同心同德，坚决维护国家主权和领土完整，反对一切"台独"分裂活动，积极推动两岸关系发展。纪念台湾人民"二二八"起义是台盟的重要活动，坚决反对"台独"是台盟秉持的重要观点之一，也是海峡两岸乃至全世界爱国同胞纪念"二二八"起义的重要观点之一，台湾同胞用鲜血染红的"二二八"起义的旗帜，决不允许被"台独"分裂分子所攫取和玷污。

2017 年 2 月 23 日，台盟中央在北京举办纪念台湾人民"二二八"起义 70 周年座谈会，全国政协副主席、台盟中央主席林文漪出席并讲话，她强调："回顾台

1951年，台盟在北京举行纪念「二·二八」起义四周年大会

1987年2月，部分当年亲历「二·二八」起义的台盟盟员在北京台盟总部机关合影

亲历「二·二八」起义的台盟盟员在纪念封上签名

2017年2月23日，由台盟中央举办的纪念台湾人民"二二八"起义70周年座谈会在北京举行。全国政协副主席、台盟中央主席林文漪出席并讲话

湾人民'二二八'起义以来的70年历程，作为生活在祖国大陆的台湾同胞，我们深有感触的是，不管两岸关系如何风云变幻，祖国大陆始终与台湾同胞手相连、心相依。实践证明，两岸关系和平发展之路，是造福两岸同胞的正确道路。坚持'九二共识'、反对'台独'是两岸关系和平发展的政治基础。"

　　70年前"二二八"事件处理委员会在《告全国同胞书》中的倡议仍在耳畔萦绕："我们同是炎黄子孙，民族国家政治的好坏，每个国民都有责任，大家拿出爱国热诚来，和我们共同推进。"无论世事如何变迁，两岸同胞始终是血浓于水的一家人，台湾人民爱国爱乡的光荣传统代代相传、生生不息，台盟反对"台独"、大力推进两岸和平统一的主张坚若磐石、历久弥新。

明史可以知今，鉴往可以知来。让我们携起手来，贯彻习近平总书记提出的"两岸一家亲"理念，共创两岸关系和平发展的光明未来，共圆中华民族伟大复兴的中国梦！

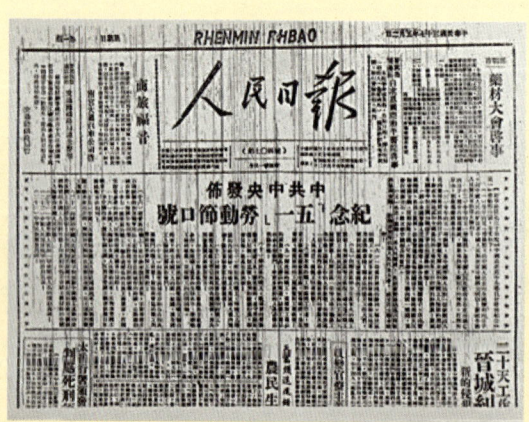

1948年5月2日，《人民日报》全文发表中国共产党中央委员会于1948年4月30日发布的纪念『五一』劳动节口号

台盟与中共中央"五一口号"

　　七十载光阴荏苒，七十载春华秋实。作为中国特色社会主义参政党，台盟在2017年迎来了她的70岁华诞，明年又将迎来中共中央"五一口号"发布70周年。在这难忘的时刻，让我们回首台盟积极响应中共中央"五一口号"，参加新政协会议，参与创建新中国的光荣历史，来看台盟自成立以来始终接受中国共产党的领导，与中国共产党风雨同舟、同心奋斗的光辉历程。

　　1948年4月30日，在"五一"国际劳动节即将来临之际，中共中央发布了著名的"五一口号"，号召"各民主党派、各人民团体、各社会贤达，迅速召开政治协商会议，讨论并实现召集人民代表大会，成立民主联合政府"。"五一口号"发布之后，在当时的全社会引起了强烈反响。各民主党派、各人民团体乃至海外的侨胞组织积极响应，纷纷发表通电或宣言，响应中共"五一口号"，为召开新政协而努力。

积极响应"五一口号" "为着全国的胜利而共同奋斗"

1948 年 5 月 7 日，台湾民主自治同盟发表《告台湾同胞书》，呼吁台湾同胞响应"五一口号"，其中明确谈道："全国人民都已厌弃反动政权，而期待其早日结束，筹建民主联合政府的时期，已经成熟了。'五一'口号的发布，正切合全国人民目前的要求，也正切合台湾全体人民的愿望。"在这份《告台湾同胞书》中，台盟号召"同胞们！赶快起来响应和拥护中共中央的号召……准备参加政协会议、人民代表大会和民主联合政府"。这份慷慨激昂、激情澎湃的《告台湾同胞书》是谁起草的呢？据时任台盟领导人之一的苏新在《未归的台共斗魂——苏新自传与文集》一书中说："中国科学院历史研究所第三所出版的《近代史资料》，1954 年第三期，从香港《华商报》、《大公报》、《文汇报》摘录了一部分有关台湾的资料。详细一看，发现不少东西是自己写的。"苏新随后在书中将这些内容全文一一列举。其中，第 11 篇即是台盟发表响应中共中央"五一口号"的《告台湾同胞书》。可以确认，这份《告台湾同胞书》应是苏新所写。

随后，台盟在其主办的刊物《新台湾丛刊》第六辑《台湾人民的出路》中以《纪念"五一"劳动节 中共中央重要宣言》为题，全文刊发了中共"五一口号"的内容，并发表《一个响亮的口号》和《响应伟大的号召》两篇文章，作为自己响应和支持中共中央"五一口号"的又一次实际行动。《一个响亮的口号》中说："这一响亮的战斗口号，对于中国人民的解放事业，无疑将起着巨大的推动作用。"《响应伟大的号召》表示："全中国人民无一不在希求一个独立、自由、民主、统一与富强的新中国赶快实现。所以听到这个伟大的口号，我们觉得每个中国人民都必须立即更加团结起来，为着争取全国的胜利而共同奋斗。"

"五一口号"的发布，犹如黑暗中的一盏明灯，照亮了中国前进的方向。包括台盟在内的各民主党派、各社会阶层乃至海外侨胞都紧紧凝聚在一起，在中国共产党的领导下，为建立一个民主自由、繁荣昌盛的新中国而共同努力。从此，

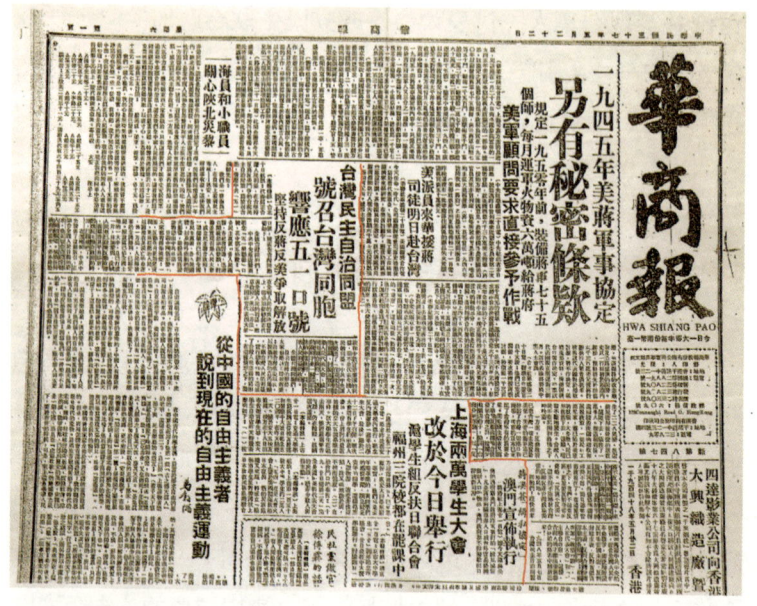

1948 年 5 月 22 日《华商报》刊载台盟于 5 月 7 日发表的响应中共『五一口号』的《告台湾同胞书》

台盟自觉地、主动地接受中国共产党的领导，积极参加新政治协商会议，参与民主联合政府的筹备和建立，为新中国的成立和发展作出了自己的贡献。

坚决反对台湾分离运动　维护国家主权和领土完整

台盟在成立之初，就坚决反对各种形式的"台独"及其分裂活动。早在台盟成立前的 1947 年 8 月，谢雪红、杨克煌、苏新等联合香港爱国民主人士组建台湾问题研究会，成立新台湾出版社，发行《新台湾丛刊》，积极开展对台湾民众的宣传。《新台湾丛刊》通过各种渠道秘密传递到台湾，在台湾青年中反响很大，一些台湾青年就是阅读这些刊物后走上了革命的道路。《新台湾丛刊》创办初期，与廖文毅曾有短暂合作。据谢雪红回忆："1947 年 9 月间，台湾问题研究会筹备成立新台湾出版社，打算发行对台湾作宣传的小册子。正在这个时候，廖文毅由上海来到香港……我经组织批准后，在九龙一家菜馆和廖文毅见面，谈话内容主要是办新台湾出版社问题，廖表示赞成，并且捐出一笔钱作为租一家办公地址的经费和第一期杂志的印刷费。"但是，在随后的工作中，谢雪红等人逐渐了解廖文毅的"联合国托管论"与"台独"主张后，坚决与其决裂。在 1947 年 11 月 1 日出版的《新台湾丛刊》第二辑《胜利割台湾》中，强烈批判抗战胜利之后的美国"托管论"是荒谬的，整个专辑完全针对廖文毅的"台独"主张而来，充分表明了台盟老一辈坚决反对"台独"、维护国家统一的坚定立场。

在为响应中共中央"五一口号"而发表的《告台湾同胞书》中，台盟明确指出："美帝国主义者又为了准备反动政府垮台后侵占台湾之计，拉拢少数亲美分子，阴谋'台湾分离运动'……我们不但要反蒋，更加要反对美帝的侵略"，号召"同胞们！赶快起来……反对台湾分离运动"。台盟已经清醒地看到当时美国企图通过扶植所谓的"台湾分离运动"来分裂中国的险恶目的，并对之保持高度的警惕和坚决的反对，为维护国家主权和领土完整而不懈努力。

需要指出的是，同一时期的 1948 年 5 月 19 日，同样声称"代表全体台胞"的"台湾民众联盟"也通电响应中共"五一口号"，但通电通篇处处透着"中国"、"台湾"相区分的气息，通电最后提出"愿与全国各省同胞共同努力……及早建设中华民主联邦"。虽碍于当时全国形势没有在通电中明确提出"台湾分离"或"台湾独立"，但从其一贯的主张和其主席廖文毅曾向美国驻台代表柯·乔治提出希望"联合国托管台湾"来看，其企图在美国的帮助下，实现台湾所谓"自治"进而将台湾从中国分离出去的目的昭然若揭。

随后，身在香港的台盟盟员林达明等 7 人即向《华商报》写信对这份通电提出质疑，提出："该联盟（指台湾民众联盟）的政治纲领是个主张'台湾独立'的团体，该纲领全文中还是一样完全没有谈到美帝的侵略，即完全不反美，于是只反蒋政权治台的统治，主张'台湾独立'，这是否正确？是否可能？"包括林达明在内的台盟广大盟员对所谓的"台湾分离势力"时刻保持着清醒的认识和高度的警惕，不遗余力地予以反对，沉重打击了廖文毅等企图通过美国的支持实现所谓"联合国托管台湾"、"台湾独立"的气焰。

台盟的这些革命活动，得到了中共中央的高度肯定。1949 年 6 月新政协筹备会议召开期间，周恩来询问台湾省人民如何产生代表前来赴会，时任中共中央统战部部长的李维汉认为，台盟是台湾省人民的革命组织，一直从事台湾人民的解放运动，故可考虑作为一个民主党派单位来参加会议。周恩来等领导对此表示同意，并在 9 月 7 日新政协筹备会议所做的《关于人民政协的几个问题》中报告了有关台盟参加新政协的问题，明确指出："台盟是一个革命组织，五一前就从事台湾人民的解放运动。"以此为标志，台盟由原来的"地方性政治团体"成为全国性的政治组织，正式作为中共领导的统一战线队伍中的民主党派之一参与国家的政治事务，更成为了中国共产党的挚友。

积极参加新政治协商会议　为祖国统一而努力

"五一口号"号召"召开政治协商会议，成立民主联合政府"，台盟积极响应，展开新政协运动，推动召开新政治协商会议。据 1948 年 7 月 16 日香港《华商报》台北航讯："台盟总部派出许多干部，到各地访问各人民团体及各界民主人士，说明目前国际形势，中国人民革命战争发展形势，及新政协与台湾的将来等，极力推动新政协运动，已获得各人民团体及各界开明士绅的赞成和拥护。"

从 1948 年底开始，在香港的爱国民主人士陆续从海陆两路北上赴解放区，参加筹备新政协。1949 年 1 月，台盟总部负责人谢雪红离开香港，经朝鲜、安东、沈阳，于同年 3 月上旬抵达北平。与谢雪红一同北上的，有杨克煌、李纯青等。据吴耀宗之女吴宗兰、吴宗素在《追忆父亲吴耀宗》一文中回忆："在党组织安排下，父亲和谢雪红、李纯青等乘船北上。船到平壤，他们才知道党组织让他们去北京。"这段文字清楚记录了谢雪红等由香港动身北上的点滴经过。香港《华商报》的报道可作为另一个例证，1949 年 2 月 26 日香港《华商报》报道："本同盟理事会这次特派本同盟理事谢雪红同志赴华北解放区，向新政治协商会议陈述台湾人民斗争近况。"1949 年 3 月，谢雪红等人安全抵达北平，并宣布台盟总部由香港迁到北平，谢雪红正式担任台盟总部主席。

1949 年 9 月 21 日，中国人民政治协商会议在北平召开。台盟谢雪红、杨克煌、李伟光、王天强、田富达、林铿生（候补代表）作为政协第一届全体会议代表光荣参加了会议。

谢雪红、田富达在会上作了发言。作为台盟首席代表，谢雪红在发言中表示，台盟完全拥护人民政协，并为共同纲领的实现而奋斗。谢雪红在发言中说："全台湾省人民完全拥护这个全国人民民主统一战线组织的中国人民政治协商会议，完全支持行将产生的由工人阶级领导的、以工农联盟为基础的、人民民主专政的中华人民共和国中央人民政府，并完全同意这个中国人民政治协商会议的共同纲领。"田富达在发言中表示："这次人民政协所要通过的三大文件，尤其是共

1949年9月21日，中国人民政治协商会议第一届全体会议在北平隆重开幕。图为台盟参加会议代表合影。左起：田富达、杨克煌、谢雪红、李伟光、王天强、林铿生（候补）

同纲领中关于民族政策的四个条文，不但是我们所完全同意，而且是比我们在长期斗争中所要求的目标，更加理想，更加完善。因此，我们就不只是一般地拥护支持，而是为了这个纲领的完全实现，愿不怕任何牺牲，都要斗争到底。"

作为台湾人民的代表，台盟在会上充分阐述了自己的意见：希望中央人民政府尽快解放台湾，把台湾人民从国民党反动统治的压迫中解救出来；完全拥护《共同纲领》，并为《共同纲领》的完全实现而努力奋斗。这也是全体台湾人民的共同愿望。时至今日，台盟仍在为两岸关系和平发展和祖国和平统一而不懈努力。

会议经过充分讨论协商，通过了《中国人民政治协商会议组织法》、《中国人民政治协商会议共同纲领》和《中华人民共和国中央人民政府组织法》，选举出由毛泽东为主席的中国人民政治协商会议第一届全国委员会（即常务委员会）。台盟界谢雪红、蔡乾（蔡孝乾）当选为委员。1949年9月30日，中国人民政治协商会议第一届全体会议闭幕。当时在中国人民解放军华北军政大学学习的台籍学员代表林云向毛泽东主席、朱德总司令敬献锦旗，并发言表示台湾同胞誓为解放台湾、解放全中国而奋斗的决心。同日，谢雪红与出席政协第一届全体会议的各单位首席代表，同毛泽东主席一起，执锹铲土，为人民英雄纪念碑奠基。

　　10 月 1 日，中华人民共和国中央人民政府举行开国大典。谢雪红与参加第一届政协的台盟代表一起，随同毛泽东主席登上天安门城楼。这一天，新中国诞生了。"中国人民从此站起来了！"回想起 20 多年前，谢雪红在上海看到黄浦江上的苏联轮船，挂着鲜红的红旗，无限感慨。那时候，作为刚参加中国共产党的她，把对中国未来美好的憧憬深深铭刻在心中，现在，这一心中梦寐以求的愿望终于实现了，谢雪红等台盟先辈该是多么激动、多么自豪！

　　70 载岁月如歌，几代人薪火相传。中共中央"五一口号"的发布，得到各民主党派的积极响应。从此，包括台盟在内的各民主党派公开自觉地接受中国共产党的领导，为中国的革命、建设和改革事业作出了贡献。展望未来，台盟不忘合作初心，坚持中国共产党的领导，与中国共产党一道共同致力于中国特色社会主义伟大事业，为全面建成小康社会、实现祖国和平统一和中华民族伟大复兴的中国梦而不懈努力，继续谱写多党合作事业的美好篇章。

后　记

　　在《大道——多党合作历史记忆和时代心声》付梓之际，思绪不禁回到了八个多月前。彼时正值初春，这本书仅仅是一个想法、一个萌动，历经八个多月的奋战，终在收获的季节面目清晰地得以呈现。作为集体成果，这本书凝聚着中共中央统战部、各民主党派中央的共同心血和努力。

　　中共中央统战部高度重视本书编写工作，孙春兰同志亲自担任主编，并欣然为本书作序；戴均良同志给予具体指导。一局专门成立编写组，着眼打造一本"精品好书"的目标，按照突出政治性、思想性和可读性的要求，桑福华、易玉娟、付强同志带领一局全体同志，精心做好统筹沟通协调、方案制定实施、组稿推稿统稿等编写工作，编写组成员胡昊聪、饶海泉、刘海峰、董熠晶、张文波认真做好有关具体工作。

　　各民主党派中央现任和曾任领导同志、代表人士等结合个人经历感悟和履职实践等，纷纷提笔撰写文章，有的老同志因年事已高难以动笔，依然坚持通过口述等方式，追忆过去，表达心声，令人感动。各民主党派中央编写组同志承担了包括很多历史解读文章在内的撰写任务，他们加班加点，认真查阅浩瀚的历史资料，乃至多次不远千里飞赴外地当面采访有关人物，付出了很多辛劳和汗水，在这里有必要列出他们的名字。民革中央：刘良翠、汪业芬、刘则永、可玥、金绮寅、韩金伟、周福志、马寅秋、万李娜、刘芳、袁沅、黄昌盛、王恺强；民盟中央：曲伟、张峰、郑洁、吴会劲、张志军、费皖、李朝林、张雨斌、齐慧文、门小薇、周荣、李洪涛、沈珂、李欢欢、陈茂来、李朝俊；民建中央：张皎、谷娅丽、王永飞、林永建、刘仰东、寿乐英、杜萍、薛雯、熊贵立、孙鹏晓、叶晓楠、郑娟娟；民进中央：徐德安、黎晓英、张宏峰、戴海荣、于溯、张歌；农工党中央：游宏炳、李想、刘雪君、王正波、王鹏、张意愿、曹振华、彭正钰、刘芳瑜；致公党中央：范承玲、张刃、陈文良、周强、潘之源、宋汉晓、祁亮；九三学社中央：郭悦、昝建军、乔发进、於亮、段正初、乔宇；台盟中央：穆学锋、吴艺煤、王若鲲、郭婷、刘中威、李剑根、曹玮鸿、陈雅琼、徐康。团结出版社在短时间内精心地做好了校稿、编排、出版等工作。在此一并表示感谢。

　　《大道——多党合作历史记忆和时代心声》的编写过程，也是重温历史、感悟传统的过程，那些难忘的历史记忆，那些真挚的时代心声，带给我们太多的感动、共鸣，也希望这些能传递给每一个看到这本书的读者们。

本书编写组

2017 年 9 月